加拿大
城市史研究

李巍 著

A STUDY

OF CANADIAN

URBAN HISTORY

齐鲁书社
·济南·

图书在版编目（CIP）数据

加拿大城市史研究 / 李巍著. —— 济南：齐鲁书社，
2024.7

ISBN 978-7-5333-4850-2

Ⅰ.①加… Ⅱ.①李… Ⅲ.①城市史－研究－加拿大
Ⅳ.①K971.15

中国国家版本馆CIP数据核字(2024)第110194号

责任编辑 李军宏　周　磊
装帧设计 亓旭欣

加拿大城市史研究
JIANADA CHENGSHISHI YANJIU
李巍 著

主管单位	山东出版传媒股份有限公司
出版发行	齐鲁书社
社　　址	济南市市中区舜耕路517号
邮　　编	250003
网　　址	www.qlss.com.cn
电子邮箱	qilupress@126.com
营销中心	（0531）82098521　82098519　82098517
印　　刷	日照日报印务中心
开　　本	720mm×1020mm　1/16
印　　张	26
插　　页	2
字　　数	460千
版　　次	2024年7月第1版
印　　次	2024年7月第1次印刷
标准书号	ISBN 978-7-5333-4850-2
定　　价	148.00元

导 言

　　加拿大是一个联邦国家，由10个省和3个领地组成。它拥有997万平方公里的国土，面积仅次于俄罗斯，名列世界第二。2023年，加拿大的人口接近4000万，人口密度在世界上排在末位；它作为一个移民国家，历史并不长，但成为世界上城市化程度最高的国家之一。其城市的发展呈现出自身的一些特点，是一个值得研究的课题。

　　城市史（urban history）研究的是城市的起源和发展以及一个国家或地区城市化的过程。城市史研究的对象是城市，但它不是一般意义上的研究城市。城市史不是像地方史那样以编年体的形式研究和撰写一个城市的历史（city history），而是把城市视为人类社会结构中的一个组成部分，从整体上研究城市的发展及其与政治、经济、文化和价值观等各个方面的互动关系。显而易见，一个国家的经济越发达，城市数量就越多，规模也越大；城市化是人类社会发展的一种趋势。而城市对一个国家的政治、经济、文化教育乃至人们的价值观念也产生了极大的影响，不断地推动着人类文明的发展。

　　一般说来，城市史主要研究两个内容：一是城市发展各时期的规模和外观，包括城市的数量、占地面积、人口的规模和构成、建筑规模和风格，以及水、电、交通等市政服务、城市的工商企业和金融机构、文化教育和消遣等设施；二是研究城市对政治、经济、社会和文化等领域产生的影响，探讨城市如何引起社会阶层、家庭结构、人们的行为和价值观等方面的变化。

　　城市发展史是历史学的一个新兴的分支。与一般的历史研究相似，城市史研究也有宏观和微观之分。从宏观上，它研究一个国家城市的兴起及其发展分期，探讨推动城市发展的各种因素，论述一个国家城市体系的形成及其特点，诠释城市政治、经济、人口、社会等各个侧面及其相互作用。而微观研究则着眼于一些城市个案，或剖析某个历史阶段的城市，研究其对周边城镇或乡村的影响，以小见大来说明城市社会的特点以及城市在社会和国家发展中所起的推动作用。

一、加拿大城市史研究的兴起

（一）历史背景

加拿大史学界对本国城市史的专门研究，始于20世纪60年代末70年代初。那时，加拿大出现了各种与城市有关的研究热潮。城市史的研究与城市研究有着密切的联系，因此又可以统称为"城市研究"。①但是，城市研究的重点是城市的现状和未来，而城市史研究则着眼于城市的过去。二者存在着明显的区别。

一般说来，三个因素导致加拿大城市史研究的兴起。

首先，它是加拿大一个时期政治和社会的产物。20世纪50—60年代，在联邦政府凯恩斯主义政策的推动下，加拿大的经济高速发展，激进的左翼运动日趋活跃。1960年成立的"新民主党"向两大执政党——自由党和保守党提出了挑战；工会运动的高涨推动着工人要求进一步改善社会地位；女权运动也进入一个新的发展阶段。另外，魁北克省在60年代的"平静的革命"改革后，要求提高该省在联邦制中的地位，以维护其法裔文化传统和经济利益。与此同时，受美国所谓"性解放运动"的影响，加拿大一些大城市也出现了"嬉皮士"。总之，加拿大的社会在"二战"后进入了一个相对动荡的年代，人们开始审视和要求重新分配社会的权利。

在学术界，出现了一些运用马克思主义阶级分析的方法的学者。他们根据地区集团、行业团体或经济收入界定社会阶层，从经济利益为出发点研究和分析人们的各种行为。这种方法给人以耳目一新的感觉，拓宽了加拿大学术界的视野，促使人们探讨新的研究视角、理论和方法。

正是在这个时代接受大学教育的一些年轻人，后来成为加拿大的城市史学家。他们接触了一些社会学的概念和方法，试图利用历史寻找解决现实问题的答案。他们不仅把城市史视为对加拿大历史研究的补充，而且也想借此把自己与老一辈史学家区别开来。

---

① 加拿大百科全书中的"城市研究"（*urban studies*）词条就包括这两个内容。见James H.Harsh ed.，*The Canadian Encyclopedia*，Hurtig Publishers 1988，Vol.4，p.2233.

其次，加拿大城市史的兴起与一般历史的研究以及其他学科的研究密不可分。其中，地理学家的研究成果最值得借鉴。他们关注安大略省单个城市的自然环境和人文环境，有助于了解城市地理环境的变化与加拿大社会之间的关系，使城市史的研究与城市的物质环境联系在一起，帮助加拿大城市史与地方史脱钩，也使之没有附属于社会史。

经济史学家取得的成果也很重要，其中影响最大的是多伦多大学的"政治经济学派"。这一学派把城镇看作是整个社会的一个结点，强调商业垄断在加拿大城市网络形成中的作用，认为只有通过考察企业家、商人和铁路建设者，才能理解每个城市的发展及其之间的联系。社会学家对一些城市社会进行的研究，也为新兴的城市史研究提供了很大的帮助。

最后，加拿大城市史研究的兴起也是受到美国学术界的影响。美国城市史的研究起源于19世纪40—50年代，它作为社会史的一个分支，集中研究社会地位变动等问题。对加拿大学术界产生较大影响的，一是美国萨姆·巴斯·沃纳关于城市郊区化如何导致阶级和种族界限在社会中更加明显的理论，二是斯蒂芬·西恩斯特罗姆以"费城项目"为代表的研究社会地位变化的"新城市史"。

最初，加拿大学者在研究中并未注意美、加两国城市史的不同。20世纪70年代末，一些加拿大学者开始关注本国城市史的特点。1977年，加拿大召开了全国第一届城市史研讨会，标志着加拿大学者开始摆脱美国学者的影响，去探索一条具有加拿大特色的研究之路。

（二）研究状况

1. 70年代

70年代，加拿大城市史研究随着整个城市研究而蓬勃地开展起来。1971年，加拿大历史学会成立了一个城市史研究小组；次年，它以研究通讯的形式出版《城市史评论》（*Urban History Review*），后来逐渐发展成一个跨学科的学术期刊，面向城市史研究人员和对加拿大城市感兴趣的读者。该期刊传播关于加拿大城镇研究的信息和资料，引导研究课题，探讨研究理论和方法。传统的历史期刊《加拿大历史评论》也开始刊登城市史的文章。1972年创刊的《城市杂志》刊登城市政治、建筑、规划、社区组织、住房和土地开发等研究成果。同年创刊的《城市焦点》主要关注联邦制度与城市政府的关系。1975年创刊的《城市论坛》主要为研究土地使用、规划、建筑和遗产保护的学者提供一个交流的园地。它们对城市史的研究也具有推动作用。

1973年，吉伯特·斯泰尔特（Gilbert A. Stelter）向加拿大历史学会的年会提交了唯一一篇关于城市史的论文。两年后，斯泰尔特做了一个题为《目前城市史研究》的调查，里面列举了130位城市史研究人员的名字。

70年代的研究有两个特点。第一，研究人员及其研究的城市呈现出地区性。此期间，城市史研究主要集中在安大略省和魁北克省的一些城市，其中一个重要成果是在美国学者米歇尔·凯茨（Michael Katz）的指导下对1851—1861年汉密尔顿市开展的研究，名为《加拿大社会史课题》（也称"汉密尔顿项目"）。另一个重要成果是魁北克大学让-克劳德·罗伯特（Jean-Claude Robert）对1815—1914年的蒙特利尔进行的研究，称作"蒙特利尔项目"。

第二，研究的重点放在城市的社会史。上述两个项目分析城市人口的年龄、性别、族群分布等结构，研究职业分类、家庭、工商业阶层及社会流动等社会因素。它们利用社会学的计量研究方法，通过研究城市内部组织、规划、公共交通和城市政府，理解城市社会的复杂性。

阿兰·阿蒂贝斯（Alan F. J. Artibise）于1975年出版的《温尼伯：1874—1914年城市发展的社会史》[1] 也带有这个特点，而且其视野非常开阔。它不仅研究城市人口的变化和分析工商业者对城市事务的参与及影响，还考察了消除私人企业对市政服务领域垄断的措施，探讨了社会问题及其道德改革和城市规划的兴衰。

1977年，约翰·韦弗（John C. Weaver）出版了《塑造加拿大城市：1890—1920年城市政治和政策》。[2] 他以几个主要城市为例，对加拿大历史上的第一次城市改革进行了研究和评判。

1979年，阿兰·阿蒂贝斯和吉伯特·斯泰尔特主编的论文集——《有用的城市史：现代加拿大城市规划与政治》出版。[3] 第一部分论述了加拿大城市体系的演变，第二部分考察了早期多伦多和西部城市政府推动城市发展的措施，

---

① Alan F. J. Aribise, *Winnipeg: A Social History of Urban Growth 1874-1914*, McGill-Queen's University Press, 1975.

② John C. Weaver, *Shaping the Canadian City: Essays on Urban Politics and Policy, 1890-1920*, The Institute of Public Administration of Canada, 1977.

③ Alan F. J. Artibise & Gibert A. Stelter ed ., *The Usable Urban Past: planning and politics in Modern Canadian City*, Macmillan of Canada Lid., 1979.

第三部分探讨了早期城市规划的思想与实践。

70年代的研究主要集中在19世纪末和20世纪初的城市史，对其他时间段的研究相对薄弱。另外，也许受传统史学方法的影响，此期间还有不少人为城市写传记，把城市史当作地方史进行研究。

2. 80年代

进入80年代后，随着魁北克、西部和大西洋省份的研究加强，城市史研究不再集中在安大略的城市。1981年，阿兰·阿蒂贝斯主编和出版了《城镇和城市：加拿大西部城市的发展》论文集。[①] 它分为4个部分，研究20世纪初至60年代西部草原省城市体系的演变，论述19世纪后期哈德孙海湾公司与草原省城镇的关系，考察一些城镇获得建制及其促进经济发展的活动。此外，还有论述西部城市儿童救助和失业救济问题的文章。

1982年，吉伯特·斯泰尔特和阿兰·阿蒂贝斯共同主编了论文集——《塑造城市景观：加拿大城市的建设过程》。[②] 该书汇集了15篇论文，研究金融、铁路和工业与城市发展的关系，以及"促动主义"对草原省城市发展的推动作用，还探讨了魁北克、汉密尔顿等城市的社会文化、城市规划、区域划分、土地储存和公共交通内容。

1984年，吉伯特·斯泰尔特和阿兰·阿蒂贝斯再次共同主编了一本论文集——《加拿大城市：城市和社会史论文集》。[③] 它分5个部分，论述早期多伦多等城市的历史，研究世纪之交草原省城镇的演变，考察城市美化思想和建筑风格的演变；还涉及城市居民、家庭结构的个案研究，以及历史上的第一次城市改革。

此期间，加拿大学者开始注意城市在地区发展中的重要性。其代表作是1983年雅格·斯贝特（Jacob Spelt）的《安大略中南部城市的发展》。[④] 该书将1780年至1951年分为5个阶段，从早期移民、向西部扩张、铁路建设、近代制造业的兴起和城市主导几个方面，论述了安大略省中南部城市的发展和演变。

---

① Alan F. J. Artibise, *Town and City: Aspects of Western Canadian Urban Development*, Canadian Plains Research Center, University of Regina, 1981.

② Gilbert A. Stelter & Alan F. J. Artibise, *Shaping the Urban Landscape: Aspects of the Canadian City-Building Process*, Carleton University Press, 1982.

③ Gilbert A. Stelter and Alan F. J. Artibise ed., *The Canadian City: Essays on Urban and Social History*, Carleton University Press, 1984.

④ Jacob Spelt, *Urban Development in South-Central Ontario*, Carleton University Press, 1983.

80年代，加拿大越来越多的学者对"力量与地点"（power and place）的概念表现出浓厚的兴趣。他们把政府决策、工商业精英的活动、文化价值概念等诸多因素视为一种力量，研究它们与城市及其发展之间的互动关系。1986年，吉伯特·斯泰尔特和阿兰·阿蒂贝斯汇集14篇文章，出版了《力量与地点：北美背景下的加拿大城市发展》论文集。[①] 它分为4个部分，探讨公共部门、企业家精英、地方需求和规划思想等在城市发展中的作用，分析土地制度、建筑概念与城市之间的关系，论述城市政府权力的兴衰及重建。

1990年，吉伯特·斯泰尔特收集了10位著名学者在80年代发表的论文，出版了一本论文集——《加拿大历史视角中的城市与城市化》。[②] 他们的研究涉及早期城市郊区的出现，交通通讯与城市体系的关系，蒙特利尔家庭经济和就业状况，不动产和财产管理机构，圭尔弗城镇体系的演变和城市中的族群等内容。

除了这些研究，80年代还有城市传记式的著作出版。阿奇森（T. W. Acheson）1985年出版的《圣约翰：一个殖民地城市社区的产生》[③]，从经济、移民、宗教、教育、政治改革、私人资本与公共资源、警察和居民等方面，详细地叙述了19世纪初至70年代圣约翰市的发展史。1984年，约翰·莱特（John R. Wright）出版了一部教材——《安大略省城市公园：1860—1914年的城市公园运动》[④]，介绍了安大略省公园运动的兴起，分析了城市公园的形式与功能。

3. 90年代至21世纪初

进入90年代，加拿大城市史研究有了向整体研究发展的趋向；同时，部分学者面对城市中出现的贫富悬殊、住房短缺、政治文化的衰落等问题，对城市现状的研究更为关注。肯特·格瑞克（Kent Gerecke）于1991年主编的论文集——《加拿大城市》反映了这一趋向。[⑤] 其研究的内容涉及加拿大城市的发展（包括郊区新城与老城在价值观念上的分歧），1945年以来房地产公司对城市的

---

① Gilbert A. Stelter and Alan F. J. Artibise ed., *Power and Place: Canadian Urban Development in the North American Context*, University of British Columbia Press, 1986.

② Alan F. J. Artibise ed., *Cities and Urbanization: Canadian Historical Perspectives*, Copp Clark Pitman Lid., 1990.

③ T. W. Acheson, *Saint John: The Making of a Colonial Urban Community*, University of Toronto Press, 1985.

④ John R. Wright, *Urban Parks in Ontario: The Public Movement, 1860-1914*, University of Ottawa Press, 1984.

⑤ Kent Gerecke, *The Canadian City*, Black Rose Books, 1991.

控制及城市规划的职责，城市设计如何将风格、舆论和观众融合为一体，20世纪70年代以来的"绅士化"及其住房问题的影响等。

此期间，大西洋沿海省城市史的研究取得了重要的成果。1993年，卡尔顿大学历史研究合作小组出版了《1867—1991年大西洋沿海省城市和社区发展》。[①] 它分5个章节，从整体上叙述了该地区城市发展的历史，涉及城市体系的形成与发展、各种城镇的特点、人口和就业状况等。

1993年，理查德·伯德（Richard M. Bird）和N·斯莱克（N. Enid Slack）出版了《加拿大城市公共财政》一书。[②] 其论述了城市政府的开支类型、预算过程和组织方面的改革，分析了城市政府各种财政收入及其影响。

在研究城市对城市社会的影响方面，20世纪90年代取得了进展。代表作是1996年罗伯特·麦克唐纳（Robert A. J. McDonald）出版的《创造温哥华》。[③] 该书目光集中在温哥华的早期，揭示该城市大量亚裔等少数族群的存在，使工人阶级内部的白人和少数族群之间存在着明显的差异，这对城市社会产生的影响甚至超过资本家与工人的关系所带来的影响。

21世纪初，加拿大的城市史研究取得了更多的成就。几部专著引起学术界的关注。2003年，鲁本·贝兰（Ruben Carl Bellan）出版《加拿大城市史》一书[④]，试图从整体上叙述1608年至20世纪80年代的加拿大城市史。作者认为，地理环境、人口流动、技术进步、市场状况、政府决策等都推动了城市的发展，城市居民需要政府颁布和实施合适的行为规则，利用集体的力量实现其所期待的目标。

2003年，罗杰·萨梯（Roger Sarty）和道格·奈特（Doug Knight）出版了《1630—1956年圣约翰的防御工事》一书[⑤]，梳理了圣约翰市城外防御工事长达200多年的历史，说明这个地处大西洋海岸的城市在保护国家所发挥的重要的作用。

2005年，唐纳德·韦瑟雷尔（Donald G. Wetherell）主编出版了一本历史资

[①] The Carleton University Historical Collective, *Urban and Community Development in Atlantic Canada, 1867-1991*, Canadian Museum of Civilization, 1993.

[②] Richard M. Bird & N. Enid Slack, *Urban Public Finance in Canada*, John Wiley & Sons, 1993.

[③] Robert A. J. McDonald, *Making Vancouver*, University of British Columbia Press, 1996.

[④] Ruben Carl Bellan, *Canada's Cities: A History*, The Whitefield Press, 2003.

[⑤] Roger Sarty & Doug Knight, *Saint John Fortifications, 1630-1956*, Goose Lane Editions, 2003.

料集——《建筑学、城镇规划和社区：1909—1946年塞西尔·伯吉斯作品和公开谈话选编》。[1] 塞西尔·伯吉斯是一位建筑师，1913年受聘为阿尔伯达大学建筑学教授。他开阔了加拿大人对建筑和建成环境的理解。该书精选了塞西斯1909—1946年发表的21个作品和谈话记录，内容涉及古老建筑与现代建筑之间以及建筑学与城镇规划之间的关系等内容。

二、加拿大学者的研究视角与方法

把城市当作人类社会的一个组成部分进行研究，首先面临着如何界定城市的问题。城市本身就是一个复杂的现象，体现于经济、社会、人口和文化等各个方面，从哪些方面对它进行界定，才能得到清晰和完整的图像？阶级差异与阶级觉悟、家庭结构与家庭观念、居住与行为模式等人类社会的一切现象发生在城市里，也存在于城市之外，它们之间有无明显的区别？如何清晰地表述这种区别？这些都是在界定中需要回答的问题。

正像人们对任何一种概念不容易形成统一的观点那样，加拿大学术界在"urban"（城市）是什么这一问题上存在着不同的认识。加拿大有学者认为，它包括三种含义。首先，它是一种建筑物密集的区域，居民构成了城市人口；其次，它与经济发展过程紧密联系在一起，生产设备、劳动和交通设施等不断地集中；最后，城市化（urbanization）使区域性的人类组织越来越专业化，因而人们之间更加相互依赖，社会结构和制度日趋复杂。因此，可以从人口、经济和社会学三种路径研究城市及城市史（urban history）。

概括起来，研究城市史的加拿大学者，在如何看待城市及其作用上存在着三种视角。

第一种视角把城市看作是在地理、社会政治、经济、人口流动和技术发展，以及个人或法人的决策的作用下形成的一种结果。这些因素的变化不仅决定着城市规模、形状和布局等外观，也决定着城市中的人口构成、社会团体、政府和服务机构等城市结构。因此，在二者的关系中，前者是"自变量"（independent variable），后者是"依变量"（dependable variable）。这种视角把urban（城市）视为一种"实体"（entity）。

---

[1] Donald G. Wetherell, *Architecture, Town Planning and Community: Selected Writings and Public Talks by Cecil Burgess, 1906-1946*, University of Alberta Press, 2005.

第二种视角把城市看作对社会结构和社会行为产生影响的一种因素,是一种"自变量"。它不仅对城市中的居民的行为产生影响,而且还通过这些人的活动将影响扩展到城市以外,从而影响到整个的社会组织和社会行为。这一视角把urban视为一种"过程"(process)。

第三视角把城市(city)视为布景(setting),即人物活动和事件发生的一种场所,因而对是否有城市(urban)史现象提出质疑。它认为城市不过是容纳社会变化和发展的一种容器而已,在本质上与乡村没有区别。利用这种视角研究的城市史,带有传统史学的地方史性质。

概括起来,加拿大学者在第一、二种视角中主要运用了以下几种研究方法。

(一)分期法和分类法

"分期法"用于城市形成和发展过程的研究,旨在了解各个时期加拿大城市(城镇)的特点。在城市史分期方面,许多欧美学者将人口、技术或历史分期作为依据;而加拿大史学家则主要以政治和经济为标准,强调加拿大城市的每个发展阶段都是以一个独特的政治和经济背景为特征,并都是由这个背景因素所决定的。按照这种标准,他们把加拿大城市史分为四个阶段。

第一阶段是17—19世纪初的重商主义时期。此期的城镇服务于欧洲帝国在北美的扩张。第二阶段是19世纪初至70年代的商业时期。在这一时期,殖民地地区之间的贸易和小规模的制造业开展起来。第三阶段是19世纪70年代至20世纪20年代的工业化时期。在半个世纪里,中部地区的工业有了巨大的发展,几条横跨大陆铁路线上出现了城镇。第四阶段是20世纪20年代以来所谓的"后工业阶段"。随着法人公司取代家族企业而成为主要的生产组织形式,它们的总部开始集中在几个大城市,蒙特利尔和多伦多成为首选。

四个阶段的划分以吉尔伯特·A. 泰尔特和阿兰·阿蒂贝斯的研究为代表。[①]显然,这是把城市(urban)视为"实体"的一种方法。

"分类法"是根据城市的主要功能把城市分为商业中心、制造业中心、资源城镇、旅游胜地、省府城市和金融或通讯服务中心等类别。这种方法把城市的主要功能当作了解城市与其外部事物进行互动的关键因素,认为从人口、土

---

① Gilbert A. Stelter & Alan F. J. Artibise ed., *Shaping the Urban Landscape: Aspects of the Canadian City-Building Process*, Carleton University Press, 1982, pp.5-29.

地使用、政治权力的分配入手可以了解城市及城市社会。

（二）都市主义方法

"都市"（metropolis）一词源于希腊语，意指大城市创造一些小城市和殖民地。[①] 加拿大学者使用它时还提出一个与之相对的词汇——"腹地"（hinterland）：他们用都市代表城市，腹地表示其周边的乡村或边远地区不发达的城镇。都市主义方法，通过描述都市与腹地之间的关系，研究城市发展的动因和城市体系的形成。它关注都市如何影响到腹地的土地使用、职业类型、政治组织等，而腹地对都市的资源、市场、服务等各种需求，也反过来影响到都市的发展。

加拿大安大略和魁北克两个省靠近大湖区和圣劳伦斯河流域，有丰富的水路交通和商业、制造业资源。西部虽然拥有大量的土地，但早期的农产品的输出和工业品的输入依赖于东部。大西洋沿海省份拥有海上运输条件，但缺少加工业和制造业，资源为外部资本所利用。这些土地和资源分布的特点，使加拿大的都市可以直接作用于一般城市和城镇甚至乡村。因此，都市主义这一方法在历史研究中颇为流行，并被认为是加拿大土生土长的一种方法。

关于如何确定都市与边远地区的关系和城市发展的原因，加拿大学者有不同的看法，唐纳德·戴维斯（Donald F. Davis）把其归纳为五种都市主义类型。[②]

第一种被称作"企业家都市主义"，认为加拿大城市体系中的主导因素是蒙特利尔市的企业家。而腹地的学者对此提出异议，认为都市若离开腹地，无法单独生存。第二种被称作"企业家都市主义的腹地变种"，它关注西部城市企业家在城市建设过程中所发挥的作用，这一方法为阿兰·阿蒂贝斯所倡导，也称作"促动主义"。不过，有人指出西部各城市吸引铁路和外来企业的愿望不一定都能实现，城镇的地理位置等因素也很重要。第三种叫"生态都市主义"，一般认为由凯尔莱斯（J. M. S. Careless）提出。凯尔莱斯认为，都市与腹地的关系既是前者控制后者，也相互受益；城市之间的关系犹如金字塔式的封建等级关系。第四种叫"从属—剥削都市主义"，认为都市从腹地征用经济剩

---

① Gilbert A. Stelter, "A Regional Framework for Urban History", in *Urban History Review* Vol.13, No.3, 1985, p.195.

② 详见 Donald F. Davis, "The 'Metropolitan Thesis' and the Writing of Canadian Urban History", in *Urban History Review*, Vol.14, No.2, 1985, pp.95-113.

余产品而导致后者经济落后。但是，有学者指出，这种观点难以说明腹地在做出回应中所发生的变化，无法对曾经处于腹地中的多伦多和温哥华的崛起做出解释。第五种是"中心地带—腹地都市主义"，认为如果腹地将大宗产品出口换来的资本投资于制造业，便可以改变对都市的依附关系，出现一个地区中心城市。

总之，各种都市主义方法论述和研究城市之间的差异及其改变的条件。然而，它们对都市和腹地（城镇）的内部力量不够重视，对城市社会结构也缺少必要的研究。这些缺陷需要其他的方法予以补充。

（三）力量（power）关系法

"power"一词在英文中除指权力外，也指与影响、控制和动力等有关的各种力量。加拿大学者在一般历史研究中广泛采用"力量关系法"，研究社会阶层之间、社会群体之间、地区之间乃至国家之间的关系，分析和揭示相关的控制与被控制的现象。这一方法也许是传统史学中对精英阶层的研究与新出现的社会史研究方法的一种结合。

城市史学家用这种方法研究城市主导群体和精英如何追求和维护自己的利益，从而寻找城市社会中的力量和控制因素。魁北克省的学者研究英裔和法裔之间的关系，其他省份的学者发现，城市中有着不同地位的少数族群之间也存在着竞争。落后省份的史学家则利用"力量关系法"，得出当地城市受到发达地区都市的控制而发展缓慢的结论。

上述各种方法均被把城市视为"实体"的学者所采用，他们把城市的发展归结为两种力量产生的结果。一种是外部力量，即人口流动、农业、交通和技术状况，以及城市对外部市场和原料的需要。另一种是内部力量，即城市精英的决策和城市建设活动等。这些研究方法展示了城市的形成和发展以及不同地区的城市之间的差异，有助于从整体上了解城市发展的历史。

然而，加拿大学者认为，为了从整个社会意义上研究城市史和了解城市在社会和国家发展中的作用，还必须把城市当作"过程"进行研究。

（四）把城市当作"过程"的研究方法

把城市（urban）当作"过程"的方法受到了社会学研究的影响，认为城市具有独特的社会和经济组织形式，能够给整个国家的社会和经济带来变化。利用这种方法进行城市史研究的加拿大学者比较少，但也取得了一些成果。

例如，他们的研究证实了城市交通和通讯方面的技术变化开启了新的社会活动的可能性。电话和汽车扩大了人们相互交往的范围；城市带来的劳动分工和专业化扩大，使社会阶层之间的差异更加明显。结果，城市市民贫富悬殊，他们在行为、生活方式上也出现了明显的差异。另外，城市环境在改变和融合外来移民方面也起到了一定的作用；同时，城市中类似"唐人街"的少数族群集聚区有利于他们保持自己的文化特征。

前述罗伯特·麦克唐纳的《创造温哥华》，探讨了温哥华城市人口特征对社会结构产生的影响。卡尔·莱特克研究了早期的埃德蒙顿对个人行为的约束，发现个人行为在许多领域里受到很大的限制。还有学者研究19世纪的多伦多后发现，该城市新教徒占据多数这一特点，导致爱尔兰罗马天主教会为了抵制被同化而有意识地保护自己的文化传统。这一研究暗示，假如这些天主教移民生活在新教环境并不明显的乡间，他们维护自己宗教和文化的愿望就不一定如此强烈。

此外，这种研究把视野扩展到城市之外，从人口变化、人口流动、职业结构和社会地位变化四个方面考察城市及其所在地区的社会结构，说明城市与乡镇的不同以及后者的城市化倾向。例如，弗莱德·丹姆斯（Fred Dahms）研究了1891—1981年安大略省西南部小定居点的变化，发现一些城市（urban）因素一旦向小城镇和村庄扩散，乡村就开始了城市化进程。①

戴维·加甘（David Gagan）对19世纪多伦多附近的皮尔郡（Peel County）及其辖区内的布兰普敦（Brampton）村庄做了比较研究。②该村庄在1851年以后的十几年里成为一个拥有2000"城里人"的城镇。他将城市化视为一种独立的力量，从出生率、结婚年龄和人口持久性三个方面对布兰普敦与整个皮尔郡做了比较，发现它在形式、结构以及个人的生活节奏和经历方面，都明显摆脱了乡村性质。

查德·加菲尔德（Chad Gaffield）认为，希望理解"城市作为过程"的学者不能只关注城市经验，还必须了解城市发展所处的农村和小城镇背景；不仅要

---

① Fred Dahms, "The Process of 'Urbanization' in the Countryside: A Study of Huron and Bruce Counties, Ontario, 1891-1981", in *Urban History Review*, Vol.12, No.3, 1984, pp.1-18.

② David Gagan, *Hopeful Travelers: Families, Land and Social Change in Mid-Victorian Peel County, Canada West*, University of Toronto Press, 1981.

从居住的角度，更重要的是要从行为和心理的角度来看待城市化，把目光集中在城市发展对19世纪个人经历和思想的影响。他说，比较方法和地理整合的视角有望促进对这种影响的理解。[①]

　　显而易见，上述各种方法各有独到之处，但都不能单独地描述和解释加拿大的城市史。因此，需要把这些适用于城市史各个侧面的方法综合地加以利用，才能观察到城市发展过程的全貌。

　　例如，分期方法有助于观察城市前后的变化。在19世纪资本主义处于家族阶段时，它的发展与所在的城市联系在一起，即所谓的权力（力量）分配以空间为基础。因此，家族公司及其代理人——政府成为城市兴衰的决定者。而20世纪资本主义进入法人公司阶段后，法人公司受到不同地方的股东们的控制，权力（力量）的分配变成以社会为基础。因此，一个城市的工商业阶层对城市程度控制程度大大降低。

　　又如，城市发展的各个时期以及不同类型的城市，都存在着一个都市与腹地或城市（镇）之间关系的问题，腹地对都市来说也是十分重要。历史较长的魁北克、哈利法克斯和圣约翰三个城市之所以现在的地位不如"后起之秀"的西部中心城市，一个重要的原因是它们缺少能提供资源的腹地。对各时期不同城市之间的关系的研究，除了都市主义方法外，也可以利用"力量关系法"或利用把城市（urban）视为"过程"的方法。

　　力量关系无时无处不在，所以，它能够用于把城市视为"实体"或"过程"的两种视角。而把城市视为"过程"的方法更是研究中不可缺少的一个视角，离开它就无法了解城市在推动加拿大社会发展中所发挥的作用。

　　实际上，对于加拿大学者把城市作为"实体"或"过程"的两种方法，我们可以辩证地将其统一起来。因为城市既是人类文明发展的一种产物，它反过来也推动和影响着整个人类社会的发展。

三、加拿大学者研究的主要内容

　　加拿大学者对本国城市史研究的内容，归纳起来主要包括以下几个方面。

---

　　① Chad Gaffield, "Social Structure and the Urbanization Process: Perspectives on Nineteenth Century Research", in Gilbert A. Stelter and Alan F. J. Artibise ed., *The Canadian City: Essays on Urban and Social History*, Carleton University Press, 1984, pp.263-281.

（1）城市体系的形成与演变。

（2）组织城市空间。内容包括对城市土地的使用和控制、城市规划；社会结构和人口压力对城市空间功能划分的影响；城市建筑史；城市的水、电、交通和通讯等公共设施的建立。

（3）城市社会结构和社会生活。研究城市人口结构、城市社会阶层及其对城市发展的决策产生的影响；城市族群之间的关系；城市家庭和妇女；娱乐和体育等文化生活。

（4）对城市的控制。研究联邦、省与城市三级政府在城市管理上的关系；两次城市改革运动；政治机构和城市选举；公共服务设施与政府和市场之间的关系。

加拿大的城市史研究已取得了相当的成就，为西方国家城市发展史的研究做出了贡献。这些研究从总体上解释了加拿大的城市体系和网络，揭示了城市环境中社会和族群的复杂性，指出了国家在城市发展中的促进和指导作用，加强了对"城市边疆"理论的理解。[1] 他们的贡献，从研究视角、方法和内容等方面为中国学者研究加拿大城市史提供了宝贵的借鉴。

当然，加拿大学者的研究也存在着不足。从时间跨度上看，关于1867年加拿大自治领建立之前和1945年以后的城市的研究成果相对较少。从地区上看，对大西洋沿海省城市以及对各省小城市的研究较少。法裔学者少有研究魁北克省以外的城市，英裔学者在研究中偏爱其所在的城市。从内容上看，较多的内容与社会史有关，似有城市退居到布景（setting）的位置之嫌。历史学家不容易采用复杂的社会学方法，而社会学家又往往忽视时间和地点这两个重要的历史因素。

更重要的是，城市史的研究没有形成统一的理论和方法。从方法上看，学者们没有把各种方法融为一体，以至于不能对许多课题进行综合性的研究。理论和方法的多样化具有开放性、利于创新和兼容并蓄的优点，但也不容易写出一部不同一般历史的加拿大城市发展史。因此，加拿大学者在致力于寻找一种能为大家所接受的理论和方法，吉尔伯特·斯泰尔特就是其中的一个代表。

1986年，吉尔伯特·斯泰尔特在《城市史中的力量与地点》一文中，试

---

[1] Alan F. J. Artibise, *The Evolution of Urban Canada: An Analysis of Approaches and Interpretations*, Institute of *Urban Studies*, University of Winnipeg, 1985, p.37.

图从都市主义、城市作为"实体"和"过程"、城市发展分期和城市比较五种方法中探讨权力与地点之间的关系，表明他拟利用这一概念把这些方法协调起来。1990年，他在《加拿大历史视角中的城市和城市化》一书的"总序"中，论述了人口—生态的城市化、城市体系结构的城市化和行为的城市化三个问题，试图将一些方法统一在城市化这个概念中。[①]

可以相信，在各学科研究人员的相互借鉴、相互启发和共同努力下，加拿大学者一定能弥补上述空缺，在各个领域取得丰硕的成果，也一定能确立统一的理论，从而推动加拿大城市史的研究走向成熟。

需要指出的是，进入20世纪90年代后，加拿大城市史的研究开始降温，不再举行全国性学术会议和出版论文集。在研究城市历史的人员中，少有人认为自己是城市研究人员（urbanist）；与过去不同，这些人绝大多数是历史学家。而英国和美国的城市史（urban history）研究却没有发生这种现象。一个原因是，加拿大有着不同的地理环境，城市问题也不是那么突出；另一个原因是，学者群较小，没有形成机构和制度基础。[②]希望这种状况在不久的将来能够得到改观。

四、中国学者的相关研究

中国国内对加拿大城市史的研究起步较晚，但也取得了一些成果。

在研究理论和方法方面，姜芃的《加拿大的城市史研究》一文，介绍了20世纪90年代以前加拿大本国城市史的研究状况。[③]姜芃的《西方城市史学初探》（载《史学理论研究》1996年第1期），涉及加拿大城市史学的研究方法和状况。笔者的《加拿大城市史研究概述》（载《史学理论研究》1997年第1期），对加拿大学者的相关成果做了介绍。姜芃在《城市史研究中的都市—地区理论》（载《史学理论研究》1997年第4期）中，介绍和评析了加拿大城市史研究中都市与腹地关系的理论；其《西方的社区发展》（载《北京行政学院学报》2001年第1期）在探讨社区概念方面，结合两个案例，得出社区的发展不能脱离政

---

① Gilbert A. Stelter ed., *Cities and Urbanization: Canadian Historical Perspectives*, Copp Clark Pitman Ltd., 1990, pp.1-15.

② Richard Harris, "The State of Urban History in Canada", in *Urban History Review*, Vol.50, No.1-2, pp.5-15.

③ 参见陈启能、姜芃主编：《加拿大：成功的启迪》，吉林教育学出版社1991年版，第125-147页。

府与市场的结论；其《社区在西方：历史、理论与现状》（载《史学理论研究》2000年第1期）一文，论述了20世纪下半叶魁北克省的社区从激进组织性质演变到承担政府社会服务职责的过程。

关于加拿大城市史和城市化的研究，有林玲的《加拿大城市化与城市经济的特点》（载《世界经济与政治》1993年第7期）。该文介绍了加拿大城市发展的四个阶段及其经济特征。韩笋生和迟顺芝编译的《加拿大城市化发展概况》（载《国外城市规划》1995年第3期），分为发展与成长、高速发展和稳定发展三个时期，概述了加拿大城市化发展的轨迹，说明了其城镇体系布局及其结构，从经济发展和人口增长两个方面剖析了城市化发展的动因。韩笋生的《加拿大城市发展特点》（载《国外城市规划》1995年第3期），将加拿大城镇发展分为四种类型，从城市规模、城市地区性差异两个方面论述了城镇体系，从城市用地的布局、社会结构特点入手介绍了城市的内部结构。高鉴国的《加拿大城市化的历史进程与特点》（载《文史哲》2000年第6期），探讨了加拿大城市化进程与分期，总结了当代城市发展的模式与地域特点。笔者的《略论加拿大城市的起源》（载《史林》2008年第2期），叙述了几种城镇的起源，分析了它们各自的特点及影响其初期发展的宏观和微观因素。

在加拿大的社区历史和现状方面，陈启能、姜芃主编的《中国和加拿大的社区发展》（民族出版社2002年版）一书，有7篇文章在城市理论之外，介绍加拿大社区的社会服务和社区学院的发展概况，研究了多伦多和草原省两个社区的个案、以及居民参与多元服务社区的情况。王璘的《加拿大爱得蒙顿社区及社区同盟联邦》（载《社区》2003年第2~5期），从组织形式、资金的筹集、开展的活动等几个方面追溯了两个社区组织漫长的历史，分析了社区发展的特点以及政府与社区的关系。于海的《加拿大社区生活中的公民参与》（载《社区》2005年第22期），论述了城市慈善组织的规模、年收入和资产，志愿者组织的管理模式，政府与社区服务组织的关系，以及社区中心的类别。

有一些学者通过对加拿大的实地考察，从中国社区建设借鉴加拿大经验的角度，研究加拿大社区的服务体系。其中，具有代表性的是荣跃明的《社区服务：加拿大的重要社会福利制度》（载《社会观察》2004年第11期）。该文在对素里市的澳珀辛斯社区实地考察后，结合相关文献资料写成。文中介绍了服务于社区的一些非营利组织的结构和人员状况，考察了该社区服务于弱势群体的活动，包括各级政府向社区组织提供资金。丁元竹的《加拿大的社区服务体系建设及对我国的启示》(载《中国发展观察》2006年第9期),是考察加拿大社区后提出的书面报告。它论述了加拿大社区建设的目标和成就,总结了加拿大社区服务体系建设的经验,强调志愿者组织在社区服务中的重要作用。

此外,有许多学者研究加拿大的社区学院的发展情况。曾子达于1994年在《中国高教研究》1994年第3期上发表的《社区学院在加拿大教育体系中的地位与作用》,属于国内最早研究加拿大社区学院的论文。作者认为社区学院是一种创新,主要承担技术教育的作用,社区学院也是社区教育的中心。同年,作者还发表了数篇论文和出版《加拿大社区学院》(北京大学出版社1994年版),结合实地考察的收获,在社区学院与政府的关系等方面提供了丰富的资料。朱建成的《加拿大社区学院的发展及其启示》(载《重庆三峡学院学报》2008年第1期),介绍了加拿大社区学院的概况、课程、教学和管理,以及以中学补偿教育、兴趣教育和移民语言和职业培训为内容的社区服务。何二毛的《加拿大社区学院职业教育的经验与借鉴》(载《职业教育研究》2008年第6期)一文,介绍了社区学院的产生与发展、基本功能和管理体制等。黄日强的《加拿大企业参与社区学院职业教育研究》[载《安徽商贸职业技术学院学报(社会科学版)》2012年第3期],叙述了企业参与课程设置、捐助资金和设备、提供实习场所和提供奖学金等活动,包括保障企业参与职业教育的措施。皮国萃的《加拿大社区学院行政管理体制研究》(载《重庆高教研究》2014年第2卷第3期),从政府拨款等外部因素和校长、董事会职权等内部因素论述了社区学院的行政管理体制。吴薇、李文的《加拿大社区学院教师发展机构的支持及启示》[载《扬州大学学报(高教研究版)》2016年第5期],以安大略省的汉博学院为例,论述加拿大社区学院对教师队伍尤其是对新入职的教师的培养。郑璐、高益民的《加拿大社区学院学士学位制度保障研究》(载《高教探索》2017年第5期),考察了20世纪90年代以来不列颠哥伦比亚省5个社区学院学位授权资格的状况,分析了各省的相关立法、质量评估和项目审批。年艳、徐峰、邵春玲的《加拿大社区教育发展对我国的启迪与借鉴》(载《职教论坛》2019年第9期),以安大略省社区学院为例,介绍社区学院的学生特征、学习投入、学习成果和毕业后雇主对学生的满意度四个阶段的教育评估体系。赵秦的博士学位论文《"战后"加拿大社区学院发展研究》(河北大学,2022年),分四个时期梳理了加拿大社区学院的发展脉络:50年代初建时期的成就与不足;60—70年代各省社区学院的迅猛发展;70年代中期至80年代末主要解决因政府资助减少而带来的困难；90年代以来开始的向学位教育、终身学习、加快国际化步伐等方向的转型。

国内还有一些学者研究加拿大的城市管理。范迪军在《加拿大城市化可持续发展的考察与思考》（载《中国科技信息》2005年第4期）一文中，从"人才引进式"的移民政策、参与国际分工的城市第三产业培育政策、开放的城市公共产品投资机制的角度，论述了加拿大城市化持续发展的原因。胡世钦的《加拿大城市管理面面观》（载《城市管理与科技》2008年第2期），从以人为本的管理理念、以市民需求为管理标准、以完备的法律法规为管理保障体系几个方面，探讨了加拿大城市管理的经验。加拿大学者苏珊·马哈诺维奇（阮宇冰译）的《多元文化城市缩影：加拿大多伦多》（载《世界民族》2001年第1期）一文，对20世纪90年代多伦多大都市的少数族裔移民做了研究，分析了他们与主流社会的关系。严宁翻译的加拿大学者Lucia Lo和Zhixi Cecilia Zhuang的文章《移民，社区与城市规划》（载《国外城市规划》2005年第2期），认为越来越多的城市少数族群移民在居住、开业和宗教活动等方面存在着不同，城市规划应当重视他们的反馈并让其参与社区规划。赵雅文的硕士学位论文《当代加拿大城市社区治理的问题与镜鉴》（青岛大学，2022年），认为加拿大城市社区居民、自治组织、志愿者和非营利组织构成了城市社区治理的主体，政府是部分资金的提供者和社区治理的监督者。论文还提到了目前城市社区治理存在的一些问题。

国内还有一些学者研究加拿大的社会住房政策。秦璋、何韶的《加拿大政府的住房政策与管理办法》（载《全球科技经济瞭望》1986年第8期），徐雯的《加拿大多伦多市低收入者住房保障政策》（载《住宅科技》2006年第1期），都研究加拿大社会住房政策现状以及可借鉴的经验。詹浩勇、陈再齐的《加拿大社会保障住房的发展及其启示》（载《商业研究》2012年第4期），重点探讨了保障住房的主要形式——城市政府拥有的公共住房、公共和私人性质的非营利住房，以及社会团体的合作住房。李进涛、孙峻和李红波的《加拿大公共住房PPPs模式实践与启示》（载《管理学研究》2012年第10卷第2期）一文，研究了加拿大城市政府在资金缺乏的情况下所采取的公私合作伙伴关系模式，认为这种公共住房建设的新模式可以让公、私两种部门各自发挥自己的特长。笔者的《加拿大联邦政府社会住房政策的历史演变》（载《世界历史》2014年第4期）一文，论述了加拿大住房政策的演变及在此过程中显示出的一些特点；

另一篇《加拿大内城区域的绅士化及其社会影响》(载《史学理论研究》2015年第1期),研究了20世纪80年代以来一些城市的中产阶级从郊区而迁入市中心居住的"绅士化"现象。

章云泉的《加拿大城市交通》(载《广东工业大学学报》2000年第1期)一文,研究了加拿大城市中的公共汽车、地铁、轻轨等交通工具,分析了城市轨道交通和城市之间交通的特点及其作用。章建庆、施勇的两篇文章——《加拿大温哥华城市轨道交通(上、下)》(载《交通与运输》2016年第5、6期),介绍了1999年完成的大温哥华地区(Metro Vancouver)的综合交通体系(Trans Link),指出其空中列车(高架轻轨 Sky Train)作为公共交通的支柱,连接温哥华和其他一些城市,并通过公共汽车接驳一些港口和城市。文友华、范俊芳的《城市公园参与健康城市建设的经验探索——以温哥华为例》(载《中国园林》2021年第2期),特别指出加拿大城市将公共体育设施的管理纳入城市公园管理体系:公园以体育活动为基本功能,多设有冰球馆、游泳馆等大型体育场馆;球类等较小的运动场所的设置在社区中心。

可以说,我国学者在许多方面对加拿大城市的研究取得了大量的成果,然而美中不足的是从历史的角度进行的研究较少,从而难以系统和全面地观察到加拿大城市发展的整个历程。本书拟在借鉴加拿大和中国学者的研究成果的基础上,利用所能收集到的文献和资料,对加拿大城市史及城市化做一初步的研究,期待为我国的城市的发展和社区的治理提供有益的经验。

本研究获得教育部人文社会科学研究项目的资助,著作的出版得到了山东大学"考古与历史学一流学科建设资助"基金的支持,谨此表示诚挚的感谢。

目 录

第一章 加拿大城市的起源

　　加拿大最早是印第安人和因纽特人的栖息地，他们足迹遍及整个加拿大。16世纪初开始的欧洲人的探险和毛皮贸易带来了法国和英国的殖民活动，将加拿大变了一个先后由法裔和英裔主导的国家。法国和英国殖民地从东向西进行疆域的扩展和经济开发，城市（镇）的出现和成长与之同步进行。从17世纪初法国芬迪湾建立罗亚尔港（Port Royal）起，经过18世纪末和19世纪初英国在安大略省和大西洋沿岸地区建立城镇[①]，到19世纪80年代西部城镇的兴起，再到自19世纪末以来主要出现在一些省北部地区的资源城镇，前后用了数百年的时间。它们在不同的政治、经济和自然条件下，形成了带有鲜明特征的四种类型。本章拟通过研究这些城市的起源，考察它们其建立的时代背景，探讨决定其兴起和早期发展的诸多因素。

　　对于可称作"城市"（urban）的地方，在不同的时代和不同的国家有不同的界定。加拿大学者通常以人数作为一个重要的标准，把历史上人数达到1000以上的居民点称作城镇地点；还有人提出它应具有金融、中学、律师、医疗和报刊机构，能够向周边地区提供经济、社会和文化服务。[②] 本章采用这种标准。城市既是人类文明发展的产物和标志，也是推动其发展的一种力量。从某种意义上说，城市是整个社会的一个缩影，其内容涉及政治、经济、社会和文化等各个方面。因资料所限，本章主要从政治和经济两个方面对具有代表性的城市进行论述。研究城市的起源还应当包括其初期的发展状况，以便能够准确地把

---

　　① 历史上安大略省属于魁北克殖民地，1791—1840年它称"上加拿大"，现今的魁北克省称"下加拿大"。1841—1867年，二者合并为加拿大联合省。此后一分为二并使用现名。除特殊情况，本书一律称安大略省和魁北克省。

　　② Jacob Spelt, *Urban Development in South-Central Ontario*, Carleton University Press, 1983, p.140. 对加拿大学者产生影响的美国学者简·雅各布认为，城市从自身的经济中得到发展，而城镇做仅仅依赖于本地区原材料的出口和外地工业品的进口。

握它们的特征。

一、加拿大城市起源的几种类型

加拿大城市的起源可以粗略地分为四种类型，它们是法国的殖民城镇、英国殖民时代的城市、西部的城镇和资源城镇。

（一）法国的殖民城镇

法国在殖民活动中建立的城镇或居民点有罗亚尔港（1604年）、魁北克城（1608年）、三河城（1634年）、蒙特利尔（1642年）、路易斯堡（1713年）等。

1604年，"新法兰西之父"塞缪尔·尚普兰在大西洋海岸建立了欧洲最早的居民点。它位于圣克劳斯（St. Croix）岛上，在现今美国缅因州与加拿大新不伦瑞克省边境的东侧。由于地理位置过于暴露而不利于防守，次年居民点转移到芬迪湾对面，在现今新斯科舍省安纳波利斯河的出海口建立了罗亚尔港。它虽然是一个港口，但最初的布局形同欧洲中世纪布防的修道院，四周有树干做成的高高的围栏。在1710年英国占领这个地区之前，罗亚尔港是阿卡迪亚殖民地的首府。1613年，它被来自弗吉尼亚殖民地的海盗摧毁后，向上游后撤8公里重建。1713年英国夺走这个地区后，将其改名为安纳波利斯-罗亚尔（Annapolis Royal）。[①]

1608年，尚普兰在圣劳伦斯河接近出海口的地方建立了魁北克城。它位于该河的西岸边，17世纪在峭壁的"高城区"建成了耶稣会士修道院（1625年）、乌尔苏里纳派修道院（1624年）和神学院（1663年）等教会建筑，还有行政部门的建筑和官员们的宅第，四周有城墙环绕。"低城区"为港口、商业区和居民区。在这里，河面宽度收缩到不足1000米，印第安语"魁北克"的意思就是"河流变窄处"。魁北克城可以扼守着这条通往内陆水路的咽喉要道，战略意义十分明显。

1634年，法国殖民政府在圣劳伦斯河的上游与圣莫里斯河（Saint-Maurice River）的交汇处建立了一个毛皮贸易商栈。该河汇入圣劳伦斯河的地方，分流形成三个河口，因而将其称为"三河城"。1665年，它成为地区政府的所在地，

---

① 同时，英国也将阿卡迪亚改名为新斯科舍，意为"新苏格兰"。1749年，英国建立了哈利法克斯，取代安纳波利斯作为这个殖民地的首府。

1697年有了第一所教会学校，教会向印第安人和梅蒂人传教。

1642年，在渥太华河和圣劳伦斯河交汇处附近的一个岛屿上，建立了蒙特利尔城。据说，雅克·卡蒂埃于1535年沿圣劳伦斯河逆流而上时，来到河中的一个岛屿。他被岛上的一座美丽的小山所吸引，爬上去后，给它起名为"皇家山"。蒙特利尔城就是因这座小山而得名。[①] 该城最初是稣尔比斯会的一个传教站，管辖周边地区；逐渐地，它成为一个贸易和军事中心，具有防御功能。

1713年，法国在与英国的争夺中丢掉了大西洋沿海的阿卡迪亚地区，唯一保留了圣劳伦斯河入海口的布雷顿角。为了防御英国海军的进攻，法国殖民政府在上面修建了一个军事要塞——路易斯堡。这个要塞于1745年完工，呈五边形状，拥有4个堡垒和5公里长的城墙，城外还建有许多防御工事。根据设计，它可以驻扎4000名士兵，抵御从海上对法国殖民地的攻击。

1701年，法国殖民政府在现今美国的底特律建立了毛皮贸易商栈——庞查特伦（Fort Pontchartrain）。此前不久，它在密西西比河中游的圣路易建立了一个商栈，1718年在密西西比河出海口的新奥尔良建立了毛皮贸易商栈。这些地方或与大湖相邻，或位于密西西比河的重要位置，因而都具有战略意义。商栈的设计类似为防御敌人进攻而建的法国城镇。

法国殖民地的人口相对集中在城镇及其周围。17世纪，"新法兰西"三分之一的人口集中在魁北克和蒙特利尔城周围。18世纪，人口开始分散。1700年，魁北克有2000人，蒙特利尔大约有1000人，两个城镇占了新法兰西人口的20％。[②] 逐渐地，魁北克作为新法兰西的首府，成为殖民地的政治和宗教中心。蒙特利尔的地理位置和自然条件，使之主要从事毛皮和其他贸易。路易斯堡除了军事功能外，还与西印度群岛有贸易往来，同时也是北大西洋的一个渔业中心。实际上，这些城镇分别作为法国城市体系的附属，把殖民地的毛皮集中后运往法国，把换取法国的工业品带回殖民地销售。村庄集中在不多的几个城镇周围，城镇之间很少有村庄存在。因此，这些城镇缺少必要的乡间人口和农业经济活动作为自己有力的支撑，各城镇之间的关系也不密切，没有形成以一个城镇为中心的城镇体系。

---

① 法语Mont Réal的意思是皇家山，相当于英语的Mountain Royal。该城的中文属于音译。蒙特利尔岛面积为492平方公里，蒙特利尔市在岛上的东南位置。

② Gilbert A. Stelter ed., *Cities and Urbanization: Canadian Historical Perspectives*, Copp Clark Pitman Lid., 1990, p.26.

总体看来，法国殖民城镇作为西欧列强殖民扩张的产物，表现出两个突出的特点：一是所在的地理位置属于具有战略意义的水上交通要道，带有防御对手（包括印第安人）侵扰的城堡性质；二是作为殖民地的支撑点，一方面推动疆界的扩大和从事贸易活动，一方面带动欧洲移民的到来。

（二）英国殖民时代的城镇

1763年，法国在"七年战争"中落败，把"新法兰西"拱手让给英国。然而不久，北美十三殖民地取得独立，英国不得不经营其所谓的"北美第二帝国"。早在1749年，英国在大西洋海岸建立了哈利法克斯。彻底战胜法国后，它开始在加拿大建立一些新的居民点，包括1784年建立的圣约翰和弗雷德里克顿。在现今的安大略省境内，建立了金斯顿（1784年）、汉密尔顿（1786年）、约克（1793年）、伦敦（1793年）和渥太华（1826年）。

北美独立战争中，有4万继续效忠英国国王的"效忠派"移居加拿大，其中大约3万人来到大西洋海岸地区。于是，1784年从新斯科舍殖民地分出新不伦瑞克殖民地，弗雷德里克顿成为它的首府，1848年获得城市建制。同时，"效忠派"还在圣约翰河河口建立圣约翰城，但由于担心在海边容易遭到美国军队的进攻而没有将其选作首府。同样，出于军事防御的目的，弗雷德里克顿设有军营，保留下来的军事建筑现在成为市中心的一个旅游观光景点。圣约翰建立时人口达到1万人[①]，也有少量的军队驻扎在附近的要塞。同期，在新斯科舍殖民地还建立了舍尔伯恩、圣安德鲁和悉尼等城镇。

1749年英国在新斯科舍殖民地建立的哈利法克斯既是首府，也是一个海军基地，它在英国与法国进行殖民地争夺中发挥了重要作用。英国夺取"新法兰西"后，它逐渐发展航海贸易和木材加工业，金融业有了一定的基础，1848年设市。

大约有1万名北美十三殖民地的"效忠派"抵达现在安大略省的南部，逐渐建立了一些村镇。其中，最早出现的是安大略湖和圣劳伦斯河交汇处的金斯顿。它最初是一个避难所，地理位置使之在1812年"英美战争"中成了英国

---

① Gilbert A. Stelter & Alan F. J. Artibise ed., *The Canadian City: Essays on Urban and Social History*, Carleton University Press, 1984, p. 15. 不过，也有论著说1785年只有3500人，1810年才达到4500人。见 T.W. Acheson, *Saint John: The Making of a Colonial Urban Community*, University of Toronto Press, 1985, p.10.

海军五大湖区舰队的基地，与美国舰队争夺对安大略湖的控制。19世纪30年代，上加拿大省政府在这里建立了亨利要塞，保护着安大略湖与圣劳伦斯河之间的里多运河。1841年上、下加拿大合并为加拿大联合省之后，金斯顿从1841年至1844年作为它的首府。由于英国殖民政府感到它所处的位置容易受到美国的攻击，故于1845年将首府迁到蒙特利尔。[①] 这样，金斯顿的发展受到了影响，尽管它在1846获得了城市建制。

1786年，汉密尔顿有了一定数量的居民。1812年"英美战争"后不久，一位富商的儿子乔治·汉密尔顿从一位英国人手中购买了周边的土地。他后来将整片土地销售给省政府，在上面建设了法院和监狱。结果，省政府在这里设立戈尔区，中心城镇取名汉密尔顿。[②] 最初，汉密尔顿发展很慢，直到1832年才建成一座永久监狱，次年设置第一个治安委员会（Police Board），1846年获得城市建制。

1793年，地处安大略湖西部北岸的约克被上加拿大省督锡姆科（Simco）指定为首府，设计图中有两条道路——向西的邓达斯街（Dundas Street）和向北的央街（Yonge Street）。最初，它只有10个街区，1797年在附近建立了一个要塞。实际上，从1793年到19世纪50年代，英国一直在此驻扎着军队。19世纪初，为了培植一个贵族阶层，省督锡姆科把南郊至安大略湖港口之间的地块和北郊的3200英亩的土地授予军政官员，期待这些土地开发和销售给他们带来财富。[③]

在1812年的"英美战争"中，约克遭到美军的攻击，在失守的5天中，上加拿大殖民地议会大厦被焚毁。1934年约克设市，改称多伦多。

上加拿大西南部有一条河，被命名为泰晤士河，在岸边建立了一个要塞。1793年，上加拿大总督曾建议将这里设为首府，因此获得"伦敦"地名。然而，由于它的地理位置较为偏远，直到1801年才开始有了欧洲居民。1826年，伦敦成为一个村庄，1840年升格为城镇，1855年设市。它逐渐成为安省西南农业地区最大的城市——地区中心城市，现在按人口排序是加拿大的第15大城市。

---

① 1849年以后，加拿大联合省的首府从魁北克市与多伦多市之间轮换，直到1857年将渥太华设为首府。

② John C. Weaver, *Hamilton: An Illustrated History*, James Lorimer & Company, Publishers, 1985, pp. 15-16.

③ Gilbert A. Stelter & Alan F. J. Artibise ed., op. cit., p.17.

渥太华位于渥太华河畔，1800年在河北岸建立的居民点叫作赫尔（Hull）。1826年，里多运河的工程指挥部设在南岸，次年获得镇的建制，取名拜城（Bytown）。随着人口增加，1855年拜城设市，改称渥太华。在印第安人语言里，渥太华的意思是"交易"。1857年，英国女王将该城市指定为加拿大联合省的首府，1867年加拿大自治领建立时它成为国家的首都。

可以看出，英国殖民时代的城镇具有一个突出的特征，即它最初仍具有半军事和移民桥梁的性质，城镇的一般职能只是后来得到越来越大的发挥；城镇作为整个殖民地的主要节点，逐步发展成中心城市。

与法国殖民城镇一样，这一时期的城镇仍选择水上交通或毛皮贸易商路作为它们的所在地，并都有要塞和兵营。军营不仅带来安全，士兵们的消费也为城镇附近出产的农、副产品提供一定的市场，成为促进城镇人口增长和农业发展的一个重要因素。但是，随着社会经济的发展，地理位置、商业和政治因素在城中的作用越来越大，毕竟城市作为拓展和开发殖民地的一个重要途径，其工商业职能最终要得到充分的发挥。

新不伦瑞克殖民地的圣约翰就是一个典型。它位于圣约翰河河口，作为一个港口城市，它很快超过了得到政府支持的首府弗雷德克和其他城镇。至1815年，圣约翰吸纳该殖民地的多数工商业者，此后数十年中进口了该殖民地80%的货物。[1] 1825年，它有了制造业，从一个依赖于商业的城市开始变成一个"工匠的工场"。1830年，圣约翰建立了加拿大较早的银行——新不伦瑞克银行，1838年发行了加拿大第一个廉价报纸《一便士报》，1842年建立了加拿大第一个公共博物馆。

同样，多伦多的政治和商业功能的发挥，使之在规模和地位上超过了上加拿大省的军事重镇金斯顿。1820年，金斯顿有2300人，约克只有1250人。[2] 1834年，约克设市而改称多伦多时，已经拥有9000人口，规模超过了金斯顿。[3] 1827年，多伦多大学建立。19世纪40年代，多伦多的工商业地位进一步

---

① T.W. Acheson, *Saint John: The Making of a Colonial Urban Community*, University of Toronto Press, 1985, p.23.

② Jacob Spelt, *Urban Development in South-Central Ontario*, Carleton University Press, 1983, p.45.

③ 美国在运河体系和铁路建设方面都早于加拿大，将货物从纽约运往欧洲的成本低于圣劳伦斯河上的蒙特利尔港口。19世纪50年代，加拿大联合省西部的小麦更多地被吸引到纽约至欧洲的海运线，这削弱了金斯顿水上运输枢纽的地位。

加强，主要街道有了煤气灯和排水管道。1833年，它有了定期往返周边城镇的公共马车。汽船经水路将其与金斯顿连接，陆地上的邓达斯街和央街将其与西部和北部的村镇连接：西到汉密尔顿，北至锡姆科湖畔，东到安大略湖的昆特湾，形成了连接农业腹地的交通网。50年代修建的铁路，把其与蒙特利尔、纽约、底特律和芝加哥连接起来。

此时的城镇的空间布局，体现出当时的社会结构。例如，在哈利法克斯，工商业者居住和经营活动集中在城市中心，而较低的社会阶层则住在郊外；在多伦多，社会上层在靠近市中心的安大略湖湖畔拥有大量的土地。由于在郊外和乡间容易获得土地，社会上层人士并不像在欧洲那样把土地作为重要的投资对象，他们把资金主要投在城市里——城市土地和工商业。19世纪40年代，殖民地的城市普遍获得建制，成立的城市政府拥有了一定的自治权力。虽然总体上城市听命于殖民地政府，但工商业者进入城市议会，能够在一定程度上按照自己的意愿管理城市。

19世纪20年代，主要城镇开始从商业对周边地区形成辐射；与此同时，一些附属的小城镇和村庄随着农业的开发而建立起来。结果，即使把小城镇包括在内，此时的城镇人口比例也低于法国殖民地时代。1851年，多伦多拥有人口3万人，汉密尔顿有1.4万人，金斯顿有1.1万人，渥太华和伦敦的人口分别为7千人。这5个城市占原上加拿大人口的7.5%，1000至7000人口的小城镇占了6.5%，二者合计占了全省人口的15%。圣约翰占了新布伦瑞克殖民地人口的11%，小城镇占3%，合计为14%。哈利法克斯占了新斯科舍殖民地人口的7.5%[1]，集中了该殖民地所有的城市人口。这些数字表明，城市的周边地带得到了开发，出现了大量的农业人口。

小城镇无力制造居民所需要的消费品，只能依赖于中心城市的英国工业品批发商。最初，原上加拿大殖民地的5个主要城镇没有一个能获得中心城市的地位，19世纪30年代，多伦多地位上升后成为地区的中心城市，如同原下加拿大的蒙特利尔和新不伦瑞克的圣约翰。不过，多伦多和圣约翰一样，在工商业和金融方面依赖于蒙特利尔，许多公司是设在蒙特利尔总部的分支机构。此时，蒙特利尔是加拿大中部和东部城市群的核心。

---

① A. R. McCormack & Ian Macpherson, *City in the West*, Natural Museums of Canada, 1975, p.276.

19世纪中期,殖民地的木材和谷物等大宗商品需要水路和铁路运输,同时也需要城镇的储存设施和商业机构,通过它们把大宗商品输往国外。这样,城市伴随着殖民地的经济和贸易的发展而不断成长。随着城市面积的扩大,1861年,蒙特利尔和多伦多的街头出现了马拉的轨道车;圣约翰在1866年、其他大城市在19世纪70年代也都有了类似的公共交通系统,城市面积随之扩大了一倍。

作为纽芬兰省省会的圣约翰斯,在16世纪欧洲渔民跨大西洋捕鱼时代只是一个补给站,17世纪初有了长期居住的英国人。17—18世纪,它一直作为纽芬兰渔场的商业和服务城镇。17世纪中期,纽芬兰一度被荷兰占领,此后英法两国多次对它进行争夺,直到1762年以后完全由英国控制。1815年,纽芬兰拥有1万居民,但直到1888年才设置地方政府,圣约翰斯作为它的首府,1912年获得城市建制。

(三)西部城镇

1870年之前,哈德孙湾公司在加拿大西部草原地区开展毛皮贸易。它在这片"鲁珀特封地"上设置的第一个商栈是1774年建立的坎伯兰豪斯,其中最重要的商栈之一是埃德蒙顿。该公司收集萨斯喀彻温地区印第安人手中的毛皮,分发来自温尼伯的日用品,在管理和商业方面发挥着重要的作用。19世纪中期,西部草原地区大约有7.3万人口,他们中绝大数是印第安人,不能被称为城市居民。但是,一些商栈对城镇的出现起到了推动作用,温哥华岛上的毛皮贸易中心维多利亚商栈就是其中的一例。

维多利亚商栈于1843年由哈德孙湾公司设立。此地印第安语的原名意思是"猛水之地"(rush of water),公司最初将其命名为卡莫森堡(Camosun Fort),1846年为纪念英国女王而改为维多利亚堡。1849年温哥华岛殖民地建立后,它成为首府,1852年改称维多利亚。1858年,它对面的大陆发现了金矿,维多利亚成为支持淘金业的一个中转港口和物品供应基地,因而得到很大的发展;其人口从几百人增长到数千人,1862设市。不列颠哥伦比亚殖民地在1966年合并温哥华岛殖民地后,维多利亚仍被选为新殖民地的首府。1865年,英国海军在此设置太平洋舰队的基地,1871年以后它一直是加拿大西海岸舰队的基地,还出现了造船业。然而,1885年"加拿大太平洋铁路"完工后,维多利亚的工商业地位逐渐为大陆上的温哥华所取代,旅游业成为城市发展的主要支柱。

温尼伯地处阿西尼博因河（Assiniboine River）与雷德河（红河）的交汇处，18世纪初印第安人和"梅蒂人"开始在此定居。18世纪末，哈德孙湾公司和西北公司都在这里建立了毛皮贸易商栈。1821年，两个公司合并后，1835年建立了加里堡（Port Garry）商栈。其北边有一个温尼伯湖，在印第安人克里语里是"浑水"之意，19世纪60年代成为一个小的商业中心。1870年，曼尼托巴省加入加拿大自治领，它被定为省会，只有大约100名居民。1873年设市时，梅蒂人议员詹姆斯·麦凯将其命名为温尼伯。当时拥有1600人，但是在"加拿大太平洋铁路"修建后人口迅速增长，1901年达到4万人。

在西部，除了维多利亚和温尼伯是"北美第二帝国"的产物外，主要城镇都是加拿大自治领建立后，在1881—1885年"加拿大太平洋铁路"的修建过程中出现。

温尼伯以西的第一个城镇是布莱登，1881年被划定为一个镇区。[①]"加拿大太平洋铁路"在此经过的消息传播后，移民纷纷涌入，使之未经过村庄和城镇阶段而直接获得城市建制（1882年）。1886年，它有2348人，1916年增长到15215人。

里贾纳于1882年成为一个居民点，又称"维多利亚女王"（Victoria Regina），[②]后来名字中只保留Regina（里贾纳）。1883年，里贾纳被选为西北领地的新首府，同年获得城镇建制。1903年升格为城市，居民不到3000人。1905年，萨斯喀彻温省从西北领地分出后，它作为该省的省会，1916年人口达到26127人。

穆斯乔位于里贾纳以西，地处穆斯乔河与桑德河的交汇处，由于充足的水源可供火车头加水，1881年被"加拿大太平洋铁路"公司选为一个分区的中心车站。1883年，它建立一个大坝蓄水，次年有了居民，1901年有1558人，1903年设市。1916年，穆斯乔的人口增加到16934人。

斯威夫特卡特伦位于穆斯乔以西，1883年建立居民点，1904年设置为村庄，1907年获得城镇建制，人口550人。1914年，它升格为城市，1916年拥有3181名居民。

---

① 镇区（township）只是确定一个区域，随着居民的不断到来，区域内会出现一些居民点。它们有的逐渐成为村庄，再发展成城镇甚至城市。

② Regina在拉丁文中的意思是女王。英国维多利亚女王的女儿路易斯公主嫁给加拿大总督，她以母亲的名字命名里贾纳。

麦迪森哈特（Medicine Hat，医术帽）位于斯威夫特卡特伦以西，名字是印第安语"Saamis"的英文意译。印第安人巫医戴着用鹰尾羽毛做的头饰，被称作"医术帽"。1883年，"加拿大太平洋铁路"修到此地后，按照英文意译命名为Medicine Hat。它于1894年设为村庄，1898年获得城镇建制，1906年升格为城市，1916年拥有9272名居民。

卡尔加里在梅迪森哈特以西，最早是一个要塞，1875年成为西北骑警队的一个驻扎点，保护毛皮贸易。1883年，"加拿大太平洋铁路"在此修建了一个车站，卡尔加里开始成为一个重要的商业和农产品销售中心。1884年，它获得城镇建制，1894年设市，人口接近4000人。1916年，卡尔加里的人口增加到56514人。随着联邦政府以低价大面积出租400平方公里的土地用于畜牧农场，卡尔加里很快成为牲畜销售和肉类加工中心。

班夫位于卡尔加里以西，坐落在落基山脉的东坡上，1884年有了居民。出生在苏格兰的"加拿大太平洋铁路"公司总裁班夫，用自己家乡的名字命名此地。1887年，联邦政府将班夫西北673平方公里的一块土地列为国家公园，使之成为加拿大一个著名的旅游胜地。

坎卢普斯位于班夫的西南方，坐落在落基山脉中。它最早是哈德孙湾公司的一个毛皮贸易商栈，1858年开始的淘金热和19世纪80年代的"加拿大太平洋铁路"的修建促进了它的发展，于1893年设市。

温哥华原来是不列颠哥伦比亚殖民地政府在1870年划定的一个镇区，为了纪念英国殖民部大臣而用他的名字命名为格兰维尔。它最初只有一个村庄的规模，由于具有太平洋海岸深水港的地理优势，被"加拿大太平洋铁路"选为西部终点站的所在地。1886年，格兰维尔正式设市，改称温哥华。[①]温哥华于1881年约有1000名居民，1900年增加到2万人，1911年上升至10万人。[②]

埃德蒙顿最初建立在"加拿大太平洋铁路"的支线上，即从卡尔加里向北至埃德蒙顿的铁路。1892年，埃德蒙顿获得城镇建制。1901年拥有700人，1904年增加到8350人。1905年，阿尔伯达省从西北领地分出，埃德蒙顿成为该省的省会；同年，另一条横跨大陆铁路——"加拿大北方铁路"在埃德蒙顿

---

① 该名称是为了纪念1791—1795年在太平洋航行的英国海军军官乔治·温哥华，他曾于1792年抵达此地。

② Chunck Davis & Richard von Kleist, *Great Vancouver Book: An Urban Encyclopedia*, Linkman Press, 1997, p.78.

设置车站，促进了该城市的发展。1912年，该市与北萨斯喀彻温河南岸的斯特拉斯科纳（Strathcona）合并，人口在1914年猛增到72516人。

1882年，多伦多的"戒酒殖民协会"（Temperance Colonization Society）为了逃避烈酒贸易，在西部草原建立一个"无酒社区"。它在南萨斯喀彻温河两岸获得了一块21平方英里的土地，起名为萨斯卡通。次年，这个协会的成员乘坐"加拿大太平洋铁路"的火车或乘坐马车抵达该地。1903年，萨斯卡通获得城镇建制，1906年合并附近的两个村庄而成为城市，拥有4500人口。[1] 1916年，增加到21048人。

由以上可以看出，除了维多利亚外，西部其他所有城市的出现和发展都直接或间接地与"加拿大太平洋铁路"的修建有关。这些城镇不再像东部城镇那样位于水上交通要道，而是分布在铁路沿线；对城镇所在地做出选择的不是政府官员，而是"加拿大太平洋铁路"公司的管理层。那些修建车站的城镇的布局，也由"加拿大太平洋铁路"公司决定，铁路公司影响着城镇的早期发展。这是西部城镇初建时的一个特点。它们在带动西部移民的同时，其本身的发展在很大程度上也取决于周边地区的农业开发。这是其第二个特点。

迄止1871年，西部草原地区没有城镇，只有哈逊湾公司的一些商栈。至1901年，草原地区有了3个城市、25个城镇和57个村庄，人口达到近42万人，分布在"加拿大太平洋铁路"两旁，以及分别把埃德蒙顿、萨斯卡通和曼尼托巴湖地区连接在一起的三条铁路支线附近。同年，西部城镇人口占了该地区全部人口的24.6%。但是，城镇规模小，82.2%城镇的居民不足2000人，它们仅拥有全部城镇人口的6.9%，只有8个城镇超过2000人，占草原地区全部人口的16%。

1911年，草原上的城市化进程取得了更大的进展。该地区人口猛增到1322709人[2]，拥有5000人的城市达到12个。其中，温尼伯人口超过13万。城镇数量的增加，使城镇人口的比例增加到35%。1916年，城市增加到17个，城镇增加到150个，村庄增加到423个。[3] 此时，草原人口仍集中在城镇。1916

---

① Jeff O'Brien, Ruth W. Millar & William P. Delainey, *Saskatoon: A History in Photographs*, Coteau Books, 2006, p.88.

② Alan F. J. Aritibise ed., *Town and City: Aspects of Western Canadian Urban Development*, Canadian Plain Research Center, University of Regina, 1981, p.10.

③ Gilbert A. Stelter & Alan F. J. Artibise ed., op. cit., p.152.

年，西部的城市、城镇和村庄人口的数量分别是40.8万人、12.1万和7.6万人；与1901年相比，三者人口增加的幅度分别为7倍、2.78倍和3倍。[①]

西部自然环境适于农业经济，西部城镇是农业人口的中转站，同时在商业、运输、金融和法律等方面为乡村居民提供服务。而农民对这些服务的依赖，反过来促使城市机构和人口数量的增加。因此，周边地区农业开发的程度成为决定一个城镇发展的重要因素。1914年，里贾纳、卡尔加里、埃德蒙顿和萨斯卡通加入温尼伯的行列，成为西部地区的中心城市。1911年，它们分别占了本省城市人口的6.1%、11.7%、6.7%、2.4%、29.5%。[②] 前4个城市的崛起与周边出现大量的乡村居民点有密切的关系，而温尼伯除了这个因素外，它还是西部的交通枢纽、谷物交易中心和工业品的批发中心，也有了制造业。这些条件使其人口从1881年的8000人迅速增加到1913年的15万人，成为加拿大的第三大城市。[③] 位于太平洋海岸的温哥华虽然不属于西部草原城市，但它是"加拿大太平洋铁路"建设的产物，其发展与西部有密切的关系。此期间，它也是一个中心城市，占了该省人口的三分之一。

（四）资源城镇

加拿大的经济发展在很大程度上依赖于森林、矿产和石油等资源的开发，资源城镇体现这一经济特征。自19世纪末以来，在加拿大的森林、矿产等资源的开发和加工地区，出现了依赖或附属于工矿企业并专门为其工人提供住宿和消费服务的资源城镇。资源城镇分为两种，一种是由一个私人企业或公司建立的城镇，称作"单一企业城镇"或"单一行业城镇"、"公司城镇"。另一种是原来就有的城镇，为新来的工矿企业提供所需要的服务。

第一种资源城镇数量居多。最初，企业建造房屋出租给工人，并为工人提供娱乐场所，设置商店向工人出售消费品，有的是为了抵制附近城镇较高的商品和服务价格。

这样的资源城镇最初主要出现在安大略省的北部。这里矿藏丰富，1882—

① Gilbert A. Stelter & Alan F. J. Artibise ibid., p.160.

② Alan F. J. Artibise ed., op. cit., p.10.

③ A.P. McCormack & Ian Macpherson, *City in the West*, Natural Museums of Canada, 1975, p.279.

1932年有4条铁路穿过。[①] 安大略省水利发电发达，1905年该省成立了一个水利电力委员会，为北部地区提供电力，推动了自然资源的开发。

安大略省内早期的资源城镇，有加拿大铜业公司于19世纪80—90年代在萨德伯里周围建立的考珀克力弗（Copper Cliff）和克莱顿（Creighton）等。此外还有1913年建立的康尼斯顿（Coniston）和莱沃克（Levack），它们主要开采和冶炼金属镍。1915年，阿贝蒂比动力和造纸公司（Abitibi Power and Paper Company）在安大略省北部建立了易洛魁瀑布城（Iroquois Falls）。

在魁北克省，有1919年里奥丹纸浆和造纸公司建立的特米斯坎明（Temiskaming），还有1903年出现的纸浆和造纸城镇爱斯潘纳拉（Espanola）、1925年建立的工业城镇阿维达（Arvida）。在不列颠哥伦比亚省，有采矿和冶炼公司于1917年在特雷尔（Trail）附近建立的塔达纳克（Tadanak）和1917年出现的造纸城波特爱丽丝（Port Alice）。此期出现的资源城镇，还包括纽芬兰省的纸浆造纸城镇——考纳布鲁克（Corner Brook）。

一些资源城镇发展后从省政府获得建制，管理权由公司转交给镇议会，曼尼托巴省的福林弗朗（Flin Flon）是其中的一个典型。它于1927年由哈德孙湾矿业和冶炼公司建设，开发矿藏资源。为了确保获得充足的劳动力，公司对城镇土地的使用做了规划，包括最初建造棚屋出租给职员和雇员。公司鼓励雇员开展娱乐活动，以相互交流和加强社区归属感，为此还提供宗教活动场所，建立医院提供医疗服务。它还建立了学校，以地方政府免征公司财产税为条件承担25%的教育开支。1934年福林弗朗成为镇区政府所在地后，该公司又每年向教育机构捐款。值得一提的是，它并没有像其他公司那样自己开办商店，而是由私人零售商和市场向工人提供日用品。最初，公司负责道路维护、供水和排污以及消防服务，1934年将这些职能交给镇区议会。1946年，福林弗朗获得镇的建制。[②]

资源城镇多分布在安大略、魁北克及大西洋海岸地区的北部、不列颠哥伦比亚的南部、草原省北部和育空地区的自然资源丰富的地带。100年来，随着更多矿藏的探明和经济发展的需要，这种城镇不断涌现。据莱克斯·卢克斯

① 它们分别是"加拿大太平洋铁路"、"加拿大国家铁路"、"阿尔古玛中央铁路"（Algoma Central Railway，1914年完工）和"安大略北方铁路"（1912年完工）。

② Robert S. Robson，"Flin Flon: A Study of Company-Community Relations in a Single Enterprise Community"，in *Urban History Review*，Vol.12，No.3，1984，pp.29-43.

（Rex Lucas）估计，至20世纪60年代末，加拿大一共有600个这样的城镇，拥有90万人口。[①]

第二种资源城镇数量较少，多数获得了建制；工矿企业在附近出现后，它们通过向其提供居住等各种服务和商品供应而得到发展。[②] 这种资源城镇的人口比公司城镇多，有的初期就达到数千人。不列颠哥伦比亚省的钠南莫（Nanimo）就是其中的一例，它在煤矿开采枯竭后服务于森林开发行业。1880—1900年，该省出现了服务于矿业的库特尼（Kootenay）和桑敦（Sandon），向冶炼工人提供住所的奈尔森特雷尔（Nelson and Trail），以及提供交通和商业服务的卡斯罗（Kaslo）。在安大略省，这类城镇有服务于银矿开采的考波特（Cobalt）、1907年建立而服务于金矿开采的鲍克潘（Porcupine）等。

安大略省的萨德伯里是第二种资源城镇的一个典型。它于1883年由"加拿大太平洋铁路"公司规划建立，后来作为商业城镇为周围的镍矿工人提供日用品和住宿。它的存在，使附近的工矿企业从20世纪20年代至40年代初都没有兴建更多的工人宿舍。1941年，在萨德伯里居住的矿工占了公司矿工的一半。[③] 它随着国际市场对镍需求的变化而兴衰。

早期资源城镇呈现出几个特点。

首先，它们地处人烟稀少、气候条件差的偏远地区，周边没有依托。这种城镇的街道、住房和服务设施大都因实际需要而建设，没有统一的规划。公司勘测方格状街道，使之紧密地与矿场、机器或熔炉连在一起。它们对高效生产的重视远远高于对工人健康的考虑，工人居住区域与厂区很近；房屋的设计粗糙，建筑质量不高。[④]

其次，它们受到总部设在其他城市的大公司的控制，服务于面向全国和国际资源产品市场的一些企业。这些外在的大公司决定资源开采或加工活动的性质和程度，从而在资源城镇的劳动力数量和发展规模上拥有绝对的发言权。因此，国家和国际资源产品市场的变化和大公司的决策的变动，往往导致资源城

[①] A.P. McCormack & Ian Macpherson ed., op. cit., p.280.

[②] 加拿大著名城市史学家吉伯特·斯特尔特把这类城镇划入资源城镇，因为它们依赖于工矿企业而生存。

[③] Gilbert A. Stelter & Alan F. J. Artibise ed., *Shaping the Urban Landscape: Aspects of the Canadian City-Building Process*, Carleton University Press, 1982, p.418.

[④] 铁路公司建立的城镇也称作"公司城镇"，它们有一定的规划，分为铁路、政府、公司和私人几个区域，用于办公、商业和居住。

镇的兴衰起伏。

最后，这类城镇的附属性质和所在偏远地区的特点使之不可能实现经济多元化，社会结构简单。单一的经济结构使中产阶级仅由商人和专业人员组成，社会下层是工人群体。在安大略省和西部省份资源城镇，工人来自全加拿大甚至外国，而大西洋沿海省和魁北克省资源城镇的劳动力来自附近的渔民、伐木工人和农民。

这样，与一般城镇相比，资源城镇的变化较大。1953年，在不列颠哥伦比亚省建立了一个所谓"20世纪第一个现代化城市"——基提马特（Kitimat）。它计划容纳5万人，但是1957年世界铝生产的过剩使其发展严重受阻，居民从未超过1.4万人。许多公司在自然资源枯竭后随即撤离，城镇自然消失。加拿大学者估计，有数百甚至数千个这样的城镇消失。[①]

值得一提的是，"二战"以后资源城镇开始实施土地使用规划，出现了新一代资源城镇。它们实施分区制，建立绿化带，街道布局多样化，车辆道路与人行道分离，安大略省的泰勒斯贝（Terrace Bay）即为其中的一个典型。它位于苏必利尔湖北岸，1946年由金伯利·克纸浆和造纸公司开发。其工业区离居住区1.5公里，以减少硫酸盐纸浆的刺鼻气味的影响。城镇在规划街道时保留原有的树木，自然公园穿梭于城镇。商业区、娱乐区和教育区与居住区很近，便于步行抵达。居住区的房屋布局成曲线和环状，有意造成一些死胡同，以限制车辆从中穿过。

一些公司与省政府共同规划资源城镇，马尼托维奇（Manitouwadge）和利夫莱匹兹（Leaf Rapids）属于这一类型。马尼托维奇位于苏必利尔湖西北，1953年发现铜矿和其他金属矿藏后，由盖扣·维尔罗伊矿业公司开发。该公司因资金不足，请省政府出资60万加元规划城镇。这个资源城镇面积达12平方英里（31平方公里）。1966年，舍利特·戈登公司在曼尼托巴省中部的利夫莱匹兹发现铜锌矿，省政府负责规划和开发新的城镇。它把零售商店、旅馆、政府办公室、学校和图书馆集中在一层建筑中，住房采用多家庭形式而使城镇布局更加紧凑。

总之，资源城镇具有把城市的生活方式传播到边疆的职能，不仅带去了教会和学校，而且还有规划和城镇布局。由于自身的特点，它们的前途不够确

---

① Gilbert A. Stelter & Alan F. J. Artibise ed., op. cit., 1982, p.433.

定，规划的实施和政府的介入也没有从根本上改变这一点。

二、影响城市的宏观因素

加拿大著名城市史学家吉伯特·斯戴尔特（Gilbert A. Stelter）提出，城市是政治、经济和社会体系中的一种附属体系，只有在这个大的视角中才能充分地理解城市。[①] 这一方法首先要求从宏观角度认识和研究各个时期的城市，政治、经济和社会体系在不同的时代表现出各自的特征。早期的法英两国的殖民政策和方式、加拿大联邦政府的"国家政策"和19世纪末以来的出口型经济，这些都是各个时代的主要内涵；它们作为宏观因素，促使各种城市的出现，并赋予其最初的功能。

（一）法国对北美殖民地的控制

中世纪，欧洲领主、国王和皇帝在扩展自己的领土中，沿袭了罗马帝国把城市当作殖民和扩大帝国疆界的工具的思想，在领地的周边相继建立了许多城堡。进入近代以后，王权确立的西欧国家开始把视角和力量投向海外地区。法国和英国在北美建立殖民地，实质上是国王在欧洲扩大疆界的一种继续，城镇从中也担任了相同的角色。17、18世纪在现今加拿大境内建立的城镇，可以看作是英、法之间的第二次"百年战争"的产物。这两个国家所采取的政策，在殖民地城镇建设中起到了重要的作用。

法国不断强大的专制政府对北美殖民地采取了较为严格的控制。决定城镇地点的通常是军官和勘查员；城镇的商业和殖民潜力尽管重要，但对于帝国的战略来说，它们处于次要的地位。因此，城镇的地点、功能、居住的人口等通常从军事上做出考虑，城镇与欧洲中世纪晚期带有15英尺宽壕沟和栅栏的城堡十分相似。"新法兰西"之父萨缪尔·尚普兰是现今加拿大土地上的第一个殖民官员，也是第一个城镇规划者，他规划了魁北克城。在建筑和布局上，魁北克和蒙特利尔就像法国诺曼底地区的城镇，带有欧洲中世纪的风格，城周边建造防御工事，城中央是一个巨大的广场。

在圣劳伦斯河入海口建立的军事重镇路易斯堡，就是根据法国军事工程师

---

① Gilbert A. Stelter ed., *Cities and Urbanization: Canadian Historical Perspectives*, Copp Clark Pitman Lid., 1990, p.16.

佛班（Vauban）的原则设计和建设的。一系列精心建造的防御工事围绕着城市，街道的布局成方格状，街道和建筑用地量较小，以便突出城镇的军事和政府管理职能。同时，出于对维持城市秩序的考虑和布局对称的需要，法国殖民政府制定了一系列的法令，如同巴黎关于未来街道和房屋的规定，其内容涉及防火和防病，甚至包括建筑的外观。路易斯堡成为典型的"巴洛克风格"的城市①，表现在以兵营取代了修道院，将露天广场（市场）变成练兵场。与魁北克城相同的是，它在总督官邸周围设置防御，在保护整个城镇的同时，也保护殖民官员免受居民的打扰。②

1660年，法国国王路易十四执政，宰相卡波特开始推行重商主义，殖民地城镇的经济功能得到加强。但是，由于它们受条件所限而不能生产商品，从经济上只能作为法国都市的代理，为它们收集原料和销售制成品。从17世纪60年代开始，法国政府鼓励向北美移民，同时模仿罗马帝国对外扩张时期的做法，将法国本土前来服役的士兵留下来，使整个殖民地的人口较大幅度地增加。但是，早期殖民地在许多生活资料上依赖于欧洲，在防范印第安人的袭击方面依赖于城镇，加之交通不便不利于分散居住，人口多数集中在几个城镇及其周围。在这种情况下，城镇不可能拥有周边地区，整个城市体系更不会形成。

历史证明，这种先于众多移民到来而"种植"的城镇能够扩大疆域，却不能很好地带动移民的到来。从城镇（包括商栈）分布和毛皮贸易商人活动的范围看，"新法兰西"从北部的路易斯堡沿圣劳伦斯河到五大湖区，再沿着密西西比河南下到入海口的新奥尔良，呈现出一种月牙状。但是，这个殖民地人口稀少，大而无当。而英国的十三殖民地（尤其是北部）有自主性较强的城镇，它除了从事毛皮、木材等贸易外，还有一定的手工业，能够为对周边地区提供制造品，从而使整个殖民地能够吸引较多的人口和形成较大的经济实力，帮助英国在北美殖民地的争夺中战胜了法国。

（二）英国的殖民政策

北美十三殖民地独立后，美英两国的敌对态势并未消失，甚至在1812年发

---

① 巴洛克风格是16—17世纪在意大利发展起来的一种艺术风格，传播到欧洲其他地区和美洲。巴洛克风格的建筑具有庄严隆重、刚劲有力和充满欢乐的特征。

② Gilbert A. Stelter & Alan F. J. Artibise ed., *The Canadian City: Essays on Urban and Social History*, Carleton University Press, 1984, p.13.

生了第二次英美战争。在这种背景下，英国在新建的城镇外设置军营就不是多余的了，军事上的考虑甚至导致上加拿大殖民地首府的迁址。金斯顿和伦敦虽然位于毛皮贸易商路而具备了经济条件，但都被认为不易防守而没有被选中，最后选中了容易防守却不在毛皮贸易商路上的约克（多伦多）。1797年，上加拿大把首府从离边境很近的尼亚加拉迁到此地。1817年，英美两国签署了《拉什—巴戈特协定》，确立大湖区不设防的和平原则，美英关系走向正常化。这使加拿大境内的城市开始更多地发挥其经济职能。

英国政府为避免重蹈失去十三殖民地的覆辙，对城市实施严格的控制。在贸易和对外关系的决策上，它们听从于英帝国的安排，甚至城市的设计和社会结构也由英国政府决定。上加拿大总督锡姆科为了体现英国的等级差别，把多伦多濒临安大略湖的地段授予重要的政府和军事官员，焊锅匠和裁缝等工匠只能把店铺设在后街。城北各占100英亩的32块土地授予军政首领。19世纪，这些地段升值，帮助造就了锡姆科所谓的社会需要的精英阶层。[1]在哈利法克斯，所谓"精英"及其活动集中在市中心，下层人分散在郊外。英国殖民政府依赖于这些特权阶层管理城市，拒绝各城镇要求设置城镇建制而实行自治的要求，只是1785年第一个设市的圣约翰是一个例外。北美独立战争中有1万名"效忠派"逃离到此，先来者与后到者之间因未能公平地得到土地而引发了争端，新斯科舍殖民地总督为了维持法律和秩序而决定建市。他所设计的圣约翰市政府，也是为了"维持顺从的社会和限制过度的民主"。[2]

一个时期内，英国政府对在刚刚独立的美国身边维持英属"北美第二帝国"，并没有完全的把握，因此它不鼓励向加拿大移民。加拿大早期的英裔移民除了美国独立战争中出逃的"效忠派"外，大都是美国新英格兰地区的居民。他们在移居美国西部的途中路过加拿大，有的就选择留在那里。英美两国关系正常以后，英国工业革命造成人口相对过剩，加拿大在19世纪30—40年代迎来了历史上第一次移民高潮。移民不仅增加了城镇人口，也导致一些城市的地位发生了变化。

多伦多就是其中的一个典型。约克在1793年建立时只有几间房屋，1833年改称多伦多时，其地位已经超过了金斯顿。这主要得益于它在政府的帮助

---

① Gilbert A. Stelter & Alan F. J. Artibise ed., op. cit., p.17.

② T.W. Acheson, *Saint John: The Making of a Colonial Urban Community*, University of Toronto Press, 1985, p.28.

下修建了几条道路，成为陆地交通枢纽。其中，从多伦多向北至锡姆科湖的央街，就是在总督锡姆科的策划下于1794—1796年修建的。他把规划中的央街两旁以200英亩为单位分给居住者，要求他们每人在一年内开垦出5英亩的土地并修建一定长度的道路。[1] 借助于有利的交通条件，多伦多在与伦敦和汉密尔顿的竞争中占据了上风。它为周围地区提供工业品进出口和农产品出口服务，从依托于省会的地位转变为依靠自身的经济力量而发展。截止到19世纪50年代，与农业开发密切相关的服装、金属加工等手工业在多伦多也建立起来，加强了它作为一个地区中心城市的地位。

英国政府为了控制殖民地，一直到19世纪40年代末才允许加拿大各殖民地普遍设置城镇建制。1849年，加拿大联合省议会通过了由罗伯特·鲍德温提出的《城镇自治机构法案》（Municipal Corporations Act，即《鲍德温法案》）。它有两个专门针对城镇政府的条文：一是允许城镇有产阶级选出议会，授予它征税和颁布地方法规的权力，以管理城镇事务；二是规定市镇议会要受到省议会的节制。[2] 据此，该殖民地的工商业阶层获得了城、镇的管理权。该法案还根据人口数量，分别设置了城市、镇和村庄等地方行政单位及其管理机构。此后，其他各省也颁布类似的法律，确立了地方行政体制。1867年自治领建立后，省政府建立和管理地方行政单位的模式沿袭下来。

英国殖民地时期，重要的城市最初带有"种植"的性质，而小城镇却是在农业开发以后自然形成的。重要城市职能的转换和中心城市的形成，既是新的殖民政策带来的变化，也是整个殖民地经济和社会发展的一种结果。

（三）联邦政府的"国家政策"

1867年，加拿大自治领成立，在英帝国下获得了自治的权力。19世纪70年代末，年轻的联邦政府就制定了以保护关税、修建横跨大陆铁路和鼓励西部移民为内容的"国家政策"，旨在发展本国工业，扩大国家的规模与经济实力。早在1872年，联邦政府颁布了鼓励向西部移民的《自治领土地法案》。然而，它在短期内没有达到预期的目的。由于部分地区干旱、寒冷和美国西部的

---

① Jacob Spelt, *Urban Development in South-Central Ontario*, Carleton University Press, 1983, p.26.

② 但是，在20世纪之前，省政府并没有执行严密地控制城市政府的原则，从而使得城市拥有较大的自主权。

吸引，许多移民来到加拿大西部后很快便去了美国。这些原因导致加拿大西部人口进入20世纪以后才有了大幅度的增长。

为了吸引铁路公司在荒芜人烟的草原修建铁路，联邦政府在资助方面除了资金和担保外，还决定在铁路沿线授予"加拿大太平洋铁路"公司2500万英亩的土地，外加车站和机车修理厂用地。这些土地的位置可由该公司自行选择，销售后的收益归该公司所有。正是这一规定，使该公司对西部最初的城镇产生了很大的影响。

首先，由于铁路运输是经济开发的重要手段，车站的选址将决定一个城镇出现的地点，车站所在地必将成为一个镇的中心街区。里贾纳是其中的一个典型例子。1882年，西北领地总督受命选择一个新的地点代替巴特尔福德（1876年设为首府）作为领地的首府，他选择了自己拥有土地的里贾纳。不料，"加拿大太平洋铁路"公司选择离总督的地产2英里的地方作为车站，使总督谋求自己地产升值的愿望落空。总督虽然努力使联邦政府把公共设施建造在自己的地产上，但由于海关和邮局等机构设在铁路车站附近，他的地产并没有成为镇中心。该总督与"加拿大太平洋铁路"公司发生矛盾后，该公司决定把支线连接点的地点从里贾纳向西移到40英里以外的摩斯乔，这使里贾纳的命运遭到了重创。加之它没有成为向周边地区提供服务的一个中心，里贾纳在1901年只有2249名居民。[1] 1905年，萨斯喀彻温和阿尔伯达两个省从西北领地中分出。1911年，作为萨斯喀彻温省首府的里贾纳有3万人口，10年后增加到3.4万人。然而，这个数字刚刚超过阿尔伯达省首府埃德蒙顿人口的一半，里贾纳在三个草原省会城市中人口最少。

其次，铁路公司可以带动城镇的初期建设，温哥华是一个典型的例子。铁路公司以把终点站从穆迪港西延20公里至温哥华为条件，从不列颠哥伦比亚省政府手中获得了12275英亩（约50平方公里）的土地[2]，这个规模超过了它从任何一个西部城市获得的土地。1886年温哥华设市后，铁路公司成了它最大的私人土地拥有者。为了实现土地的升值，它对为建房而购买土地者给予20%~30%的折扣，鼓励富人到市中心格兰维尔大街居住，说服蒙特利尔银行在那里开设营业所，还超前修建了一个价值20万加元的旅馆和一个价值10万加元

---

① Gilbert A. Stelter & Alan F. J. Artibise ed., op. cit., p.146.
② John A. Eagle, *The Canadian Pacific Railway and the Development of Western Canada*, McGill-Queen's University Press, 1989, p.214.

的歌剧院。1886—1900年，该铁路公司共有8个官员前后进入市议会，推动电车和电灯公司修建的电车线路从公司的土地上穿过。同时，它成为城市最大的雇主，1888年雇用了800个工人，约占全市人口的十分之一。这些措施使其在1886—1888年两年里就从土地销售中收入88.6万加元；截至1889年，它在温哥华的土地销售收入，超过了其他的任何一个城镇。①

温尼伯是另外一个例子。"加拿大太平洋铁路"公司对东部运往温尼伯的工业品给予优惠的运价，也促使它成为东部工业品的批发中心。它在温尼伯建立了巨大的机车车辆修配厂，负责整个草原地区的火车检修。1884年，该公司在温尼伯雇用2000人，1903年达到4000人。此外，它还修建了豪华的旅馆。②

据统计，仅在草原省，"加拿大太平洋铁路"公司就决定了800个村庄、镇和城市的地理位置。③ 难怪有人写道：该公司"在草原上可以制造也可以毁灭一个城镇"④。从实质上看，"加拿大太平洋铁路"公司是垄断组织借助国家力量攫取高额利润的一种表现。铁路公司通过选址带来的土地升值获得不菲的收入，一些城镇还对它们的土地予以免税。然而，这并不能使之满足。它把铁路沿线获得的土地推迟销售，等待它们在周围土地开发后升值。有时，它为了避免向市镇政府缴纳地产税，故意拖延对其极可能获得的土地的确认，联邦政府也无法把这些土地向移民开放。铁路公司的这些做法不但不利于西部移民和开发，而且还减少了城镇政府的收入，有碍于城市的发展。另外，在没有城市规划的情况下，20年中许多城镇布局都是由铁路工程师设计；他们为了方便地块的划分和销售，以及铺设管道，不考虑实际地形而一律采取方格状的街区，从而不利于街道的安排和房屋的建设。铁路进入城市，所选的线路并不是让铁路公司和相关社区居民都能接受，而是哪个社区反对声弱就从哪里进城。在温尼伯，铁路线、货场和修理厂等把城市搞得支离破碎。由此可见，"加拿大太平洋铁路"公司在带动西部城镇出现的同时，某种程度上又带来了一定的负面影响。

随着"国家政策"的实施以及世纪之交开始的第二次工业革命，加拿大在20世纪初迎来了历史上第一个经济繁荣期，国家真正走上了工业化道路。随着

① Robert MacDonald, *Making Vancouver*, University of Toronto Press, 1996, pp.38-39.

② Genald Friesen, *The Canadian Prairie*, University of Toronto Press, 1993, p.275.

③ Pierre Berton, *The Last Spike*, McClelland and Steward, 1983, p.19.

④ Genald Friesen, ibid., p.323.

勘探和开发各种矿产、石油的技术手段不断提高，加拿大开始发现大量的天然资源。进入20世纪后，国际市场对包括石油在内的各种资源产品的需求量不断增长，为矿产资源丰富的加拿大提供了一个极为有力的出口条件。正是在这种情况下，加拿大各种资源城镇源源不断地涌现。

三、影响城市的微观因素

从宏观上看，加拿大城市首先是时代的产物，不同的时代决定了它们各自的特点。然而，就具体的城镇而言，地理位置、文化传统和宗教以及某些团体的作为等微观因素，也产生了相当大的影响。尤其是在同样的历史条件下，哪些地方能够成为城市和取得发展，还取决于城市社会中主导阶层的主观努力。因此，这些因素也是值得研究的一个重要方面。

（一）法国的商人、教会和文化

对法国殖民地时期的城镇产生影响的微观因素，至少有以下几种。

首先是商人阶层的偏好。例如，在1660年以前，由100个股东组成的"百人公司"负责管理法国在加拿大的殖民地，魁北克城并不是直接受法国的控制。因此，在股东拥有土地的魁北克的低城区，为了便于安排临街的建筑和开展商业活动，街道都设计成格子状，建筑大都是两层楼房，在上面居住而在下面营业。对此，殖民官员只能默认。他们在高城区设计了辐射型的街道和建造了雄伟的建筑，以体现象征着权力和力量的"巴洛克风格"。

其次是罗马天主教教会的影响。在"新法兰西"拉费尔主教的影响下，殖民地的罗马天主教会与法国的相比，具有较大的势力。在一个历史时期内，主教在殖民地的行政管理方面都拥有发言权。蒙特利尔最初是在宗教狂热和传教士热情的促使下建立的一个传教站，自然形成的街道与圣劳伦斯河流向一致。稣尔比斯修道院院长在17世纪70年代为蒙特利尔设计了几条道路。他将新道路与已有的街道保持平行，形成一种方格街道和整体呈矩形的城市；该城周围建造了军事防御工事，城中央有一个巨大的广场，使这个"新世界"的城镇呈现出一种欧洲的风格。而在毛皮贸易商栈新奥尔良和圣路易斯，也是采用了这种设计。

最后是传统文化的影响。例如，在建筑形式上，统治人物喜欢巴洛克风格，而设计师和工匠们偏好中世纪的建筑传统。结果，"新法兰西"的许多罗马天主教教会的建筑呈现出一种奇特的形象。利用石质的骨架券和飞扶壁建造的轻盈灵巧、高耸挺拔的教堂，在外形上呈现出中世纪传统——哥特式风格；而教堂内部采用巴洛克风格：运用曲线、曲面及形体的不对称的组合，辅以富丽堂皇的装饰和雕刻，增加了光影的变化距离感，从而满足了天主教会炫耀财富和追求神秘感的要求。

（二）英国殖民地的工商业阶层

英国殖民地时代，工商业阶层在城市经济功能的发挥方面起到了巨大的推动作用。随着商业尤其是制造业的发展，城市里出现了工商业这个强有力的阶层。城市的工商业者积极地加入19世纪30—40年代的改革运动。结果，英国政府对殖民政策做了调整，允许各殖民地建立责任政府，40年代各城镇也获得了设立城市的特许状。1849年，加拿大联合省议会通过了《城镇自治机构法案》，规定由城镇议会征税和颁布法规，允许市民讨论和决定自己的事务。它是加拿大第一个城市法案，使工商业者在市议会中有了发言权，城镇的规划与发展在很大程度上取决于他们的意志。

在几个城镇身上，可以看出工商业阶层对城市建设产生的重大影响。19世纪，圣约翰在与其对手哈利法克斯的竞争中处于上风。原因在于后者由船运商人控制，他们看重跨大西洋贸易，反对城市的经济多元化；他们利用政治和经济权力限制造船和其他制造业，从而失去了发展的机会。相比之下，圣约翰的企业家在19世纪30年代控制了市议会，为城市从商业向制造业方向转变提供了条件。多伦多的工商业者对该城市成为其西北部地区的贸易集散地充满信心，40年代乔治·布朗就在自己刚刚创办的《环球报》上频频发表文章，强调控制西部贸易和获得西部土地的重要性。结果，加拿大联合省政府在50年代批准了在这一带修建道路和铁路，巩固了多伦多作为地区中心城市的地位。

当然，多伦多的发展也与蒙特利尔和金斯顿贸易地位的下降有很大的关系。19世纪30—40年代，由于美国的运河早于加拿大圣劳伦斯河上运河的开凿，加拿大联合省小麦和面粉经安大略湖和伊利运河从纽约运往欧洲，其成本低于利用圣劳伦斯河和蒙特利尔船只的运输。这样，不但使蒙特利尔的贸易地位下降，位于圣劳伦斯河与安大略湖交汇处的金斯顿也失去了跨大西洋贸易的出发点的地位。

土地公司是工商业阶层的一种特殊的经济组织形式。1827年，"加拿大土地公司"从上加拿大西部购得40万公顷（4000平方公里）的土地①，先后建立了圭尔弗和歌德里奇两个城镇。该公司的组织者高尔特采取了与众不同的做法，他在圭尔弗修建了街道，高薪雇用工人，为移居的技术工匠提供资助；同时还修建学校，为教会捐献土地，建造和赊销房屋，从而吸引了众多的移民到来。两年内，圭尔弗人口达到700—800人，1835年增加到1854人，1836年缴纳房产税的房屋增加到97个。周边镇区的人口也达到3177人。1841年，圭尔弗成为新建的威灵顿区的首府，使之不但可以获得政府所在地带来的收益，而且还成了当地的农产品的市场。为了维持这一地位，圭尔弗的工商业者又与其他城镇在交通方面展开竞争。它依靠政府的资助，与汉密尔顿、邓达斯两个城镇进行合作，修建了两条收费公路。只是后来铁路的出现，才使圭尔弗失去了地区贸易中心的地位。②

应当指出的是，安大略省（上加拿大）城市的发展超过魁北克省（下加拿大）和沿海省城市，与地理条件也有很大的关系。此期间，加拿大出口的大宗产品开始由木材变成小麦，周边地区的农业对一个地区城镇的出现与发展起着至关重要的作用。魁北克省与安大略省南部相比，气候寒冷，只有132天的无霜冻期，比安省南部的温沙市少了38天。加之土地不够肥沃，虫灾和植物病害较多，小麦的产量很低。③沿海省属于丘陵地带，盛产木材，早期大量出口欧洲；但是，森林的过度开采使之接近枯竭，沿海省失去了出口大宗产品的条件。海上运输业和渔业虽然在沿海省也很重要，但仅能对几个城市形成有力的支持。所以，尽管魁北克省和沿海省较早地得到开发，但城市的数量很快被安大略省所超越。

（三）西部城镇的工商业阶层

在西部城市，工商业者对城镇的影响表现得更加突出。他们来自东部的英国移民，属于具有经验的成功者，多数加入工商团体和社会组织，成为城镇的领导人。他们察觉到经济、技术和政治条件带来的机会，做出决策和采取行动来建设自己的城镇，这种现象被称作"促动主义"。其主要内容包括：争取铁

---

① Gerald Hodge, *Planning Canadian Communities*, Methuen, 1986, p.47.

② Gilbert A. Stelter & Alan F. J. Artibise ed., *Shaping the Urban Landscape: Aspects of the Canadian City-Building Process*, Carleton University Press, 1982, pp.31-39.

③ L. D. McCann, *Heartland and Hinterland: A Geography of Canada*, Prentice-Hall, 1982, p.77.

路经过本地，尽早建市以便吸引移民和能够借贷进行市政工程建设，争取成为省府和大学所在地，扩展城镇规模以便增加土地税收和吸引工业投资等。当时，省政府对城市政府的干预较少，城市的税收份额较大，促动主义者利用城市团结的思想反对不同政见者，使城市工商业者的意志得以实现。在辽阔的西部地区，相当多的村、镇和城市的地理条件相近，能否被铁路公司选中，在很大程度上取决于当地政府的努力。

温尼伯是一个典型的例子。1875年，自由党联邦政府做出决定，"加拿大太平洋铁路"将在温尼伯以北的30公里的塞尔扣克（Selkirk）渡过雷德河（红河），因为那里地势高而利于防洪。听到这个消息后，温尼伯政府曾派出一个由市长和著名的工商业人士组成的代表团，对联邦政府进行游说。"加拿大太平洋铁路"公司组建后，该市政府对它进行了游说和谈判，最终实现了让铁路在温尼伯渡过雷德河的愿望。为此，该市花费30万加元修建了大桥，并对该铁路公司在市内的建筑和土地实施免税，同时还对该铁路向西南的支线建设资助了20万加元。[1] 此后经过努力，它使铁路公司于1886年和1898年分别同意对从温尼伯运往西部、从多伦多运往温尼伯货物的运费给予15％的优惠。[2] 结果，温尼伯取代了多伦多而成为草原地区的商品批发中心。1901年，塞尔扣克的人口不足2000人，温尼伯的已经达到4万人。[3]

1869年，联邦政府以30万英镑的代价从哈得孙湾公司手中购买了鲁珀特封地和西北地区的所有权，它允许该公司保留只占原来面积二十分之一的土地。[4] 哈得孙湾公司虽然在西部拥有大量的土地，却没有预见到铁路的走向，后来又不愿像其他城镇那样为争取铁路经过自己的土地而积极地资助铁路公司。结果，它获得的土地虽然肥沃，但由于没有铁路的连接，所建立的居民点规模都很小。只是后来有了铁路支线后，它们才得到充分的开发。

萨斯喀彻温省北部的阿尔伯特王子城，是工商业者未能成功地推动城市发

① Alan F. J. Artibise, *Winnipeg: A Social History of Urban Growth: 1874-1914*, McGill-Queen's University Press, 1975, pp.65-72.

② John A. Eagle, *The Canadian Pacific Railway and the Development of Western Canada*, McGill-Queen's University Press, 1989, p.222.

③ Gilbert A. Stelter & Alan F. J. Artibise ed., op. cit., p.142.

④ 这些土地分散在各处。按照规定，每个城镇都要为该公司留出二十分之一的土地。

展的一个例子。1866年，欧洲移民在此定居。[①] 它于1885年设镇，1904年获得城市建制。该城位于北萨斯喀彻温河岸边，周围土地肥沃。但是，它没有和其他城镇一起争取"加拿大太平洋铁路"在北部穿过，自身的发展受到了影响。1914年，它仅仅成为4条铁路支线的终点站，因而实现加拿大"北部大门"的愿望落空。该城计划利用河流落差修建大坝进行水力发电，以低廉的供电价格吸引外来企业。但是，由于计划不周而产生了巨额债务，城市政府在1927年濒于破产，该项目被迫放弃。[②] 可以说，该城市的失败归咎于当地精英缺少首创精神和政治谋略。

市政建设落后也会阻碍城市的发展。一个例子是阿尔伯特省的梅迪辛哈特。它在19世纪80年代初就成为"加拿大太平洋铁路"一个分区的中心车站，但由于没有像卡尔加里那样及早地争取设市，并在1906年设市后市政建设步伐缓慢，从而逐渐落后于卡尔加里。[③] 另一例子是穆斯乔。它虽然很早就成为"加拿大太平洋铁路"的一个支线枢纽而成为西北领地的一个重要城市，但由于城市政府思想保守，没有像里贾纳等城市那样按照100%的价值征收土地税，导致市政建设资金不足，从而于1905—1909年在争取萨斯喀彻温省的首府和大学所在地的竞争中，分别落败于里贾纳和萨斯卡通。这些事例充分显示了促动主义在城市发展中的重要性。

（四）英国的规划思想

英国的规划思想主要作用于资源城镇。20世纪初，英国针对工业城镇过分拥挤的状况，兴起了一场"新城镇运动"（公园城镇运动），一些加拿大企业家和规划师参观了英国经过规划的工业城镇后决心效仿。1914年，联邦政府保护委员会英国规划师托马斯·亚当斯担任顾问，在1915年设计了阿贝蒂比动力和造纸公司，在安大略省北部建立了易洛魁瀑布城。

该城镇实施分区制，镇中心有一个公园和公共场所，商业区、学校与居住区相连。利用一些曲线街道增加城镇的美观和紧凑性。公司在20世纪20年代在西北部开辟了公园并提供体育设施，沿着大道种植了灌木和植物，还修建了

---

① 一位来此建立传教站的长老会成员将其命名为阿尔伯特王子城，旨在纪念1861年去世的维多利亚女王的丈夫阿尔伯特亲王。

② James H. Marsh, *The Canadian Encyclopedia*, Hurting Publishers, 1999, p.1474.

③ Gilbert A. Stelter & Alan F. J. Artibise ed., op. cit., p.144.

高尔夫球场，赋予它一种"村庄绿"的外观。

1919年，里奥丹纸浆和造纸公司在魁北克建立了特米斯克明镇，也是按照亚当斯设计的规划图实施建设。其中，街道的规划尽量不采用直角形式，而是参照地形把曲线和辐射形状结合起来。镇中心是一个广场，镇周边布满草地，沿着特米斯克明湖建成了一个大公园，具有自然和植物特征的地带都保留下来。当时，易洛魁瀑布城和特米斯克明镇两个城镇分别只有1000多人。[1]

显而易见，微观因素与宏观的时代背景相结合，造就了各种城市，决定了它们初期发展的方向与规模。

四、加拿大城市起源的几个特点

通过观察加拿大各种城市的起源，可以看出具有以下几个特点。

首先，城市发挥了桥头堡的作用，带动移民的到来，促进英、法殖民地和加拿大国家的开发。毫无疑问，城镇带动移民的性质在第一、二、三种城市起源中非常明显。在资源城镇中，一些矿工直接来自国外，增加了加拿大的劳动力人口。由于国内市场狭小，加拿大经济在很大程度上依赖于国际市场。从殖民地时代到20世纪，其主要出口产品从毛皮、木材到小麦，从矿产品、纸浆到石油，它们在国民经济中占据了相当的比重。而主要城市作为运输和金融中心，在出口经济中发挥了重要的作用。

其次，商业、农业与城镇同时起步，交通先行。在欧洲，除了古罗马帝国的殖民城镇外，一般都是先有农业村落，后有城镇，西欧的城市更是由逃离领主庄园的工匠们在交通要道和渡口旁建立起来的。一般来说，从一般城市变为大都市需要经过4个阶段：其一是商业部门在城市的集中，其二是城市制造业的发展，其三是城市之间及城市内部交通的改善，其四是金融部门在城市的集中。

而作为移民国家的加拿大，主要城镇与商业或农业同时出现在大片尚未开发的土地上，交通先于制造业得到发展。法国殖民地时期主要利用水路交通，英国殖民地时期在此基础上又增加了公路和铁路。1850—1856年修建了"大干线铁路"（Grant Trunk Railway）。19世纪60年代，在现在为安大略省西南部，还

① Alan F. J. Artibise & Gilbert A. Stelter ed., *The Usable Urban Past: Planning and Politics in Modern Canadian City,* Macmillan of Canada Lid., 1979, pp.275-286.

修建了温莎至多伦多的"大西方铁路"（Great Western Railway），以及哥德里奇至布法罗的"休伦湖铁路"。19世纪50年代末至60年代初，沿海几个省联合修建"省际铁路"（Intercolonial Railway），但由于资金困难而中途停工。

西部城镇的出现是由于横跨大陆的铁路带动，资源城镇离不开铁路和公路。在央街完成时候，多伦多只有数百居民[1]，明显是交通先行。"加拿大太平洋铁路"完工后，在相当长的时间里因运量不足而没有获得预期的利润，可以说是交通"超前"的一种表现。加拿大之所以出现交通先于城镇的现象，是因为法、英殖民地时代欧洲存在着造船业和其他手工业，加拿大自治领成立后东部有了制造业，加上英国的机车制造业，为西部铁路交通运输的发展提供了必备的条件。

再次，加拿大城市的起源体现了地区之间和经济部门之间的关系。在西部城市出现之前，它体现了东部的商业和金融业对各地手工业的一种控制；西部城市出现后，它体现的是东部的工业和运输部门对西部农业部门的一种控制；19世纪末20世纪初工业化完成后，它体现的是东部的垄断集团对农业、运输和资源部门的控制。

虽然这些部门相互依存，但这种控制的存在必然产生矛盾。在西部，在路线和车站位置的安排中，相关的工商业者与铁路公司有着共同的利益，但二者在城镇建设中也存在着矛盾。例如，温哥华市议会要求"加拿大太平洋铁路"公司在穿过城市的铁路道口设置防护措施时，代表该公司的市议员把职责推给市政府。它在土地的归属和使用政策上经常与温哥华的工商业者发生矛盾，有时甚至把官司打到英国枢密院司法委员会。

1883年，"加拿大太平洋铁路"公司首次公布的运价规定，在运输的谷物方面，从温尼伯向东到亚瑟港（现今桑德贝）比从多伦多到蒙特利尔的运费高出一倍，而两地之间的距离一样长。该铁路公司的这种运价旨在给大客户提供价格优惠，却引发了西部农民的强烈不满，他们认为这是东部工业集团试图控制西部经济的一种措施。西部地方主义由此而初见端倪。

最后，英国殖民城镇和西部城镇在某种程度上反映的是工商业者与城市的关系。经济实力强大的工商业阶层在政治上控制着城市，为了满足自身的发展，可以利用政府的力量推动城市的建设。他们既希望所在城市的发展能够带

---

[1] Gilbert A. Stelter & Alan F. J. Artibise ed., *The Canadian City: Essays on Urban and Social History*, Carleton University Press, 1984, p.60.

动自己企业的发展，同时又把它当作提高自己的地产价值的手段。为此，他们希望政府能够采取措施吸引人口和投资，发展城市间的交通和加强市政建设。但是，为了获取更多的利润，他们在此后的过程中往往照顾自己拥有的地产区域，给城市的整体布局和建设带来负面影响。

在利益的驱使下，土地和建筑公司参与城市规划的现象非常普遍。在许多城市，地段的再次分割都是由土地投机者（包括企业家）进行，规模很小且分散，日后增加了市政服务的成本。

总之，各时期城镇的出现，是法、英殖民地的开拓和加拿大国家发展的一种必然结果，它们同时也作为一种重要的渠道和工具，极大地促进了国民经济和社会的发展。城市初建时期，由于规模有限和社会结构较为简单，人们容易形成较为统一的思想，普遍相信城市的繁荣与每个人的发展是一致的。初建的城市也需要这种统一的思想，从而让城市的控制阶层领导城市的建设。但是，这使得政治选举和任命中的任人唯亲、经济收入不平等的现象被掩盖下来。随着越来越多的农业人口涌入城市以及社会结构的日益复杂化，城市各阶层之间的矛盾开始显现，城市建设本身也出现了问题。于是，20世纪初，加拿大出现了一次城市改革运动。

第二章　加拿大城市的发展

英国在与法国的殖民争夺中，先后夺得大西洋沿海地区的新斯科舍（1710年）和圣劳伦斯河及大湖区的魁北克（1763年）殖民地。1769年与1784年，爱德华王子岛和新不伦瑞克分别从斯科舍殖民地分出；1791年，魁北克殖民地一分为二——上加拿大和下加拿大。1867年，这5个省组成加拿大自治领。[①] 至1905年，加拿大自治领又增加4个省和2个领地。它们从安大略省向西排列的顺序是：曼尼托巴省、萨斯喀彻温省、阿尔伯达省、不列颠哥伦比亚省，以及西北部的西北领地和育空领地。[②]

城市的发展表现在各个方面，本章主要在铁路建设、城市体系的初步形成、早期的城市土地的使用、城市控制者与"促动主义"、19世纪后期蒙特利尔街道的拓宽5个方面进行论述。

一、众多铁路的建设

加拿大地域开阔，村镇与城市之间距离较远；它冬季时间较长，气候寒冷而土地冰冻严重。这些因素导致其在陆路交通干线的建设上首先选择的是铁路而不是公路。因此，19世纪中叶在圣劳伦斯河上游开凿运河的热潮过后，加拿大的中部和东部开始修建铁路。1867年加拿大自治领建立后，更是修建了3条横跨大陆的铁路。

最初，各殖民地只是自己修建铁路，它们之间未能形成运输网络。这些铁路有连接多伦多和蒙特利尔的"大干线铁路"（Grand Trunk Railway）[③]、

---

① 经过与法国争夺，英国于1713年完全控制了纽芬兰。它直到1949年才加入加拿大自治领。

② 它们加入自治领地的时间顺序：1870年曼尼托巴省和西北领地；1871年不列颠哥伦比亚省，1898年育空领地。1905年，阿尔伯达和萨斯喀彻温两省从西北领地分出而加入联邦。

③ 大干线铁路公司于1852年组建。它从休伦湖岸边的萨尼亚经过多伦多至蒙特利尔，然后利用大桥跨越圣劳伦斯河，最后抵达美国的波特兰。

现今在安大略省内的"大西线铁路"（Great Western Railway）和"北方铁路"（Northern Railway）。大西洋沿海各殖民地因资金缺乏，在修建铁路方面遇到了极大的困难，新不伦瑞克和新斯科舍两个殖民地只分别修建了很短的一段铁路。

（一）"省际铁路"

1867年加拿大自治领成立时，为了鼓励大西洋沿海诸省加入，《1867年英属北美法案》专门设置了一条条款，规定联邦政府需要建成一条从魁北克通往沿海哈利法克斯市的"省际铁路"（Inter-Colonial Railway）。其实，这条铁路在19世纪50年代就开始酝酿修建，由于涉及几个省的合作和资金缺乏而中途停止。1872年，"省际铁路"恢复修建，加上合并以前的一些省内铁路，1904年全部完成通车。

该铁路沿顺时针方向走了一个很大的弧形，把魁北克省与新不伦瑞和新斯科舍两个省连接起来。它从魁北克市对岸的利维出发，沿圣劳伦斯河而下，经过一些城镇后向东南抵达新不伦瑞克省的蒙克顿。在这里，"省际铁路"一分为二，一股折向西南方向，终止于圣约翰市；另一股折向东南进入新斯科舍省，路过几个城镇后抵达特鲁罗，然后向西南利用原来的一段铁路通向哈利法克斯终点站。这条铁路于1876年完工，全长1100公里。

大部分已有的城镇因"省际铁路"的到来而获得很大的发展。其中，最典型的是新不伦瑞克省的蒙克顿。它在18世纪下半叶就成为一个农业社区，后来因造船业而兴旺起来，1855年设镇。1862年，它因造船业的衰落而失去了镇的资格。1871年，"省际铁路"将总部设于蒙克顿，带动了它的发展；蒙克顿亦于1875年恢复镇的建制，1890年升格为市。

（二）"加拿大太平洋铁路"

19世纪80年代"加拿大太平洋铁路"的修建，除了对在第一章提到的西部城镇外，也对安大略省和魁北克省的城市发展起到了推动作用。一个典型的例子是安大略省西部的肯诺拉（Kenora）。它原来是哈德孙湾公司在1861年设置的一个毛皮贸易商栈，1882年设镇。"加拿大太平洋铁路"在该地建设车站后，曼尼托巴省与安大略省政府看到了它的发展潜力，都认为自己拥有管辖权，双方向加拿大最高法院提起诉讼。1889年，英国枢密院司法委员的最终裁决把它划给了安大略省。① 1905年，它与附近的另一个居民点合并后改称凯诺拉，有了较大的发展。

从苏必利尔湖畔的亚瑟港（Port Arthur）向东②，"加拿大太平洋铁路"带动了几个城镇的建立，它们是白水河（White River）、沙普洛（Chapleau）、萨德伯里（Sudbury）、诺斯贝（North Bay北湾）、邦菲尔德（Bonfield）。"加拿大太平洋铁路"最后向东通向渥太华和蒙特利尔，从渥太华折向西南方向的多伦多的一段铁路也完工。它在蒙特利尔越过圣劳伦斯河后，支线抵达新不伦瑞克省的圣约翰，沿线的原有城镇因此得到发展。

（三）"大干线太平洋铁路"和"加拿大北方铁路"

20世纪初，在联邦政府的资助和担保下，加拿大又完成了两条横贯大陆的铁路。一条是大干线铁路公司的子公司于1905—1914年修建的"大干线太平洋铁路"。它的西段于1907年从温尼伯向西连接萨斯卡通，1909年抵达埃德蒙顿，路过贾斯珀后穿过落基山上的黄头隘口折向西北方向，1914年抵达太平洋沿岸的鲁珀特王子城。其东段从温尼伯穿过安大略省北部直接抵达魁北克市，渡过圣劳伦斯河后至新不伦瑞克省的蒙克顿。这一铁路由大干线太平洋铁路公司与联邦政府共同出资建造，也称作"国家横贯大陆铁路"，1914年完工后由"大干线铁路"公司负责管理。

另一条横贯大陆的铁路是1899—1915年修建的从蒙特利尔至温哥华的"加拿大北方铁路"。在东部，"加拿大北方铁路"公司首先合并了安大略省的几条地方铁路。然后，从温尼伯开始向东修建铁路，至伍兹湖后向南进入美国明尼苏达州，绕过伍兹湖折回加拿大，1901年抵达亚瑟港（现今桑德贝）。1908年，它向东修建到安大略省的卡普里奥尔（Capreol），由此向南的一条支线通向多伦多，主干线向东通向渥太华。"加拿大北方铁路"经过蒙特利尔后抵达终点站魁北克市，于1916年完工，其中包括多伦多至渥太华的一段线路。在西部，它在"大干线太平洋铁路"以北，从温尼伯修至萨斯卡通，1905年抵

---

① 英国枢密院司法委员会原是英王的一个咨询机构，在国王受理海外英国臣民的上诉时负责向其提出审理意见。该委员会由大法官、前任大法官和枢密院顾问组成，逐渐演变成为英帝国的自治领和殖民地的最高上诉法院。1949年，加拿大最高法院取代了它的功能。

② 亚瑟港于1969年与威廉堡（Fort William）合并后，按照印第安人的称呼，将其意译，改称"桑德贝"（Thunder Bay雷电湾）。

达埃德蒙顿。1910年，它利用"大干线太平洋铁路"的一段线路穿过落基山的黄头隘口折向西南方向，最后抵达温哥华。

"大干线太平洋铁路"也带动了城镇的发展。其西部的终点站鲁珀特王子城于1910年设市，成为太平洋海岸地区仅次于温哥华的第二个大港口。从该市向东是坐落在基山脉中的特勒斯（Terrace），1908年"大干线太平洋铁路"延伸到这里，它于1927年设镇。再向东是乔治王子城，1903年有了铁路，1915年设市。"大干线太平洋铁路"进入草原地区后，由西向东首先带动了3个城镇的建立，它们是劳埃德明斯特（Lloydminster）、北巴特尔福德（North Battleford）和约克顿。北巴特尔福德在1913年设市时人口达到5000人，约克顿于1928年升为城市。

在西部地区，连接两条横贯大陆铁路的支线上也出现了一些重要的城市。其中主要有红鹿市（Red Deer雷德迪尔）。它位于卡尔加里与埃德蒙顿之间，在红鹿河上游的河畔。[①] 1891年从卡尔加里向北开往埃德蒙顿的火车首次经过该地，1901年它升格为镇，1913年设市，人口接近2800人。红鹿市以北的几个地方在铁路的带动下发展也很快，它们与红鹿市一起被作为西部的"南北走廊"。

此外，在"加拿大太平洋铁路"支线上的莱斯布里奇，也是因铁路的到来而获得很大的发展。1985年，阿尔伯达省一家铁路公司从"加拿大太平洋铁路"向西南修建了一条支线连接此地，加速了当地煤矿的开发，使之很快成为该省西南地区的一个中心城市。

由于人口稀少和货运量不足，铁路公司出现了严重的亏损。1918年，加拿大联邦政府购买了"加拿大北方铁路"的大部分股票，并任命一个管理委员会监督它的运营。同年，联邦政府又收购了一些地方铁路，成立了"加拿大国家铁路"公司。1919年，"加拿大国家铁路"公司收购"大干线太平洋铁路"。1923年，"大干线铁路"也合并于"加拿大国家铁路"系统。

在大兴铁路建设的时候，这些私人铁路公司及其股东们并没有预料到这种结局。但是，几条横跨大陆的铁路推动了加拿大城镇建设的功劳无可置疑，它们在国民经济发展中的作用，以后也逐渐显现出来。

---

① 所谓"红鹿"，实际上是加拿大马鹿。欧洲人误以为它是欧洲红鹿的亚种，故将河流称作红鹿河。印第安人和野生水牛在此过河，因而被欧洲人称为"古老的红鹿渡口"（Old Red Deer Crossing）。

二、城市体系的初步形成

在铁路运输、建筑业、制造业、商业和服务等各种经济部门的推动下，从1871至1931年，加拿大城市进入一个迅速发展的时期。60年中，城市人口增长最快。其10年增长率最低也有28%，最高达到62%，而乡间人口10年增长率最高只有17%，最低至1.85%；全国人口10年增长率最低11%，最高34%。表1列举了城、乡和全国人口增加的详细情况。

表1：1871—1931年加拿大城、乡人口的增长[1]

年代	乡间人口	10年增长率	城市人口	10年增长率	全国人口	10年增长率
1871年	2966914		722343		3689257	
1881年	3215303	8.37%	1109507	53.6%	4324810	17.23%
1891年	3296141	2.51%	1537098	38.54%	4833239	11.76%
1901年	3357093	1.85%	2014222	31.04%	5371315	11.13%
1911年	3933696	17.18%	3272947	62.49%	7206643	34.17%
1921年	4435827	12.76%	4352122	32.97%	8787949	21.94%
1931年	4804728	8.32%	5572058	28.03%	10376786	18.08%

从城镇数量看，1891—1931年，加拿大省拥有1000人以上的城镇数量从274个增加到503个，它们的人口在全国人口中的比例从30%增长到52.5%。1931年，加拿大全国人口增加到1037万人。其中，生活在城镇中的居民达到557万，约占总人口的53%。1881年，只有蒙特利尔一个城市的人口超过10万人，而1931年全国已拥有6个人口在10万人以上的城市。

（一）早期主要城市的发展

1. 蒙特利尔

这一时期，加拿大最大的城市是蒙特利尔，人口数量1901年达到32.8万

---

① 数据来源于 John C. Weaver, *Shaping the Canadian City: Essays on Urban Politics and Policy, 1890-1920*, The Institute of Public Administration of Canada, 1977, p.23.

人，1921年增长到61.9万人。① 蒙特利尔是一个加拿大最大的贸易港口，谷物和天然产品在此装船后运往欧洲。1817年，加拿大最早的银行——蒙特利尔银行建立，至1911年已拥有2.174亿加元的资产。1922—1925年，它分别兼并了几家银行，在全国各省城镇的营业点达数百个。加拿大水路和铁路运输集团在此设置总部，控制着整个国家的交通命脉。

作为一座历史名城，蒙特利尔有数百座大小不一的教堂。其中，重建于1824年的蒙特利尔圣母院最负盛名，它是加拿大境内最雄伟的罗马天主教教堂建筑。早在1778年，该城市就创办了《蒙特利尔公报》，1821年建立了米吉尔大学，1838年建立了康考迪亚大学，1878年组建了蒙特利尔大学。

2. 多伦多和渥太华

此时，多伦多市是加拿大的第二大城市，1901年拥有21万人口，1921年人口达到52万人，成为一个交通枢纽和制造业、贸易和金融中心。1901年，以农具为主的制造业占了安大略省制造业的34%。多伦多也是一个文化中心，1844年创办了《环球报》，合并后的《环球邮报》现在是加拿大最大的报纸。② 1827年多伦多大学建立，1876年安大略艺术设计学院建立，1887年麦克马斯特大学建立（1930年迁至汉密尔顿）。1917年，多伦多建立了美术馆。1912年建立的皇家安大略省博物馆，成为加拿大最大的博物馆。

首都渥太华是加拿大的政治和文化中心。1901年有6万人口，成为加拿大的第四大城市，此后排名有所下降，1921年达到10.7万人。1859—1865年建造的哥特式风格的联邦议会大厦十分雄伟，在1916年毁于一场大火，1927年完成了重建。

议会大厦以石料为主，采用绿色铜顶，大厦中央耸立着高达90米的和平塔，从上面可一览全城。和平塔里设置一座4.88米高的四面大钟和一个由53个铃铛组成的钟琴。从塔楼向两侧延伸的是上议院、下议院和议会图书馆等。1848年渥太华大学建立，1880年，渥太华建立了国家艺术馆，藏有欧洲和加拿

---

① 各城市的部分内容参考了缪竞闵主编：《加拿大：国家与城市》，西南财经大学出版社1992年版。人口数字均引自 "Table 11" in Statistics Canada, *Canadian Year Book, 1921,* https://www66.statcan.gc.ca/eng/1921-eng.htm. 2016-03-19.

②《环球报》是自由党的喉舌，1872创办的《多伦多邮报》是保守党的喉舌。《多伦多邮报》于1895年与《多伦多帝国报》合并成《帝国邮报》，再于1936年与《环球报》合并成《环球邮报》。

大最宝贵的艺术品。但是，由于没有大规模的工商业集团入驻，渥太华在加拿大城市体系中的地位无法与蒙特利尔和多伦多相提并论。

3. 温尼伯

1901年，曼尼托巴省会温尼伯拥有4.2万人口，1911年达到13.6万人，成为加拿大的第三大城市。1921年，人口增长到17.9万人。该城市被称作加拿大的西部大门，交通发达，也有一些制造业和食品加工业。1919年，在西部整个地区雇用工人数量和产值方面，温尼伯分别占了57.3%和51%，位于西部5个中心城市之首。[①] 1871年，温尼伯建立了曼尼托巴学院（后改称温尼伯大学），1877年建立了曼尼托巴大学。1872年创办的《温尼伯自由报》，是加拿大西部历史最悠久的报纸之一，在整个加拿大也负有盛名。

由于缺少其他资源，20世纪20年代末，温尼伯的人口数量被温哥华市超越。20年代西部建立省级小麦联营组织后，减少了温尼伯的谷物贸易机构垄断小麦贸易而带来的收入。1921年之前，温尼伯享有向西部运输的铁路运费优惠。这有利于加强它作为西部工业品批发中心的地位，但也使其忽视了发展制造业。随着运费优惠的取消，温尼伯持续发展的能力大为削弱。

4. 温哥华和维多利亚

地处太平洋海岸的温哥华经过30多年的努力，在"一战"前就已经成为加拿大西部的第一大港口，肩负着西部谷物和资源产品的加工和出口任务，它同时也从海外进口工业品。1901年，温哥华拥有2.7万人口；1911年增加到10万人，成为加拿大的第三大城市；1931年，其人口增加到24.6万人。20世纪初，温哥华逐渐变成一个制造业中心，生产木材、食品、服装和化工产品。温哥华还是一个文化中心。1886年，它创办了《太阳报》，成为西部的主要报刊。1908年，米吉尔大学的不列颠哥伦比亚分校建立，1915年独立为不列颠哥伦比亚大学。在加拿大城市体系中，温哥华地位仅次于蒙特利尔和多伦多，是一个西部地区的中心城市。

不列颠哥伦比亚省的首府维多利亚市位于温哥华岛上，人口数量1901年为2.1万人，成为加拿大第十一大城市，1921年增长到3.9万人。它主要是一个政

---

① 在西部地区雇用的工人和产值方面，其他4个城市分别所占的比例为：里贾纳是2.8%和3%，萨斯卡通是1%和1.5%，卡尔加里是10.4%和11%，埃德蒙顿是6.6%和6.8%。见 Alan F. J. Aritibise ed., *Town and City: Aspects of Western Canadian Urban Development*, Canadian Plain Research Center, University of Regina, 1981, p.13.

治和文化中心，1916年创办了维多利亚大学。该市的造船、渔业和木材加工业也比较发达，但由于地处温哥华岛和周边城镇较少，故只是一个小的地区中心城市。

5. 埃德蒙顿和卡尔加里

1901年，阿尔伯达省的省会埃德蒙顿只拥有2626人，1905年该省从西北领地划出后，人口于1914年猛增到7.3万人。埃德蒙顿是一个地区政治和文化中心，1908年创建阿尔伯达大学。位于它以南数百公里之外的卡尔加里，1901年有4091人，1921年增长到6.3万人，成为加拿大第八大城市。1914年，在卡尔加里西南几公里处打出该省第一口油井，1923年卡尔加里建立了全省第一家炼油厂，奠定了其作为全国石油工业中心的地位。1910年，该城市建立皇家山大学（Mount Royal University）。

6. 里贾纳和萨斯卡通

在另一个西部草原省份——萨斯喀彻温省，省会城市里贾纳在1901年只有2249人，1921年增长到3.4万人，成为加拿大第十五大城市。它离加美边境160公里，是该省的政治中心和农牧业产品加工和交易中心。位于其北部250公里的萨斯卡通，在草原地区开发中迅速发展。它虽然在1901年只有113人，但10年后增长到1.2万人，1921年达到2.5万人，成为该省的另一个中心城市。1907年，该省大学——萨斯喀彻温大学在此创立。[1]

20世纪初，在小麦经济的推动和城镇工商业者的努力下，草原省的城市人口增长的速度在加拿大名列前茅。1901—1911年，城镇人口在全省人口中的比例，曼尼托巴省从28%增长到43%，萨斯喀彻温省从15%增长到27%，两省的增长率均接近一倍。阿尔伯达省从25%增长到37%。而这种比例，大西洋沿海省份仅从22%增长到28%，魁北克省从40%增长到48%，安大略省从43%增长到52%。[2]

20世纪20年代后期，几个因素导致西部城市发展的速度放缓。首先，从20年代开始，加拿大各省政府加强了对地方政府的控制，减少了地方政府的征税权；它对城市政府实施有条件的转款，降低了城市的自主性。其次，全国性法

---

① 萨斯喀彻温大学于1961年在里贾纳设置分校。1974年，该校区独立而成为现在的里贾纳大学。

② Gilbert A. Stelter & Alan F. J. Artibise ed., *Shaping the Urban Landscape: Aspects of the Canadian City-Building Process*, Carleton University Press, 1982, p.145.

人公司的大量出现。这些法人公司的分支机构不像地方工商业者那样致力于所在城市的发展，而是要求城市遵守统一的行规和程序，使得西部的城市难以采用独特的方式解决自己的问题。最后，随着魁北克和安大略省北部的开发，以及不列颠哥伦比亚省的兴起，西部小麦农业对移民的吸引力开始下降。30年代经济大萧条带来的大量的失业和谷物出口锐减，标志着西部城市快速发展时代的结束。

7. 伦敦、汉密尔顿和金斯顿

在安大略省，重要城市主要分布在靠近安大略湖和休伦湖之间的地区。伦敦市位于"大干线铁路"和"大西线铁路"两条主干线上，是一个重要的交通枢纽和工业中心。1901年，它的人口达到3.8万人，1921年增加到6.1万人。该城市规模不大，却是安大略省西南部的一个中心城市，1878年创办了西安大略大学。由于靠近美加边境，伦敦也是一个军事重镇，1905年开始驻扎第一轻骑兵团（First Huscars），直到1975年才撤离。

汉密尔顿市位于安大略湖的西南湖畔，1901年拥有5.3万人口，1921年增加到11.4万人，成为一个重要的工业中心。1910年，几个大的钢铁厂合并为加拿大钢铁公司，将总部设在汉密尔顿。两年后，自治领铸造和钢铁公司迁到该市，另外还有一些美国的分厂。[①] 这样，汉密尔顿成为加拿大最大的钢铁生产基地，钢铁产量占了全国的一半以上。1930年，麦克马斯特大学从多伦多迁到汉密尔顿。

金斯顿位于安大略湖的西北湖畔，是圣劳伦斯河最上游的港口和军事重镇。受地理位置所限，其人口增长缓慢，1901年有1.8万人，1921年达到2.2万人。1841年建立了皇后大学，1876年建立了加拿大皇家军事学院。

8. 魁北克市

魁北克市是魁北克省的省会，是一座历史和文化名城，1901年大约有6.9万人，1921年增长到9.5万人。该城市位于圣劳伦斯河入海口，是加拿大东部的一个重要的港口。城内各种商铺林立，法国式建筑鳞次栉比，具有浓厚的异国情调。1852年，它创办了罗马天主教大学——拉瓦尔大学。但由于蒙特利尔太近，它只能作为一个地区中心城市发挥作用。

---

① 加拿大钢铁公司（Steel Company of Canada）简称Stelcon；自治领铸造和钢铁公司（Dominion Foundries and Steel）简称Dofasco。

1901—1911年，5000人口以上的城市，安大略省从28个增加到37个，魁北克省从10个增加到13个。安大略省和魁北克省城市化程度位居加拿大前列，一个重要的因素是制造业发达。1901年，加拿大近70%的工业产品出自这两个省。[①]

9. 弗雷德里克顿、蒙克顿和圣约翰

弗雷德里克顿是新不伦瑞克省的省会，1901年只有7117人，1921年达到8114人。它只是该省的一个政治和文化中心，1875年建立了新不伦瑞克大学，1910年建立了圣托马斯大学。该省另一个城市蒙克顿，在1901年有9026人口，1921年增加到1.7万人。它是该省的一个重要的铁路交通枢纽。港口城市圣约翰是该省最大的城市，在19世纪末期工业发展很快。1901年有4.07万人，1921年增加到4.7万人。它除了海上运输外，造船业、渔业、食品和木材加工业也很发达，控制着新不伦瑞克省的城市体系。

10. 哈利法克斯

哈利法克斯是新斯科舍省的省会，1901年拥有4万人口，1921年达到5.8万人，在全国位居第11位。它是当时大西洋沿海地区最大的港口，主要经营对英国的贸易，同时也拥有木材加工、造船、羊毛和棉纺织、制糖、煤焦油提炼等行业。20世纪20年代初期，英国军队离开后，它成为加拿大一个重要的军事港口。1802年，它创办了圣玛丽大学，1818年建立了达尔豪斯大学。

11. 夏洛特城

爱德华王子岛省的省会夏洛特城，1720年法国殖民者首先在其附近定居，1763年被英军占领后，以英王乔治三世的皇后夏洛特的名字命名。1901年，该城市有1.2万人，20年后只增加到1.3万人。它是该省政治和商业中心，渔业发达，也有食品和木材加工业。

大西洋沿海省份与中部的安大略和魁北克两省一样，都属于开发时间较早的地区。至19世纪末，它们的经济结构仍然相似，大约一半的劳动力从事大宗产品的生产、四分之一的劳动力分布在制造业和建筑行业。但是，在国家整体经济的比重中，沿海省份远低于中部的两省。其主要城市的工业资本和工业产值均仅有几十至几百万加元，雇员仅有几百至几千人。以哈利法克斯为例。1919年，其工业产值仅有1200万加元，分别不到多伦多和蒙特利尔

---

① Gilbert A. Stelter & Alan F.J. Artibise, op. cit., p.69；p.86.

的5%。[1]

沿海省的工业在联邦建立之前以木材加工业为主，19世纪后半期联邦政府实施的"国家政策"和"省际铁路"的修建促进了沿海省尤其是新斯科舍省的工业多元化，形成3个工业区——皮克托郡、布雷顿角郡、坎伯兰郡，从而在悉尼至蒙克顿之间出现了一个煤炭、钢铁制造和铁路运输为主导的工业地带。这些地区的城市化程度较高。1900年至1920年，对制造业的投资在新斯科舍省增加了4倍，达到1.483亿加元；在新不伦克省增加了5倍，达到1.09亿加元。[2]

但是，大西洋沿海省份的城市发展较为缓慢。1891—1931年，沿海省份1000人以上的城镇从41个增加到53个，其人口在该省份人口中的比例从16.5%增长到36.3%。对比之下，安大略省同类人口比例从35%增长到63.1%。[3]沿海省城市化速度缓慢有几个原因。首先，它们处于边缘地区，经济规模较小，"一战"时期近三分之一的工业产品直接与自然资源有关，价值相对不高。其次，这个地区未能形成一个在金融领域发挥领导作用的都市。哈利法克斯有这样的条件，但其商人集团在贸易之外通过城市银行投资于美国的铁路建设。这样，沿海省份资金不足，经济发展受到外省和英国等外来投资者的控制。最后，沿海省份各地经济之间的关系不够密切；沿海省经济缺少凝聚力，没有形成完整的地区城市体系。

（二）主要城市的人口和面积

随着铁路和公路的兴建、全国性金融机构的分支与商业批发以及零售网在全国的扩展，加拿大的城市被连成一体。城市中的工厂、金融和商业机构、文化教育机构、媒体和司法机构等，其产品和服务不仅仅面向于本城市居民，而且还辐射到周边地区乃至全国。至20世纪20年代，加拿大全国城市体系初步形成。

可以说，这个体系具有两个"塔尖"——蒙特利尔和多伦多。表2显示，

① Gilbert A. Stelter & Alan F.J. Artibise, op. cit., p.97.

② The Carleton University Historical Collective, *Urban and Community Development in Atlantic Canada, 1867-1991*, Canadian Museum of Civilization, 1993, p.91.

③ George J. De Benedetti & Rodolphe H. Lamarche ed., *Shock Waves: The Maritime Urban System in the New Economy*, The Canadian Institute for Research on Regional Development, 1994, pp.12-13.

1881—1921年，蒙特利尔和多伦多一直处于人口最多的城市。1921年，较大的城市主要分布在中部和西部省份。至1921年，西部省份（包括太平洋沿海地区）的温尼伯、温哥华、卡尔加里和埃德蒙顿4个城市排名分别上升到第3、4、8和10位。它们的发展得益于铁路建设和西部移民。安大略省的汉密尔顿、渥太华和伦敦的人口排在中游和后游的位置基本未变。而魁北克市排名不断下降，从1871年的第2位下降到1921年的第7位。除了其位置过于靠北而远离铁路交通和工业中心外，法裔经济地位的下降也是其中的一个原因。

表2：1871—1921年加拿大人口10大城市排序变化[①]

城市	1871年		1891年		1911年		1921年	
	人口数量	排行	人口数量	排行	人口数量	排行	人口数量	排行
蒙特利尔	115000	1	219616	1	490504	1	618506	1
多伦多	59000	3	181215	2	381833	2	521893	2
温尼伯	241	62	25639	8	136035	3	179087	3
温哥华	-	-	13709	11	100401	4	117217	4
汉密尔顿	26880	5	48959	4	81969	6	114151	5
渥太华	24141	7	44154	5	87062	5	107843	6
魁北克市	59699	2	63090	3	78710	7	95193	7
卡尔加里	-	-	3876	55	403704	10	63305	8
伦敦	18000	8	31977	8	46300	9	60959	9
埃德蒙顿	-	-	-	-	31064	13	58821	10

（三）主要城市的工业发展

1910年，加拿大处于第二工业革命中，电力、汽车和化工等新兴产业推动了城市工业的发展。但是，此时的制造业企业的规模并不大，绝大多数仅雇用几十个工人。更值得注意的是，它们之间具有很大的差别（见表3）。最大的制造业城市蒙特利尔拥有47万人口和1104个企业，工业产值达到1.66亿加元。

---

① Gilbert A. Stelter & Alan F. J. Artibise ed., *The Canadian City: Essays on Urban and Social History*, Carleton University Press, 1984, p.368.

而排在第20名的城市圣凯瑟琳仅有1.2万人口和58个企业，工业产值为602万加元。蒙特利尔和多伦多作为都市在人口和工业方面都名列前茅。在1910年或1911年，汉密尔顿虽然人口排名靠后，但企业和工人的数量、资本和产值都排在第3位，这是其钢铁企业带来的结果。温哥华人口排在第4位，而产值排在第10位，这是因为其木材、鱼类和食品加工业的附加值不高。

表3:1910年加拿大工业产值前20名城市[1]

城市	人口	企业	雇员	固定资本（万加元）	产值（万加元）
蒙特利尔	470480	1104	67841	13247.6	16627.9
多伦多	376538	1100	65274	14579.9	15430.7
汉密尔顿	81969	364	21149	5801.4	5512.6
温尼伯	136035	177	11705	2602.4	3269.4
渥太华	87701	203	9232	2109.9	2092.4
梅森纽弗	18864	20	9112	791.9	2081.4
魁北克	78710	175	8067	1648.8	1714.9
伦敦	46300	180	9413	1547.0	1627.4
布兰特福德	23132	111	6492	1997.2	1586.6
温哥华	100401	130	8966	2281.5	1507.0
哈利法克斯	46619	112	4014	1406.9	1214.0
皮特拜勒	18360	65	4029	641.5	1063.3
圣约翰	42511	177	5270	924.2	1008.2
悉尼	17723	20	3890	2462.3	939.5
柏林	15196	76	3980	850.1	926.6
卡尔加里	43704	46	2133	1308.2	775.1
圭尔弗	15173	78	3072	715.2	739.2
赫尔	18222	31	2918	878.0	725.9
兰辛	10699	11	2239	749.6	629.6
圣凯瑟琳	12484	58	3139	529.0	602.4

---

[1] Gilbert A. Stelter & Alan F.J. Artibise ed., *Shaping Urban Landscape: Aspects of the Canadian City-Building Process*, Carleton University Press, 1982, p.109. 本表删除了原表中的增值数据。

对于不利于腹地城市的发展因素，麦克坎（L. D. McCann）做了归纳，主要是：以一种大宗资源产品为基础的城市在资源消耗完后而没有替代品，所依赖的国外市场发生难以预料的变化；资源城镇的单一社会结构约束了自身的发展；腹地城市较低的工资水平难以吸引技术工人，从资源行业中积累的有限资金难以推动其他经济部门的发展；这些因素使腹地的城市在与都市地区的城市竞争中处于相对不利的位置。[①]

概括起来，加拿大城市体系的形成可以划分为几个阶段。19世纪初期，形成一些地区中心城市，它们是蒙特利尔、多伦多和大西洋沿海地区的圣约翰。19世纪后半期，加拿大中部和东部形成了以蒙特利尔为"塔尖"的城市体系，它在商业、金融和制造业各方面支配着这两个地区的城市。19世纪末，多伦多地位上升后开始成为这个城市体系中的另一个核心，两大城市集中了全国四分之三的银行资产。[②]其他城市"沦为"这两个城市的附庸。19世纪末20世纪初横跨大陆的三条铁路为西部地区带来了诸多城市。20世纪初期在一些省开始出现资源城镇，它们使加拿大的城市数量进一步增加，加拿大的城市体系基本形成。

由于人口数量少却分布广泛，在加拿大的城市体系中，最上面是人口集中的大城市，最底层是人口稀少的村镇，位于中间的中等城市并不多。加拿大城市体系的这一结构特点，使蒙特利尔和多伦多大都市在城市体系中起到了较大的支配作用。蒙特利尔和多伦多的"腹地"城市，是魁北克市、圣约翰、汉密尔顿、伦敦、温尼伯、温哥华、卡尔加里、埃德蒙顿、萨斯卡通和里贾纳等城市。但是它们作为地区中心城市，也是其周边小城镇或资源城镇的"都市"。位于城市体系底层的城镇也有自己的"腹地"，那就是它们周围的乡村。

"都市"处于支配地位，但其发展也离不开"腹地"——周边地区的支持。加拿大的城市体系在城市相互的竞争中形成。除了历史原因外，在地理位置相近和自然条件相同的情况下，拥有周边城镇的城市上升速度快；魁北克和金斯顿就是分别被蒙特利尔和多伦多夺走了周边城镇而地位下降。而多伦多首先在与附近的汉密尔顿和伦敦的竞争中取胜，奠定了地区中心城市的地位，

① L.D. McCann, "Staples and the New Industrialism in the Growth of Post-Confederation Halifax", in Gilbert A. Stelter & Alan F.J. Artibise ed., *Shaping the Urban Landscape: Aspects of the Canadian City-Building Process*, Carleton University Press, 1982, pp.88-89.

② Gilbert A. Stelter & Alan F. J. Artibise ed., op. cit., p.20.

然后又与蒙特利尔争夺对"二线"城市的控制,逐渐站到了金字塔的顶端。所以,尽管城市体系反映的是一种自上而下的控制关系,但周边乡村对于城镇、城镇对于地区中心城市、地区中心城市对于全国顶级城市的存在与发展,都一样重要。

三、早期城市土地的分割和利用

城市发展离不开土地,土地的使用对城市的发展具有重要的作用,因此是一个值得关注的问题。城镇在殖民地时期就拥有公共土地,它们构成城镇的一部分,政府也对土地做过一定的划分。但是,城镇内外的多数土地为私人所有,对它们的开发需要分割。土地的主人通常向市政府提出分割计划,经勘测获得批准后进行操作。伊泽贝尔·盖敦(Isobel K. Ganton)对早期多伦多土地的分割做了研究①,从中可以看出加拿大城市在没有整体规划的情况下使用土地的一些情况。

1850年,多伦多一些郊外的地主将土地分割成1英亩多的地块,出售给投机者或市场园艺商人。伊泽贝尔把这种地块称作"过渡性"地块,因为它们只确立了未来街道的范围。在这个基础上再次分割的土地,伊泽敦称之为"最初的城市"地块;它一般不到1英亩,可用于建造几套独立住房。它通常面对着把城市与郊区分开的街道,有助于街道布局的形成。这种分割被称之为"细分"或"再分"(subdivision)。

还有一种被称作"再细分城市地块"(resubdivided urban lot)的土地,即把细分过的土地再次分割成更小的地块。这类地块一般只出现在已有的街道范围内,目的是使地块适应于住房市场的需要。19世纪初,多伦多政府划分的1英亩或0.5英亩的地块,其临街部分的宽度约30米或更宽。随着城市的发展,在中心商业区和安达略湖附近区域,人口和工作场所集中,建造房屋之前有必要将地块再细分一次。另外,一些家庭或个人拥有超过1英亩的地块也会再分割一次,以便建造房屋或销售土地。

"细分"的土地形成的街道布局一般为方格状,这种形状容易展示和描述将被销售的地块,有利于土地投机。早期的工业设施建在火车站或港口附近,

---

① Isobel K. Ganton, "Land Subdivision in Toronto,1851-1883", in Gilbert A. Stelter & Alan F.J. Artibise, ed., *Shaping the Urban Landscape: Aspects of the Canadian City-Building Process*, Carleton University Press, 1982, p.212.

工人住房也在附近，因此这些区域地块的细分较多。

城市人口的增加需要更多的住房，导致地价上涨和土地投机的出现。在多数情况下，土地投机者购买空地，细分后进行销售。还有的细分是发生在个人继承的土地或最初使用的土地上，细分和销售多是为了解决土地主人的财政困难。但是，一般居民也购置细分的土地，他们不一定立即建造房屋，有可能将其销售。这样，土地细分的数量与经济周期有很大的关系。经济高涨时期，活跃的建筑活动和土地投机使细分增多，而1857年的经济萧条导致1858年多伦多土地细分减少。

1859年，多伦多土地价格只有1955年经济高涨时期的一半。由于土地价值不稳，即便是具有投机价值的空地，也难以用作抵押以获得利率高达12%~15%的贷款，而当时以一级证券作为抵押的贷款利率才只有9%~10%。[1]

（一）汉密尔顿和多伦多的土地投机

汉密尔顿是19世纪中期开始兴起的一个工业城市，米歇尔·杜希特（Michael Doucet）对它最初30多年中的土地投机现象进行了研究。[2]他发现，有456人第一次从细分者手中购置土地，他们大都是律师、银行家、代理人、商人、工业资产阶级和乡绅等，购买土地多是为了投机。其中，有51人购买了63%的建设地块，有人一次就购买了6块，这些地块只有五分之一被第一次购买者所开发。工人阶级占该城市人口的一半以上，但在第一次购买土地者中，白领工人、技术和非技术工人以及半技术工人只占8%。

米歇尔·杜希特的研究显示，在1847—1881年汉密尔顿及其周边的2183名购地者中，只有31.3%的人开发了土地，其他人将土地出售。被开发的土地占78%，它们平均换手3.2次。

然而，购地者并不能一夜之间就能把建设地块全部出售，有的10年后还在手中，原因是地价下跌。1856年的经济危机过后，汉密尔顿的土地价格在19世纪60—70年代都没有超过50年代初的繁荣时期。除经济周期外，建设地块

---

① Isobel K. Ganton, op. cit., p.212. 土地购买者不一定都是投资者，除了建房自住外，有的是为了拥有土地以获得信用。比如，工商业者在需要资金时能用土地作为抵押而获得贷款。

② Michael Doucet, "Speculation and the Physical Development of Mid-19th Century Hamilton", in Gilbert A. Stelter & Alan F.J. Artibise, ed., *Shaping the Urban Landscape: Aspects of the Canadian City-Building Process*, Carleton University Press, 1982, pp.185-194.

不断增加也导致地价下降。由于投机者要交地产税、偿还借贷及其利息，土地价格下跌使许多土地所有者抛售地产，有的甚至因拖延缴纳地产税而被政府拍卖。1865年，共有1300块土地被市政府拍卖。

1881年，技术工人、非技术工人和半技术工人拥有的土地比19世纪50年代多了4倍，职员多了6倍。[①] 1852年，拥有近10个地块的人们控制着40%的空地；1881年，拥有不足2个建设地块的人们控制着54%的土地。这说明，城市土地集中的现象减弱，社会中下层拥有土地的数量增加。1852年，不住在该市的人对空地控制的比例达到40%，1881年这个比例下降到7%，说明汉密尔顿进入正常的土地持有状态。

19世纪末20世纪初，随着城市化热潮的到来，不断涌进城市的人口加剧了住房紧张；住房建设活跃带来房地产市场的繁荣，从而使许多城市出现了土地投机。多伦多一个被称作"沃德"的区域是其中的典型。[②]

沃德最初只是一个位于多伦多北郊的破败镇子，后来成为多伦多市区的一个贫民窟。19世纪末，沃德周边的街区被开发，但它的核心区域未动，因为房地产的主人等待着土地升值。这类房主只要收取的房租高于交纳的地产税，他们就会一直持有自己的房地产。他们把房屋所在的土地价格提得很高，以至于无人能买得起而重新建造房屋或店铺。

市政府在征税土地税时往往低估了土地的价值，从而助长了他们的这种做法。同时，政府对空地上建造的住房或对已有房屋加盖的房间进行征税（"改善税"），客观上也在鼓励囤积土地，阻碍房地产的开发。

在世纪之初的土地市场繁荣时期，多伦多的多数土地至少易手一次。1907年，在繁华的多伦多女王街和贝街（Bay Street）交界处，一个花16万加元买来的135平方英尺的地块，8个月后竟然卖到了33.7万加元。[③] 地价上涨导致房租增加。《晚间电讯报》定期刊登的一个有6个房间而无家具的住房的出租广告显示，从1900年至1913年，它的房租增长了1.24倍。[④]

需要指出的是，有的投资者投资出租房后，在一两年内未能全部出租出

---

① 此期间，这些阶层人口增加的规模远没有这么大。

② 它是多伦多的第三选区（Ward 3），通常被称作"The Ward"，本书采用音译。

③ Richard Dennis, "Private Landlords and Redevelopment: 'The Ward' in Toronto, 1890-1920", in *Urban History Review*, Vol. 24, No.1, 1995, p.21.

④ Richard Dennis, ibid., p.29.

去。1910年多伦多的一项评估显示，房客不愿意也无力交纳超过20加元的月租金。结果，在多伦多的28个出租公寓中，有15个在建成1~2年内没有全部租出去。有的房子建成后因价格过高也不容易销售。尽管如此，此期间一般的房地产收益率仍在10%以上，说明房地产是投资者追捧的一个行业。

面对土地投机，许多人建议降低"改善税"而使之低于土地税，从而将主要的纳税负担从房屋转移到土地上。从1889年到1912年，多伦多市议会进行过多次讨论，还举行过全市选民表决，但都没有通过实质性的法规。[①]"一战"中，多伦多房地产市场崩溃，土地投机活动急剧降温。

（二）西部城镇的土地投机

最初，西部许多城镇的出现和早期开发，都受到三条横跨大陆的铁路公司的影响。铁路公司在城镇获得土地后[②]，在自己的土地上建设服务设施和房屋。这不但提高了土地的价值，也在很大程度上决定着城镇的地理扩展方向。但是，随着铁路公司影响的减弱，西部城镇也出现了土地投机热潮。

在西部城市，土地投机主要发生在郊外。投机者将农田转化为城市用地，对土地开发起到了一定的推动作用。但是，这种开发在超出城市需求时就会造成大量的无人购买的空地。城市采取各种措施吸引足够的人口和提供方便的公共交通，客观上都推动了郊外的土地投机。

太多的土地投机活动遭到了强烈的批评。批评者要求城镇政府按照亨利·乔治单一税理论征收单一土地税，认为这不但能够使政府从土地所有者和投机者身上获得一大笔收入，也能鼓励土地所有者建造房屋而刺激土地开发。[③]市政府的税收收入也会随着城区的不断扩大而增加。面对批评，西部省份的一

---

① 1912年多伦多市的公投赞成使改善税低于土地税。1914年控制委员会建议在计算房屋的税收时，对价值低于3000加元的自住房扣除700加元的基数。然而，这些有利廉价房屋的动议在市议会没有获得通过。

② 联邦政府以免费赠予土地的形式，向三条横跨大陆铁路的建设提供资助。

③ 他们认为，地主付了土地税后，为弥补损失，就会在土地通过兴建房屋而增加收入。见 John Gilpin, "The Land Development Process in Edmonton, Alberta, 1881-1917", in Gilbert A. Stelter and Alan F. J. Artibise ed., *Power and Place: Canadian Urban Development in the North American Context*, University of British Columbia Press, 1986, p.151.

些城市政府实施了单一土地税。

为了鼓励建造或改善住房，西部一些城市还减少了"改善税"。1909年，温尼伯房屋税的基数降低到估算价值的66%；1913年，里贾纳将其降低到35%，1912年又降低到25%。卡尔加里从1909年开始逐渐降低"改善税"，至1912年降低到25%。埃德蒙顿在1904年至1918年完全废除了"改善税"。①

但是，这并没有完全阻止土地投机。土地投机造成房地产市场的虚假繁荣，扰乱了城市土地的正常利用，城市无序蔓延而增加了城市公共服务的成本。西部城市政府采取措施抑制土地投机，而东部城市却鲜有作为，让市场规律自行进行调节。

（三）蒙特利尔早期街道的拓宽

近代城市的物质建设并不是一个自然和稳定增长的过程，城市政府一直推动道路的拓宽和公共设施的建设，城市景观不断变化和更新。在19世纪下半叶，蒙特利尔市政府就开始拆除了沿街的数千处临街建筑，拓宽了数十条街道，总长度达30多公里。

建筑密集的城市中心通常最需要拓宽和改造，投入建设中的公共资金也最多。因此，它会遇到财政困难并引发争议，特别是当政府使用公共资金征用私人地产的时候。詹森·吉利兰德（Jason Gilliland）对1862年至1900年蒙特利尔的三条街道的拓宽进行了个案研究②，有助于了解历史上加拿大城市因街道建设而征用私人土地的一些情况。19世纪早期，由于法律规定未经主人的同意土地不得被迫出售，蒙特利尔市政府没有有效的权力征用土地而用于公共设施。1845年，加拿大联合省修建了关于城市的章程，规定市议会可以合法地"购买和获取"以开辟和拓宽街道所需的任何土地，前提是不超过地块100英尺（32.8米）的进深。这样，蒙特利尔在1846—1900年有超过2250处房地产被征用，以开辟道路或拓宽街道。

---

① Gilbert A. Stelter & Alan F.J. Artibise, op. cit., pp.140-141.

② Jason Gilliland, "The Creative Destruction of Montreal: Street Widenings and Urban（Re）development in the Nineteenth Century", in *Urban History Review*, Vol.31, No.1, 2002.

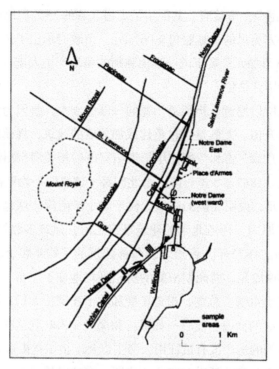

图1　蒙特利尔街道拓宽示意图①

1845—1898年，城市章程中有关土地征用的条款至少被修改了十几次。不过，征地法规的两个基本要素被保留下来：（1）为改善街道通行而被没收地产的人，无论是通过仲裁委员会还是通过协商，都将会得到赔偿；（2）对直接受到影响的业主，应承担一些街道改善的成本，通常是一半，最少是三分之一，最多是全部。

1. 圣母院街中段的拓宽

圣母院（Notre Dame）街的中段（又称"蒙特利尔老城"）是最早拓宽的街道。它大致从麦吉尔（McGill）街到拉克鲁瓦（Lacroix）街，长1.5公里。圣母院大街是与圣劳伦斯河平行并且离它最近的一条主要干道，始建于1672年，最初的宽度为30英尺（9.1米）。圣母院街中心段是城市中最负盛名的购物街之一，1864—1868年完成第一次拓宽工程，街道从30英尺拓宽到44英尺（13.4

---

① Jason Gilliland, op. cit., p.39.蒙特利尔市的街道与圣劳伦斯河的流向一致，并非正南正北。当地人通常把西南方向当作西，把东北方向当作东，把西北方向当作北。参见本书第八章相关示意图。

米）。①在这次拓宽中，市政府一共征用了街道北侧的55处房地产，支付309880加元，平均每平方英尺的土地赔付9.06加元。市政府承担了街道改造费用的一半，为此贷款15万加元；剩下的一半由临街的房地产主人支付，方式是在一年多里缴纳一项特别评估税。

房产主人之所以愿意承担街道拓宽的一部分成本，是因为他们的房地产会因街道的拓宽而升值。尤其是经过重建或加盖后的建筑，规模的扩大会带来更多的经济收入。詹森·吉利兰德使用街道拓宽前后相关房产出租的变化，考察房产的升值情况。1862年，圣母院大街北侧每个建筑的平均年租金为713加元，南侧的是880加元，说明北侧的房屋规模平均小于南侧。这也是征用北侧房地产而拓宽街道的原因。街道北侧的建筑重建之后，建筑多数是四层平顶结构，平面面积也增加。1872年，街道北侧每栋建筑的平均年租金较拓宽前增长了140%，达到1709加元。而同期南侧的房租平均增加了39%，达到1225加元；北侧比南侧的高出40%。总之，街道扩展和临街建筑扩大后，能够增加商业活动和吸引更高层次的商业功能——如银行和保险业入驻到这样的黄金地段。因此，即便街道南侧的房产没有被征用，房主也要承担拓宽街道的一部分成本。

在街道扩建中，商业活动和租金流中断。在这种情况下，许多业主选择出售临街的房地产。1862年至1872年，圣母院街北侧的房屋由于需要重建，有近三分之二的房地产转让给了新主人，而街道南侧房屋的转手率不到四分之一。这样，街道拓宽和房屋的重建给当地带来了外来资本，推动了城市房地产的开发。有时，市政府征用一些地产，街道拓宽工程完成后，将剩下的地皮出售而获得一些财政收入。②

2. 圣劳伦斯大街的拓宽

1874年，蒙特利尔市制定了拓宽主干道和使街道网络"正规化"的整体战略，其中包括圣劳伦斯（St. Lawrence）大街。圣劳伦斯大街是连接港口、金融区和北部郊区的一条主干道。1888—1892年，该街道南部从克雷格（Craig）街

---

① 在以后的几次拓宽工程中，该街道的东段和西段（共近8公里）都被拓宽到60~65英尺（18.3~19.8米）。Jason Gilliland, op. cit., p.40.

② 例如，1864年，市政府征用了圣母院街和圣彼得街拐角处的2229平方英尺（207平方米）的地皮，陪审团裁决市政府需补偿6687加元。拓宽工程完成后，市政府以6640加元的价格将剩下的1387平方英尺的地皮出售。这相当于每平方英尺的土地价格上涨了60%，使市政府收回了土地征用的成本。

到舍布鲁克（Sherbrooke）街的一段（约1.2公里）从47英尺（14.3米）拓宽到67英尺（22米）。[①]此前，该街道南段的业主敦促城市道路委员会实施拓宽街道的计划，以便使自己的街道能够与圣母院大街"平起平坐"。道路东侧的房屋在1850年和1852年大规模的火灾后按照城市防火的要求进行了重建，而西侧的房屋质量较差，因此街道选择了向西侧拓宽。1892年，完成了对街道西侧的68处房产的征收、拆除和重建工作。这段街道的拓宽和房屋重建，也带动了租金的增加。在拓宽前的1888年，西侧建筑的年租金平均为779加元，东侧为1052加元。1900年，西侧每幢建筑年租金平均翻了一倍，达到1531加元。东侧区域的年租金平均为1276加元，涨幅较低。原因在于西侧的建筑规模大于东侧，它们至少有3层，东侧建筑为2.5至3层（见图2）。为这次拓宽而颁布的法规规定，所有的新建筑需要使用石头或铁建造临街面，整体高度不少于3层（或35英尺）。其目的是创造一个整齐划一的临街面，体现了蒙特利尔城市设计实践中最早的一种街景美学观。

繁华街道扩宽重建后，其服务职能也发生了变化。圣劳伦斯街与克雷格街交叉路口西北拐角一处新建的4层石质建筑（图2）反映出这一点。它原来是一个2.5层的石头楼房，每年租金1800加元。重建后建筑面积增加，年租金上升到3510加元，里面有一家客栈、一个裁缝店，还有几间代理、律师、公证员和建筑师的办公室。这种变化说

图2 1892年圣劳伦斯街与克雷格街路口[②]

明街道从一个服务于当地社区的需求，发展到服务于来自城市各处的客户。

---

① 1903—1905年，北部从舍布鲁克街到皇家山（Mount Royal）大街一段（约1.5公里）的拓宽工程完成。

② Jason Gilliland, op. cit., p.46.

3. 圣母院街东段的拓宽

圣母院东街（Notre Dame East）是从拉克鲁瓦（Lacroix）街和帕皮诺（Papineau）路之间的一段，它的拓宽与重建与上述两处街道存在着不同。

第一个不同，市政府不顾大量业主的反对而征用房屋。19世纪上半叶，圣母院东街发展成为主要工人阶级、法裔加拿大人社区的轴心。19世纪下半叶，这条街道成为连接老城与滨水东端工业区的主要通道，大量的载重车队在此通过。市政府决定将街道从45英尺（13.7米）扩大到65英尺（19.8米）。由于这里的不少建筑在1852年的大火后用砖建造，业主不愿意将其拆除。1891年，市政府征用并拆除了这一路段整个北侧的建筑，估值25万加元。房地产征用过程出现了不民主的一幕。

街道北侧的一些小业主反对用更加昂贵的石头重建房屋，其他业主抗议必须承担道路工程的一半费用。法律规定，若阻止街道拓宽，签名的反对者的房屋价值必须超过受影响房屋价值的一半以上才能有效。这种依据房产的价值而非业主的人数计算半数的方法，将街道拓宽的最终决定权置于拥有大量地产的少数业主手中，显然有失公平。

第二个不同，是房屋拆除和重建的过程迟缓。前述两条街道的房屋被推倒后一年内都得到了重建，而这里的重建过程持续了几年。59处被征用的房产涉及多达145户家庭和700多人，其中受负面影响最大的是小业主，他们大部分的客户都流向了其他商业街区。许多重建的房屋在几年后，因"加拿大太平洋铁路"在蒙特利尔的车站扩建而再次被征用。这是在城市发展中，政府实行"大企业"优先于"小人物"政策的一个典型案例。

第三个不同，是街道拓宽后两侧的房屋租金增幅不大。在房产征收前的1890年，每个建筑的年平均租金在北侧是440加元，在南侧为505加元。在街道拓宽工程完成几年后的1900年，北侧和南侧房屋的平均租金分别为415加元和535加元。若把通货膨胀的因素考虑在内，可以说街道拓宽以后两侧的房租没有增长，甚至下降了。

蒙特利尔于19世纪下半期街道拓宽和重建模式是加拿大主要城市的一个缩影，反映了早期城市政府对街道两旁私人土地的征用和补偿以及街道拓宽成本的分担方式。限制私人对土地使用的方式和征用私人土地用于公共目的，是城市政府管理土地使用的两种手段。在20世纪初开始实施城市规划之前，城市政府没有过多地限制私人对土地的使用；而在街道扩宽中的19世纪就运用了对私人土地的征用，这是城市发展的一种需要，也体现了城市政府的一种职能。大企业和大地产所有者作为城市的纳税大户，在街道扩宽中得到城市政府更多的关照，反映出城市政府成为有产阶级的代言人。

四、城市控制者与"促动主义"

城市本身是一个小的社会，正像整个社会那样需要一种控制力量。城市控制权与选举权密切相关。19世纪加拿大各级政府选举权的财产资格的规定，使许多21岁的成年男子没有选举权。城市选举资格一般需要拥有价值不低于5英镑的房屋或每年交纳不低于10英镑的房租。这样，在1852年的汉密尔顿，成年男子中仅有47%拥有选举权；80%的劳工、56%的工匠、59%的工商业雇员没有选举权。汉密尔顿选出的市政官员近70%来自城市最富有的社会阶层。[①]

温尼伯市的选民资格，1884年之前需要拥有价值不低于100加元的房产或至少交纳200加元的房租。选民如果参加有关公共开支的法律的表决，则需要更高的财产资格，1884年规定需拥有价值500加元的不动产。1874—1906年，市长候选人的财产资格是2000加元的不动产；市议员的财产资格从1874年的2000加元减少到1895年的500加元；1906年，控制委员会成员也需要拥有200加元的不动产。他们都有着丰厚的年薪。[②]

伊丽莎白·布卢姆菲尔德（Elizabeth Bloomfield）对19世纪70年代至20世纪20年代的柏林（基奇纳）和滑铁卢两个城市的议员做了统计。她发现，在60年中，工商业者（商人、制造商、建筑商、银行家、地产商和报刊印刷商等）通常占了议员的60%以上，最多时高达96%。这些人集经济和政治领导人为一

---

① Gilbert A. Stelter & Alan F. J. Artibise ed., *The Canadian City: Essays on Urban and Social History*, Carleton University Press, 1984, pp.233-234. 房客一年缴纳相当于两套住房价值的房租，说明他们在居住之外可能还租了其他的建筑用于工商业经营。这种规定也反映出选举权倾向于有房地产的居民。

② 1890年，市议员的年薪为500加元，市长的年薪为5000加元，控制委员会成员的年薪是3600加元。

身，有的还是协会领导人或协会的一般成员。① 三重身份的城市精英拥有最多的财富，担任市长或在各种委员会中任职。只是进入20世纪后，身份稍低和财富较少的人逐渐进入城市政府。

在温尼伯，1874—1914年一共有515市议员当选。其中，179位商人占了34%，191位地产商和金融家占了37%，49位制造商和承包商占了10%，71位专业人士占了14%；而工匠和工人只有21位，仅占4%。②

"一战"前，省级政府对城市事务干涉较少，城镇政府能够运用权力实施自己的政策。此时，家族和合伙性质的工商企业立足于所在的城市，他们利用城市政府的权力推行促进城市发展的各种政策，因而被称作"促动主义者"。

衡量"促动主义"成功的标准是：城市人口数量的增长，为城市带来铁路的数量，街道的长度，吸引投资的数额，制造业或批发业的价值等。③ 本节主要从以下两个方面对促动主义的实施进行考察。

（一）吸引外来的移民

19世纪80年代初，温尼伯市政府为了吸引移民而增加人口，除了在报纸上刊登广告外，还用公共资金购买了1万册《曼尼托巴和西北实用手册和指南》等书籍，寄给个人和公共机构，包括英国768家图书馆和加拿大东部251家图书馆等。温尼伯还向安大略省散发1.2万土地销售的小册子，在安大略和魁北克两省设立了移民代办处。

曼尼托巴省政府对来温尼伯定居的家庭给予补贴：直接来安家的能得到40加元，通过代理人来的则需要将其中的25加元付给代理人。结果，1881年至1912年，温尼伯的人口平均每10年的增长率达到135%。对比之下，这种增长率在曼尼托巴省只有81%。④

然而，移民也带来了问题，最突出的是膳宿问题。有时，市政府及慈善机构只给移民提供一两天的食物和住所，移民主要依赖联邦政府和城市机构设置

---

① 协会指的是商会、慈善机构、志愿者、社会和文化等组织。Gilbert A. Stelter and Alan F. J. Artibise ed., *Power and Place: Canadian Urban Development in the North American Context*, University of British Columbia Press, 1986, p.93.

② Alan F. J. Artibise, *Winnipeg: A Social History of Urban Growth: 1874-1914*, McGill-Queen's University Press, 1975, pp.25-26.

③ 西部城市利用促动主义吸引铁路的措施，见本书第一章相关内容。

④ Alan F. J. Artibise, op. cit., p.104; p.124; p.137.

的移民庇护所。[①] 1888—1896年，联邦政府在温尼伯设置的庇护所平均每年接纳4382名新移民。1882年，温尼伯市政府利用联邦的资金租用一栋建筑，向移民提供60个家庭房间和1个有30个铺位的大房间。市政府对入住者收取一定的费用，1882年净利润为2000加元。然而，当联邦政府停止资助后，它在1884年关闭。[②]

除了住宿问题，移民也带来了流行疾病。1876年9月，在温尼伯北部的冰岛新移民中出现了天花疫情。1892年夏季，移民棚屋内在40天内有13人死亡。在随后几年中，市政府每次在检疫和隔离方面均花费1万多加元。

低收入新移民的生存问题也需要解决。1874年初，温尼伯市政府成立了一个救济委员会管理慈善事务。但是，1900—1913年，市政府平均每年只花费6200加元用于社会救济。更多的救济来源于社会慈善机构和教会组织。其中，有1904年由玛格丽特·斯科特个人建立的名为"看护所"（Nursing Mission）的慈善组织，它向7000多户贫穷移民家庭提供食品和衣物，还实行家庭护理。另一个慈善组织名叫"万人会馆"（All People's Mission），1892年由卫理公会建立，它逐渐发展成加拿大最著名的社会福利机构。

1913年，温尼伯市政府开始对"看护所"每年提供1000加元的资助，向"万人会馆"一年提供500~1000加元的资助，占该机构一年开支的3.3~6.6%。[③] 1914年，市政府建立了儿童卫生局，关注移民儿童健康问题。

（二）吸引外来的工商企业

1906年，温尼伯商会建立了温尼伯发展和工业局。1907—1910年，它除了处理咨询信息和散发资料外，还帮助英国技术工人把妻子儿女带来，至1913年达到2427人。温尼伯在这一时期新建了267家工厂。

从1884—1915年，温尼伯的资本规模从69万加元增加到7332万加元，增加了100多倍；企业雇员从950人增加到15295人，增加了15倍；产值从170万

---

① 移民事务属于联邦与省政府共同管辖。在温尼伯于1873年获得城市建制之前，联邦政府在温尼伯建立了移民棚屋。移民可以获得不超过7天的免费住宿，此后根据情况可无限期地免费住下去。

② Alan F. J. Artibise, op. cit., p.181.

③ Alan F. J. Artibise, op. cit., p.194.

加元增加到4768万加元，增加了27倍。[①]1911年，它的制造业产值占据草原省份的一半，并拥有草原地区的银行、货物经销和运输行业的总部，已经在加拿大西部确立了都市地位。

安大略省和魁北克省的城镇政府也实行"促动主义"。魁省地方政府尽管资源有限，但还是利用各种方式推动城镇的发展。19世纪下半期，魁北克新一代工商业者开始兴起，他们与传统精英分享政治舞台。根据罗纳特·隆迪（Ronald Rundin）的研究[②]，19世纪后半期，魁北克省与安大略省城镇一样，都期待通过资助铁路建设而带动城市经济的发展。1875—1895年，魁北克省城镇对铁路建设的资助额从370万加元增加到430万加元，而同期安大略省城镇的资助额从550万加元增加到1080万加元。看似魁省的资助力度不到安省的一半，但是从1864—1894年的30年中，魁省铁路长度也只有安省的二分之一。应当说，两省城镇政府对铁路建设资助的比例大致相当。

除了资助铁路建设，安大略和魁北克两省的城市与全国城市一样，向制造商实施免税、固定其地产税额、免费赠予土地、提供贷款或现金资助等。1870—1900年，安大略省各城市提供的贷款和现金资助共计91.4万元；同期，魁北克省13个城市资助的总额达到95万元。然而，由于魁北克省的城市位置偏僻而不利于发展，有的外来企业接受资助后不久就改换城镇。为制止这种现象，魁省政府在1899年做出规定，如果在一个城市存在一种行业，城市政府不能再向类似行业的公司提供现金资助。这个法律与1888年安大略省颁布的同类法律一模一样。

魁北克省的地理条件使其城市难以获得外来的投资和企业，所以其城市数量和规模都不如安大略省。1901年，城市人口占全省比例，在安省为40%，在魁省为36.1%，并且近一半集中在蒙特利尔市。1901年，安省人口超过5000人的城市达到20个，而魁省只有10个。

在魁北克省，不同的地理位置导致了"促动主义"产生了不同的结果。凯

---

① Alan F. J. Artibise, pp.123-124.

② Ronald Rudin, "Boosting the French Canadian Town: Municipal Government and Urban Growth in Quebec, 1850-1900", in *Urban History Review*, Vol. XI, No.1（1982），pp.1-10. 一般认为，法国的专制制度性质反对居民的自治管理，魁北克省的法裔也不像安大略省的英裔那样利用地方自治体系。因此，许多文献推断说魁北克省不存在"促动主义"，而罗纳特·隆迪的研究否认了这一点。

思林·劳德（Kathleen Lord）对圣贞（Saint-Jean）"促动主义"的个案研究①，充分说明了这一点。圣贞位于蒙特利尔东南40公里，1858年设镇时有3000多人口。镇政府从1870—1914年对外来的每个企业提供了几千至几万加元的现金资助，共计30万加元。1899—1914年，它又有条件地给一些企业10年免税待遇或向其提供贷款、土地资助等。但是，这些措施未能奏效，其人口在1901年只增加到4030人。1890—1899年，在9个接受现金、土地和免税等资助的公司中，有5个在2~3年中宣告破产。"促动主义"在圣贞未能奏效，原因在于它所在的地理位置相对偏僻。而附近的圣亚克森特、圣舍布洛克位于蒙特利尔至泡特兰的铁路沿线上，使其推动城镇发展的政策取得了成功。

毫无疑问，促动主义政策在促进城市发展的同时，也使城市政府背上了巨额债务，温尼伯是其中的一个典型。至1882年，市政府为改善服务设施而发行债券累计达到了190万加元，1883年一年，仅利息就有11.4万加元，占了整个城市一年税收收入的38%。② 为了还债，它需要发行新的债券，纳税人对此表示担忧。房地产主人协会与市政府进行了谈判，他们要求减少市议员数量及其财政预算的权力，组成一个行政委员会管理城市。温尼伯议会同意后，纳税人批准市政府再发行50万加元的债券。③

蒙特利尔街道拓宽实际上它是一种促动主义的措施，它也使市政府背上了巨大的债务。1896年，蒙特利尔一年的财政收入不到290万加元，而1889—1896年就借债650多万加元用于征用土地；同期城市的债务总额上升到2500多万加元。巨大的债务迫使市政府在1894年暂停提前征用空地的做法。④

西部城市的促动主义者宣传城市的发展对每个人都有利，而在实际中无视城市社会多元化和不平等现象；他们信奉社会达尔文主义，忽略城市中的贫困阶层。在温尼伯，人口的增加导致住房日益短缺，教育和娱乐设施不足，还出现供水和排污等问题。促动主义者对此不太关心，他们控制的政府只把很少的

---

① Kathleen Lord, "Nineteenth Century Corporate Welfare: Municipal Aid and Industrial Development in Saint-Jean, Quebec, 1848-1914", in *Urban History Review*, Vol.12, No.2, 1984. pp.105-115.

② Alan F. J. Artibise, op. cit., p.45.

③ Alan F. J. Artibise, op. cit., p.87. 此后，市议会只能投票通过预算方案，但不能对其有所增减。

④ Jason Gilliland, op. cit., p.39. 在市政府规定了未来街道的宽度后，业主在新建房屋时提前向后撤数米至红线，在街道没有拓宽的情况下，他们就要求市政府购买空出来的土地。

预算用于卫生健康和社会福利。促动主义者推行市政服务设施公有制，主要着眼于它为自己带来的较低的工商业运营成本。其中的一些大土地所有者在推动城镇发展的同时，也提高了自己土地的价值。这种因市政府的行为而获利，在当时被认为是一种自然现象。

尽管如此，多数市民在追求繁荣心理的影响下拥护城市的"促动主义"政策和行动，这是其在一些城市取得成功的一个重要的原因。

第三章　早期城市服务部门及其影响

城市的生存离不开各种公共服务设施，这些设施是一个城市居民不可或缺的条件。它们的存在推动了城市的发展，反过来也对城市本身及其社会、政治和经济产生了深刻的影响。本章主要通过考察20世纪30年代前的城市服务部门及其与城市社会和政治之间的关系，探讨城市（urban）作为"过程"所发挥的功能。

一、城市服务设施的建设

城市服务包括供水、排污、照明、交通、通讯、消防、治安、休闲娱乐、文化和体育等各个方面。本章仅依据所掌握的资料，对其中主要的部分进行论述。

（一）早期主要城市的供水

加拿大较早出现的城市服务设施，是1801年成立的蒙特利尔自来水厂业主公司（Company of Proprietors of the Montreal Water Works）。它由5位合伙人创办，从下加拿大省政府获取50年的特许经营权。由于经营不善，该公司于1816年以5000英镑的价格出售了经营特许权，1832年特许权以6万加元的价格再次易手。新公司拥有11英里的供水线路，每天供水2.5万加仑，能够满足家庭需要。然而，它在消防用水方面明显不足，1843年该市发生了18次火灾，共造成69464加元的损失。[1] 1843年，蒙特利尔政府以20万加元的价格购买了该供水公司。此后十几年中，该政府花费100多万加元，极大地增加了供水容

---

① Christopher Armstrong and H. V. Nelles, *Monopoly's Movement: The Organization and Regulation of Canadian Utilities, 1830-1930*, Temple University Press, 1986, p.13.

量和压力。然而，市政府的供水厂服务规模也赶不上城市的不断扩张，一个私人性质的蒙特利尔水电公司（Montreal Water and Power Company）应运而生。它安装一些供水管道，从城市水厂批发水而零售给用户，这一形式持续到20世纪20年代。

1. 圣约翰

圣约翰是加拿大最早获得建制的城市，1861年拥有3.8万人。早期，城里的土地所有者一般拥有私人水井，市政府在每个区打一口公共水井供居民取水。城市里还出现了一支商业送水队，为一些家庭和商业机构送水。

1832年，一些工商业人士向市议会申请而成立了一个供水股份公司，以城外的湖泊作为水源，用管道把水输送到富人的住房和公司。1840年，城市的主要街道有了消防栓，它每天打开一个小时向市民供水。

该公司的资金来源于发行的股票和借款。至1840年，它已经投资了1.8万英镑，但供水管道仅覆盖一半的城市。至1843年底，该公司在铺设管道上一共安装了23个消防栓。1850年，市政府收购了该公司3000英镑的股票而成为它最大的股东，公司也获得新的资本，完成了管道的扩充。

1854年，圣约翰发生严重的霍乱瘟疫，造成1500多人死亡。为了彻底改善城市的卫生状况，市议会决定在全城和郊区建立一个排污管道系统。市政府发行债券筹集十几万英镑，由供水公司负责完成下水道和供水管道的铺设。至1857年秋天，直径24英寸的污水管道几乎穿过了城市的每条街道。只有500户家庭没有污水管道，其位于城市的赤贫区域。[①]

污水排放系统需要安装自来水管道进行冲刷，从而提高了用户对自来水的使用率，水井和消防栓取水的方式越来越少。此时，市政府作为全市排污系统的主要出资者，在费用收取和管理等方面起着主导作用。

2. 多伦多与温尼伯等城市

多伦多最初也是由私人公司向城市供水。1872年，市议会支付22万加元将其买下，拥有了公共的供水公司。其他城市的供水服务最初也是私人公司承担，供水价格均通过城市议会与公司的谈判而最后确定。1892年，温哥华购买了私人的水厂，卡尔加里在1893年控制了私人供水厂。

---

① T. W. Acheson, *Saint John: The Making of a Colonial Urban Community*, University of Toronto Press, 1985, p.212.

1881年，温尼伯市政府将供水服务交给一家私人公司，专营时间为20年。19世纪末，该市拥有4万人口，但它只能满足2万人的用水。1897年，选民在投票中以1346比83同意市政府筹集23.7万加元建立公共供水公司。1900年，私人供水公司的合同到期，公共的供水公司开始供水。1912年，它与郊外的8个城镇联合铺设管道，从南部的伍兹湖取水。①

（二）蒙特利尔和多伦多的煤气街灯

1815年，蒙特利尔街头出现了路灯，它们是几个富裕住户在圣保罗街上自行安装的22个煤气灯。这种方式很快为其他一些街道所效仿。1818年，省议会任命了一个夜间值班人，负责照看煤气灯和修剪灯芯。1836年，私人性质的蒙特利尔煤气灯公司成立，几年内街道上出现了数百个煤气灯。但是，该公司的煤气价格过高，1845年蒙特利尔一度出现了要求市政府拥有煤气设施的运动。1846年，一个消费者合伙性质的煤气公司成立，它将蒙特利尔煤气灯公司收购。19世纪50年代中期，该公司路灯煤气的价格仍是每1000立方英尺24加元，但家用煤气的价格降到原公司的70%。这种定价既能保障路灯从市政府那里获得足够的利润，又能使家用煤气便宜，因为煤气消费者大都是该公司的股票持有者。

在多伦多，一家私人性质的煤气灯和供水公司于1842—1843年开始提供路灯和供水服务。但在1848年，市政府将特许经营权授予另一家刚成立的公司——多伦多消费者煤气公司（Consumers' Gas Company of Toronto），协议规定公司的分红比例不超过实际收益的10%。而实际上，它的利润远超过这个比例。该公司成功地向安大略省政府游说，让它颁布了禁止城市政府逐渐地收购现有私人煤气公司的法律。不过，1876年，该公司面临着一个名叫人民煤气公司（People's Gas Company）的竞争。为了打压对手，该公司只好大幅度降低煤气价格。

（三）电灯公司与煤气灯公司的竞争

19世纪下半叶，欧美国家的发电装置及商业用电方式传播到了加拿大。80年代中期，一家皇家电灯公司（Royal Electric Company）在蒙特利尔成立。不

---

① Alan F. J. Artibise, *Winnipeg: A Social History of Urban Growth 1874-1914*, McGill-Queen's University Press, 1975, pp.209-214.

久，它在渥太华、汉密尔顿等城市建立了分公司，后来扩展至数十个城镇。

至1890年，加拿大有70多家电灯公司和数百个小的发电设施。在街道和公共场所多采用弧光灯，家庭使用白炽灯泡。

面对电灯的竞争，煤气灯公司选择了降价。然而，煤气灯的亮度不够。[①] 1896年，多伦多电灯公司（Toronto Electric Light Company）一盏路灯的电价每晚降到0.55加元。虽然价格比煤气灯高出30%，但是城市议会选择使用电灯。蒙特利尔市政府也愿意支付比煤气灯更高的价格，在街道照明上采用电灯。电灯逐渐占领了煤气灯的领域，尤其是在城市中心。用电是一种时髦的事情，对于越来越多的人来说，奢侈逐渐地变成了一种必需。

面对电灯公司的竞争，一些煤气公司在19世纪80年代后期开始转向经营电灯业务，有的与电灯公司合并。这样，城市里布满了电线：电报线、电话线、电车线路，加上电车区域调度设备、火警装置和电力公司的发电装置，它们都在街道和胡同中争夺有利的位置。

（四）从马拉街车到有轨电车

城市交通也是城市居民生活和工作必不可少的一个条件。最初的城市公共交通工具是简陋的公共马车（omnibus），它至少在19世纪30年代的多伦多就出现了。1874年，多伦多街上开始铺设马车轨道。马拉轨道街车较一般马车平稳，车厢也大，能够承载十几位乘客。很快，其他城市纷纷效仿。但是，养马的成本高且不易管理，有时马粪还污染城市。1979年，德国工程师维尔纳·冯·西门子在柏林博览会上首次展示用电力驱动的轨道车辆，此后不久，多伦多街头开始出现轨道电车。20世纪初，随着第二次工业革命和电力的普及，马车和马拉轨道车逐渐被淘汰。

1. 总体情况

1897—1914年，加拿大城市轨道电车线路总长从583英里增长至1560英里，增长了1.7倍；总行车里程从2643.1万英里增长至9891.8万英里，增长了2.7倍；年载客量从8388.1万人次增长到约6.147亿人次，增长了6.3倍。收入从1901年的576.8万加元增加到1914年的2969.1万加元，增长了5.1倍。[②] 在

---

① 一盏弧光灯拥有2000个烛光亮度，而一盏煤气灯大约只有16个烛光亮度。

② John C. Weaver, *Shaping the Canadian City: Essays on Urban Politics and Policy, 1890-1920*, The Institute of Public Administration of Canada, 1977. p.19.

"一战"结束之前，电车已经是城市的主要交通工具，数十个私人电车公司在加拿大的主要城市开展业务。

表1：1915年加拿大12个主要城市人均电车轨道

城市	千人均车轨长度	城市	千人均车轨长度
卡尔加里	1.25英里	渥太华	0.29英里
埃德蒙顿	1.25英里	魁北克	0.5英里
哈利法克斯	0.26英里	里贾纳	1.02英里
汉密尔顿	0.3英里	多伦多	0.17英里
伦敦	0.56英里	温尼伯	0.8英里
蒙特利尔	0.26英里	温哥华	2.42英里

表1统计了1915年12个主要城市1000人均电车轨道长度，显示的多伦多最少，每千人平均仅有0.17英里，它成为北美同等规模城市中公共交通最为拥挤的城市。温哥华每千人平均电车轨道最长，达到2.42英里。

政府利用私人电车公司为居民提供服务，电车公司也利用这个机会在城市得到发展。城市政府通过订立合同，一般对私人公司发放30年的经营特许权，划定经营区域和规定服务质量，还包括利润分成。这就形成了城市政府与私人公司之间一种相互合作和利用的关系，也导致二者之间的博弈。这一点，从多伦多、蒙特利尔和温哥华三个城市能明显地反映出来。

2. 多伦多

1861年，多伦多市政府为了提高公共马车的速度和稳定性，第一个在北美授权私人公司可在街上铺设轨道，赋予它30年的经营权。该公司按照合同开通了三条线路。[2] 最初几年，这些线路每天平均运送2000人次，无利可图。1869年，市政府免除多伦多街车公司的债务，公司也转手他人。新公司于1874年开始轨道的铺设，1891年达到68.5英里，覆盖了全城的主要街道。19世纪80年代电车出现后，开始使用这些轨道。1890年，该市全年运载1600万人次，即

---

① Michael Boucet, "Politics, Space and Trolleys: Mass Transit in Early 20ᵗʰ Toronto", in Gilbert A. Stelter & Alan F.J. Artibise, *Shaping Urban Landscape: Aspects of the Canadian City-Building Process*, Carleton University Press, 1982, p.361.

② 这三条路线分别抵达城市的北、西和东三个边界，所涵盖的区域是现在多伦多的市中心。

每个工作日运载4万多人次。①

1891年，该公司的合同到期。多伦多市政府将其收购后，年底又转售给一家合伙公司——多伦多电车公司（Toronto Railway Company），经营合同规定它在3年内全部完成公共交通的电气化。不久，市政府要求该公司将线路延伸到郊外，后者因担心利润下降而拒绝。双方最后竟将官司上诉到英国枢密院司法委员会，该委员会裁决说多伦多的要求超出了1891年合同规定的区域。结果，市政府只好通过购买的方式建立自己的多伦多城市公司——多伦多城市电车公司（Toronto Civic Railway Company），1900年开通郊区线路。它没有与多伦多电车公司实现"一票通"，城市与郊外之间的往返需要两次购票。

20世纪初，私人电车公司不顾市民的抱怨而拒绝添加车辆。几年后，多伦多政府上诉到安大略省铁路和市政委员会（Ontario Railway and Municipal Board）。② 该委员会要求该公司添加100辆车箱和增加10~15英里的线路，但是这个裁决几年后才得到执行。1912年，市政府要求该公司增加600辆车厢和增加100英里的线路，该公司董事会反而决定以2200万元的价格将公司卖给市政府，后者认为要价太高而拒绝。

3. 蒙特利尔和温哥华

1898年，拥有30万人口的蒙特利尔只有82英里的电车轨道，也属于公共交通非常拥挤的城市。蒙特利尔电车公司与多伦多的一样，都是由于当地工商业和金融集团组成，出于成本的考虑而不愿意将服务扩展到郊区。1902年，蒙特利尔和多伦多郊区的线路分别占了全部线路的8.8%和7%，运载的乘客分别占3.6%和3.9%。③

在温哥华，公共交通最初由一家当地公司——温哥华电车和电灯公司经营，1889—1891年完成第一条13英里的线路。1897年，不列颠哥伦比亚电力

---

① Gilbert A. Stelter & Alan F. J. Artibise ed., *The Canadian City: Essays on Urban and Social History*, Carleton University Press, 1984, p.86.

② 1897年，由于许多市政府拖欠债务，安大略省政府设置了一个市政审计员，1906年升级为安大略省铁路和市政委员会。它除了负责处理城市债务外，还管理省内铁路和城市电车的运营，裁决有关城市事务的纠纷，包括劳资纠纷。1932年，它改称安大略市政委员会，20世纪70年代权力扩大到管理城市章程，批准资本项目、城市分区和规划，听取涉及地方政府法规和评估的上诉。

③ Gilbert A. Stelter and Alan F. J. Artibise ed., *Power and Place：Canadian Urban Development in the North American Context*, University of British Columbia Press, 1986, p.199.

和电车公司成立，它是一家资本雄厚的英国公司，1900年开始在维多利亚市、温哥华和威斯敏斯特城市运行有轨电车。1900—1914年，它在温哥华的电车线路大幅度增加到103英里，延长到郊区。在千人均电车线路方面，1915年温哥华得到2.42英里，分别比蒙特利尔和多伦多长8.3倍和13.2倍。

4. 三个城市私人电车公司的结局

上述三家公司的计划都是通过区域垄断而获得最大的利润。1901—1914年，每辆车每年运行每英里的平均毛收入方面，温哥华最多，其次是蒙特利尔，多伦多最低。但是，在每辆车运行每英里的平均成本上，温哥华也最多，其次是蒙特利尔，多伦多最少。这样，就每车每年每英里的平均净收入而言，蒙特利尔和多伦多大致相似，温哥华最低；其最少的一年（1902年）只有6.2加分，最多的一年（1907年）才12.4加分。[①] 温哥华这种净收入最低的原因是它经营了通向郊外的线路，增加了运营成本。

多伦多电车公司为了利润最大化而不愿把线路延长到郊外，同时也不顾司法、立法和公共的压力而拒绝改善服务质量和提高运载人次。结果，该公司首先遇到市政府属下的电车公司的竞争，然后在1921年合同到期时被多伦多市政府收购。市政府购买了575辆新车，扩建了57英里单轨，同时增设了公共汽车线路。[②]

蒙特利尔的公司最终同意将线路延长至郊外，所以没有被政府收购。温哥华电车从一开始就通向郊外，虽然利润较低，但其雄厚的资本使之能够维持运营，保住了特许经营权。三个城市电车公司的命运说明，城市中工商业团体的作为不但对城市的发展产生影响，也会影响到自身的生存。

公共电车系统的建立扩大了城市市民的居住范围，也带动了郊区住房的建设。此时，工人阶级住在郊区，电车的出现为他们的往返提供了条件，同时也将穷人与富人生活的区域分开。在一定程度上，它也加剧了加拿大城市的无序蔓延。

（五）电话的出现

1976年，美国人A.G.贝尔申请了电话专利，同年在波士顿和纽约之间架设了第一条电话线路，成立了贝尔电话公司。与此同时，加拿大的汉密尔顿市也

---

① Gilbert A. Stelter and Alan F. J. Artibise, op. cit., pp.206-207.

② Michael Boucet, op. cit., p.377.

开始尝试电话的使用。与煤气、水、电和电车相比，电话业务的开展不需要太多的资本；交换机虽然昂贵，但使用过时后可以出售给在更小范围内经营电话业务的公司，从而节省了投资者的成本。

1880年，加拿大贝尔电话公司成立。由于电话服务的范围不限于一个省份和城市，它首先获得了联邦政府颁发的经营特许权，成为当时唯一一个获得联邦法律确认的私人公司，有效地避免了被地方政府征用。联邦法律授予它在加拿大开展业务、筹集资金、生产电话等权利[1]，但对其在省管辖范围内的权利，没有明确的规定。此后，该公司设法从魁北克和安大略等省政府那里获得在城市架设电线杆、布线和安装电话交换机的权利。1882年，加拿大贝尔电话公司获得了联邦政府更多的支持。联邦法律宣布，贝尔电话是"为了加拿大总体利益而从事的一项工作"[2]，应当有效地鼓励这种设施超出城镇和省的管辖范围而置于联邦的控制之下。结果，它最初每年都能获得1300个用户的订单，另外还有大量的电话租户。

至19世纪80年代中期，加拿大贝尔公司就控制了加拿大安大略和魁北克两省的电话业务。它通过购买消除了已有或潜在的竞争者，成为加拿大最大的电话公司，80年代的年投资收益率平均在10%左右。1905年，它上市的股票和发行的债券接近1100万加元。[3] 1905—1907年两年内，它拥有的电话数量增长了一倍，达到十几万部。

可以说，就城市服务领域而言，在煤气、马拉街车和电报公司的世界里，闯进了新发明的电灯、电车和电话。从扩展速度看，电话最快。电灯企业不能像电话那样实现同样的市场垄断。它面临煤气公司激烈的价格竞争，后者不想退出城市服务领域；另外，19世纪80年代的电力部门仍然处于多元和实验阶段，十几个公司有着不同的技术和资产。电车需要更多的资本。90年代初，电车铺设单轨和架设空中的电线，一英里需要投资3万加元，只有势力雄厚的公司才能做到，因而扩展速度最为缓慢。

---

① 联邦法律允许贝尔公司在加拿大发行每张面值小于100加元的债券，从加拿大资本市场上筹集资金。

② 根据英国枢密院司法委员会在1882年"拉塞尔诉女王案"中的解释，加拿大议会有权在涉及"国家总体利益"的一切领域立法，不管是否侵犯了省权。联邦政府就是根据这种司法解释，为贝尔公司在各省的活动提供法律保护。

③ Christopher Armstrong and H. V. Nelles, op. cit., p.117.

（六）小公共汽车的短暂生存

随着汽车工业的发展，汽车开始出现在大城市的街头，随之出现了公共汽车。1913年，蒙特利尔两个汽车公司向市议会申请了营业执照。1914年，多伦多和温哥华的汽车公司也向市议会提出营业申请。为了解决汽车与电车公司的轨道发生的矛盾，电车公司在十字路口提高路线坡度，为汽车的通行建设地下通道。公共汽车与电车一样，纳入城市公交系统而接受市政府的统一管理。

值得一提的是，此时出现了一种小公共汽车（jitney-bus）。[1]它最早于1914年出现在温哥华和维多利亚街头，埃德蒙顿、温尼伯和多伦多等城市很快也有了这种公共交通工具；1916年，大约有3800辆，遍布加拿大24个城市。[2]小公共汽车在上下班高峰时期载客，既不定时也不确定路线，只是在主要街道上提前行驶几分钟，抢走有轨电车的乘客。小公共汽车用高峰时间在市中心超载挣得的钱补贴郊外服务。因此，尽管它们对每位乘客只收取5分钱，但能够与电车系统展开竞争。

实际上，小公共汽车之间也存在着竞争。为了协调相互的关系，1915年温哥华率先成立汽车公共服务协会，其他各城市纷纷效仿。这种协会制定行车路线和时间表，在城市之间或不同的路线之间设定套票和价格，还为会员车主提供记账、集体购买责任险、加油和换轮胎等服务，会员只需要一周交2.5加元的会费。但是，由于一些车主不加入协会，无序竞争难以消除。因此，"一战"后，各城市开始限制小公共汽车。有的城市拒绝向小公共汽车发放执照和安排路线，警察对违法运营的小公共汽车给予罚款。这样，至20世纪20年代末，小公共汽车在各大城市消失。

平心而论，小公共汽车虽然存在着问题，但它们缓解了高峰时期公共交通的紧张状况，其多元化的服务也是对电车这种公共交通工具的一种补充。各城市政府将其取缔的理由，是为了减少市中心的污染和顺应一些城市团体的要求[3]，但主要的原因是它们造成电车公司收入的减少，影响到城市政府的税收。

---

① 它是一种载客数人的小型敞篷车（个别的也有顶棚），车前挂有5分字样的招牌，又被称作"5分币汽车"。

② Donald F. Davis, "Competition's Moment: The Jitney-Bus and Corporate Capitalism in *the Canadian City*, 1914-1929", in *Urban History Review*, Vol.18, No.2, 1989, p.103.

③ 因缺少管理，小公共汽车的乘客拥挤和混杂，许多女乘客遭到骚扰，一些城市团体对此提出尖锐的批评。

合法的小公共汽车每个座位一年仅会给城市带来5加元的税收，并且因其分散而征收成本过高。另外，电车公司威胁控告城市政府违反了公共交通特许经营协议，也使城市政府感到了不小的压力。

此时，一些人把公共交通当作医治城市问题的一种手段，安大略水力发电委员会主席亚当·贝克说，廉价和快速的城市交通能够降低房租和食品价格，郊区住房能够减少市中心的贫民窟，同时也为农民提供服务，吸引他们来城市共谋发展。1900年，哈利法克斯在最初运营公共电车时，一些工程师也有类似的言论。[1] 但是，城市也是一个各种经济利益进行博弈的政治舞台。城市政府为了维护电车公司的垄断经营权而取缔小公共汽车的政策，显示出它们是纳税大户——电车公司的政治代表，其限制小公共汽车的行为损害了城市社会中个体经营者的利益。

（七）城市的消防设施

火灾是一个重要的城市问题，发展中的加拿大城镇都面临着火灾的威胁。在19世纪中叶，北美的三分之二到四分之三的建筑都是使用木材建造，极易引发火灾。在金斯顿，1831—1864年发生了100起火灾；哈利法克斯在1830—1850年发生了281起火灾。

早期，消防队都由志愿者组成，他们依靠拉水车和水桶扑灭火焰，面对重大的火灾却力不从心。19世纪中期，城市政府在城市服务提供方面开始发挥积极的作用，专业消防队逐渐取代了志愿消防队，新技术的采用使之更加专业化。多伦多在1861年购买了两台用蒸汽机做动力的消防车，一年后淘汰了志愿消防队，建立了一个小规模的专业消防部门。

最早的火灾预警一般利用教堂的钟声，从火灾现场跑到教堂去报警浪费了宝贵的时间。电报火灾报警箱和后来电话的采用，大大加快了报警速度。警报发出后，关键的环节就是把水运到火灾现场。早期的城镇和村庄强制规定家庭需保留水桶用于灭火。若不能扑灭火焰，则需要水桶队从河流、运河或井里抽水，转运到火场。在自来水出现之前的时代，城镇政府要求为富裕家庭提供生活用水的车夫在发生火灾时帮助灭火，对第一个赶到火场的发放一些奖励。然而，这种方式不足以应对大型火灾，供水不足是火灾中普遍存在的问题，它的

---

① John C. Weaver, op. cit., pp.20-21.

解决推动着消防事业向着现代化方向发展。

早期，消防员拖着手摇水泵或蒸汽动力消防装置赶到火场。在自来水厂铺设供水管道之前，消防车上的水用完后必须到附近取水。手动抽水机的抽水和喷水需要40~50人进行操作，19世纪60年代，一辆典型的蒸汽动力消防车的操作只需要4~5人。

随着城市的发展以及商业与住宅建筑的规模和高度不断增加，消防队越来越难以将水喷到建筑物的内部和上层。自来水系统建成后，高压水管系统和一套消防栓，在某种程度上可以解决这个问题。随着蒸汽消防车的不断完善，它们的喷射高度和喷水量不断提高。当然，这需要自来水提供足够的压力。多伦多在控制1849年和1904年的两次大火灾时，因水压不足而没有取得满意的效果。1890年，多伦多安装了现代高压供水系统。

杰里米·斯坦恩（Jeremy Stein）研究了安大略省康沃尔小镇及其他城镇的消防历史，微观地揭示了早期加拿大城市消防事业的发展情况。[①] 1835年，康沃尔镇成立了一个拥有手动消防装置的志愿消防队。1890年，该镇有6800名居民，其中20%在纺织厂做工。1874年的大火烧毁了镇上的两家纺织厂后，康沃尔镇议会批准购买了一台蒸汽机驱动的消防装置，包括300英尺长的软管和2辆软管装载车。镇政府建造了一批水箱安置在城市各处，由于一个水箱的水只够使用10分钟，在1884年1月的一次大火中，消防队员不得不去结冰的运河上凿洞取水。结果，大火烧掉了该镇最有价值的5栋商业建筑。

显然，康沃尔镇需要一个消防供水系统。最初，多数纳税人认为这种公共投资过大，直到1886年4月市政府的治安法庭发生火灾烧死2名犯人后，镇议会才通过了建立消防供水系统的议案。[②] 1887年5月，镇政府购买了自来水厂，供水系统通过管道与圣劳伦斯河相连，在全镇安装了55个随时可以使用的消防栓。

从康沃尔镇的经历看，消防机构的建立和消防事业的发展除了与技术有关外，也具有社会性质。消防装置的购买和使用以及消防栓的置放，也涉及纳税人与受益者之间的关系。几位镇议员提出，最有可能从消防车受益的居民应该为其购买提供一些资金。有人提出受益最多的工商业者应当支付消防车成本的

---

① 这一部分的数据来自 Jeremy Stein, "Annihilating Space and Time: The Modernization of Fire-Fighting in Late Nineteenth-Century Cornwall, Ontario", in *Urban History Review*, Vol.24, No.2, 1996.

② 议员们相信，自来水供水系统可将工商业机构的火灾保险费降低25%~33%，节省1000加元的开支。

三分之一，而代表工商业利益的议员表示反对。结果，康沃尔镇政府动用所有纳税人的钱，购买了自来水厂以及安装管道和消防栓。正像其他市政服务设施那样，消防设施也无法实现纳税人与使用者之间的平衡。

显然，城市市民对城市服务的需要，促进了城市服务设施的出现与发展。城市居民不可能像在乡间那样从河流、水井中取水，城市供水系统应运而生。城市规模的扩大使居民增加了步行的困难，公共交通工具把他们送往工作或消费地点。夜间，人们在黑暗的街道行走非常不便，煤气街灯逐渐出现和发展起来。

科学技术的发展促进了城市服务设施的升级：电车取代了马拉轨道街车，电灯替代了煤气灯，电话比电报更为实用和普及。在市场资本的推动下，新的技术发明变成了实用的制成品。在新老之间的竞争中，新兴的服务设施最终取得了胜利。当然，老的服务行业并没有完全消失，煤气离开街道而进入家庭厨房，电报在城市乃至国家之间的传递信息方面仍然发挥着作用。

二、服务部门与城市社会

从城市服务部门工作岗位的数量及其在全部城市工作岗位中所占的比例，可以看出城市服务部门发展的状况。1881—1931年，这两个数字都有了较大的增长。1881年，加拿大城市服务部门一共有2584个工作岗位，只占全部城市工作岗位的0.36%；1931年增长到74137个，占全部工作岗位的2.64.%。[1] 50年中，城市服务部门的工作岗位增长了28倍多，它们在城市工作岗位中的比例增长了6倍多。

服务部门反过来也对城市产生了影响。自来水的供应保障了居民的身体健康，消防用水保护了市民的财产安全，街车或电车推动城市不断向外扩展，煤气灯和电灯延长了工作和消费时间，提高了城市的生活质量。电力的普及为办公大厦、大型工厂及商店的建设和运行提供了必需的条件，改善了城市的建成环境。电话的使用提高了工作效率并给生活带来了方便。这些服务设施使城市更加有别于乡间，也吸引更多人的到来。

与此同时，服务部门对城市社会产生了重要的影响。例如，公共交通使工人可以远离工作场所，选择房价或房租较低的郊区居住，而中产和上层阶级集

---

① Christopher Armstrong and H. V. Nelles, op. cit., p.222.

中住在城市的中心地段，城市的阶级划分更加明显。对于服务部门与城市社会之间的关系，本章主要集中在以下几个方面进行论述。

（一）轨道街车改变了人们的行为

在街车公司出现之前，城市的公共交通由出租马车和公共马车承担，其组织和运行方式比较松散，马车运行的时间也不固定。马拉轨道街车出现后，车厢能够容纳10多人，它采取半机械化运营方式，将马车工人置于更直接的经营管理之下。公司雇员需要遵守纪律，接受更严密的监督，确保车辆按照时间表运行，否则会失去工作。轨道街车不能像马车那样等待乘客，更不能中途停下来让乘客去商店购物。

这些管理规定对马拉街车车夫和乘务员形成一种约束。他们的工作节奏加快，工作中充满着压力，这一点也许和城市商店、办公室及工厂中的组织运营非常相似。可以说城市本身具有独特的机制，有着一种不同于乡间的工作节奏。工人和公司的职员必须服从约束，也逐渐适应了这种节奏。

轨道街车的乘客，无论其身份如何，也都受到了约束。他们需要承受街车的拥挤，也必须按点乘坐。这样，轨道街车的运行不仅训练了街车公司的雇员，也训练了乘客。轨道马车或电车可以说是从一个方面推动了一个准时、快节奏的城市社会秩序的出现。

城市的行人需要遵守交通规则，正像居民使用煤气和电灯需要遵守安全规则那样。城市不同于散漫和乡间，每个市民作为城市的一员，都要遵从城市独有的行为方式。服务设施对城市的这种影响，从一个侧面说明了社会进步要求个人放弃一些自由，去适应整个社会的机制。

（二）城市服务部门工人的罢工与调解

城市服务企业的工人与一般企业的工人不同，他们的工作直接影响到整个城市和居民的生活和工作。因此，他们的罢工不仅涉及工人与雇主的关系，还会引发市民乃至政府的反应。对这种罢工和反应进行研究，有助于揭示城市对社会的影响。

根据联邦政府劳工部统计，1900—1930年，加拿大各城市服务部门一共举行了138次罢工，占了各行业罢工总数的3.5%。其中，煤气工人罢工6次，电车工人罢工41次，电话工人罢工19次，照明和电力工人罢工42次，电工罢工

30次。[1]

例如，1864—1865年，蒙特利尔的城市乘客街车公司（City Passenger Railway Company）的成本增加而收入减少；它降低工人的工资，引发马车工人的第一次罢工。工人要求增加工资和获得成立工会的权利。在雇员举行罢工时，城市服务公司寻找顶替者，或面对雇员提高工资和缩短工时的要求而选择闭厂——停止公司的运作，以挫败雇员的要求。

城市服务部门的罢工给城市带来了不便。19世纪末20世纪初，市长、商会和一些资深市民都想对罢工进行调解。面对劳资纠纷的调解，有的服务企业在提高工人工资的同时要求城市政府允许它提高服务收费；有的要求变更合同，以获得更优惠的经营条件。有的要求市政府处理不利于自己的一些状况。例如，温哥华电车公司要求市政府对小公共汽车进行约束，以保障自己的利润。在得到市政府的让步后，工人要求提高工资的愿望能够得到满足，恢复正常的城市服务。

国际电力工人兄弟会于1903年在蒙特利尔组织了一次罢工，其中包括电车工人。它持续了两个月，最后使罢工工人的工资增加了33%，工作时间减少了13%，只是工会的合法地位未得到确认。[2]同年，国际电力工人兄弟会在温哥华组织了电话公司雇员的罢工，使温哥华地区的电话中断了几个星期。最终，经温哥华市议会的调解，公司的架线工人和电话接线员的工资得到了提高，工作时间减少到一天8个小时。

不仅城市政府，安大略省政府的铁路和市政委员会也裁决劳资纠纷（它属于城市事务的纠纷），甚至联邦政府也加入了调解。1907年，联邦政府为了维持工业秩序和正常的劳资关系而颁布《工业纠纷调查法》，规定在发生劳资纠纷后，由政府和劳资双方一起组成一个调解委员会，尽量通过协商和谈判取得一个双方都满意的结果。只有在调解失败的情况下，劳资双方才能按照自己的意愿采取行动。

推行这个法律的是联邦劳工部次长麦肯齐·金（William Lyon Mackenzie King）[3]。他认为，由于垄断是公共政策的产物，公共政策对服务设施的运营拥有发言权。既然城市依赖于这些垄断部门的运营，城市政府有责任通过干涉以

---

① Christopher Armstrong and H. V. Nelles, op. cit., p.221.
② Christopher Armstrong and H. V. Nelles, op. cit., p.218.
③ 他在1921年成为联邦政府总理。

使其不会间断。这种观点成为政府对罢工进行调解的理论依据。1907年，多伦多的贝尔公司为了减少劳动成本，终止了5小时倒班制的实验而恢复8小时排班制，导致电话工人罢工。联邦政府劳工部派人进行了调解。①

（三）市民对罢工态度的转变

私人性质的城市服务企业的工人罢工时，公司招募顶替者。轨道街车公司在工人罢工期间招募懂得照料马匹的农民顶替马车夫，导致罢工者与他们在街道上发生冲突。

早期，市民出于同情而支持罢工者。然而，当服务部门的罢工越来越多时，市民开始表示不满。此外，在雇员的努力和政府的干预下，加拿大城市服务部门的工资有了明显的增长，他们不再是城市收入最低者。从19世纪90年代至20世纪20年代，服务部门工人的名义和实际工资都得到了明显的提高，也推动了城市服务价格的上涨，市民消费者对此颇有微词。

"一战"中，工人面对通货膨胀而要求更高的工资，这种"好斗精神"使许多市民相信，服务行业工人追求的目标与城市不再一致。他们尤其认为，市政府经营的服务部门的工人罢工，是在与整个城市和市民作对。

1913年，亚瑟港（Port Arthur）市政府经营的电车公司开除了几个筹建工会的工人，从而引发了工人罢工。罢工中，城市交通委员会就像私人雇主那样，从其他城市寻找电车司机和乘务员，还配有武装保镖。结果，双方在街上发生了冲突。然而，公众以前那种对罢工的支持此时并没有出现，市民们乘坐罢工替代者驾驶的电车，整个城市只两个工会举行了同情罢工。不到一个月，罢工失败，在电车公司新成立的工会也被解散。

1920年，当多伦多的私人电车公司的工人举行罢工时，市民们没有自发地表示支持。1921年，圣约翰市引入司机兼乘务员的小公共汽车（one-man cars），导致电车工人举行了为期2年的罢工。罢工者上街游行时，没有人为他们鼓掌。罢工者打破了一个小公共汽车的窗户，一个女孩被碎玻璃伤害的消息上了各个报刊的头条。

一些城市服务企业被城市政府购买后，雇主由私人公司变成城市政府；雇

---

① 最初，各省并未执行这个法律。"一战"中，联邦政府的权力急剧膨胀。为了保障军工生产和社会秩序，《工业纠纷调查法》广泛地运用于军工等重要的工业部门。"一战"结束后，这个法律主要应用于加拿大政府下属的企业。

员的工资不再是来自私人公司的利润，而是政府的一部分税收和消费者的付费。正是这样，这种服务企业的工人工资较低。对于公有制服务企业的工人要求提高工资，不仅纳税的市民表示不满，企业的管理人员也不支持。

总之，城市服务部门中的工人利用罢工提高了工资和改善了工作条件。但是，市民和其他工人不满意他们无限制地举行罢工而不考虑其他低收入者。城市政府经营的服务企业的董事会、法庭、各种委员会，都声称代表了城市和公众的利益，因而对工人提高工资的要求不会有求必应。20世纪20年代，由于公众不再支持服务部门的工人提高工资的要求，他们也很少举行罢工。市民对服务部门罢工的态度转变，从一个侧面反映出城市与社会之间的互动关系。

三、服务部门与城市政治

城市服务属于特殊的领域，由私营企业提供面向市民的公共服务。其中，不仅存在着市政府与私人企业之间的博弈，还涉及选民对服务的满意度及其对市政府资金投入的批准。省政府向城市服务企业公司发放经营特许权，城市政府若需要修改相关协议，也需要得到省政府的批准。因此，在城市围绕服务领域方面，出现了一种政治。它涉及各个方面，但主要是发生在城市政府与服务领域中的私人企业之间。

城市政府关注的是公共服务的质量和安全，而私人企业把利润放在第一位。尤其是通过市场融资而组建的服务公司，需要分红或维持其股票的价格，这使其必须有一定的利润作为保障。目标上的差异造成了城市与服务公司之间产生了矛盾。城市政府对服务公司采取措施及后者做出的反应，使二者之间形成一种政治关系；这种关系表现在城市与服务企业之间的博弈、垄断与反垄断、加强对私人企业的管理三个方面。

（一）城市政府与服务企业之间的博弈

城市政府与提供城市服务的私人企业之间的博弈，表现在几个方面。

首先，围绕着城市服务价格。在企业拥有经营特许权时期或经营权更新之前，双方需要围绕服务价格进行谈判。谈判成功后报省政府批准后，双方重新签订服务合同。1845年，多伦多市政府与煤气灯公司就价格问题展开谈判。私人公司不愿意降低价格，而政府实施补贴也受到纳税市民的限制。结果，谈判失败后，煤气公司拒绝提供服务，致使夜间街道上一片漆黑。这种现象虽然不常发生，但它显示出早期的城市服务企业对政府的强硬态度。

城市政府要求私人公司降低利润和分红，将更多的资金用于提供满意的服务，而私人公司则千方百计地躲避这种职责。1879年，多伦多的消费者煤气公司（Consumers' Gas）以建立公司的储备金为由，向政府要求提高服务价格，以便公司的股票价值按照10%的比例进行分红后还有盈余。这个要求遭到多伦多市议会的拒绝后，于1885年又被重提。经省政府的调解，市政府同意该公司公开发行面值100万加元的股票，实收资本超出面值的部分注入新设的储备金。反过来，该公司同意，若在分红和储备金数额得到满足后仍有一定的盈余，就降低煤气的价格。然而，多伦多市政府在1888年底发现该公司借钱扩大设备规模，使储备金维持在7.5万加元而无法达到降低煤气价格的点位。[1] 结果，当该公司申请从事电灯业务的许可证时，多伦多市议会以各种理由故意刁难。[2] 最后，该公司想成为多伦多主要的电力供应商的愿望落空。

其次，围绕着服务质量。最初，蒙特利尔城市乘客街车公司与城市保持着和睦的关系，市议会也愿意为它减免税收。但是，它为了减少成本而铺设平轨，又不愿增加车辆的数量和改善车况，导致市议会对街车公司的态度发生了转变。1873年，市议会要求街车公司铺设带有槽沟的轨道，在轨道3英尺以外铺设道路并进行洒水。它还要求公司公开账目以供检查，一年向城市缴纳2万元或毛收入的12%的执照费。结果，该公司为了能够继续经营，1885年承诺在重要的路线上铺设双轨，继续像以前那样缴纳执照费，每年缴纳1000加元的税款。[3]

再次，围绕特许经营权的去留或修改。城市政府对于不满意的服务公司，除了争取省政府修改服务合同外，还会在合同到期时改换新的公司。而服务企业也设法保住自己的合同，利用向郊区城镇拓展而改善和巩固在中心城市的经营权。

前述不列颠哥伦比亚电车公司就是巧妙地利用这种策略，将线路及时扩展到郊区，不仅保住了在温哥华市的经营合同，还于1908年获得了长达40年的郊区线路的经营权。蒙特利尔的街车公司也成功地把郊区城镇与该市的特许经营权拼接在一起，避免了被市政府收购的命运。

最后，围绕着联邦政府对贝尔电话公司颁发特许经营权。联邦的法律长期

---

① Christopher Armstrong and H. V. Nelles, op. cit., pp.80-81.

② 要求它把电线埋在地下，又说高压电在城市具有危险。

③ Christopher Armstrong and H. V. Nelles, op. cit., pp.47-49.

保障了贝尔公司不受地方政府的干扰。在这种情况下，有的城市政府采取一些极端的行为。例如，1881年，魁北克市政府派雇员把贝尔电话公司的电话线杆子砍倒。魁北克省法院判决说，联邦的特许状不适用于省管辖的城市，因此不应当惩罚市政府的行为。这迫使该公司要求获得魁省政府的经营授权法律。

显然，这种非市场行为并不能广泛使用，一些私人公司的布线员也因相互割断对方的电话线而受到指控。[①] 城市政府更多地是采用合法的手段保护城市利益，其中一项就是建立公共的电话公司，这主要发生在西部省份。

（二）服务领域的垄断与反垄断

在联邦和省颁布的特许经营权的保护下，城市服务领域的私人企业经过竞争而形成了一些垄断。1892年，渥太华有3个电灯公司、2个电话公司、2个煤气公司和2个电车公司。2年后，每个领域只存在1个公司。其他城市也是这样。而在哈利法克斯、圣约翰、温尼伯和温哥华，电力、煤气和公共交通3种服务都是由1个公司提供。在汉密尔顿、蒙特利尔和多伦多，城市服务中有2种由1家公司提供。

1894年，威廉·麦肯齐（William Mackenzie）领导的辛迪加出资17.5万加元，组建温尼伯电车公司。然后，他建立了自己的发电厂，又通过收购破产的曼尼托巴电力和煤气灯公司，接过了它的电力供应系统和发电厂以及煤气特许经营权。至1900年，在这个当时加拿大发展最快的城市，温尼伯电车公司完全垄断了煤气、电力和公共交通。1905年，该公司净收益达到30%，资本回报率达到10%，成为那时加拿大城市服务行业中一项最引人注目的投资。

很快，威廉·麦肯齐领导的辛迪加扩展到温哥华，建立了一家煤气公司，与已经存在的不列颠哥伦比亚电车公司竞相压价，进行恶性竞争。由于后者属于实力雄厚的英国投资者，1904年威廉·麦肯齐的煤气公司被它兼并。

1. 加拿大城镇联盟的建立

为了反对城市服务行业中私人公司的垄断，1901年加拿大城镇联盟（Union of Canadian Municipalities）在多伦多成立，至1903年，成员城镇从52个增加到100多个。1907年，一些省成立了省级层次上的城市联盟。

城镇联盟最想废除的是联邦和省议会颁布的经营特许权，或其中允许服务

---

① 哈利法克斯市采取征收电线杆税的方式，减少无序竞争而造成的混乱。

企业践踏城镇权利的条文。例如，蒙特利尔电灯、供热和电力公司从魁北克省政府获得授权后，不想再与城市谈判而达成协议。贝尔电话公司获得联邦的管辖权后，也不想接受城镇和省的管辖。其他公司感到自己的利益受到城市和省政府的威胁时，想求助于联邦政府像保护贝尔公司那样保护自己。对此，加拿大城镇联盟号召各城镇保持警惕，阻止街车公司、电报和电力公司等向联邦和省政府提出类似的申请。

城市改革者探讨如何阻止垄断行为，利用城市政府所属的公司与工商业企业进行竞争或取而代之，是其中的一种方式。

2. 城市服务公有制企业的建立

城市政府出资建立或购买一些供水、供电和公共交通部门中的私人企业，由城市政府负责它们日常的运营。① 然而，实施公有制并非一帆风顺。

首先，私人企业为了维护垄断经营权不被破坏，推动省政府修改相关城市法案保护自己。这种法律规定，如果城市政府拟建立公共企业，就需要买下已有的私人公司，或等到它们的合同结束时。这就是所谓的"保护条款"，旨在避免公共企业与私人企业同时存在而保护后者。1894年，不列颠哥伦比亚电车公司通过向省议会游说，在温哥华城市特许状中加入了这种"保护条款"，规定该市政府若不买下该公司，就不能经营电车、煤气和电力业务。1899年，安大略省对城市法案进行修改，要求所有城镇政府的企业在进入服务领域之前，应以调解后达成的价格买下相关的私人公司。1905年，温尼伯私人水力发电公司成功地向省政府游说，在温尼伯特许状中插入"保护条款"，导致温尼伯市政府在6年后才建成自己的发电厂。显然，"保护条款"的存在，意味着城市政府若要在服务领域建立公共企业，需要更多的时间和资金。

其次，纳税人对市政府企业的效率和市政府的借贷能力表示担忧。例如，1895年多伦多纳税者的投票，以4940比789挫败了花费27.7万加元建立城市路灯系统的动议。同年，温哥华选民拒绝了购买无利可图的电车公司。维多利亚市也尝试过建立发电厂，但因选民的反对而失败。

然而，市民对服务领域私人企业的不满和愤怒，超过了对公有制企业低效率的担心，使他们中的一部分人赞成公有制。安大略省是这一时期实行公有制

---

① 由于省和城市政府的资金来源于税收，即便是发行债券也需要用税收收入进行偿还，这种依赖于社会公众资金的省或城市政府下属的服务企业被称"公有制"（public ownership）企业。

的主要省份，主要体现在输电领域。1903年，安省自由党政府向一个垄断公司——电力开发公司颁发了开发尼亚加拉水电的特许状，各城市担心它会带来垄断。1906年，省政府成立了由亚当·贝克领导的安大略省水利发电委员会。它从这个电力开发公司购买电能，向各城市输送电力，29个城镇政府纷纷与安省水利发电委员会签订合同。

但是，电力开发公司向这些合同发起挑战，指责这些城镇违反了"保护条款"——没有买下已有的私人公司的输电线路。面对于此，亚当·贝克说服省议会，颁布法律确认供电合同有效，阻止了进一步的诉讼。20世纪30年代，该供电系统提供了本省75%的电力。[①]

这一事实表明，城市需要依靠省政府的行动和法律去抑制城市服务领域里的垄断企业。西部省份和大西洋沿海省份城市服务设施公有制的建立，也说明这一点。

例如，在萨斯喀彻温省政府的支持下，里加纳市于1903年建立了公共发电厂，1910年建立了公共城市交通系统。在阿尔伯达省政府的支持下，卡尔加里政府在1911年建成了加拿大最大的城市电车系统。面对强大的贝尔电话公司，西部的省政府利用收购的形式将其变为省级公有制的性质。1907年，曼尼托巴省斥资340万加元购买该公司的电话设备；1908年，阿尔伯达省购买的价格是65万加元；1909年，萨斯喀彻温省的购买价格是36.75万加元。[②]这三个省的电话公司分别在自己的城市开展电话业务。

3. 亚瑟港市的公有制

亚瑟港是加拿大公共市政服务企业的先驱之一。在"一战"前，其公有制的程度超过北美任何一个城镇，市政府经营电车、电灯、水力发电站、供水和排污工程以及电话系统。史蒂文·海伊（Steven High）的研究[③]，揭示了该城市的一些特点。

1911年，亚瑟港（Port Arthur）有1.3万人口。在19世纪70—80年代，私营的公共事业企业虽然接受市政府的补贴，却无法满足城市的需要。以小土地所有者为首的市民，要求市政府建立自己的城市服务企业。

---

① Christopher Armstrong and H. V. Nelles, op. cit., p.296.

② Christopher Armstrong and H. V. Nelles, op. cit., p.194.

③ Steven High, "Planting the Municipal Ownership Idea in Port Arthur, 1875-1914", in *Urban History Review*, Vol.26, No.1, 1997, pp.3-17.

城市服务设施实施公有制受到两种因素的制约。一是1849年颁布的《城镇自治机构法案》，它需要修改。1883年的修订版允许各市政府通过发行债券而获得资金，建立公共企业。但是，为了避免城市承担过多的债务，它也规定了债券的最高额度和利息率，并要求市政当局建立一个偿债基金。1890年，安大略省政府再次修改该法案，将为轨道街车、煤气、供水、排污、公园和教育服务筹集资金而发行的债券的偿还期限延长到30年，有助于纳税人批准城市政府发行债券。

第二个因素是纳税人的意愿。安大略省的法律规定，城镇所有的财政法规和特许经营协议，都必须经选民投票通过后才能实施。19世纪末20世纪初，亚瑟港市政府较为顺利地获得了纳税人的支持，建立了自己的城市服务企业。

首先是轨道电车。亚瑟港与另外一个城市——威廉堡相距只有5公里，二者在相互竞争中威廉堡占据上风。1890年，亚瑟港政府说服了大多数纳税人，同意建造一条通往威廉堡的有轨电车，期待它为自己的城镇带来活力。1901年，市政府获得纳税人同意后，建设了一个公共水力发电系统。市政府还建立了自己的电话公司，通过补偿的方式，使电话进入与贝尔公司有着合同关系的"加拿大太平洋铁路"公司的地盘。①

在亚瑟港市，纳税人之所以能够较容易达成共识，与其人口数量和构成、社会经济结构以及文化特征有着密切的关系。1901年，亚瑟港的居民中，英国和北欧血统的移民占了87%，天主教也没有遭到太多的排斥，族群和教派之间的关系相对融合。此时亚瑟港工业以手工业作坊为主，没有大工厂中那种对立的劳资关系。② 可以说，亚瑟港存在着一定程度的集体认同感。这样，政府提出在服务领域建立公共企业的动议，比较容易获得多数纳税人的支持，工会甚至强烈反对市政府补贴服务领域的私人企业。

总之，正像史蒂文·海伊的研究所表明的，该城市实行市政公有制不是因为市民被促动主义的宣传所打动，而是城市政治相对和谐的状态使然，是纳税人与政府积极合作的一种结果。

就整体而言，此时加拿大城市服务部门公有制程度并不高。1905年之后兴起的公有制运动没有形成全国性力量，只是在一些城市取得胜利。原因如下：

---

① 亚瑟港市政府同意对贝尔公司的每门电话给与5加元的补偿。

② Steven High, op. cit., p.5.

（1）省的法律支持不够。在"保护条款"的限制下，公有制性质的城市服务企业不容易建立。

（2）加入加拿大城镇联盟的一些城市并没有把公有制当作目标，而是用作更有效地管理私人企业的压迫工具，利用它获得有利于城市的服务合同。

（3）多数城市的私人企业除了利用"保护条款"外，还善于争取舆论的同情。他们称公有制企业侵犯了自己获得的经营权，它们与私人企业在一个城市里竞争不够公平。

（4）与人们的思想认识有一定的关系。有工商业者提出，市政府缺少公共事业的运作经验，人员缺少连贯性；市议会无法约束主管某一公共服务事业的官员，公有制企业的效率将会降低。因此，这些人认为，除非万不得已，不宜实行公有制。[①]

（5）财政状况也是其中的一个因素。例如，新斯科舍省于1919设立的电力委员会建立了自己的发电厂，但是无力建立输送系统，最后只好把发电厂卖给一家私人公司，允许它在30年内可以提高电价以保障8％的投资收益。

（6）在蒙特利尔，工会与工商业者缺少联合、英裔和法裔之间的隔阂，在一定程度上导致公有制运动的失败。一些英裔和法裔改革者都主张城市服务设施的公有制，但英裔改革家显露的英裔文化优越感常常冒犯法裔选区的政客，使公有制运动失去了有力的支持。结果，公有制的比例在魁北克省的城市中最低。

（三）加强对城市服务企业的管理

这一时期，在城市服务领域，城市政府更多地是加强对私人企业的管理，而不是建立公有制企业。这也是许多城市的改革者所主张的。这种管理涉及企业服务的质量和价格、相关资金的筹集、上交市政府的税金，以及企业里工会的地位等。

多数城市政府官员认为，管理城市服务部门的目的不是让私人垄断消失，而是减轻其滥用资本的程度。应当让企业主知道，对政府的管理做出让步而非抗拒是一种明智的行为。在各省，对企业主的管理有两种机构：一是由法官和专家组成的省机构，由它规定城市服务的收费、标准和条件。二是城市政府，它们负责与企业主进行具体的谈判。

---

① Christopher Armstrong and H. V. Nelles, op. cit., pp.147-153.

省政府建立一个管理城市服务设施的委员会，是一种较为流行的方式。至"一战"前，加拿大只有三个省没有建立省级公共事业的管理机构。第一个是爱德华王子岛省，全省只有9.37万人，省会夏洛特城只有1万多人。第二个是萨斯喀彻温省，其重要城市的服务设施都归政府所有，因而没有专门设置一个机构进行管理。第三个是不列颠哥伦比亚省。它在"一战"期间一度建立了这样的机构，但很快废除；20世纪20年代初，不列颠哥伦比亚电力和电车公司成功地阻止了它的重建。

1902年，由省级市政审计员发展而来的安大略省铁路和市政委员会，是最早的类似机构。它管理各城市的电车公司，处理城市和公司违反合同的纠纷。1910年，该机构开始管理贝尔公司以外的各城镇的电话系统，把主要精力放在将全省数百个小的电话系统联结在一起。其他省主要设置一个名叫公共事业委员会（Public Utilities Commission）的机构，它们是新斯科舍省（1909年）、魁北克省（1909年）、新不伦瑞克省（1910年）、曼尼托巴省（1912年）和阿尔伯达省（1915年）。

新斯科舍省级公共事业委员对哈利法克斯电车公司扩资的限制，是这种机构对私人企业管理的一个案例。1913年，受蒙特利尔工商巨头E.A.罗伯特（E. A. Robert）控制的新斯科舍电力和纸浆公司计划收购哈利法克斯电车公司，而该公司为了防止被收购，与该城市签订了按照"成本服务"的模式扩大经营的合同。[①] 罗伯特说服新斯科舍省政府颁布法律，制止了这个合同而完成了收购，哈利法克斯政府和公众则迫使它接受省公共事业委员会的管辖。

被收购的哈利法克斯电车公司，资产不足300万元，罗伯特为了扩大其资本规模而申请发行面值1225万加元的债券和股票。省公共事业委员会对这种要求考虑了一年，才于1916年仅允许它发行面值800万加元的证券。由于债券的利息和股票的分红最终都由电车乘客来支付，省级公共事业委员会此时对该公司融资的规模进行了限制，目的是避免城市和市民承受更多的负担。

但是，也有公共事业委员会未能对私人公司进行制约的例子。圣约翰市对新不伦瑞克省电话公司的高额收费提出抱怨。该公司以大量的储备金掩盖实际的收入，使年投资回报率高达20%。虽然有人建议将其年分红率减到6%~8%，

---

① 所谓成本服务，此时规定公司可以得到6%的年投资回报率，服务收费可以根据投资和开支的情况而调整。

但该委员会说那样会损害股东的利益而接受了公司的价目表。

省级公共事业委员会不仅管理私人企业，也管辖公有制企业。在曼尼托巴省，它管理省政府所属的电话公司，协调公、私发电企业之间的竞争。公有制性质的温尼伯水电公司（Winnipeg Hydro）建立后，通过政府补贴将电价降到北美大陆最低——3.5分钱一度电。这虽然迫使私人企业温尼伯电力公司的电价降低了50%，但市政府也在财政上付出了不小的代价。为了维护共、私企业之间的正常竞争和改善市政府的财政状况，省公共事业委员会利用"一战"的契机，让温尼伯水电公司把电价提高到正常的水平。

城市政府直接与城市服务行业中的私人企业打交道，更能采取有效的管理方式，经省议会批准后加以实施。它们通常以采取公有制为理由迫使私人公司同意按照城市的意愿签订服务合同。1888年，渥太华市政府以建立公共街车公司为要挟，迫使私人公司在新的特许状中接受政府提出的税收和票价等方面的要求。[①] 多伦多市政府则迂回地利用这一策略。1890年，它为了实现电车服务而收购了马拉街车公司，但随即又将其出售给一家合伙公司，经营合同规定它必须在3年内用有轨电车取代轨道马车。

城市服务部门与市民有着直接的联系，更能反映城市与城市社会的关系。为了达到就业的目的或保障安全，在从事和接受城市服务过程中，雇员和市民都必须遵守相关的规则和规定，行为受到约束。服务部门中，私人企业和公有制的工人都为了工资待遇而举行罢工，当罢工给市民带来太多的困扰时便不再得到同情，市民态度的转变导致罢工现象大幅度减少。这种现象的产生与各方对自身利益的考虑有密切的关系，而把他们联系在一起的正是城市。城市的服务部门为城市所独有，它们的运营及其工作人员的行为对城市社会造成影响并引发反馈。

建立市政设施的目的是为市民提供服务，而参与城市服务的企业私人以追求利润为目的，二者之间不可避免地产生矛盾。政府在城市服务领域采取公有制和强化管理的两种形式，在当时不可能出现在一般企业身上。公有制企业是一种取代传统工业组织的"超前"方式；强化管理虽然保留传统的企业方式，

---

① 每一英里双轨缴纳400加元的税，每一英里单轨缴纳300加元的税，这些钱用于铺设城市道路。此外，缴纳5000加元履约保证金，票价维持在5分。Christopher Armstrong and H. V. Nelles, op. cit., p.85.

但政府在对服务领域里私人企业规定服务价格、质量和规模、发行股票和债券扩资、利润提成等方面，干预的程度超过了对一般的私人企业。这种现象反映出城市服务领域的独特性。城市服务涉及城市各个阶层的利益，城市政府为了实现对城市的全面管理，需要采取多种强硬的措施。

城市服务领域的独特性使城市出现了一种复杂的政治，它可以说是城市对政治产生的影响。城市政府不仅与服务领域中的私人企业进行博弈，还需要为筹集资金而征得纳税人的同意。调解工人的罢工，在发放特许经营权或修改服务合同时需要省政府的批准。这种政治只存在于城市，它伴随和推动着城市不断地向前发展。

第四章　早期城市的社会与文化生活

随着城市人口的集中，城市社会的阶层、族群和文化越来越多样化，居民对社会和文化生活的需求日益增加。这导致城市的文化欣赏、身心消遣和休闲场所、体育锻炼设施不断涌现，形成了城市的一种独特景观。它们有的是经济发展和商业运作的结果，有的受益于政府机构和社会慈善组织的推动。

本章从几个城市公园、体育设施、自行车、电影院、建筑风格等几个方面进行粗线条的梳理，以求初步了解加拿大早期城市的社会与文化生活。

一、城市公园的建设

随着城市的发展，公园和体育场也开始出现。加拿大最早的城市公园，可追溯到1763年新斯科舍省督授予哈利法克斯镇公共官员的240英亩土地。它名叫"哈利法克斯公共土地"，实际上是未来的城镇公园。在1867年加拿大自治领建立之前，城镇的设计中没有公园土地的内容，一般是上级政府把原用于军事目的的土地转给地方政府用作城镇公园。1848年多伦多的展览公园（Exhibition Park）、1852年金斯顿的城市公园和汉密尔顿的核心公园（Core Park）、1866年哈利法克斯的惬意点公园（Point Pleasant Park庞特普莱森特公园）和1867年多伦多的岛上公园，都属于这一类别。1869年，加拿大联邦政府将英国驻军的一处练兵场授予伦敦城作为公园，它是加拿大自治领建立后最早设置的一个城市公园。1874年，蒙特利尔圣海伦岛公园（IsleSt. Helene）也是以这种形式出现。

加拿大自治领建立后，各省政府都允许城市议会动用公共资金建造城市公园。1883年，安大略省颁布《公园法案》，允许各城镇经居民同意后可购买或以其他方式获得公园土地，其面积在城市不得超过1000英亩，在城镇不得超过500英亩，除非超出的部分属于他人遗赠或馈赠。它还允许把暂时不用于公园的土地向外出租，把不打算用于公园的土地出售。[①] 1887年，该省政府修改法律，规定公园的面积在拥有10万人口的城市可达到2000英亩，其他城市或郡（县）可达1000英亩，公园在城镇、村庄和镇区的上限为500英亩。各城市可以发行债券筹集不超过50万加元的公园基金。对于这项法案，渥太华和汉密尔顿分别于1893年和1900年开始实施。[②] 1892年，曼尼托巴省专门为温尼伯市通过了《公共公园法》，规定该市议会经纳税人多数批准后，可以征收不超过50万加元的财产税用于修建城市公园。结果，该城市在10年内花7.4万加元，建设了8个不同功能的公园。[③] 1912年，萨斯喀彻温省也颁布了类似的法律。

（一）多伦多市的高地公园

多伦多市西南部的高地公园（High Park海柏公园）是加拿大最早通过购买私人土地建立的公园之一，在此作较为详细的叙述。1836年，建筑师、工程师和土地测量师约翰·霍华德和他的妻子杰迈玛购买了从安大略湖向北延伸到布卢尔街的165英亩（66公顷）土地，由于地点较高可俯瞰湖畔而将其命名为"高地公园"。不久，霍华德又在高地公园东边买了一大块土地做起了房地产开发商，为此铺设了街道。但是，这片土地离城区太远，购买者寥寥无几。

1873年，霍华德家族与多伦多市政府达成了一项协议，将高地公园的大部分土地转让给城市作为公共公园[④]，形成了公园现在的核心区域。同年，多伦多市政府又从里杜特（Ridout）家族手中购买了高地公园以东的172英亩的土地。1890年约翰·霍华德去世后，多伦多市又获得了45英亩的遗产。1930年，多伦多市政府从高地公园西边的一处庄园购买了面积35英亩的掷弹兵池塘，使高地公园的总面积扩大到400多英亩。20世纪50年代，因城市地铁运输用地，高地公园的总面积缩小为近400英亩（约1.6平方公里）。[⑤]

[①] John R. Wright, *Urban Parks in Ontario: The Public Park Movement 1860-1914*, Ministry of Tourism and Recreation of Ontario, 1984, pp.108-110.

[②] Geoffrey Wall and John S. Marsh, Recreational Land Use: Perspective on its Evolution in Canada, Carleton University Press, 1982, p.264.

[③] Alan F. J. Artibise, *Winnipeg: A Social History of Urban Growth 1874-1914*, McGill-Queen's University Press, 1975, pp. 267-268.

[④] 协议规定，这片土地应尽可能保持自然状态，公园对多伦多市民永久免费开放。

[⑤] High Park Nature website, "Human History of Toronto's High Park", https://highparknature.org/article/human-history-year-by-year/. 2022-05-01.

高地公园在建成后的最初几十年里，保持一种自然状态。公园内有大量的稀有物种和美丽的花卉，黑橡树林地和红橡树树林覆盖着起伏的地面。沟壑洼地有凉爽的沼泽，生长着许多北方植物。在荒地上生长着黄樟树、旱地蓝莓、黑果木和各种各样的花草。在掷弹兵池塘湖岸的沼泽里，有繁茂的莎草、水柳和梭鱼草等。

高地公园很快成为多伦多人在自然环境中野餐和散步、冬季滑雪和溜冰的热门场地。在20世纪初，随着周围社区的发展，公众对积极娱乐的需求也日益增加。公园内的一些树木被清除而建设了运动场，修建了新的通道，并引入了外地的树木和草坪草。

"二战"后，高地公园周围的社区迅速发展。这些社区因其绿树成荫的街道和许多老房子而备受追捧，成为多伦多城市中高度宜居的地区。

20世纪50—60年代，公园的政策发生了转变，开始引进体育设施和娱乐休闲设施。它们是游泳池、网球场、足球场、棒球场、动物园、游乐场以及包括野餐地点在内的草坪区域。每年，有几十万人游览高地公园，它成为多伦多公园系统中的一块瑰宝。

这些发展为城市居民提供了许多便利，但也使公园许多自然区域遭到破坏，许多鸟类、爬行动物和昆虫因原始栖息地的退化而离开，高地公园历史上有记录的植物中有一半以上不复存在。从20世纪70年代中期开始，越来越多的人意识到恢复和保持高地公园自然环境的重要性。90年代，公园的很大一部分被指定为省级自然和科学兴趣区，并被多伦多市指定为重要的环境区域。目前，公园内自然状态的修复工作正在进行，期待长期地保护繁华城市中的这一宝贵自然遗产。

（二）温哥华等城市的公园

1886年，温哥华市议会授权市长向联邦政府请愿，要求它把联邦政府保留地——煤港半岛的一部分授予城市作为公园。它占地960英亩（3.84平方公里），三面环海，树木林立，栖息着许多野生动物。1889年，联邦政府同意以1年1加元的租金将其长期租给温哥华，并以加拿大总督的名字将其命名为"史丹利公园"（Stanley Park），"由有着不同信仰和习俗的各族人民永久享有和使用"。

史丹利公园以壮丽的自然景色而闻名于世。公园内有红杉、冷杉和铁杉等树木组成森林，覆盖面积广阔。湖泊和湿地区域栖息着野生动物和各种鸟类，其中有松鼠、小鹿、海狸等。几所花园栽种了各种各样的美丽花卉。为了满足市民的需要，花园内逐渐增设了一些草地露营地、儿童游乐场、运动场所、户外游泳池和8公里的环形自行车道。露天剧场举办音乐会等演出，还有圣诞节集市和万圣节游行活动。1956年建成了加拿大最大的水族馆。

有大量的温哥华和附近的居民游览史丹利公园。1905—1911年的7月，游览者从14664人增加到53255人，占温哥华人口的比例从32%增加到48%。游览者除了步行外，还乘坐汽车、出租车、骑马或自行车而来，游览该公园已经成为市民生活的一部分。现在，公园的访客每年达到800万人。

郊外的公园远离城市的噪音和灰尘，空气新鲜，环境优美。然而，由于工人无暇散步，一般市民也不愿花钱乘车前往；城市法规禁止人们在公园内游戏和踩踏草坪，这使孩子们不能在公园里玩耍。19世纪末，各省政府通过修改城市法案或单独立法，允许城市议会经市民投票批准后动用公共资金，在城市内购置土地修建公园。此时，各城市成立了隶属于议会的公园管理机构。只有温哥华成立了由选举产生、独立于市议会的公园委员会。

世纪之交，在城市规划设计中有了城市公园的理念，随之出现了城市公园运动。城市公园的倡导者——城市精英和中产阶级认为，城市公园真正的功能不在于娱乐、消遣和教育，而是使人们通过接触大自然身心健康得到恢复，城市公园是健康和道德力量的源泉。

这一运动与几种因素有着内在的联系。首先是商业化的公园运动。为了加强城市作为商业中心的作用，它将草木视为增加地产价值和提高生活水平的一种方式，地产商在开发土地中划定公园和公园道路。其次是城市美化运动。为了美化市容，它强调在城市里修建公园。再次是大众消遣运动。开发商为了增加收入，在城郊兴建一些商业娱乐公园，廉价土地和公共交通为这种公园的出现提供了条件。最后是操场公园运动。倡导者认为，穷人也需要娱乐和放松，修建带有体育设施的公园，有助于改善市民的道德情操和提高城市生活的质量。

对于公园的职能，市民有着不同的观点。以温哥华为例：城市精英基于浪漫主义原则，想把史丹利公园变成一个纯粹的消遣空间；而工会组织则基于功利主义，要求公园还应当具有其他一些功能。中间派以城市公园委员会为代表，它对公园的美化感兴趣，同时也赞同改革者的观点——公园应当允许儿童玩耍和成年人进行体育锻炼。显然，对公园所持不同的态度反映出各团体具有不同的文化背景、经济地位和社会需求。

此期间，温尼伯城市公园在数量和功能方面名列前茅。1893年，城市公共公园委员会建立。20年中，它通过购买和建设而拥有和管理着20个不同功能的城市公园，有的以休闲娱乐为主，有的则注重体育锻炼。与其他城市一样，该城市的居民、企业家和改革者都积极地推动城市公园的建设，在公园功能的选择和地域分布方面发挥了重要的作用。毫无疑问，城市公园对市民的身心健康和儿童的成长有着不可替代的作用。

二、早期的体育设施和活动

城市公园带动了城市公共体育设施的发展。加拿大城市的体育设施分为私人和公共两种，私人体育设施出现较早，但公共体育设施逐渐在数量和规模上超越了它们。

（一）温哥华的一个职业体育设施的兴衰

丹尼尔·梅森（Daniel Mason）对1905—1912年温哥华的一个职业体育设施——休闲公园（Recreation Park）做了个案研究①，展示工商业者是如何将商业化的体育运动带到这个新兴城市的。

从18世纪80年代建立到20世纪初，温哥华城市的规模扩大了4倍；1900—1910年，其人口几乎翻了两番，成为加拿大第四大城市。人们有了休闲活动的要求，体育活动也开始开展起来，出现了运动俱乐部和球队。最早的体育组织是80年代该市商人成立的布罗克顿角（Brockton Point）体育协会，它在史丹利公园附近建立了自己的长曲棍球比赛场地——布罗克顿角公园。1905年，当地工商业者成立了一个名为"休闲公园有限公司"的体育组织，它租用"加拿大太平洋铁路"公司的土地，建造一个休闲公园，并引进温哥华的第一支职业棒球队，使这座城市逐渐形成强大的棒球运动传统。

棒球运动在工人中很受欢迎，居住在城市东部的工人进入附近的休闲公园观看棒球比赛。该场地花费了7000加元，建造了总长375英尺（约114米）的看台，整个场地可容纳6500多名观众。门票每张25加分。

---

① Danial Mason, "Professional Sports Facilities and Developing Urban Communities. Vancouver's Recreation Park, 1905-1912", in *Urban History Review*, Vol.25, No.1, 1997.

1905年夏天，棒球比赛在休闲公园进行，铜管乐队为温哥华棒球队助威。1906年，棒球俱乐部因财务问题而破产。此后4年中，温哥华的这只棒球队几经易手，最后于1911年稳定下来。

温哥华的棒球体育组织和其他运动爱好者吸引着外地的体育组织到来。1911年，大温哥华地区拥有5个业余棒球队，12个工商业团体的棒球队，此外还有60支主日学校球队。

休闲公园除了棒球比赛外，也接待其他的体育活动。1906年，温哥华长曲棍球俱乐部开始使用休闲公园的场地，1911年的一场比赛，观众达到了1万人。该公园还举行户外职业拳击比赛，以及不同技术水平的足球比赛，使其成为温哥华市民体育休闲活动的中心。

1912年，"加拿大太平洋铁路公司"拒绝与公园董事会续约，休闲公园停止了运营，长曲棍球和棒球队转移到新建的公园内举行比赛。尽管休闲公园存在时间不长，但它开创了体育商业化的时代，对温哥华的体育和社会休闲活动产生了深远的影响。

（二）安大略及西部省份城市的体育设施

阿兰·麦特卡夫（Alan Metcalfe）研究了1919—1939年安大略省多伦多、汉密尔顿、伦敦、基奇纳、滑铁卢等10个城镇的体育设施建设，显示中部城市早期的一些体育活动情况。[①] 早在1854年，安大略湖畔的多伦多就有了私人性质的皇家加拿大游艇俱乐部。1879年，伦敦市建立了冰上溜石俱乐部。1919年，拥有10万人口的汉密尔顿至少有7个拥有体育设施的俱乐部；在拥有50万人口的多伦多，仅高尔夫球俱乐部就有21个；拥有6万人口的伦敦市有7个冰上溜石、草地保龄球和高尔夫球俱乐部。安大略省的每个小城镇至少也有一个私人高尔夫球或划船俱乐部。1927年，基奇纳的一个拥有294名会员的冰上溜石俱乐部，投资17万加元，修建了一座人造冰的场馆。这些俱乐部的设施仅供交纳会费的会员们使用。

一般市民使用城镇政府建造的溜冰场、棒球或垒球场和运动场。世纪之交，公共体育场所与公园和操场运动同步发展，公共体育场所通常由政府的公

---

① Alan Metcalfe, "The Urban Response to the Demand for Sporting Facilities: A Study of Ten Ontario Towns/Cities, 1919-1939", in *Urban History Review*, Vol.12, No.1, 1983, pp.31-45.

园或操场管理部门进行管理和维护。1902年，蒙特利尔最早兴起了在城市公园安装健身器材的"操场运动"，几年内扩展到多伦多、汉密尔顿和伦敦等城市。多伦多政府在城市公园安装健身设施，以便儿童和妇女能够进行体育锻炼，它还兴建公共体育场所。1928年，多伦多公园管理部门拥有62个溜冰场和60个曲棍球场。20世纪20年代，汉密尔顿有了公共高尔夫球场、保龄球、网球、田径场和游泳馆等体育设施。与此同时，几千到几万人口的滑铁卢、基奇纳、圣凯瑟琳等小城镇也有了公共体育场所。

"操场运动"也扩展到西部城市，温尼伯是其中的一个典型。1909年，温尼伯市议会拨款4000加元，在公园配置体育设施——钢制器械、婴儿秋千、沙箱和公共洗澡间。1914年，它兴建了20个操场，其中一些设在学校校园内。至1921年，市政府一共花费了58280加元，建设了59个带有操场的城市公园，夏季日均接待1.4万人次。当时，温尼伯只有17.9万人。①

为了维护设施，各城镇对使用者收取费用，同时鼓励市民购票观看体育比赛。有的城镇政府与俱乐部共同建设体育设施。20世纪30年代，安大略省的圣凯瑟琳镇议会与长曲棍球俱乐部各出一半资金，建设了一座拥有4300座位的封闭体育馆。有的城镇将公共体育设施交由俱乐部运营，如汉密尔顿市政府的一处高尔夫球场地。1932年，这个俱乐部向城市公园委员会上交了3000多加元的盈余。

教育机构、教会和青年基督教协会也提供一些体育设施，此外还有一些商业机构经营溜冰、保龄球等体育设施。20世纪20年代，在安大略省各城市比较流行的体育活动是高尔夫球、保龄球、冰上溜石、曲棍球、棒球、游泳和网球。

有了专业的体育活动，竞技比赛随之出现。1906年，埃德蒙顿市各曲棍球队组成了一个城市曲棍球联盟，联盟内部的挑战赛和表演赛规模宏大，每次都有2000人观看比赛。该城市的一些球队与来自外省的球队比赛，还去卡尔加里、麦迪森哈特、里贾纳、温尼伯等西部城市进行比赛。每年，从7月1日的"加拿大日"开始，在省政府的参与下，埃德蒙顿市举行为期4天的展览会，参观者达1~2万人。除了工商业者的商品销售和融资活动外，展览会期间还进行体育活动，其最具观赏性的是棒球比赛，吸引1500人观看。除了拳击和摔跤比赛，赛马这种赌博运动也是展览会上最受欢迎的活动之一；化妆溜冰狂欢节

① Mary Ellen Cavett et al., "Social Philosophy and the Early Development of Winnipeg's Public Parks", in *Urban History Review*, Vol.11, No.1, 1982, p.31.

有1000人参加。此外，展览会还举办音乐会和戏剧表演，邀请外地的歌剧团前来演出，许多人从100英里以外专程赶来观看。[①]

如果说体育锻炼有益于市民的身心健康，体育比赛则培养出他们对自己城市的认同和集体荣誉感。埃德蒙顿曲棍球比赛的消息常常登上报纸的头条，号召市民为自己的代表队加油。球迷不管来自何处，只要喜欢上一个球队就会为它呐喊助威；球队外出比赛时，也有球迷随同前往。显然，只有城市才有集中的体育场所和自己的专业代表队并举行大型比赛。城市体育比赛培养市民对城市的认同感，是城市对城市社会产生影响的一个例证。

三、自行车的出现及其意义

最早的自行车采用前轮大后轮小的样式，骑行中很不稳定。19世纪后半期，英国人制作了钢管框架、链条驱动和橡胶充气轮胎的自行车，使之成为一个安全、舒适和不需高超技能的骑行工具。

温尼伯是通往当时人烟稀少的西部的"大门"，但是从19世纪90年代至20世纪初，它对自行车的狂热不亚于东部的大城市，约翰·莱尔（John C. Lehr）和约翰·塞尔伍德（H. John Selwood）对其进行了研究。[②]

1875年，温尼伯的第一辆自行车出现在街头。社会中上层阶层的自行车爱好者在1883年成立了温尼伯第一个自行车俱乐部，在他们的要求下，市政府于1895年在波蒂奇（Portage）大道修建了自行车道。在最初20年里，自行车在温尼伯是一种富人的玩物。

19世纪90年代初，购买一辆自行车需要不少资金。1893年，蒂莫西·伊顿公司推出了一款名为"金特的新快速"自行车，价格为110加元，分期付款则需要165加元。当时，最便宜的自行车价格也有60多加元，相当于"加拿大太平洋铁路公司"的普通工人10周的工资。

但是，随着竞争，自行车价格不断下跌。1895年，一辆新自行车的价格已经降到85加元，一些便宜的型号价格低至55加元。1908年，一辆新自行车仅仅需要11.95加元，这使许多人都买得起。

---

① 演出内容雅俗共赏，有《弗吉尼亚人大卫·加里克的爱情》（The Virginian, David Carrick's Love），也有莎士比亚的《威尼斯商人》。

② John C. Lehr and H. John Selwood, "Two-Wheeled Workhorse: The Bicycle as Personal and Commercial Transport in Winnipeg", in *Urban History Review*, Vol.28, No.1, 1999, pp.3-13.

最初，人们对自行车持有偏见。有人说，前倾骑行会使肩膀变圆，胸部变窄，导致永久性的驼背。一些人尤其看不惯女孩子骑自行车，说她们看上去面部僵硬和邋遢。然而，自行车带来的方便难以否认。它使人们能够住在郊外而少付房租，同时省下不少车费；居民在工作时间之余还可以骑自行车去郊外呼吸新鲜空气。19世纪90年代末，骑自行车对身体有害的说法逐渐消失，它对身体和心理健康都有好处成为一种共识。

随着街道上的自行车越来越多，人们开始对其带来的危险表示担忧。1896年，温尼伯市议会规定，在任何一条街道上，骑行的最高时速不得超过8英里（12.8公里）；在允许的人行道上骑行时最高时速不得超过6英里。与此同时，市政府也禁止在街道上抛撒钉子、玻璃或硬物，以免刺穿自行车的轮胎；违者将被定罪，并缴纳10加元的罚款。

1901年，温尼伯经省政府授权而建立一个自行车道委员会，负责在城市内外建立和维护自行车道。该委员会对温尼伯的每辆自行车征收50加分的牌照费，以筹集其行使职责所需要的资金。1904年，该委员会管理着大约17英里的自行车道。

与其他城市一样，温尼伯的自行车是有轨电车和汽车之间的一种过渡性交通工具。电车成本过高，且线路较少；在公共汽车交通完善之前，自行车作为一种实用的私人交通工具而受到政府人员、工商企业主和工人的青睐。温尼伯持有牌照的自行车数量，在1913年达到9429辆，1921年增加到1.2万多辆，此时温尼伯拥有17.9万人口。自行车增加了个人流动性，扩大了通勤范围，在一定程度上促进了温尼伯郊区的扩张。

自行车除了作为交通工具外，也为温尼伯市民的娱乐消遣和健身活动提供了方便，他们骑车去城郊的阿西尼博因（Assiniboine）和基尔多南（Kildonan）等主要公园。1898年，该城市在展览场地举行了为期2天的自行车比赛，为获胜者设立了1000加元的奖金。骑行自行车也推动了女性解放。为了骑行自行车，她们脱掉长裙，走出家门。从这一点看，自行车有助于改变妇女在社会中的地位和角色，预示着"一战"中劳动力短缺时，会有更多的女性穿上工装裤，进入工厂做工。

四、城市电影院的变迁

加拿大城市的电影放映始于19世纪末，地点往往在歌舞杂耍的戏院里。大约在1920年，城市出现了第一批歌舞杂耍的电影宫（movie palace）后，市中心的"电影院区"逐渐形成，一直持续到20世纪50年代。

保罗·摩尔（Paul S. Moore）对蒙特利尔、多伦多和温哥华早期电影院的出现做了研究。[①] 他发现，1896年在蒙特利尔圣劳伦斯街的"蒙特利尔宫殿剧院"，使用卢米埃尔式（Lumiere）放映机第一次在加拿大放映电影。同年，渥太华的西区公园使用维太式（Vitascope）放映机放映电影。1896年，多伦多在工业展览会首次放映电影。

在接下来的10年里，电影放映传播到各个城镇，巡回电影放映者从中起到了推动作用。1902年，温哥华出现了加拿大第一个可以被定义为真正"电影院"的放映场所。此后，多家专门的电影院相继出现。1908年，蒙特利尔有了26家电影院，1912年温哥华至少有30家电影院。至1914年，多伦多的电影院已有100多家。有的电影院建设耗资3万加元，能容纳1100多人。

电影业的繁荣，加上早期赛璐珞的易燃性，很快使政府开始对电影市场进行监管，要求电影放映员具备一定程度的专业知识和参加安全培训。1908年，魁北克省和安大略省制定法律，对电影放映实行许可和检查制度。1906年，不列颠哥伦比亚省的《电影法案》详细规定了省级审查人员的责任，包括防止电影出现犯罪的描绘或残忍场景，禁止猥亵或不雅镜头和有损道德或违背公共福利的内容。随后几年，几个省还对儿童观看电影进行了一定的限制。

1916年，丽晶电影院有限公司（Regent Theater Co. Ltd.）在多伦多成立，它很快成为安大略省的一个小型连锁电影院公司。1920年，它与美国公司建立了正式的合作关系，创建了加拿大"著名表演者公司"（Famous Players Canadian）。借助于美国派拉蒙（Paramount）电影版权和加拿大的资金，该公司在加拿大主要城市的市中心建造大型电影院，其中包括在多伦多央街的加拿大最大的电影宫——潘太吉斯（Pantages）电影院。1923年，它通过收购竞争对手的电影院资产，一跃成为全国最强大的电影院连锁公司。20世纪30年代，它几乎垄断了加拿大每一个主要城市市中心的电影放映业务。

市中心的电影宫一般都建在城市的主要百货公司附近。百货商店提升了所在街道的声望，电影院的出现又增加了其娱乐功能。从20世纪20年代到60年代，多伦多、蒙特利尔和温哥华等城市的中心地带将夜间娱乐与白天购物结合在一起。人们在白天去伊顿、摩根和哈德孙湾三家百货大楼购物，晚上去附近

---

① Paul S. Moore, "Movie Palaces on Canadian Downtown Main Streets Montreal, Toronto, and Vancouver", in *Urban History Review*, Vol. 32, No.2, 200, pp.3-20.

的电影院看电影。电影院前矗立的霓虹灯大招牌和闪闪发光的大门罩，既是市中心夜生活的一部分，也是城市文化的一种象征。

然而，在20世纪40年代末和50年代初，随着郊区的开发和大量的中产阶级移居郊区城镇，市中心的一些街区逐渐衰落。独立的运营商开始在郊区开设许多电影院、汽车电影院和大型购物广场内的电影院。这样，50年代末和60年代，市中心电影院上座率大幅度下滑，许多昔日辉煌的电影宫被拆除。在蒙特利尔，圣凯瑟琳大街上所有巨大的电影院标牌都已消失；2003年，只有帝国电影院和巴黎电影院这两个老式电影院还在营业。

在其他一些城市，多数保留下来的电影院重建了大门，将霓虹灯塔拆除，单独的电影院变为多厅影院。在多伦多央街附近的卡尔顿电影城（Carlton Cineplex），其大门罩里只有几个内嵌灯箱，显示9个小影厅放映的电影名称和场次。加拿大城市唯一保留了过去视觉奇观的街道，是温哥华的格兰维尔大街。20世纪50年代，温哥华被认为是北美人均霓虹灯最多的城市。至今，奥芬姆（Orpheum）电影院和时尚（Vogue）电影院垂直的霓虹灯标牌仍然完好无损。

20世纪70年代，市中心的一些电影院最终或多或少地变成了一个专门为年轻男性提供服务的空间——放映廉价的"三级片"。在多伦多、蒙特利尔和温哥华的三条主要街道上，多厅影院专门放映"剥削电影"①和青少年电影。主流电影在新建的大型电影院中放映。从90年代末开始，大型电影院在加拿大各城市遍地开花。它们除了少数在市中心外，几乎都出现在郊区城镇，取代了大型购物中心中的多厅影院。

五、建筑风格及住房的社会意义

城市建筑是城市的一个重要组成部分，它既反映文化传统，也代表一个城市的发展水平。城市建筑具有社会功能，与政治、经济和文化生活发生密切的联系。同时，它也是市民生存的需要和城市各种机构运行的必备条件，对城市社会的发展具有推动作用。

（一）教堂建筑

教堂在很大程度上能够反映建造时期的城市文化传统。金斯顿的圣乔治教

---

① 英文是exploitation flicks/films，也可译为"利用电影"。这些电影无视于电影的内在品质，只是利用广告宣传、露骨的描绘和暴力镜头、夸大其词的议题、明星的轰动、特效或荒诞的情节来吸引观众。

堂（1828年建造，重建于1899年）是英国伦敦圣保罗教堂的一个缩影，有着罗马圆顶教堂的风格。哈利法克斯的圣保尔罗教堂（1759年建造，1867年改建）、魁北克市的圣三一教堂（1803年）和多伦多的圣詹姆斯教堂（1818年和1839年）[1]，清晰地体现着英国安妮女王时代（1702—1714年）形成的"田野里的圣马丁教堂"类型。[2] 这些教堂显示着1688年辉格贵族和英国国教会"光荣革命"的胜利。19世纪，信奉英国国教的移民占据多数，上述几所教堂都是由这一教派建造。

相比之下，弗雷德里克顿的大教堂（1845—1853年建成）代表着典型的哥特式风格。它醒目的外形轮廓、尖拱门和尖塔以及飞升的尖顶，象征着"通向神的国度"。该教堂以13世纪和14世纪的英国国教大教堂为原型，反映出哥特式风格已经取代了罗马风格。蒙特利尔的基督教堂，汉密尔顿以及19世纪后期的萨斯卡通、温哥华和维多利亚等城市的基督教教堂，都属于哥特式风格。渥太华的天主教会的圣母院大教堂也是哥特式风格。它于1839—1885年建造完成。

加拿大小城镇的哥特式教堂，也在传播英国文化价值观以及宗教崇拜方面发挥了重要的作用。其中，风格类似的教堂包括温哥华岛南部的带有彩色的简陋小教堂，阿尔伯塔省米勒维尔的"原始"哥特式教堂，曼尼托巴省泡普乐角（Poplar Point）的圣安妮斯教堂。另外还有新不伦瑞克省的木质教堂，埃德蒙斯顿的圣约翰教堂，以及爱德华王子岛省乔治城的圣约·翰密尔顿教堂和圣三一教堂。

（二）哈利法克斯早期的建筑及其影响

苏珊·巴基（Susan Buggey）对19世纪40—60年代哈利法克斯城市早期的建设过程做了细致的研究。[3] 她以典型的建筑为例，考察建设活动及建筑行业

---

① 多伦多的圣詹姆斯教堂于1818年建立时是木质结构的，1833年推倒重建为石质结构，1839年因遭遇火灾而毁坏。教堂的重建工程始于1850年，主体建筑在1853年竣工，1875年又添加了塔尖。

② 它们都以1726年在英国伦敦特拉法加广场的圣马丁教堂为模本。这座教堂的设计者是詹姆斯·吉布斯曾在罗马学习，使教堂带有意大利"巴洛克"风格。由于在一次裁决中认定教堂对周边土地的所有权，这个教堂被称作"田野里的圣马丁教堂"。

③ Susan Buggey, "Building Halifax, 1841-1871", in Gilbert A. Stelter & Alan F.J. Artibise, *Shaping Urban Landscape: Aspects of the Canadian City-Building Process*, Carleton University Press, 1982, pp.232-255.

对城市发展的重要影响。哈利法克斯作为英法殖民争夺的产物，早在18世纪上半期就已经存在，但直到1850年设置城市建制后才开始了真正的城市建设。

1850—1870年，市政府兴建了市场、水塔、排水沟和人行道，提升了城市生活的质量。此期间，政府还通过建造、替换或改造已有的建筑，完成了一些用来维持社会秩序的设施，它们是洛克海德（Rockhead）监狱、哈利法克斯郡法院、郡级监狱、精神病院、城市医院和济贫院等。这些建筑也带动了建筑行业和城市建设的发展。

在福音教派精神的推动下，哈利法克斯的私人慈善机构建造了老年人之家、失足女性之家、聋哑人和盲人收容所。教会慈善机构也有自己的建筑，收留孤儿和无家可归者。哈利法克斯是一个军港，很早就有英国陆军和海军驻扎，一些军事城堡构成了城市的重要组成部分。此时，哈利法克斯的经济处于较快的发展期，街道改善后形成了一些商业街，商业建筑越来越多。它在郊区兴建住房，减少市中心的拥挤。

自然条件和经济的发展决定了一个城市建筑材料的性质及其不断的变化。在早期的大西洋和太平洋海岸省份和中东部省份，由于附近森林茂盛，城市建筑多是以木料为主，石料为辅。哈利法克斯和温哥华的早期英国移民一样，在建房时不再像英国那样使用砖和石板，而主要使用木材。19世纪中期，由于森林的耗竭，许多城市附近建立了烧砖厂，大西洋沿海和东部的城市在建筑方面对砖和石料的使用率越来越高。砖和石质建筑不但坚固，还便于防火。19世纪后期，随着铸铁在建筑中的使用，大型建筑使用木质材料的时代已结束。

在哈利法克斯，1840年之前将铁矿石用作石材，它们后来被杂石和花岗岩所替代；随着砖的使用，19世纪60年代在加拿大城市中心基本上没有大型的木质建筑，只是在城市外围和郊区的住房，仍用一半的木材建造。在沿海潮湿的城市，半木质房屋具有防潮的作用。

政府、商业和住房部门对建筑服务的需要，刺激了建筑行为的改变。城市建设高潮引来大量的泥瓦匠和木匠，他们逐渐专业化，组成了一些提供服务的行业组织。业主把一个有固定价格的建筑合同交给泥瓦匠和木匠，后者根据要求在设计和施工时对建筑结构做进一步的协调，这与以前工匠们只按照图纸施工的传统做法有着很大的不同。像其他城市那样，哈利法克斯的建筑设计和建造技术领域逐渐抛弃那种自我训练的模式，开始走向正规化和规范化。

城市的建设推动了建筑公司的出现，一些工匠成为它们固定的劳动力。大型建筑公司拥有充足的资金和可靠的建筑材料供应，能够建造任何形式和规模的建筑，1863年建成的哈利法克斯法院大楼就是一个例证。它是一座用砂岩建造的雄伟对称的三层楼房，屋顶平缓倾斜，中央部分由意大利风格的石柱精心装饰。一些建筑公司不断提高设计和施工质量，获得良好的信誉。此时成立的布鲁克菲尔德（Brookfield）公司在一个世纪以后还存在。同时，建筑的需求刺激了当地建筑材料生产的机械化，而来自其他地方的石质和烧砖新产品使建筑材料市场多元化，从而把木质建筑为主的哈利法克斯变成了一座拥有多彩多样建筑的城市。

（三）多伦多市建筑风格的演变

城市建筑是文化的产物，建筑风格的演变在某种程度上可以说是一部城市文化史。在加拿大史学家对城市建筑风格的研究中，阿兰·高恩斯（Alan Gowns）对多伦多建筑的研究具有较大影响。[1] 他从建筑的外表、建筑反映美学影响的艺术形式入手，梳理了18世纪末至20世纪30年代多伦多建筑风格的演变。

多伦多早期的建筑由来自蒙特利尔和哈利法克斯的信仰英国国教的托利贵族们建造，受到英国"乔治风格"的影响。[2] 这种风格的建筑有着希腊和罗马式房屋对称的屋顶轮廓线和老虎窗，房间紧凑。19世纪20年代末，"维多利亚风格"开始在加拿大流行。[3] 房屋的建造者多是来自英国和美国的新教徒中产阶级家庭。这种风格扬弃了乔治风格中生硬的美学观，体现着人们对生活艺术价值的一种全新的审视。

多伦多建筑体现的维多利亚风格，大致分为三个发展阶段。

1820—1860年为第一阶段。它吸收了许多建筑元素，采用哥特式风格表达基督教理想，用罗马风格宣示公民道德，利用埃及风格表达一种永恒。安大略省上诉法院的奥斯古德大楼（Osgoode Hall）就是其中的代表。它模仿英国一些俱乐部的外形，而这些俱乐部借鉴的是16世纪罗马贵族房子的风格，带有壮丽的罗马门柱和一排优雅的人字形窗户，充分显示了其家族的富有。

1860—1890年是维多利亚风格的第二阶段，也是其鼎盛时期，以多伦多大

---

① Alan Gowans, "The Evolution of Architecture Style in Toronto", in Gilbert A. Stelter & Alan F. J. Artibise ed., *The Canadian City: Essays on Urban and Social History*, Carleton University Press, 1984, pp.210-220.

② 指从英王乔治一世至英王乔治四世（1714—1830年）执政时期形成的建筑风格。

③ 它是维多利亚女王1837—1901年在位期间形成的独特建筑风格。

学的大学学院建筑为代表。另外，女王公园的音乐演奏台采用方形、椭圆形、圆形、拱形和三角形的结构，复杂的样式格外引人注目。在乡间，斯卡伯勒的一间农舍也体现了这种风格。它高耸的尖屋顶和三角形山墙打破了乔治风格屋顶的对称，外形错落有致，凸凹有别；配上房顶上一排小塔尖，给人以融入立体空间的感觉，彰显了英国"世界工厂"和"日不落帝国"的鼎盛时代。不过，在19世纪80—90年代，这种风格逐渐消失，门窗、楼梯和阳台的风格开始走向简朴。

第三阶段从19世纪90年代至20世纪20年代，属于维多利亚风格的后期。其建筑特点是厚重和壮观，外形看上去显得古香古色，1886年建立的商业银行大厦代表着这种风格：它借鉴了17世纪巴洛克宫殿宏伟的壁柱和下垂的雕刻花饰，带有中世纪城堡和罗马帝国时代宫殿的一些特征，表达了暴发户特有的一种傲慢和自负。20世纪20年代完工的联合火车站和安大略省政府大楼，仍然还有明显的维多利亚风格；而在30年代落成的商业银行和皇家约克旅馆等建筑上，这种风格逐渐退去。

值得注意的是，20世纪20年代多伦多的建筑开始受到美国建筑师的影响。多伦多市政厅和安大略省议会大厦，体现了美国折中主义的色彩，它采用褐色的砂岩做建筑材料，雄伟壮观的外表呈现出所谓的"理查森的罗马式"风格。[①] 此期间的一些住房也用巨大的石头和砖建造，带有圆形的拱门、竖条状窗户和夸张的外部装饰，模仿美国芝加哥、波斯顿和纽约的理查森风格追随者的风格。[②]

（三）温哥华早期的两种住房

住房对城市的每个居民都非常重要，是其生存的一个必要条件。作为一种建筑，住房也承载着文化和社会内容。戴瑞克·霍尔兹沃思（Deryck W. Holdsworth）对1886—1929年温哥华的住房做了个案研究。[③] 他发现其住房主要

① 英文是Richardsonian Romanesque，理查森是美国著名的建筑师。
② "二战"后，在20世纪各种文化和价值观的影响下所形成的建筑风格，被称作"新多伦多风格"。
③ Deryck W. Holdsworth, "Houses and Home in Vancouver: Images of West Coast Urbanization, 1886-1929", in Gilbert A. Stelter & Alan F. J. Artibise ed., *The Canadian City: Essays on Urban and Social History*, Carleton University Press, 1984, pp.187-209.

由"都铎式"小别墅和"加利福尼亚式"平房构成。① 它们各自带有一些建筑特点，也具有重要的社会功能。

温哥华的官邸和别墅都带有山墙、凉台、小塔等维多利亚鼎盛时期的风格，但在温哥华西区（West End）的英国移民富人区，最初盛行的是都铎风格，即灵巧舒适的小别墅。19世纪末20世纪初，这种住房体现出移民对工业前英国传统的一种怀念。它中间突出，两边对称，倾斜的端壁有些像大型建筑的扶壁，屋顶为陡峭的双面坡顶，十分夸张。受到当地物质条件的影响，温哥华的这种"都铎式"小别墅在形状和尺寸上与英国的不同，有的只有象征性的半木质山墙和弯曲的屋檐，看上去像乡间茅屋的屋顶。

"加利福尼亚式"平房实际上也是一种英式平房，因在美国加利福尼亚州流行而得名。它除了室内房间外，还有着看上去像加盖的室外房间，分别利用大的门廊和卧室凉台遮阴和采光。房椽子的一端和门廊支柱暴露在外，砖垒的支柱显示出建筑材料的多样性，屋檐托架样子夸张。这种风格反映出人们不屑繁忙和嘈杂的工业社会，而对自然淳朴的乡间生活的一种向往。

拥有独立住房是城市移民最重要的一个愿望，温哥华的英国中产阶级移民拥有都铎式别墅，工人阶级移民选择了加利福尼亚式平房。他们所处的区域一个在当时的西郊，一个在南郊。社会富有阶层的住房是城市的一种地标，显示富人与穷人的不同。温哥华西区华贵又不失简朴的都铎式别墅，被顺乎自然的街道所环绕，营造出一种乡间的和谐与宁静。这里的中产阶级将家庭安置在一大套住房里，利用街区环境进行相互间的交往，扩展社会关系，从而有了安全感和成就感。

英国工人移民到温哥华后，仍然面临着压力。工作竞争激烈，社会地位低下，他们渴望有自己的住房，以便在工业城市的不确定性中找到栖息的空间和安全感。对于劳动阶层来说，在农村土地最为可靠，而在城市住房最为宝贵。

工人的这种愿望也是受到了房地产商的影响。他们在广告中鼓吹说：有了家，就有了壁炉；有了壁炉，全家就能安全而舒适地坐在一起。1911年，温哥华商会成立了一个"帝国家庭团圆协会"，它通过发放贷款让工人们把家庭从

---

① "都铎风格"是英国都铎王朝（1485—1603年）时期主要体现在乡间别墅上的一种建筑风格，以安逸、舒适和朴实为特征。

英国迁来，其目的是通过建造更多的住房而赚取更多的利润。20世纪20年代，温哥华房地产交易所发起了一个自有住房活动，出版商趁机在报纸上大肆做广告，推广《加利福尼亚平房》等书籍，称人人都能自己建造平房。

温哥华经过最初40年的建设，城郊公共交通能够使工人阶级居住在远离市中心的郊外，至1929年，这里仍属于居住密度非常低的地区之一。加利福尼亚平房帮助工人阶级实现拥有自住房的愿望；它造型简单，价格低廉，1921年平均2500加元一套。因此，此期间的温哥华以独立住房为主，自有住房比例达到80%。[①] 20世纪20年代前，温哥华白人中的阶级矛盾并不像其他城市那样尖锐，各阶层的欧洲移民似乎都在此找到了自己的归宿。

需要说明的是，其他大城市的住房风格与温哥华的相似，只是平房的比例少一些。除了这两种独立住房外，18世纪末至19世纪初，联排别墅也开始在加拿大各城市的市中心出现，他们一般由中产阶级居住。[②]

六、多伦多早期的社会慈善活动

（一）20世纪初的慈善活动

工业化和城市化极大地增加了多伦多的人口。1881年，多伦多市有932家制造工厂，人口超过86000人。1901年，该市人口达到21万人，其五分之一人在工厂做工。[③] 与此同时，城市居民也出现了对医疗、教育和文化艺术服务的需求。在政府无法完全满足的情况下，社会慈善机构成为主角，它们通过捐赠，建立了一些医院、学校和文化机构。加拿大学者托马斯·亚当斯（Thomas Adam）对多伦多早期慈善活动做了个案研究[④]，从中可以了解加拿大城市的慈善活动及其带来的影响。

1835年，多伦多俱乐部建立，它继承了商业精英联谊会的传统，会员在俱乐部里一边吃午饭，一边讨论生意。20世纪初，他们和约克俱乐部的成员开始

---

① Deryck W. Holdsworth, op. cit., p.195; p.187.

② 联排别墅于17世纪出现在英国，移民把这种住房样式带到北美。

③ Peter G. Goheen, Victorian Toronto, 1850 to 1900: Pattern and Process of Growth, Committee on Geographical Studies, 1970, pp.64-65.

④ Thomas Adam, "Philanthropic Landmarks: The Toronto Trail from a Comparative Perspective, 1870s to the 1930s", in *Urban History Review*, Vol.31, No.1, 2001, pp.2-21.

从事慈善活动。多伦多俱乐部23%以上的成员、约克俱乐部超过33%的成员向一个或多个慈善机构捐款，国家俱乐部里也有79位慈善家。

多伦多慈善家最早的慈善活动，是建立多伦多（约克）综合医院。1820年，上加拿大忠诚与爱国协会决定使用4000英镑建立约克综合医院。该医院在随后的维持和发展中，除了城市和省政府的财政支持外，还依赖多伦多银行副总裁、董事等慈善家的捐款。1890年，该医院获得4万多加元的赠款，在多伦多大学附近设置了一所分院。

1904年，这家医院募集了近350万加元建设资金，1913年在大学街东侧建成一座新的多伦多综合医院。这笔款项包括市议会提供的61万加元、多伦多大学的60万加元、受托人委员会成员的近130万加元、银行和公司的近14万加元，以及市民捐献的52万加元。[1] 其中，超过三分之一的捐款来自慈善家。其中，一些人的名字现在仍然可以在医院的建筑上找到。

多伦多艺术馆是慈善家较早促成的一个公共文化机构。1900年，安大略艺术家协会主席拜伦·沃克（Byron E. Walker）决定筹集资金建立多伦多艺术博物馆，各会员一次性捐赠了2.6万加元。第二年，协会采取一种特殊的形式筹集了更多的资金。它设置了4个级别的会员——艺术博物馆的创始人、赞助人、终身会员和年度会员，他们分别交纳5000加元、500加元、100加元和10加元的会费，便可获得相应的身份。在随后的25年里，该协会有了35名创始人、87名赞助人、254名终身会员和557名年度会员（其中有130名艺术家），一共筹集近25万加元。

1910年，艺术博物馆理事会获得名为"山庄"的地产所有权后[2]，与多伦多市政府达成一项协议：拜伦·沃克将周边的地产低价出售给政府，使之变成一个公园；市政府从中无偿拨出一块土地作为"山庄"加盖的新的艺术馆建筑，并每年资助5000加元作为其维持经费，艺术馆则每周免费开放一天。

1913年，"山庄"改造成艺术馆，向公众开放。1918年，艺术馆新的建筑建成，1925年又增加了两个侧厅和一个雕塑品展厅，将规模扩大了一倍（图1）。其28万加元的扩建资金大部分由私人捐赠，其中包括创始人、赞助人和终身会员捐献的近12万加元；市议会只提供了5万加元，加拿大商业银行捐赠了1万

---

① Thomas Adam, op. cit., p.11.

② 该协会有位成员想把自己的"山庄"（Grange）将来作为遗产捐赠给艺术馆，拜伦·沃克得知消息后购买了其周围的土地。

加元。此外，艺术馆收藏的作品都是通过私人遗赠或捐赠得到的。这样，从建筑到藏品，私人捐献的金额是政府支持资金的4倍之多。

图1　1916年多伦多艺术馆（后面是遗产"山庄"）①

　　皇家安大略博物馆的建筑是在市政府的财政支持下建造的，包括构想和计划，这是与多伦多艺术馆最大的不同。1905年，查尔斯·柯瑞利（Charles T. Currelly）受命为多伦多大学未来的博物馆收集埃及文物。在他的建议下，1909年省政府和大学董事会各提供一半的建设资金，开始建造博物馆。

　　皇家安大略博物馆模仿美国的博物馆，分为考古、地质、矿物学、古生物和动物学5个部分，于1912年落成。它的建筑成本大约为35万加元，另有5万加元用于购置设备。省政府和多伦多大学分担每年的维护费，最初3万加元，1924年增加到7.5万加元。

　　皇家安大略博物馆的藏品和特别展厅依赖于慈善家的捐赠——赠送物品或捐赠资金购买展品。查尔斯·柯瑞利利用加拿大商业银行伦敦分行的一个账户在海外购买文物。1917年，多伦多一个名为"20位艺术之友"的组织以后每年向这个账户捐钱，1917—1924年一共捐赠了2.3万加元。

　　皇家安大略博物馆主要来自政府而非慈善事业的支持。其会员只有多伦多

---

① Thomas Adam, op. cit., p.13.

艺术馆会员人数的十分之一。[①] 从1921—1948年，私人捐款和遗赠总额为55.8万加元，而同期安大略省政府给予该机构总计近100万加元的"特别基金"，此外还承担着一半的维持费用。[②]

多伦多住房公司是慈善家在社会经济领域从事的一项活动。在20世纪30年代住房列入政府社会保障体系之前，一些慈善家关注工人阶层的住房问题。1913年，乔治.F.比尔成立了一个多伦多住房公司。他希望吸引多伦多富人以合伙入股的方式参与他面对的工人住房项目，所有股东的年分红率不超过6%。至1914年，该公司一共收购了两处房产和开发了两个项目，一共拥有324个住宅。但是，其销售价或出租价格还是超出了低收入家庭的支付能力。从这个角度看，慈善家在住房领域的慈善活动，并没有像在医疗和文化事业中那样取得成功。

（二）慈善活动的动机及其影响

1920年，在多伦多蓝皮书中列出的多伦多富人中，大约13%的人把钱投入多伦多美术馆、皇家安大略博物馆、多伦多总医院和多伦多住房公司。这4个仅仅是接受资助最多的机构，还有一些机构也接受慈善团体的资助；在蓝皮书列举的之外，还存在其他一些慈善家。此时的慈善活动不再是个人行为，而成为一个社会群体的行为。

慈善事业的出现，可以是国家或市场不能向市民提供足够的服务而导致的一种结果。然而，以企业家、制造商、金融家为主要成分的新兴社会精英从事慈善事业，有着自己的主观考虑和客观原因。

首先，宗教价值观使然。《圣经》鼓励个人的善行，宗教机构有着开展慈善活动的传统。此时，多伦多的慈善家都是基督徒，其中最多的是英国国教教徒。他们占捐款人员的比例在多伦多艺术馆中占42%，在安省博物馆中占34.5%，在多伦多总医院中占40.6%，在多伦多住房公司中占32%。另外还有长老会教徒和卫理公会教徒，这些教徒在上述机构中的比例从20%到30%不等。[③]

---

① 20年代中期，它只有14名长期会员和64名年度会员。1924年12月，会员账户的余额仅剩3455加元。

② Thomas Adam, op. cit., p.17. 需要指出的是，20世纪20—30年代，该博物馆通过加拿大圣公会的中国河南主教怀履光（William White），在中国大肆搜集文物，数量达数千件之多。

③ Thomas Adam, op. cit., p.6.

其次，这些新兴的社会精英从事慈善活动，是为了获得"上流社会"乃至整个社会的认可。他们在经济上获得成功的同时，需要获得上流社会既定成员的接纳；社会对他们的认可，以补充他们在经济方面的成功。他们希望通过慈善行为证明自己不但富有，还对城市拥有责任心。

最后，一些慈善家向多伦多艺术馆投资或捐赠，与他们个人的经历有一定的关系。在支持多伦多美术馆的慈善家中，只有近三分之二的人毕业于多伦多大学。超过三分之一的人只受过语法学校或公立学校的教育。像拜伦.E.沃克一样，他们年轻时就进入商界而没有接受高等教育。出于这个原因，他们投资于各种教育机构，证明自己是一个受过教育和有文化的人。

在多伦多，女性也从事慈善事业。多伦多美术馆超过16%的成员和皇家安大略博物馆近30%的捐赠者都是女性，她们在多伦多住房公司和多伦多综合医院的参与者中的比例分别是25%和1.7%。女性作为成员、股东和捐助者，为上述机构工作和捐款，有助于她们社会地位的提高。

总之，新的社会精英以慈善活动提高自己社会地位的同时，也推动了医疗和文化事业的发展。

从展示的几个城市的情况，不难看到城市出现后在社会和文化生活方面与乡间有着很大不同。城市公园、大部分体育设施及其活动、电影院和大教堂等都是城市独有的，甚至社会慈善机构也大都集中在城市，其活动针对于城市独有的文化、教育和医疗机构。这些因素构成了城乡差异的重要组成部分，也是衡量城市化程度的一些标志。

毫无疑问，国民经济、科学和工业技术的发展，为这些城市标志的出现提供了不可缺少的条件。与此同时，它们也对城市和居民产生了重要的影响。

城市公园丰富了居民的休闲活动，改善、提高了城市生活的质量。电影院在让居民工作后放松的同时，也传播文化信息和流行的价值观。体育活动不仅锻炼身体，也培养了市民对社区和城市的认同感，增强了他们之间的凝聚力。体育活动与商业的结合，对城市经济的发展也起到了推动作用。自行车的普及增加了城市居民的流动性，一定程度上促进了城市向郊区的扩张。骑行自行车使女性走出家门，推动了女性解放。对于包括工人在内的市民来说，住房不管是什么样式，只要自己拥有就能带来安全感，从而拥有了在城市立足的基础。

第五章　20世纪初的城市改革运动

19世纪末至20世纪初，加拿大出现了历史上第一次城市改革运动。它的产生与城市发展中出现的问题有关，同时也是受到美国、英国城市美化和规划运动的影响。在工商业阶层和专业人士的领导下，运动围绕着城市政府改革、城市服务设施公有制、城市规划和住房项目、社会道德净化和救助四个方面进行，取得了一些成就，也留下了一些问题。这次改革具有一些鲜明的特点，是加拿大城市史上一个值得研究的课题。

一、城市改革的背景

（一）城市人口增长带来的各种问题

20世纪初，加拿大的第二次工业革命带动了电力、钢铁、化工、汽车等新技术的发展，为大规模的城市化建设奠定了雄厚的物质基础，城市已呈现出一派繁荣的景象。抗寒抗旱的小麦新品种的发现和农业机械的广泛应用，使西部地区的谷物产量大幅度提高；农、牧产品不仅远销海外，还为城市的发展提供了足够的食品和原料。因此，许多来自欧洲的移民选择留在城市。与此同时，农业生产率的提高还解放了大量的农村劳动力，一些已经在乡间安家落户的移民开始流入城市。

人们向往城市生活。与乡村相比，城市各种服务和消费设施齐全，城市居民收入超过农民。城市文化生活丰富，教育设施发达，城市居民子女能够接受良好的教育。城市共同的经济和文化生活，使居民能够对所在的城市形成一种归宿感，产生一种精神上的寄托。

19世纪末20世纪初，大量的海外移民的到来导致加拿大城市人口剧增。1891年，加拿大拥有483.3万人，1911年达到720.7万人，20年内增长了0.5倍。

而同期的城镇人口从153.7万人增长到327.3万，增长了1.1倍。1887年，加拿大城镇人口比例占全国人口的22%，1921年增长到50%。[①] 1901年，加拿大有58个拥有5000人口以上的城镇，而在1911年，这样的城镇增加到90个。

城市人口的增加带来了诸多问题。首先，向市政服务设施提出了更高的要求。魁北克市1902年雇用了600名工人，扩大和改善城市的供水和排水系统。1914年6月，多伦多市工程部与相关的私人公司年雇用6000人整修行人道、改善街道和下水道。温哥华市花费了500万加元解决排水问题。1912年，温尼伯与郊外几个城镇共同建设了96英里的供水管道，从伍兹湖取水。这个长度在当时成为北美大陆之最。1908年至1913年，各城市一共在英国和美国债券市场发行3.3亿加元的债券，用于行人道、供水和排水的建设。[②]

其次，城市交通面临着巨大的压力。1897—1914年，加拿大全部城市的电车路线长度增长了近1.7倍，年行程总量增长2.7倍，而乘客人数增长了7.3倍多。这说明电车线路和电车年行程远远赶不上乘客人数的增加。

再次，人口增加造成城市住房的拥挤。1896年，蒙特利尔温莎车站以东2~3平方公里的地区，3.7万人住在8300栋2~3层高的出租公寓里。平均每英亩拥有33套住房，居住密度是1平方公里14300人。高密度导致街道狭窄而缺少公共空间。[③]

面对住房的紧张，大城市建筑活动大幅度增加。1901—1913年，蒙特利尔、渥太华、多伦多、温尼伯等大城市的建筑活动从一年数百项增加到数千项，全部城镇的建筑活动增加了10倍。同期，大城市房地产商的数量也增加了6倍多。1912年，全国城市开工建设住房8.5万套，这个数字直到1954年才被超过，而50年代全国的人口已经是1912年的2倍。[④]

由于城市市中心的土地有限，一些高层建筑开始出现。1902年，德国奥蒂斯电梯公司在加拿大建立了分厂，为高楼的建设提供了条件。1912年，蒙特利尔和多伦多出现了一些10层高的楼房。1914年，皇家银行在多伦多建造了一

① John C. Weaver, *Shaping the Canadian City: Essays on Urban Politics and Policy, 1890-1920*, The Institute of Public Administration of Canada, 1977, p.23.

② John C. Weaver, op. cit., p18.

③ Gerald Hodge, *Planning Canadian Communities*, Methuen, 1986, p.80.

④ J. David Hulchanksi, *The Evolution of Ontario's Early Urban Land Use Planning Regulation, 1900-1920*, Research Paper No.136, Center for Urban & Community Studies University of Toronto, 1982, p.7.

栋18层的高楼。西部城市也有了10层高的楼房。

1911年，加拿大大城市的住房存量达到40万套，但仍然不能满足住房的需要。商用租地费用的提高和市中心商业建筑投资的增加，挤压了土地混用区域中居住用地的比例，也推动了居住区的房价和房租的大幅度上涨。结果，房屋的租金飞速增长，大城市的办公楼的租金10年内增长了3~4倍。

工资增长速度赶不上房价和房租的增长。在汉密尔顿，1900年至1913年房屋的零售价增长44%，房租增长了53%，而工资只增长了38%。① 结果，许多在市中心工作的人不得不到郊区去居住，这也是造成交通压力的一个重要原因。在温哥华，19世纪80年代，失业的铁路华工在彭德（Pender）街和福溪（False Creek）之间的沼泽地上自行搭起了棚屋。1894年，大约有380间棚屋排列在福溪和北部的伯拉德湾的岸边。② 而许多居住在市中心的贫民，几个家庭合租一套房屋的现象屡见不鲜，有的城市甚至出现12个单身住在一个十几平方米的房子里的极端现象。

最后，城市的卫生状况堪忧，尤其是在贫民窟。温哥华的海滩棚屋没有自来水和电力供应，户外厕所、城市下水道出口以及"加拿大太平洋铁路"和一些工厂的垃圾和污水，使这些棚户区的卫生状况十分堪忧。温哥华的"唐人街"等地的陈旧出租屋多是单户住宅改造而成的，将每一层都隔成许多房间；西区有的出租屋，从地下室到阁楼，大约有6个、12个甚至22个房间。它们年久失修，光线黑暗，通风条件差。

至20世纪初，多数城市的住房采用户外厕所。1900年，温尼伯一半的住房采用户外厕所。这些厕所没有与下水道相连，粪便流向街道两旁的沟渠。一般居民缺乏必要的卫生意识，有的居民还将污水倾倒进附近的水域，下面的自来水管道一旦断裂就会遭到污染。在汉密尔顿，钢铁厂将大量的炉渣倒入河中，污染了城市的饮水源。多伦多由政府提供供水服务，但是由于取水地点与污水排放点同在安大略湖的一个港口，造成水质污染。1882年，《多伦多全球报》甚至讽刺多伦多的自来水就是一种"可以喝的污水"。1892年9月，多伦多供水管道破裂，人们不得不利用马车去别处取水。

不清洁的饮用水和卫生环境，导致疾病流行。1887年底至1888年初3个

① John C. Weaver, op. cit., p.27.

② Jill Wade, "Home or Homelessness? Marginal Housing in Vancouver, 1886-1950", in *Urban History Review*, Vol.25, No.2, 1997, p.21.

月内，渥太华发现1500伤寒病例，2个月内死亡32人。[1]1905—1906年的冬天，一个铁路施工队的垃圾污染了渥太华附近的凯明尼思加河（Kaministiqua），引发了800例伤寒病，18个月内死亡人数达到156人。在蒙特利尔市，仅在1909年9—12月就出现2000名伤寒症患者，一年中夺走了100多名居民的生命。1900—1904年，温尼伯一共出现3053例伤寒病患者，接近占全市人口的1%，导致278人死亡。[2]

工厂区和住宅区混杂在一起，居民受到工厂噪音和烟雾的影响。汉密尔顿市贫穷选区的死亡率高于其他选区。传染病、肺结核、呼吸和消化等疾病导致的死亡率，在人均地产价值1157加元和居住密度全市最低的第1和第2选区分别是8.55‰和8.48‰，而在人均地产价值451加元和居住密度高的第5和第6选区，分别是13.83‰和14.09‰。[3]

此外，城市还出现了一些社会问题。人口集中后，娱乐消遣设施不足，许多人以喝酒为乐，在酒吧间终日狂欢滥饮，喧闹不停。酗酒、吸毒、斗殴等犯罪率上升，尤其是在社会下层群体的聚居区。一些城市青少年也过量饮酒，甚至吸食毒品。市中心的红灯区提供色情服务，导致性病流行。另外，城市人口急剧膨胀，使一些移民短期内无法找到工作，带来城市贫困问题。

（二）城市政治中的不良现象

同时期，在城市政治领域也出现了一些问题。首先，政治中恩赐（庇护）行为盛行，议员决策受选区的影响而忽视整个城市的利益。城市政府也盛行"议会至上"的原则，各城市选区选出的议员拥有很大的权力：他们制定地方法规，向从事城市公共服务的私人企业颁发特许状，控制城市的公共土地和房产，经省政府允许后征税、借贷和开支、任命和解雇主要的行政官员。

各城市的市长从市议员中产生，负责整个城市的管理。其他市议员分别牵头成立一些委员会（committee），负责城市管理和服务。这些委员会由一些专

---

① John H. Taylor, "Fire, Disease and Water in Ottawa", in *Urban History Review*, Vol.8, No.1, 1979, p.33.

② Alan F. J. Artibise, *Winnipeg: A Social History of Urban Growth 1874-1914*, McGill-Queen's University Press, 1975, p.228.

③ 参见 Rosemary Gagan, "Mortality Patterns and Public Health in Hamilton, Canada, 1900-1914", in *Urban History Review*, Vol. 17, No.3, 1989, p.169.

业人员组成,分别负责管理供水、排污、公共交通、消防和公园等各项城市
服务领域。市长是各委员会的当然委员,但由于各委员会具有独立的财政预算
权,它们不但各自为政,而且实际权力超过了市长。

在这种制度下,联邦和省政府选举中的恩赐(庇护)行为也蔓延到城市的
选举中。例如,1899年,多伦多市保守党竞选团体的一名领导人约翰·汤普森
伙同约翰·诺布尔与市长做了一笔幕后交易:他们对市长投赞成票,市长当选
后,两人分别被任命为消防部门的总管和副总管。[①]城市公园、消防、警察和
工程委员会的职位报酬高,有的委员把竞选出力者或自己的亲信任命到这些部
门,个别的委员还向打算进入这些部门的人进行索贿。

议员缺少专业知识,难以称职地管理城市的专门领域。同时,他们来自各
个选区,在决策中不是从整个城市出发,而是首先考虑自己选区的利益,有的
则倾向于在选举中支持自己工商业者的利益。还有的市议员在城市管理中不尊
重专业人士的建议,独断专行。

其次,一些市政官员与企业主互相勾结,行贿受贿。在多伦多,市议员与
私人公司协商,让其获得城市供水和公共交通的经营权,从而获得一笔报酬。
当时,许多城市规定,市政官员可以因额外的工作而收取一些报酬,这就为受
贿行为提供了冠冕堂皇的借口。在20世纪初的多伦多,消防部门、公园和街道
建设部门的负责人、城市工程师、医疗健康部门负责人和评估专员都涉嫌行贿
受贿。在里贾纳,一位承包人试图通过向市长行贿1000加元和向一位市议员行
贿一些马匹,以获得市政建设的承包权。一些市政官员把公共工程承包给私人
企业时,也索取大量的贿赂。在一些城市,提供市政服务的大公司通过收买省
政府和城市议员,垄断了城市公共事业,谋取高额利润。这些行为不仅损害了
市民的利益,也引发了当地工商业阶层的不满。

再次,市政官员丧失责任感,玩忽职守,营私舞弊。以多伦多为例。上述
多伦多消防部门的两位负责人汤普森和诺布尔利用贪污所得修建个人住宅。负
责公园建设的官员约翰·钱伯斯曾擅自出售公园的建筑材料。1898年,多伦多
政府就出现过税金严重流失的现象,有关负责人将税金擅自截留和挪用达3年
之久。

---

① Alan F. J. Artibise & Gilbert A. Stelter ed., *The Usable Urban Past*, Macmillan of Canada Lid., 1979,p.41.

在蒙特利尔市，一些警察在警方对妓院和赌场实施紧急搜查时提前透露消息，事后接受妓院和赌场老板的酬金。另外，市议会成员接受贿赂后忽略健康机构关于检疫牛奶制品的建议，引发伤寒病的传播。1905年，卡尔加里市政府有关部门渎职，造成新建的地下水管泄漏。里贾纳市的议会成员在接受供电企业减免电费的贿赂后，为其牟取高额利润的行为提供庇护。在蒙特利尔，政府官员甚至利用职务之便在评估中降低自己房产的价值，以达到逃税和漏税的目的。

最后，官员任人唯亲的现象严重，工作效率低下。在一些城市，许多平庸之辈依靠裙带关系在政府中身居要职，而那些受过良好教育并具有能力的人却遭到排挤。多伦多一位选举检察官任命自己的兄弟当助手，女王公园的负责人任命自己的儿子担任助理。至1915年底，多伦多消防部门职位的申请仅仅递交给该部门的主管，这种情况下申请者都是通过某位有实权的市政官员的关照而获得委任。《环球报》曾指出："各部门的领导人特别注意取悦于政府官员，而不是确保本部门工作的高效性。"[1]

总之，此时的城市政府成为腐败的温床，阻碍了城市的正常发展。结果，在改革者的积极倡导之下，一场城市改革运动在各城市悄然兴起。

二、城市改革的措施

世纪之交，加拿大主要城市发起了改革运动。1901年，加拿大市镇联盟建立，成为改革的重要推动者。它出版月刊《加拿大城市期刊》，刊登城市改革的文章，对改革进行广泛的宣传。在其成员城市中，温尼伯、多伦多等城市最为活跃。

针对上述问题，加拿大城市改革采取了四项措施。本章依照其取得成就的大小，先后分述如下。

（一）城市政府结构的改变

首先，在一些城市终止了议行合一性质的政府，建立专门的行政机构，削弱市议会的地位。

新的市政府形式大致分为两种。在东部和大西洋省的城市，建立了由2~5人组成的控制委员会（board of control）。1896年，安大略省政府批准多伦多建

---

[1] John C. Weaver, op. cit., p.58.

立控制委员会。此后，其他城市纷纷效仿，如温尼伯（1906年）、渥太华（1907年）、蒙特利尔（1909年）、汉密尔顿（1910年）和伦敦（1914年）。最初，控制委员会由议会选举产生，后来改为由全市的选民选举产生，市长凭借职务成为其成员之一。以控制委员会为核心，通过聘用组成城市政府的各种行政机构。

控制委员会从市议会手中接过财政拨款和发放城市服务设施的合同等权力，从而削弱了市议会的权力。与市议会委员会（committee）制度相比，控制委员会人数少而精干，意见容易统一，工作较为高效。尤其是委员们不是由各选区选出，因而不对某个选区负责，他们在市政建设和服务方面从整个城市的需求出发。由于其与市议会有不同的权力来源，也不对市议会负责，故二者形成一种分权和制衡机制。议会主要负责制定法规，控制委员会及各行政部门负责具体的实施。

在西部城市，独立的行政机构多采取专员委员会（board of commissioners）的形式。这些专员的产生有的通过任命，有的通过选举，还有的是通过两种形式产生。[1] 这种委员会一般由3~4人组成，其中一人成为首席专员（chief commissioner），与市长共同行使行政管理职责。每个委员领导几个政府部门。他们集体对市议会负责，这是与东部城市的控制委员会最大的不同。采取专员委员会的城市主要有卡尔加里（1908年）、埃德蒙顿（1904年）、里贾纳（1911年）、萨斯卡通（1911年）和阿尔伯达王子城（1912年）。专员委员会具有一定的独立性，只有经过三分之二的市议员同意才能予以解雇。而在大西洋海岸新不伦瑞克省的圣约翰，这种委员会从1902年开始采取美国的形式——专员们由全体选民选出。

在西部，由于专员委员会下的各个行政部门之间缺少协调，1920年以后越来越多的城市开始实行一种"城市经理制"——聘任城市经理（市长）。城市经理任命专业人士组成各种行政部门，辅佐他的管理工作。他不但拥有行政权，而且还掌握许多政策和法规的提议权；不过，他在贯彻城市法规中提出的工作计划，需市议会批准后方可实施。在安大略省和新不伦瑞克省，一些城市也实施这种城市经理制，与议会相互制衡。

其次，实行城市行政机构的职业化和专业化。不管是西部省城市任命的

① Gilbert A. Stelter & Alan F. J. Artibise ed., *The Canadian City: Essays on Urban and Social History*, Carleton University Press, 1984, p.471.

专员委员会，还是东部省城市由选举产生的控制委员会，都是由专业知识和管理经验的人士组成。各城市政府建立了专门的行政机构，有的称作委员会（commission）[1]，行使教育、公共健康、儿童救助、娱乐、公共交通、电力供应等职权，只是一部分城市这类委员会里还有市议员。这些具有专门知识的行政管理人员，不随城市的选举而改换，所以能够利用自己的专业知识，连续和稳定地在政府部门中工作。

为了使被任命的专员委员会的成员能够安心工作，付给他们的薪水大大高于兼职的市议员。1904年，埃德蒙顿市专员委员会的成员每人的年薪接近4万加元，而12名市议员每人领取的兼职年薪只有1.2万加元。[2] 1916年，多伦多市花1.5万加元年薪聘用了一位精通证券和金融的人员担任财政专员。在温尼伯，1910年市议员的年薪为500加元，市长的年薪达到5000加元；该市控制委员会成员的年薪在1910年是3600加元，1911年增加到4000加元。[3]

最后，减少或者取消城市选区，由全市选民选举议员或行政官员，同时提高了市长或控制委员会候选人的财产选举资格。

减少或取消城市选区，是为了减少选区利益对城市政府的影响，以便让城市政府采取高效低耗的工商业管理模式，对整个城市进行统一和有效的管理。为了在选举中能够使具有工商业管理经历的人当选，改革者主张议会和控制委员会候选人应当具有较高的财产资格，这在一小部分城市得以实现。1906年，温尼伯实行控制委员会体制后，市长候选人拥有的财产资格从500加元恢复到1895年之前的2000加元，控制委员会成员的财产资格也是2000加元。同年，在麦迪森哈特，市长和市议员候选人的财产资格都提高到1000加元。

值得注意的是，一些工会也组织工人参加城市政府选举。在圣约翰1911年的专员委员会的选举中，75%的成年男子拥有选举权。在1912年的选举中，市工会主席在工人的支持下，在初选的5个候选人中名列第4，只是在最后的选举中落选。[4]

---

[1] Commission 早在19世纪60年代的多伦多就出现了，它们是市议会任命的独立机构，负责警察、酒类执照和公共健康等。它们与议员担任领导的committee完全不同。

[2] Alan F. J. Artibise & Gilbert A. Stelter ed., op. cit., 1979, p.104.

[3] Alan F. J. Artibise, op. cit., p.41.

[4] H. V. Nelles and C. Armstrong, "The Great Fight for Clean Government", in *Urban History Review*, Vol.5, No.2 1976, p.55.

城市政治改革，从形式上看，是使城市的立法与行政职能相分离。从目的上看，是把城市当作一种技术环境而非人类环境或社会舞台，削弱选区利益对城市议会的影响，使城市管理远离选举政治。同时，也是为了减少恩赐（庇护）和腐败现象，提高城市的管理效率。

（二）城市服务设施的公有制

改革中，城市政府通过购买或建设而拥有自己的城市服务企业。[①] 这一时期，政府对社会经济的干预并没有放在政策的首位，却在城市服务设施领域实施了公有制，其中有以下几个原因。

首先，它主要是为了克服私人企业对城市服务中出现的弊端，降低服务成本和获得满意的服务。例如，在埃德蒙顿，私人公司不愿意把公共交通的线路扩展到郊区，市政府实行公共交通部门的公有制，将线路延伸到城外。

其次，私人企业破产后被城市政府接管。例如，在安大略省的伦敦市，1902年私人电车公司破产后没有其他人愿意接管，市政府只好将其收购。这种现象一般发生在中小城市，因为小城市人口少而使城市服务的成本居高不下，利润很低。

再次，政府有意识地采取公有制。例如，多伦多市议会感到排污服务利润低而无法吸引外来的投资者，所以从1859年市政府就提供排污服务，至1930年，整个城市的污水管道达到678英里。[②] 西部省份的城市盛行服务设施公有制。地理位置和资源特点使西部城市对私人企业缺少吸引力，一些私人企业在城市里运行一段时间有轨电车后，便主动终止了合同。为了让城市得到较低价格的电，政府有三种方法可供选择：一是给私人供电公司以现金补贴，二是对其减免税收，三是实行供电系统公有制。西部城市多采用第三种方法。

通过公有制，可以提供较好的服务质量和降低服务价格，营造出一种良好的投资环境。埃德蒙顿市长在1906年说过的话证明了这一点："寻找生产地点的制造商们期待电力便宜的城市……实行城市所有制的城镇能更好地安排工业机构，诱使它们前来设厂。当城市所有制相当于红利时，制造商不会再要求城

---

① 城市服务设施公有制的内容，详见第三章相关内容。

② Catherine Brace, "Public Works in Canadian City: The Provision of Sewers in Toronto 1870-1913", in *Urban History Review*, Vol. 23, No.2, 1995, p.42.

镇提供现金补贴。这样，城市所有制与工业发展就会并肩前进。"[①]

城市服务设施公有制得到了垄断公司以外的工商业者的大力支持。他们认为，政府的首要职责是帮助私人追求财富，城市服务领域公有制则是最好的工具，西部城市的商会都赞同城市政府建立自己的供电公司和电车公司。

各城市在公共服务设施的每项开支上，都需要议会或纳税人投票批准。许多纳税人不满纳税负担加重，有的担心公共资金会被滥用，有人担心市政府缺少运作公共企业的经验，或聘请不到一流的管理人才。总之，他们对实施公有制持谨慎的态度，使一些城市不会轻易地实现公有制。在这些城市，政府在公共服务领域里加强了对私人企业的监管，并与之签订"成本服务"合同，规定它们在得到合理回报的基础上提供良好的服务。

市政服务设施公有制尽管加重了纳税人的负担，但在提高服务质量和降低价格方面取得了明显的效果。降低价格，在公共供电方面表现得最明显。安大略省的公共输电系统使各城市的电价降了近40%。[②] 1906—1911年，卡尔加里城市电厂的电价降低了45%。1911年，温尼伯建成了公共水利发电厂。1913年，《曼尼托巴自由报》报道说："电价降了三分之二，低到3分钱1度电。一年为人们节省了600万加元。结果，当年该城市就新建了41个工厂，雇用2万人，工厂产品价值超过400万加元。"[③]

（三）城市规划的初步实施

此时，加拿大城市开始了规划活动。最初，在美国的影响下，开展城市美化运动。[④] 人们在城市中心建造壮观的市政建筑，在城市中建设漂亮的公园，铺设宽广的街道和追求街道形状的多样化。1883年，安大略省率先通过了城市公园法案，对建立公园的程序、购买土地的面积和管理机构的设置都做出了规定。西部草原省的一些城市纷纷建立城市公园。

城市美化运动需要大量的资金，许多城市政府债台高筑而难以承受。因此，只在基奇纳（1914年）、渥太华和赫尔（1915年）等几个城市制定和实施城市美化

---

① John C. Weaver, op. cit., p, 38.

② Christopher Armstrong and H. V. Nelles, op. cit., p.306.

③ Alan F. J. Artibise, op. cit., p.100.只是"一战"爆发后，该电厂的电价恢复到市场水平。

④ 城市美化运动于19世纪末始于欧洲和美国。1893年，在美国芝加哥举办世界博览会之后，城市美化概念开始在加拿大流行。

计划。卡尔加里和温哥华只是分别在1921年和1929年设计了城市中心,但并未开工建设。不久,城市美化运动便被公园城市(或公园郊区)运动所代替。

公园城市的思想来源于英国规划师埃比尼泽·霍华德(Ebernezer Howard),他强调在城市附近建立面积1000英亩和容纳3万人口的小城。1909年,加拿大联邦政府成立了保护委员会,其活动涉及自然环境和资源的保护,下设的公共健康委员会把环境保护与城市规划结合起来。然而,除了资源开发公司按照"公园城市"的设想建立了一些资源城镇外,在加拿大并没有独立的公园城市建成,只是出现了介于城市美化和公园城市之间的"公园郊区"。这种公园郊区按照公园城市的一些标准,在大城市的市郊进行规划建设。

1. 分区制的实施及对郊区土地开发的控制

城市规划的一项内容是分区制,即把城市土地分为商业区、工业区、居住区、行政区等,对建筑种类进行统一的规划。此时,各城市颁布的分区法规并不十分完备,通常只涉及两项内容:一是将居住区与非居住区分开来,二是在居住区内对建筑的使用性质做出限制性规定。以安大略省1912年颁布的《城市法案》为例,它规定洗衣店、肉店和工厂不得在居住区出现。1914年以后,该省又增加了禁止出现的建筑种类,包括铁匠铺、销售有害物品的商店、电影院、公共舞厅、仓库、加油站等建筑。它还规定,如果想突破限制,应当由政府主持所在区域的房主们进行投票,以获得多数家庭的同意。

城市规划中另一项内容,是对郊区的土地开发进行控制,制止城市无序的蔓延。[①]"一战"前,加拿大许多城市出现了土地投机热潮。投机者在郊区获得大块农田后,持有一段时间并交纳城市地产税,以便获得交通等服务而提高土地的价值,最后销售给开发商。没有规划的土地开发导致地段分散,布局不合理。城市无序蔓延带来两种负面影响。一是城市政府需要为它们提供公共交通等服务,增加了政府的财政开支。二是这些地段在并入市区后,城市政府必须重新安排街道,对供水、排污和垃圾清理等基础设施进行调整,额外的开支加重了城市纳税人的负担。

为了有效地制止城市蔓延,各省都制定了相关法律在城市实施。例如,1912年安大略省颁布《城市和郊区规划法案》,规定城市周边5英里之内的土

---

① 关于公园城市、分区制、城市无序蔓延现象及政府采取的抑制措施,详见本书第九章相关内容。

地开发，需要由负责管理土地使用的安大略省铁路和市政委员会批准。1912年，新斯科舍和新不伦瑞克两省的城镇规划法规定，自行开发的郊区土地只有在需要的条件下才能并入城市的开发计划。卡尔加里则采取对郊外的土地采取高额征税的政策，并设立一项特别基金，对愿意移居市内的居民提供资助。[1]

2. 低收入住房项目的尝试和对出租屋的管理

公园城市运动的一项内容是改善穷人住房。改革者相信，在郊区兴建私人住房不但能够减轻市中心的拥挤，还可以降低市中心的房租，迫使房主改善住房质量，以消除贫民窟。一些工商界人士与改革者一道，呼吁对住房问题采取行动。1911年，加拿大制造业协会的机关报——《工业加拿大》说，改善工人阶级的住房条件有望消除阶级冲突的幽灵。通过改善家庭环境，可以产生健康和令人满意的劳动力。[2]1913年，联邦议会对加拿大的5个城市和2个农村地区进行了调查，发现了粗制滥造的住宅建筑、不适当的卫生设施以及随之而来的道德败坏等问题。

最初，改革者倡导私人开发公司在郊区利用低价土地兴建一些住房，但由于价格较高，只有比较富有的工人才能买到。[3] 面对1913年发生的经济危机及其带来的大量工人的失业，一些改革家建议实施公共资助的建房计划。1913年，安大略省颁布公共住房法律，授权城市开展社会住房项目。据此，多伦多市政府为慈善企业家组建的多伦多住房公司发行的85%的债券实行了担保，条件是将公司的年分红率限制在利润的7%以下。结果，该公司一共建造了332套住房（另外购买了2套）。公司原计划将其出售，后改为低价出租，但是租户难以按照要求至少购买价值为250加元公司股票，只好改为按照市场价格出租。多伦多工会提出的由市政府买下后以成本价卖给工人的建议也未获得采纳。[4]

这样，城市政府开始把目光转向对出租房的管理t。各市政府以健康为由颁布法规，要求改善市场租赁房的状况。1914年，安大略省颁布《公共健康法

① Gilbert A. Stelter and Alan F. J. Artibise ed., *Power and Place: Canadian Urban Development in the North American Context*, University of British Columbia Press, 1986, p.331.

② Sean Purdy, "Industrial Efficiency, Social Order and Moral Purity: Housing Reform Thought in English Canada, 1900-1950", in *Urban History Review*, Vol. 25, No.2, 1997, p.2.

③ Robert A. J. McDonald ed., *Vancouver Past: Essays in Social History*, University of British Columbia Press, 1986, p.25.

④ John C. Weaver, op. cit., p.29.

案》，规定城市居民最低居住空间不得低于600立方英尺。[①] 城市政府健康官员发现住房的拥挤程度超过这个标准后，便可以要求房主停止出租房屋。这些旨在解决拥挤问题的规定并没有增加住房的数量，反而促使房租上涨。

在温哥华等城市，城市卫生官员们把贫民窟比作一个腐烂的社区，认为一旦清除它们，住房问题就会消失。这种思想导致许多华人无家可归，也引发了其他国家移民的不满，他们把城市政府的卫生官员看作是自己的敌人。

（五）城市社会的净化和救助活动

至19世纪末，各城市重视吸引移民，却忽略了城市社会和健康问题。城市政府没有设置专门的机构，用于社会救助的开支也很少。在这次改革中，在教会、戒酒协会和女性团体的推动下，各城市开展了社会净化和救助活动。

1885年，新当选的多伦多市长倡导道德改革，建立了该城市的道德部门，成为加拿大道德改革的先驱。改革者抨击酒馆、赌场、妓院甚至剧院，说服省和城市政府颁布法律，消除不道德行为，对富人、穷人和移民进行管理，保护儿童。结果，许多城市颁布法规，禁止开设弹子房和在酒吧间酗酒，不准违反主日去教堂做礼拜的规定。

"一战"期间，哈利法克斯作为军事重镇由重兵驻守，政府关闭了该城市的酒吧间。结果，一些与妓院有联系的非法酒馆大肆扩张。由于法律并不禁止合法卖淫，城市政府不能取消妓院，只能加强对它的监管。

在对待妓女的问题上，温尼伯是当时城市的一个缩影。1874—1883年，该市报纸经常出现有关于妓女问题的报道，市议员希望采取措施，以保护城市不要成为"加拿大的邪恶之都"。市政府将妓院限制在第3选区，由警察巡逻监控。1894年，第3选区市民提出抱怨后，妓院向西部区域转移。然而，以道德和社会改革联盟为首的各宗教、世俗和工人团体主张废除妓院。结果，1904年市政府关闭十几家妓院，拘捕84个妓女，对妓院老板罚款40加元，每个妓女罚款20加元。但是，1909年温尼伯又出现了100多家妓院。最后，市政府在工人阶级及移民居住的太平洋铁路车站附近和主街建立了一个"红灯区"，对妓女实行许可证制度。[②] 尽管这种政策遭到道德和社会改革联盟等团体的反对，

---

① 照此计算，房高2.7米的住房，人均最低居住面积是8平方米。

② 妓女一年需要缴纳400加元税款，违反规定者罚款1000加元，禁止妓女在街上拉客。见 Alan F. J. Artibise, op. cit., pp.249-256.

但它还是保留了下来。在经济繁荣与社会道德改革之间，政客和多数选民选择了前者。

在加拿大历史上，社会救助活动多由教会或民间慈善团体实施。此时，城市政府开始承担一部分职责，尤其是西部省份的城市。1892年，埃德蒙顿市成立健康与救助委员会。1911—1912年，温哥华市通过与慈善组织合作，向近3.5万人发放了餐券，向9000多人发放了床铺券。1913年，它采用间接救济的方法，以1天2加元的工资（正常日工资的三分之二）雇用500名失业工人清理街道。"一战"中，该市政府与工会、商会、教会慈善团体联合成立了失业和救济协会，筹集14.7万加元直接救济穷人。[①]

"一战"后，联邦政府和不列颠哥伦比亚省政府向温哥华提供三分之一救济资金，市政府补足其他部分而向极度贫困或丧失劳动能力者提供食品券、餐和床铺券。为了剔除装病者，1920年温哥华救济官员开始向申请人一周提供2天的工作[②]，这些能工作的申请者以后便不能免费领取食品券和床铺券。当救济官员得知申请者中有许多伐木工或劳工后，便采用有偿破石头的方法进行测试，那些声称不适合这种工作的人被送到医院进行体检，以确定是否身体有病。这两种"工作测试"清除了四分之一的申请者。在1921年前5个月，温哥华向5054人发放了近30万加元的直接救济。[③]

1909年，阿尔伯达省的卡尔加里和其他一些城市一样，建立了儿童救助协会，收留无主儿童和失足少年。其资金来自私人捐款、省市两级政府，市政府的拨款占其中的大部分。至1920年，该组织收留和照料了大约6000名儿童。它还设置教室，向4~17岁的孩子提供基督教等教育。他们在收容所住上一段时间后，被家长或收养家庭接走。但是，由于收留的人数太多，收容所的开支从1917年的1.65万元增加到1919年的3.25万元。在财政入不敷出的情况下，它将工作交给市政府新成立的儿童救助部门。

许多城市在审理少年犯罪案件时保护未成年人的隐私，有的城市在社会团体的推动下建立少年法庭，卡尔加里儿童救助协会曾让3000名犯罪的少年在少年法庭接受审理。

---

① Alan F. J. Artibise ed., *Town and City: Aspects of Western Canadian Urban Development*, Regina University, Canadian Plains Research Center, University of Regina, 1981, pp.395-398.

② 工作报酬是结婚者获得价值4.6加元的食品券，单身除了餐券外，还有床铺券。

③ Alan F. J. Artibise ed., op. cit., p.404.

（六）城市卫生状况的改善

在改善城市卫生状况方面，早在1834年，多伦多第一届市议会就通过了《设立卫生委员会的法案》，要求卫生委员会有效地处理污水和垃圾，控制和消除传染病，并保护居民的健康免受有毒害行业的影响。但是，该委员会只是在几次霍乱病爆发的年份和1845—1847年斑疹伤寒病流行时期敦促医院进行治疗，而没有采取有效的预防措施。19世纪末，改革者对政府不干涉社会生活的传统提出挑战。1883年，多伦多根据1882年安大略省的相关法律设立了第一个永久的卫生医疗官员。一年后，他获得明确的权力：控制和预防传染病，对住房等进行检查，管理肉类等食品的质量，促使改善供水和污水排放设施。在相关政府机构的配合下，各项工作取得一定的成效。[①]

在温尼伯，排污管道在1902年只连接了2600个建筑，占温尼伯房屋的33%。1905年，该市建立了公共健康委员会，拨款3万元用于街道的清洁工作。当年颁布的法规规定，在一级消防区内的任何建筑都要强制连接供水和排水管道。在其他区域，只要有主管道，新建的建筑就必须与之连接，对于不执行者罚款3加元。没有主管道的区域必须使用水泥坑式厕所，以防止粪便渗漏。这些措施取得效果。1906年，有1174人感染伤寒，死亡人数为111人，但在1907年，病例和死亡人数分别下降到347例和35人。直到1914年，伤寒病例和死亡人数每年从未分别超过360例和47人。1908年至1914年，婴儿死亡率从161.4‰下降到125.9‰。[②]

1906年，埃德蒙顿开始在卫生健康方面采取行动。面对伤寒传染病的流行，市政府推动居民住宅、商业机构和公共机构接通城市供水和排污系统，还建立了一所城市医院。此时，女性救助协会也建立自己的医院。

但是，改善城市卫生和健康状况政策的实施并非一帆风顺。1910年之前，汉密尔顿市政府关于建设污水处理厂、检查变质牛奶和食品的计划，遭到政客和纳税人的拒绝。市政府清理和检查私人厕所、改善城市供水的措施，也引发了争议。反对者担心自己会为此而缴纳更多的税款。在这种情况下，需要安大略省政府出面干涉。1906年，安大略省政府健康委员会对汉密尔顿供水的质量

① 1889年，多伦多卫生官员收到6000个抱怨，向不整改的房主发出1422个通知。Heather A. MacDougall, "The Genesis of Public Health Reform in Toronto, 1869-1890", in *Urban History Review*, Vol.10, No.3, 1982, pp.1-9.

② Alan F. J. Artibise, op. cit., p.235; p.237.

进行了检查，促使该市政府下令清理污物和排污系统。汉密尔顿市还建立了一所传染病隔离医院，当1905—1906年出现147例猩红热病人时，它对其中的55例进行了隔离。

三、城市改革的几个特点

纵观加拿大的这次城市改革，可以看出它主要表现出三个特点：工商业者和专业人士作为改革的主导；在美英两国的影响下强调自身的需要；改革的措施因地而异。

（一）以工商业者和专业人士为主导

在这次城市改革中，也出现了社会主义者和其他激进派的身影。1911年，加拿大著名社会主义者J.S.伍德沃斯（J. S. Woodworth）出版了《我的邻居》一书，勾画了城市穷人和移民的困境，呼吁通过改善城市的生活条件，使"既得利益"和"财产权"让位于人的权利和社会福利。[1]城市激进派主张政府干预土地所有制和建造公共住房，取代私人企业、限制私有财产和个人主义观念。城市工会和其进步团体希望降低城市选举财产资格，并积极参加城市的选举，要求政府解决住房危机，人道主义者和妇女组织希望建立一个仁爱和合理的社会。因此，一些人认为城市改革是受到激进主义的推动，它着眼于广大的市民阶层。

然而，仔细分析会发现，总体上起主导作用的是以工商业者和专业人员为主的社会中上阶层，他们也是最大的受益者。这两个阶层为城市的发展提供资金和就业机会，是城市发展的重要依靠力量。同时，工商业的发展离不开良好的城市政治、经济和社会环境，也需要更好的城市服务。为了自身的利益，工商业者急于解决城市发展中存在的种种问题。

在专业人士中，有的受到了社会主义和激进主义的影响，有的出于人道主义的考虑。"道德沦丧现象的蔓延、阶级仇恨的威胁和既得利益的增长，使他们感到担心，从而积极从事改革。他们相信依靠自己的能力可以改造城市环境，创造出一个符合理性的人道主义社会。"[2]还有专业人士主张从科学管理角

---

① Paul Rutherford ed., *Saving the Canadian City: The First Phase 1890-1920*, University of Toronto Press, 1974, p.90.

② Gilbert A. Stelter and Alan F. J. Artibise ed., *The Canadian City: Essays on Urban and Social History*, Carleton University Press, 1984, p.447.

度出发，解决城市发展中出现的问题。这一阶层中有学者、报刊主编和编辑，有的当选为市议员，有的成为行政部门聘用的专家。因此，他们在推行改革的同时也会考虑扩大自己在城市中的影响，利用政府专业化而谋取更高和更多的职位。这样，他们与工商业者站在一起，成为改革的有力领导阶层。

从掌握的资料看，那些曾经贿赂市议员的一些公司也支持这次城市改革，以便不再为行贿而增加开支。改革中，许多企业期待市政工程建设和公共服务领域中能出现公平竞争的良好环境，纷纷要求消除腐败现象，许多工商业者也为改革活动进行捐款。

1. 改革者关于城市的观点

工商业者和专业人士都认为，供水、供电和公共交通等各种市政服务使得城市更像一个独特的领域，对其管理不能像联邦和省政府那样依赖于政治。对工程建设和财政运作等问题，工程师和财会人员最为了解。这样，他们把城市看作是一种与股份公司相似的技术环境，认为市政府需要采取工商业管理模式，其前提条件是城市行政机构的职业化和专门化。温尼伯的一些改革者认为，供水和排污、供电、公园和交通等活动涉及的是生意问题，而不是政府治理的问题，只有根据日常生意的做法才能最好地完成。[1]

改革者认为，市议员作为政客不懂城市管理，一般市民缺少专业知识，唯有工商业者具备高效管理整座城市的能力。所以，他们极力改变选举制度和政府结构，以减少其他社会利益集团对城市的影响。工商业者提出，应当根据财产确定选举权的数量，并像公司的股东那样把城市管理权力赋予公司的总经理——市长。为了统一、集中和有效的管理，城市应当废除选区制度。有人甚至提出，私人公司由于向城市交纳了税款也应当拥有选举权，公司股票的所有者可以参加选举，而不需要有不动产；管理城市的权力应交给专家独立行使，以减少政客的影响和切断他们与选民进行利益交换的渠道。[2] 这些要求在改革中大都得以实现。

不可否认，改革者所向往的是一种精英式的集中管理方式。这种方式在减少政治对管理的影响的同时，也破坏了加拿大的民主选举传统。改革之前，工人阶级、下层市民和移民占据多数的选区，有时能够在市议会拥有代表；而此

---

① Alan F. J. Artibise, op. cit., p.52.

② John C. Weaver, op. cit., p.64.

时，他们独特的要求和利益难以在城市管理中反映出来。另外，不分选区的全市选举，也使开支超过了以前分选区的选举。1913年，在哈利法克斯，控制委员会成员的候选人需要花费1万加元参加竞选。这使一般的团体很难承担得起，受益者只是有能力对选举提供资助的工商业团体。

2. 改革者以"非党原则"限制城市民主

工商业团体出于对自身利益的维护，不愿意看到城市政治多元化，他们尤其对工人参与城市政治持有戒心，所以特别强调城市政治传统中的"非党原则"。19世纪中期加拿大政党出现时，因较为分散，不得不寻求地方的支持。19世纪后半期，随着保守党和自由党两大全国政党的形成，全国性政党与地方政治开始分离。这是因为，城市事务与联邦和省层面上出现的问题不同，因而在城市产生了不同于两大党的一些政治分组。为了控制城市事务而协调这些分组或调解他们的纠纷，对全国性政党来说十分困难，也得不到多少政治回报。而对城市政客来说，与全国性政党的分离不仅可以使之有更大的行动自由，还能够在跨党派联合后增加与上级政府和外来事务打交道中的筹码。因此，"非党原则"在城市政治中逐渐兴起[1]，在城市选举中很少以全国性或省级政党划线。

此时，一些工会认为，城市的弊端是市议员受到大财团的控制，要求废除选举中的财产资格。而城市改革者认为，工人仅仅是低廉的生产要素，城市资源应当交给对城市的发展做出了最大贡献的工商业和地产商使用。他们以破坏"非党原则"和不利于城市的科学管理为由，反对一些社会主义者建立政党以及工会提出政治主张。[2]

为了限制城市民主，1914年莱斯布里奇市政府向阿尔伯达省议会请愿，要求提高选民进行公投和罢免官员的签名比例。1916年，该省议会宣布，各城市选民提出的制定新法规、进行公投和罢免官员的要求，只有他们的人数分别达到占全体选民的35%、25%和25%之后，才可以列入市议会的议事日程。省政府设定如此之高的门槛，就等于使这些活动难以进行。

---

① Warren Magnusson & Andrew Sancton ed., *City Politics in Canada*, University of Toronto Press, 1983, p.10.

② 这种城市非党派传统长期得以保留，直到20世纪70年代联邦或省级政党开始影响到一些大城市的政治。Jack K. Massion & James D. Anderson ed., *Emerging Party Politics in Urban Canada*, McClellan and Steward Lit., 1972, pp.19-20.

温尼伯等城市以新移民在城市没有利益为由，拒绝赋予新移民选举权。埃德蒙顿市规定，只有拥有价值100加元财产的人才可以获得城市选举权；对于市议员参加批准财政法规的表决，规定每拥有价值600加元的财产可获得一个投票权，拥有2000加元以上的财产可拥有4个投票权。[①] 在莱斯布里奇，参加城市选举需要有200加元的资产。卡尔加里的相关规定，使50%的财产所有者不能参加关于财政法规的公民投票。1906年，温尼伯10万居民中只有近8000人有权参加城市选举。在蒙特利尔，一些有选举权的市民因交不起城市税和其他赋税而失去城市投票权，他们的人数占了全体选民的30%。[②] 总体看来，城市选举权不如联邦和省的选举权广泛。

这样，城市选举权资格与改革措施一起，使城市政府成了有产者手中得心应手的工具。城市政府拥有的电车公司可以不计成本，将线路延长到郊外，使那里的土地增值而让在此购置土地的地产商们受益。为了征收更多的城市房地产税，一些城市在提供公共交通后把远远超过市区面积的土地划为城市郊区。然而，这样增加的税收赶不上土地开发前后用于供水和排污系统以及街道调整的财政开支。当城市政府发现这一点后，又决定利用城市规划制止城市无序地向外蔓延。

改善卫生和控制瘟疫的传播能够惠及包括改革者在内的全体市民，城市规划和市政设施的公有制也能为各个阶层带来好处。所以，这些措施得到关心自己财产和健康的工商业者的大力支持。而社会住房项目虽然也有消除城市贫民窟和优化城市环境的考虑，但主要还是体现一种社会公平。它不会给工商业者直接带来多少回报，因此他们对此并不热心。正如加拿大学者所言，社会住房在通过追求利润的工商业者和地产商这个"筛子"时被过滤掉了，因而收效甚微。

总之，在工商业者和专业人士的影响下，改革强调的是城市管理中的效率，而不是民主政治中的社会公正原则。这一思想决定着城市改革的方向和力度，影响着改革的过程和结果。

（二）改革措施因地而异

各城市根据自己的实际情况，实施不同的改革措施。除了前述西部和东

---

① John C. Weaver, op. cit., p.68.

② Alan F. J. Artibise & Gilbert A. Stelter ed., op, cit., 1979, p.81.

部采取不同的行政机构外，城市社会福利和救助方面的表现也有所不同。为了吸引更多的人口，刚刚兴起的西部城市就比较注重社会问题，城市政府在建立之初就成立了一些专门的委员会。结果，西部城市社会救助规模超过了东部城市。

然而，最明显的不同表现在各城市在城市公共事业领域所采用的公有制的比例上。就整体而言，西部草原省城市服务领域的公有制程度较高，这与城市人口较少而使城市服务成本过高有关。为了吸引外来投资，城市政府需要承担一定的风险在服务领域建立公有制企业。西部城市反对东部垄断组织的倾向，导致它们对电话系统实行省级公有制。

在东部，许多城市根据私人公司的运营情况决定是否实行公有制，所以比例较低，它们更多的是加强对私人企业的监督和管理。不少改革者把这种方式看作是一种更好的选择，认为能够避免公有制企业的一些弊端。这样，公有制企业和私人公司在城市服务领域共同存在，相互竞争，至20世纪20年代末，在公共事业部门实现了组织和管理上的平衡。

（三）在美英两国的影响下强调自身的需要

作为英帝国下的自治领，加拿大在政治、经济和社会等方面都受到英国的影响，城市改革运动也不例外。美国作为邻国，地理条件相似，其城市众多，规模也大。加拿大从美国的城市改革中吸取了许多经验和教训。

首先，英美两国的影响表现在城市政府的形式上。1900—1915年，美国有300多个城市实行专员委员会或控制委员会，它们是经全市选民选举产生、一般由5名专业人员组成议行合一的政府。后来改为由这种委员会聘任城市经理（市长）负责行政管理，委员会只负责制定政策和法规，20世纪20年代已经在400多个城市流行。[①] 加拿大的城市政府从议行合一的议会委员会形式到建立单独的行政机构，是受到美国分权与制衡思想的影响。同样受到这种思想影响的还有，市议会需要三分之二的票数而不是简单多数才能否决行政机构的提议或者解除其成员的职务。行政机构由聘任的专家组成，以及废除城市选区而由市选举市议会，也是受到美国的影响。

但是，加拿大的许多城市在采用委员会制度时保留了市议会。后来有的城

---

① John C. Weaver, op. cit., p.37.

市在采用城市经理制时，市议会的人数也多于美国城市负责制定法规的专员或控制委员会。

加拿大城市改革没有完全模仿美国的模式，原因在于英国议会至上的政治传统在加拿大还是根深蒂固的。1894年，著名的改革家塞缪尔·维克特虽然承认自己为美国委员会政府形式所吸引，但还是表示反对，理由是它与加拿大长期实行的英国式民主惯例相抵触。①

其次，英美两国的影响，还表现在城市服务设施的公有制、规划和住房上。在英国，崇尚"费边主义"的社会主义团体具有较大的影响，他们认为有轨电车、地铁、公园、餐馆、剧院和博物馆在内的城市服务设施等都应当采取公有制，城市的发展和工人生活质量的改善应当通过合理的城市规划来实现。1914年，担任加拿大保护委员会顾问的英国规划师托马斯·亚当斯主张按照英国的模式为城市制定规划，建议实行一个包括建立新城、国家公路、铁路支线、公共住房和退伍军人安置、发展农业教育等在内的计划。②

对于英国的经验，加拿大的城市改革只是部分地接受。它采取了市政服务设施的公有制，但没有像英国那样帮助解决工人住房的问题；城市没有采取综合性规划，只是强调城市公园、交通和分区制的重要性，而这一点也是受到美国规划模式的影响。由此可以说，加拿大此时在城市规划上是一种英、美混合体，既有美国那种追求效率的价值趋向，也有英国对公共健康的考虑。

加拿大在英国政治传统的影响下，保守主义和集体主义的倾向使加拿大人易于接受国家干预，允许城市政府在社会和经济领域进行干涉和规划。但是，加拿大的城市在当时远不如英国的发达，"边疆"社会的人们对资源管理和环境规划仍持冷漠态度。而同在北美和作为移民国家的美国，与加拿大有着相似的物质环境，它的一些城市规划措施都适用于加拿大。有学者认为，1849年加拿大的第一个城市管理法——《城镇自治机构法案》（即"鲍德温法案"）是效法了美国中西部城市法案，因为它把权力归于城市自治机构而非城市里的每个居民，追求的是效率而不是公平。③

---

① Alan F. J. Artibise & Gilbert A. Stelter ed., op, cit., p.51.

② Michael Simpson, "Thomas Adams in Canada, 1914-1930", in *Urban History Review*, Vol.11, No.2, 1982, p.5.

③ Mary Louise MaAllister, *Governing Ourselves*? *The Politics of Canadian Communities*, University of British Columbia Press, 2004, p.25.

改革时期，加拿大存在着两种城市规划思想：一种是自由主义，主张采用市场手段在资本主义框架中解决城市所面临的问题，它倡导城市美化和分区制，轻视住房和健康问题；另一种是激进主义，强调通过国家干涉消除垄断资本主义制度的弊端，认为公共住房是城市规划的基础，主张以公共干预土地所有制和公共建房来取代私人企业。城市自由主义似乎与美国的规划思想接近，而城市激进主义类似于英国的规划思想。

本书认为，城市社会劳动的分工使人们相互依赖，一个人的行为也有可能影响到他人，公共健康需要城市政府加以维护。因此，对城市的管理似乎更需要依靠城市规划的激进主义。然而，在北美特定的环境和自由竞争思想的影响下，改革者并没有放弃自由主义的规划思想。两种思想的存在，导致加拿大在此期间的城市规划方面，呈现出英、美两种模式混合的特征。

四、对加拿大城市改革的评价

通过市政权力机构的改革和选区改革，建立了与市议会并行的行政机构，由专业人士行使管理权力，实现了统一和科学的城市管理。城市政府的工作效率得到提高，腐败现象得到抑制。同时，城市服务设施的公有制和政府管理措施取得了比较明显的结果，扩大了服务规模，降低了服务价格，城市的供水质量大大提高。城市规划改善了城市的生活环境，一定程度上抑制了城市无限制向外蔓延，道德净化和社会救助活动也取得了一定的成效。

从性质上看，20世纪初的这次改革属于加拿大城市发展史中的一次转折，是为了适应整个国家经济和社会的发展而对城市管理机构和模式所做的一次调整。西部城市在铁路和移民的推动下迅速崛起，第二次工业革命推动了工业的发展，整个国家开始从农业社会向着城市化方向转变。这一趋势给城市带来了一系列的新问题，需要采取新的方针和政策加以解决，同时也对城市政府本身及其管理水平提出了更高的要求。

在这场改革中，各阶层有着不同的要求。工商业者对自由主义追求的城市发展效率所吸引，对建立公平的社会秩序漠不关心；专业人士崇尚城市的科学管理和规划，却忽略了社会住房的重要性；工人阶级和下层市民迫切要求解决住房问题，他们不信任保护工商业阶层利益的规划师；房主们赞成城市政府保护和提高房地产价值的政策，同时担心自己会缴纳更多的房产税。各种原因导致这次改革主要反映了工商业者的利益和专业人士的要求。

工商业者为城市政府的运作和城市建设提供了主要的财政来源，他们要求市政府为工商业提供良好的发展环境，同时又希望政府减少税收。为此，他们自然需要一个公正、高效、廉价的市政府和良好的城市服务设施。[1] 随着城市的发展，城市政府承担着越来越多的职责。城市发展规划的制定、各种不动产价值的评估和征税额的计算、在城市服务领域中对公有制企业的管理和对私人企业的监督、健康环境的建设和疾病的预防等，这些都需要更多的专业人士和技术专家的参与。

这次城市改革中采取什么措施，要求国家干预到什么程度，从美国和英国引入什么，都是以工商业者的整体利益为准绳。正是这一点使城市的管理建立了一个有效机制，可以让工商业阶层从中获利的同时为城市建设服务，也可以利用他们对城市财政监督的本能，防止政客为了政绩而滥用城市资金。可以说，正是在他们的监督下，"一战"前除了公园，城市政府对没有省和联邦资助的城市美化项目一概拒绝。对既不需要财政支出又有保护房主利益的分区制，城市政府积极地推行，而在住房项目上没有投入任何资金，只是为私人公司提供担保。在社会救助方面，也是基于城市政府的能力。

然而，还应当看到，尽管改革领导阶层与工人和下层市民有着不同的考虑和要求，但改革者不能完全忽视下层市民的需求。例如，在多伦多和圣约翰，改革者的领导阶层主张控制委员会经市长任命产生，并且该委员会的建议只能遭到三分之二的市议员反对后才能被拒绝。工人阶级对此表示反对，他们赞成由选举产生控制委员会，以增加工人的政治力量。结果，1896 年，市议会从议员中选出政府人员，但保留了只有三分之二的市议员才能否决行政决策的规定，形成一种妥协。

总体来看，在城市政府改革方面，多数市民愿意与工商业者进行合作，乐见新的政府形式。1909—1910 年，蒙特利尔控制委员会在公民投票中获得了18441 张支持票，反对者只有 2544 人。[2] 这说明多数市民还是支持新形式的城市政府。市民在改革中发挥了一定的作用，可以通过投票罢免不称职的官员。

---

① 以蒙特利尔为例。1909 年推动城市改革并提供支持的是商业和工业巨子，他们每人提供200 至 1000 加元的捐款；一些大的雇主还向自己的雇员发放表格，以确保请愿书能够获得足够的签名，促使皇家委员会前来调查城市事务。见 John C. Weaver, op. cit., pp.60-61.

② H. V. Nelles and C. Armstrong, "The Great Fight for Clean Government", in *Urban History Review*, Vol. 4, No.2, 1976, p.54.

1918年，多伦多的工会不满意市公共安全委员的工作，组织工人和市民将其罢免；多伦多市的警察想建立自己的工会，遭到市民的拒绝而未果。另外，市民在省议会的选举中提出自己的要求，为了获得他们的选票，省议员在立法方面也能够对城市政府产生影响。在这种情况下，城市的中上层阶级不能完全忽视下层市民的愿望，因为后者对前者的支持，是改革取得成功的关键。

应当指出，改革也存在着一些遗留问题。首先，它过分强调经济效率而忽视了社会公平，这主要表现在解决住房问题上。在政治、经济和社会领域里盛行自由主义的时代，人们对国家干预的思想带有抵触情绪，许多人认为不应当为穷人解决住房问题。在城市政治中贯彻"非党原则"和减少或取消选区，可以使各党派在城市管理问题上实现联合，在加强城市与跨国公司交涉能力的同时，有助于减轻省政府在机构设置和财政等方面对城市的牵制。但是，这种"非党原则"也使工人阶级的要求难以得到反映，从而阻碍了城市中带有社会主义思想的激进派的形成与壮大。

当然，应当看到资金不足也是改革中没有解决住房问题的一个原因。汉密尔顿一项研究表明，1907年和1909年，经济的繁荣分别给房地产公司带来了18.2%和24.9%的利润。[①] 在这种情况下，政府只为债券担保而不提供补贴就想把房地产公司的年分红率控制在7%以内，很难吸引私人企业参加市场廉租房项目。而通过过度压低价格的方法建造让低收入者买的起的住房，又导致质量不合格。住房计划的这种不理想结果也导致了人们对政府支持下的公共住房表示怀疑，这种态度一直持续到20世纪30年代经济大危机爆发时期。[②]

城市改革的第二个不足，是没有解决如何有效地监督行政人员和发挥市民在城市事务中的作用的问题。如果独立的行政机构权力过大而不接受监督，也会出现腐败和渎职现象。例如，多伦多港口委员会建议使用城市和联邦政府的2500万加元开支，在沿安大略湖区域开展一个商业、工业、住宅和娱乐一体的大型项目。这个项目名义上受该委员会控制，实际上与私人企业联合开发，大量的区域成为工业用地。加拿大著名学者约翰·韦沃指出，改革后仍存在着行政官员滥用职权的现象：卡尔加里的专员们在1913年购买了昂贵的汽车；多伦

---

① Gilbert A. Stelter ed., Cities and Urbanization: *Canadian Historical Perspectives*, Copp Clark Pitman Lid., 1990, p.166.

② John C. Bache, "Canadian Housing 'Policy' in Perspective", in *Urban History Review*, Vol.14, No.1, 1986, p.5.

多政府机构数量在改革后几十年中极度膨胀，至1968年，大多伦多地区有了94个行政机构。[①] 实际上，改革在避免政客操纵城市政治和摆脱区域利益羁绊方面，似乎有些矫枉过正。它不仅削弱了城市议员对行政人员的监督，而且也疏远了城市选民。所以，一些城市在改革中废除或减少的选区，后来又陆续予以恢复，独立于城市议会的行政体制在"二战"后也大都废除。

城市改革的最后一个不足，是一些城市的改革在省政府的牵制下受到限制，没有完成既定的目标。议会的议员有许多来自乡村地区，他们有时对城市的要求难以理解。1918年，贝尔公司想将电话价格上调20%，它向各省政府提出的申请大都得到了批准，城市领导人的抗议也无济于事。至1914年，温哥华没有改变城市政府的形式，其中的一个原因就是省政府拒绝了改革派的这一要求。[②] 所以，争取城市的自主权，是这次改革以后各城市需要继续努力的一个方向。

城市改革的成就与不足，反映出经济效率与社会公正、技术专家治理与民主参与之间的矛盾也存在于城市领域。本书认为，改革者在当时把采用专家治理和提高效率放在首位是合理的。它不但是对城市政治弊端和城市服务不足的一种有效纠正和弥补，而且也是城市在国民经济发展中发挥更大作用的一种需要。经济的发展需要社会各阶层的努力，社会的改善需要物质基础。所以，公共住房等社会公正问题，只有在城市财富积累到一定程度后才有条件着手解决。普通市民对城市建设和管理的参与，只有在社区意识成熟后才能够真正地实行。

---

① John Weaver, op. cit., p.54.

② Robert A. J. McDonald, "Business Elite and Municipal Politics in Vancouver 1886-1914", in *Urban History Review*, Vol. 11, No.3, 1983, p.11.

第六章　城市居住环境的改善

随着人口的增长和规模的扩大，加拿大城市出现了居住环境和空气污染的问题，需要城市政府通过治理加以解决。加拿大学者对蒙特利尔、多伦多、温尼伯和温哥华4个城市做了个案研究，从中可以了解加拿大城市对居住环境的保护和治理空气污染所采取的措施，进而观察到它们如何从一个大"村庄"或大"工厂"向着现代化城市发展的轨迹。

一、19世纪3个城市对牲畜饲养的管理

在19世纪兴起的加拿大城市，犹如一个个巨大的"村庄"，到处都是牛、马、猪和羊等牲畜。在1871年的蒙特利尔，每100个人中有5.75只大型家畜。人们依赖于它们以获取食物和运输。但是，这些牲畜对其他一些人造成滋扰和危险。在无人看管的情况下，它们四处游荡，觅食和嬉戏，闯入私人宅地和阻碍交通，偶尔还会有袭击行人的现象。这些牲畜随地大小便，死亡之后尸体会在街上堆积好几天。在市民的抱怨下，市政府开始采取措施。

肖恩·克拉吉（Sean Kheraj）研究了19世纪蒙特利尔、多伦多和温尼伯3个城市政府管理牲畜的历史[1]，显示了城市生存环境不断改善的过程。

早在1810年，《蒙特利尔城市和郊区警察条例》就提出了对城市中的家畜进行管理。它规定，马、猪、山羊不得在城市范围内的街道、广场、小巷里自由觅食，任何人都可以扣押这些牲畜，直到主人缴纳罚款为止；猪在不能被捕获的情况下，可将其杀死，若无人认领可留作己用。多伦多所在的上加拿大省政府在1794年就规定，各城镇应限制牛、马、羊和猪在街上乱跑。1837年，

---

① Sean Kheraj, "Urban Environments and the Animal Nuisance: Domestic Livestock Regulation in Nineteenth-Century Canadian Cities", in *Urban History Review*, Vol.44, No.1-2, 2016, pp.37-55.

多伦多市颁布了第一部《牲畜收容所法规》，授权市政府收容在市中心区域放养的牛；1858年进而禁止在城市的任何地方放养家畜。1874年，温尼伯在设市一年之后建立了一个牲畜收容所，规定了禁止家畜出现的区域，对闯入的家畜实施羁押；对误入私人房地产的动物进行惩罚。1883年9月，温尼伯市政府羁押了33头牛、3匹马和1头猪。1885年，它扩大了禁止家畜进入的范围，使牲畜收容所的数量在19世纪末增加到5个。1883年，蒙特利尔警方在街上一共扣押了203匹马、114头牛、31只绵羊、13只山羊和1头猪。这些被扣押的牲畜，在最多的1892年数量达到700头/只以上。

在19世纪和20世纪初，蒙特利尔、多伦多和温尼伯等城市周期性爆发了几次霍乱、伤寒、狂犬病和肺结核等疫情，水污染、牲畜粪便和空气污染是传染源。家畜的粪便和尸体进入河道污染了水源，腐烂的尸体在街道上污染了空气，被认为是释放了导致疾病的"瘴气"。

早在1810年，《蒙特利尔城市和郊区警察条例》就禁止向河流、街道和公共公共场所倾倒粪便、垃圾或任何形式的污物；死狗、死猫或其他任何动物的尸体必须在城外埋到3英尺的地下，违者罚款40先令。尽管如此，整个19世纪，仍有大量的动物尸体被遗弃在蒙特利尔街头。警察每年移走数百具牲畜尸体，其中狗和猫的尸体最多。19世纪末，马匹尸体占据了第2位，1892年达到了198匹的峰值。

《蒙特利尔城市和郊区警察条例》也限制牲畜屠宰和销售的地点。它规定，活牛、活马和活猪只能在市场附近的特定地点出售；禁止在接受管制的设施之外屠宰牲畜。1834年，多伦多通过了一项《健康法规》，首次对城市牲畜的屠宰进行管理。1841年，蒙特利尔市一项法规对牲畜的饲养及其粪便的处理提出了要求。例如，饲养牲畜的建筑物或围栏应保持清洁，以避免邻居和行人闻到气味。

19世纪后期，加拿大城市的卫生改革者为了防止流行病的传播和降低死亡率，推动对饲养牲畜实施更大的限制。1868—1874年，蒙特利尔禁止养猪的范围从市中心扩大到城市的任何范围。1876年，该市进一步限制了在房屋或公寓内饲养马、牛、猪、绵羊、山羊或家禽。1882年，多伦多的新法规规定了市中心养牛的地点与住宅的距离。① 在1890年的公共卫生法规修正案中，多伦多市将猪、山羊或牛的饲养限制在距离住宅和道路分别不低于75英尺和25英尺的

---

① 养1头牛的牛棚必须离住宅40英尺；养2头牛的牛棚与住宅的距离需增加到80英尺。如果牛的数量在2头以上，需要获得牛棚450英尺半径内四分之三居民的书面同意。

围栏内，这实际上是禁止在多伦多市区饲养家畜。

1899年，温尼伯通过了与蒙特利尔相似的法规。[①]不过，它仍然允许居民在他们的房子里养猪、狗、狐狸或其他动物，条件是这些动物的气味不会影响到邻居。

然而，3个城市的上述法规也引发了不满，他们中主要是工人阶级家庭和贫穷的市民。对于这些家庭来说，养一两只猪或羊可以带来很大的好处。它们可以被屠宰出售换取收入，也可以养活饥饿的家庭，羊还可以生产羊毛。

奶牛场和肉店的主人，对失去在城市养牛的权利也感到不满。养奶牛是一种资本投资，直到19世纪的最后几十年，杂货商、旅店老板和其他小企业家都在养牛，为他们的顾客提供牛奶。因此，城市奶牛的饲养者尤其是小企业家为了捍卫自己的商业利益，极力反对那些限制在城市范围内饲养奶牛的法规。一些消费者认为，取消了城市中的奶牛场，就无法得到新鲜的牛奶。

然而，反对的呼声并不能阻碍法规的实施。19世纪后半期，3个城市的牲畜不断下降。1861—1911年，猪的数量在蒙特利尔从2644头下降到个位数，在温尼伯从近1400头下降到10头；在多伦多从1891年的400多头下降到1911年的个位数。1861—1911年，奶牛的数量在蒙特利尔从2100多头下降到250多头，在多伦多从1100多头下降到29头；在温尼伯从1891年的近2000头下降到1911年的250多头。1871—1911年，羊的数量在蒙特利尔从414只下降到零只，在多伦多从300只下降到1只；在温尼伯从1891年的近200只下降到1911年的零只。[②]

较大型家畜的饲养受到限制后，养鸡继续作为城市家庭的食物来源和收入补充。加拿大人口普查从1891年开始统计鸡的数量。从1891—1911年，多伦多的鸡从近1.7万只增加到2.1万多只，每100个人就有5.6只鸡，成为加拿大拥有最大鸡群的城市。另一方面，蒙特利尔和温尼伯的鸡数量在1901—1911年逐渐减少，分别下降到2000多只。[③]郊外大型养鸡场出现后，加拿大城市里的鸡舍也随之消失。

1881—1891年，蒙特利尔马匹的数量从4479匹增长到6751匹；多伦多的

---

① 规定在离另一座建筑物100英尺的范围内，只有所有居民同意才能饲养2头牛；若饲养8头牛，必须把牛棚设在离其他建筑物至少300英尺的地方。

② Sean Kheraj, op. cit., pp. 40-41.

③ 蒙特利尔从9000多只下降到约2600只，温尼伯从15000多只下降到约2800只。

从近3000匹增长到7401匹，成为马匹数量最多的城市。至1911年，蒙特利尔马的数量下降到大约3800匹，多伦多仍保持在6400匹，温尼伯马的数量从1901年的大约2900匹下降到1911年的近2000匹。

马匹是北美城市内部交通的主要方式，对轨道街车系统和普通货物的运输至关重要，它们有时也在工厂里用作驱动机器的动力。因此，从马匹的数量可以看出一个城市的规模和发展程度。城市马匹数量的减少，主要缘于街道电车的出现和工厂蒸汽机的引入。20世纪20年代，随着汽车的普及，马匹不再作为城市的交通工具。

经过几十年的演变，大型牲畜的饲养地点离开了加拿大的城市。这虽然影响到相关家庭和小业主的利益，却净化了城市的生态环境，减少了疾病的流行。新鲜牛奶通过铁路和公路运输及时进入城市，城市居民的日常生活并未受到影响。

可以说，通过对家畜饲养的管理，从一个方面实现了城市管理的科学化和合理化，改变了19世纪城市的"大村庄"状态，使其在20世纪向着现代化方向发展。

二、蒙特利尔和温哥华对烟雾的控制

随着工业化的加强，城市的空气污染也日益严重，对市民的身体造成损害，也影响到市容市貌。烟雾造成的危害，在"二战"中和战后的英国伦敦、美国纽约等城市最为明显，在加拿大的城市也不例外。一个国家的当务之急是推动经济的发展和促进企业积累利润。但是，国家也植根于社会，城市政府需要减少空气污染以保障居民的身体健康。控制空气污染的财政成本减少了城市政府的收入，但这对于社会和谐是必要的。本节通过蒙特利尔和温哥华2个城市对烟雾的控制，说明这一点。

（一）20世纪20—30年代蒙特利尔的行动

蒙特利尔建立以后，附近的森林为城市的生活和制造业提供了能源。至19世纪90年代，林地已经大幅度减少。20世纪初，蒙特利尔的工业利用煤炭作为主要的燃料，使用来自新斯科舍省和英国的煤。

---

① Sean Kheraj, op. cit., pp. 42-44.

20世纪20年代末和30年代初，蒙特利尔是加拿大主要的制造业中心之一。1931年，其制造业雇用了该市近三分之一的工人。这些制造业和铁路运输业以煤炭为燃料。在两次世界大战期间，蒙特利尔地区消耗的煤炭占了加拿大中部地区工厂消耗煤炭的五分之一。

1926—1930年，蒙特利尔地区平均年消耗150万短吨无烟煤[①]、蒙特利尔市的年消耗量占其二分之一至三分之一不等。同期，蒙特利尔地区每年平均购入120万短吨烟煤和软煤，其中约70万吨在市区使用。按照现在常用的衡量标准计算，250万吨无烟煤和沥青燃烧后向空气中排放23447吨PM2.5颗粒物。这样，大致可以估算出蒙特利尔地区1929年的煤炭排放量为2.53万吨PM2.5颗粒物。1931年，该市至少有22442户住宅使用木材取暖，大约消耗46.6万吨木材，产生6613吨PM2.5颗粒物。[②]

如此之多的烟雾排放，造成蒙特利尔严重的空气污染，城市犹如一个巨大的"工厂"。那时，人们登上市区北部的皇家山，就会看到从1000多个烟囱中冒出的黑烟，污染了公共建筑、教堂和纪念碑。锅炉中未充分燃烧的煤炭造成了能源的浪费，不断粉刷和清洁墙壁增加了经济成本。

最初，在限制烟雾排放方面发挥重要作用的不是政府，而是蒙特利尔商会。该商会由将近1000名英裔工商业者组成，他们来自银行、保险、自然资源的开采和加工行业、建筑公司、制造商和零售商店。早在1909年，该商会就建议市政厅协助解决烟雾排放问题。1927—1931年，蒙特利尔市议会档案中呼吁减少烟雾的信件，绝大部分来自该商会。工商业者希望有一个空气清新的城市，吸引更多外来的投资和旅游者。

1927年4月，蒙特利尔商会成立了一个控制烟雾委员会，成员中既有制造空气污染的企业代表，也有受污染之苦的企业代表，甚至包括煤炭批发和零售公司的副总裁。其目的是在减少烟雾和经济发展之间寻找一种平衡。该委员会向商会提交的报告转交给了市政府。它首先确定了带来的经济损失和健康成本，说美国的芝加哥每年因烟雾造成4000万美元的经济损失。然后强调市政府需要制定更详细的法规，同时也权衡了实施新法规的成本。最后，报告提供了关于其他城市处理类似问题的经验的信息。

---

① 短吨是美制单位，1短吨=907.2公斤。

② Owen Temby and Joshua MacFadyen, "Urban Elites, Energy, and Smoke Policy in Montreal during the Interwar Period", in *Urban History Review*, Vol. 45, No.1, 2016, pp.39-41.

最初，市议会对商会请求的反应是命令市政府更加严格地执行1882年颁布的《消除烟雾污染的法规》。但是，该法规没有规定排放标准，只是要求当事方通过诉讼来证明自己受到了损害，而绝大多数人往往拒绝这种程序。例如，1928年，市政府向大约900个制造烟雾的工厂发出警告书，但因证人数量有限，只有15个空气污染方受到起诉。这一年，虽然市政府成功地要求该市最大的几所学校减少了烟雾的排放，但现有的法规对烟雾的控制力不足，也缺少监管机构；同时，市政府缺乏必要的知识，不能提出有效解决问题的方案。

为了解决这些问题，1929年市政府公共工程部成立了一个旨在减少烟雾的市民委员会。其50名成员来自重工业企业、贸易协会和慈善组织，还有工程师、市议员和大学教师。该委员会很快成立了一个11人工作小组，调查和解决烟雾排放问题。该小组致信所有锅炉和供热厂，所附的清单列出了避免出现烟雾的提示，其目的是在新的章程出台之前，让各用户自愿地减少烟雾的排放量。它起草了新的法规，提交市民委员会进一步讨论。这个法规草案规定设置一个检查燃煤锅炉的行政机构，设定了可观察到的测量烟雾的标准，要求新锅炉的使用须经政府批准，并遵循详细的说明书进行安装。

关于烟雾的排放标准，规定当烟雾等于或大于林格尔曼图第3级时[①]，将被认为是浓烟，它的排放每15分钟不允许超过2分钟。由于这一标准与联邦政府对国家铁路公司设定的烟雾排放标准相冲突，该法规做了修改，允许机车和蒸汽船排放较长的时间。这意味着两种较大的污染源将不受蒙特利尔市新法规的约束。

1931年2月，市议会通过了公民减少烟雾委员会提交的法规草案，很快任命1名主管和4名烟雾检查员，检查和督促锅炉用户遵守法规。8个多月中，他们与1000多家公司和工厂进行了接触，其中的83家实现了大幅度的减排。

（二）20世纪50—60年代温哥华的减排措施

1923年，温哥华颁布了一项限制工业烟雾排放的法规，规定一个烟囱每15分钟只能排放11分钟。1945年的一份咨询报告建议加强对烟雾的管制，以改善温哥华市中心的"特色和基调"。1948年，温哥华政府的工程和医疗卫生人

---

① 19世纪末，法国科学家林格尔曼将烟雾划分为1~6个级别，分别用全白、微灰、灰、深灰、灰黑、全黑6种颜色表示。人员将图片置于污染源附近，对比排放的烟雾，以确定污染的等级。

员做了一些烟雾检查；1949年，温哥华市政府的工作人员开始测量散落在地上的灰尘和烟灰。但是，尽管有这些努力，1923年控制空气污染的法规还是太过宽松和笼统，无法产生有效的结果。

1950年，有记载描述了温哥华的污染情况：从福溪（False Creek）附近的锯木厂和"加拿大太平洋铁路"公司机车的烟囱冒出的浓烟，使窗户上、露台上和晾在外面的衣服上都有明显的污垢和灰尘。住宅后院的垃圾焚烧、商业焚化炉以及冬天房屋取暖的烟囱，使空气污染更加严重。

1952年，温哥华空气污染控制协会成立，其成员来自城市的各行各业。为了宣传，该组织向其他民间协会提供演讲，编写小册子，并制作《空中垃圾》和《向上一英里》纪录片，在北美许多城市里放映。该协会除了表达对空气污染的不满外，还经常纠察违规的工厂。

实际上，空气污染也给当地企业带来了损失。除了阻碍当地市场的发展外，还直接增加了企业的成本和风险。20世纪50年代，清理温哥华市中心建筑物上的污垢，估计每年要花费75万加元。面对此，温哥华于1955年颁布了新的烟雾控制法规，规定安装和操作任何大型燃烧器具和与控制污染有关的设备，必须获得市政府的许可证；任何烟囱或明火产生的烟雾，只要污染度超过林格尔曼图的第2级，在任何1小时内的排放时间不能超过6分钟。

该法规还规定，每家公司需开支1~1.5万加元控制烟雾，然而加拿大制造商协会在该省的代表对此表示反对，称这将导致一些金属铸造厂破产。作为回应，温哥华给了铸造厂额外18个月的时间来遵守这一规定，后来又完全将其豁免。

1961年，温哥华南部的居民会见列治文（Richmond里士满）镇议员，抗议米切尔岛上蜂巢燃烧器产生了大量烟尘。列治文的官员虽然承认两家锯木厂违反了规章制度，但考虑到纠正成本过高和就业问题而选择了不作为。两年后，温哥华南部数百个家庭捐献了800加元诉讼费，向不列颠哥伦比亚省最高法院提起诉讼。面对压力，这两家工厂只好同意关闭蜂巢燃烧器，将木材废料送到附近的纸浆厂进行加工。

由于煤炭和燃烧器的使用减少，温哥华地区的平均降尘量下降。但是，散装货物运输中产生的灰尘在某种程度上抵消了这些趋势。加拿大西部地区从1961年开始对中国出口小麦，它们从温哥华港口储存和装船，谷物升降机在作业过程中产生的粉尘布满天空。对此，北温哥华发生了大规模的公众抗议活动，市议会也对扩建散货码头——海王星码头的提议进行了干预。

1965年，温哥华市进而颁布了住宅后院燃烧树叶和垃圾的禁令。但是，在北岸的山脉、豪湾（Howe Sound）周围和弗雷泽河谷的林地上的砍伐和燃烧活动产生了大量的烟雾，它们被秋风吹向城市，市民将其戏称为一年一度的"秋季疯狂节"。

20世纪60年代，温哥华市政府加强了执法力度，有4人专门负责分析空气质量和检查企业违规的情况。附近的里士满、穆迪港（Port Moody）、本拿比、新威斯敏斯特和北温哥华都有与温哥华相似的烟雾控制法规，但缺少执行监督人员，温哥华政府的4名专职人员向它们提供了援助。

在防空气污染法规的影响下，温哥华的许多企业做出了调整，从使用煤和木材固体燃料转向液体燃料。木材加工业从靠近市区的福溪转到弗雷泽河谷地区。结果，温哥华每月每平方英里的平均降尘量从1963年的12.2吨下降为1968年的8.3吨。1963年，温哥华质量差的时间为956小时，1968年下降到188小时。[①]

空气质量有了明显的改善，但温哥华的烟雾检查员和政府官员还是收到了居民对空气质量的投诉。20世纪60年代末，温哥华报纸上关于空气质量的报道和社论成倍地增加。1955年的空气污染控制法规不适用于金属铸造厂和商业垃圾焚烧，它也没有限制谷物升降机产生粉尘污染的规定。在市议会的要求下，温哥华市防空气污染工作人员与其他城市以及省和联邦政府的空气污染控制部门进行了磋商，还广泛地征求了工商界的意见，于1969年5月通过了限制这些污染的法规，但也给企业留下了一定的准备时间。例如，关于公寓和商业焚化炉使用更清洁的燃烧器的规定，开始实施的时间推迟到1970年6月1日；关于限制谷物升降机和铸造厂对空气污染的规定，推迟到1971年6月1日开始实行。

（三）几点认识

纵观蒙特利尔和温哥华两个城市初步治理空气污染的过程，会发现它们的决策过程存在着不同。在蒙特利尔，解决问题的方式并非来自广泛的民主进程，而是城市上层社会与政府之间的互动。蒙特利尔商会敦促市议会将烟雾扰民问题列入了公共议程。市政府设立的市民委员会，其成员实际上是经济精英和技

---

① Lee Thiessen, "Protesting Smoke: A Social and Political History of Vancouver Air Pollution in the 1950s and 1960s", in *Urban History Review*, Vol.46, No.1, 2017, p.66.

术专家，代表的是城市最强大的经济部门和重工业。商会还参与了新的控制烟雾的法规的撰写，并通过教育活动与企业接触，以帮助企业适应新的法规。

温哥华则更多地显示出，市民抗议和诉讼活动推动了法规的出台。从控制烟囱或明火产生的烟雾，到禁止在住宅后院焚烧树叶和垃圾，再到限制谷物升降机粉尘污染等，他们促使市议会采取了措施。

两个城市的这种差异，与时代的不同有密切的关系。"二战"后，发达国家越来越重视空气污染问题，加拿大城市居民的环境保护意识不断地加强，温哥华的市民不会对严重的空气污染熟视无睹。

然而，两个城市的经历显示，工商行业并非全部支持污染空气的治理，拥有更广阔市场的企业与高度依赖当地经济的企业之间存在着利益分歧。前者的发展不依赖当地的清洁空气，并且它们大都是空气污染的大户，控制空气污染需要更多的资金投入。因此，这些企业主对城市的烟雾管理法规持一种抵制态度。

而后者最为关心空气污染问题。这些"地方企业家"通常会共同努力，积极地推动对城市的投资。这些企业主要是房地产公司，还有当地报业、旅游业和零售业等，它们的生存和发展依赖于当地经济的增长。糟糕的空气质量会阻碍城市的人口增长和投资的扩大，不利于房价和租金的提高，阻碍商品的销售和对专业服务的需求。蒙特利尔商会理事会的会议记录多次提到，其会员担心烟雾的污染会使该市成为一个不受欢迎的旅游地点，并损害它在国际大都市地区中的声誉。在面向地方经济的企业中，除了金属铸造厂外，控制污染不需要太多的资金投入，这使它们在空气污染问题容易与公众的要求保持一致。

在改善空气质量方面，除了这些企业和服务机构外，还需要其他的参与者。城市的医疗保健官员帮助温哥华空气污染控制协会的建立，并向其提供咨询意见。《蒙特利尔公报》和温哥华的两家主要日报——《省报》和《太阳报》，也在促使空气污染成为一个主要的公共问题。在制定法规方面，蒙特利尔11人小组中，还有烟雾排放大户"加拿大太平洋铁路"公司的代表。这种方式有利于在实现减少污染的同时，尽量避免对经济活动产生过多的限制。

1931年蒙特利尔制定的烟雾控制法规，限制林格尔曼图3级及以上烟雾的排放；1955年温哥华的法规，则以林格尔曼图2级为最低限制标准。这说明，随着时间的推移，对烟雾排放的限制越来越严格。20世纪70年代，人们开始担心汽车排放的一氧化碳、氮氧化合物、碳氢化合物、硫氧化物和铅化合物带来的危害，各城市的空气治理增加了新的措施，为改善城市环境和维持社会和谐而继续努力。

三、城市警察机构的发展

警察机构在维持城市治安方面有着不可替代的作用，城市警察是城市史研究中的一个重要方面。目前，加拿大的警务工作分为三个等级：联邦、省和城市。联邦的皇家骑警在所有省和领地发挥作用。[①] 尽管有《1867年宪法法案》（1867年英属北美法案）的授权，但至今只有魁北克、安大略和纽芬兰3个省设置了省级警察机构，负责城镇管辖权以外的治安服务，其他的省由皇家骑警作为省警察机构行使职能。在市镇一级，截至1994年，加拿大一共有570个警务机构。

加拿大最早出现的警察迹象可以追溯到17世纪中叶。当时，魁北克殖民地像法国城市那样，在治安方面采用从古代欧洲传下来的"守夜人"形式。其主要职能是消防员，但也兼有处理扰乱治安的事件、追捕小偷和保护建筑物等警察职能。1763年英国政府接手殖民统治后，包括魁北克殖民地在内的整个加拿大转而采用英国的警务制度。1829年，英国颁布《大都会警察法》，引入了带薪和有组织的警察概念。1835年，多伦多以它为模板，在加拿大建立了第一个警察局。至1867年加拿大自治领成立时，大多数警察队伍都在城市政府的管理和控制之下。本节介绍几个城市警察机构的发展和演变。

（一）金斯顿市的警察机构

金斯顿是加拿大历史最长的警察机构之一。[②] 1815年，由金斯顿的纳税人选出的4名候选人被省政府任命为警察，他们都是无偿地工作。1826年，金斯顿有了一位领取50镑年薪的警察兼街道测量员。1840年的《联合法案》将上、下加拿大合并为加拿大联合省，并在一段时间内将金斯顿设为省府。1841年，市议会决定建立一支带薪的专职警察队伍，次年在报纸刊登广告，招聘了5名年薪60英镑的警察。警察的职责除了维持一般的治安外，还需要执行控制疫情

---

① 加拿大皇家骑警的前身是1873年建立的"西北骑警"，它负责西部地区的治安，19世纪80年代人数达到1000多人。1920年使用现名，正式扩大成为国家的一支武装警察力量，总部从里贾纳迁到首都渥太华。

② 这一部分的全部数据来自Kingston Police, *The History of the Kingston Police*, https://www.kingstonpolice.ca/en/about-us/our-history.aspx. 2023-07-22.

爆发的紧急条例，执行有关街道的铺设及维修、屠宰场、粪便及动物管理的法律，核查度量衡是否准确等。

19世纪60年代，金斯顿有12名警察，1919年增加到15人。在此期间，金斯顿的人口从1860年的15000人增加到1920年的22368人。1951年，城市规模的扩大使金斯顿的人口增加到4万多人，警察人数随之增加到46人，包括2名文职人员。2010年，金斯顿人口增加到12万人，警官增加到198人，另有60名文职人员。可见，警察人数增加的速度超过城市人口增加的速度。

历史上，在搜查、处置和监管女犯人时，金斯顿警察局经常雇用一般女性，直到1961年才开始招聘专职女警察。女警察起薪一年为3000加元，20世纪70年代初，实现了男女同工同酬。女警察最初主要负责监狱的看守工作，以及在十字路口指挥车辆，后来参与一般的警察工作。

金斯顿几乎从一开始就是一个军事城镇，拥有一座很大的监狱。这使警察经常处置一些在同等规模的城市里不常见的重大事件。1954年8月，拥有近1000名囚犯的金斯顿监狱发生了暴乱，200囚犯纵火焚烧了监狱的部分建筑。整个警察部队被召集起来包围监狱，以防止囚犯越狱。1971年4月，囚犯们再次举行暴动，将9名狱警扣为人质，过程中2名囚犯被杀害。囚犯投降后，金斯顿警察机构的探员参与了历时7个月的调查，有13名囚犯最终受到审判。

20世纪末，金斯顿警察局开始招募志愿者，进入21世纪后，大约招募了50名。他们的任务是帮助警察寻找被盗的车辆和财产，搜索失踪人员和醉酒的司机，检查儿童汽车座椅，搜集废旧自行车等。警察免除了这些工作后，能够集中精力执行一线任务。

金斯顿的警察最初不携带枪支。19世纪后半期，警察局有了自行车，进入20世纪后警察才配备了武器。1939年，警察局和警车分别安装了一台无线电发射机和一些接收机，使警察能够在移动中进行联络。1976年，三个中继站在城市周围置放，扩大了警车移动覆盖的范围。1999年，巡逻车上安装了车内中继器，覆盖扩展到农村地区。2006年，警察局通过与金斯顿消防、救援部门和该市紧急规划部门的合作，开始使用一个新的数字化无线电系统。此外，还首次建立了紧急行动频道，以便在紧急情况下警察、消防员、公用事业工人和城市工程部的员工之间能够相互沟通。

值得一提的是，1999年，金斯顿警察机构增添了一个兼职的骑警小组。在巡逻中，骑在马背上的警察在视觉上对罪犯起到了一定的威慑作用。有时，骑警小组去协助寻找失踪人口，并在重大的公共活动时对人群实施有效的控制。

（二）蒙特利尔的警察机构

蒙特利尔镇于1642年建立。1663年，它成立了一支由120名法裔志愿者组成的民兵组织。[①] 最初，其职责主要是提防敌人对散居在城墙外的农民的威胁，后来逐渐地参与维持城镇的治安；有时充当守夜人，在战争中参与对城市的守护。1763年，蒙特利尔被英国殖民地政府接管，1787年设置城镇治安官一职。他任职一年，没有津贴；若蓄意不履行职责，则将被罚款100英镑。

随着城市的发展和商业的繁荣，蒙特利尔出现了抢劫和盗取财物者。在商人们的要求下，城市成立了一个由22名守夜人组成的团体，他们中一半是呼喊者，一半是街道点灯人。这些人从傍晚7点巡逻到凌晨5点，手里摇着拨浪鼓，不停地呼喊"一切正常"，直到深夜。

1843年蒙特利尔设市，同年6月市议会设置了警察机构，任命了第一位警长。19世纪60年代，市政府为警察提供了武器、服装、住房和薪金。在城市人口迅速增长的情况下，蒙特利尔警察机构不得不雇用"临时"警察，他们每次工作3个月。

1909年，蒙特利尔成立了警察专员委员会，警务部门开始向现代化方向迈进。警察局建立了谋杀、武装抢劫和重大犯罪侦破部门，还有缉毒小组，其职责不再局限于巡逻和"抓贼"。1909年，它成立了一个道德小组，1914年配备了警车和第一辆救护车，负责病人救护。1918年，它临时聘用了4位女警察。

20世纪20—30年代，警察局开办了"蒙特利尔警察电台"，成立了一个"反颠覆"小组和一个战术班，并设置一个配备摩托车的交通科。1947年，正式聘用了20名女警察，分配到新成立的少年道德部门。在20世纪60年代，大约5000名警察在蒙特利尔市及其郊区城镇服务。1970年，蒙特利尔市和周边的29个城镇重组为蒙特利尔城市共同体。1972年，该共同体警察局成立，将蒙特利尔地区的警察部队整合在一起。该警察局管理着共同体39个区的5239名警官、595名文职雇员和459名管理学校路口的交通警察。当时，蒙特利尔

---

① 这一部分数据来自 Service de Police de la Ville de Montréal, *History of the Police in Montréal*, https://spvm.qc.ca/en/Pages/Discover-SPVM/Police-museum/History-of-the-police-in-Montreal. 2023-06-20.

城市共同体拥有275万人口。

蒙特利尔市警察局作为其下属，仍然存在。1995年，为了更好地应对新出现的安全问题，它开始采取一种新的警务模式——社区警务。这种模式寻求通过处理问题、建立伙伴关系和对社区团体更加开放的方法，加强与社区的联系。为此，1996—1997年蒙特利尔市的24个警区变成了49个社区派出所，随后几年，逐渐通过合并减少到29个社区派出所。

（三）多伦多早期警察队伍的整肃

多伦多于1834年设市，次年建立了警察机构，有5名全职警察和14名后备特别警察。[①] 但是，几年之后招聘就变成了以赞助为基础，托利党和奥伦治教派（Orangemen）的支持者进入了警察系统，逐渐产生了一种"党派警察"的现象。

19世纪30年代中后期，多伦多所在的上加拿大省出现了反对托利党寡头政治的改革运动，改革派要求扩大议会的权力和废除英国国教会的特权。在多伦多人口中，有不少爱尔兰天主教徒，他们与新教奥伦治派之间存在着明显的宗教差异。从1839年至1860年，多伦多的改革派与托利党、天主教与新教奥伦治派之间发生了26起冲突，托利党市政府派遣奥伦治教派的警察恐吓改革派或爱尔兰天主教徒，有时拒绝派警察去保护受到威胁的改革派。

典型的事例发生在1841年3月。市长乔治·门罗和一位律师作为托利党的候选人参加省议会的选举失败后，获胜的两位改革者第二天率领支持者上街游行庆祝。他们路过一家酒馆时，遇到了等候多时的一伙奥伦治派成员的袭击，市长乔治·门罗拒绝派遣更多的警察来制止暴乱。结果，许多游行者被瓶子和石头击中，2名选举获胜者在马车里中枪受伤，1名改革派被杀害。

另一个例子发生在1858年3月。爱尔兰天主教徒举行了庆祝圣帕特里克节的晚宴后，第二天上街游行。他们遭到新教奥伦治派成员的拦截，一名游行者被干草叉刺死。对于这个事件，警察局长亨利·舍伍德拒绝在调查期间提供作证，4个奥伦治成员最终都被无罪释放。

多伦多警察在最初的20多年里服务于政治和宗教，这在加拿大城市史上比

---

① 这一部分的数据来自 Jamie Bradburn, 'Dereliction of Duty': The Rise and Fall of Toronto's First Police Force, 2020, https://www.tvo.org/article/dereliction-of-duty-the-rise-and-fall-of-torontos-first-police-force. 2023-06-23.

较罕见。另外，警察队伍还充斥着任人唯亲、腐败和暴力行为，引发了市民的强烈不满。1858年，加拿大联合省议会颁布了《上加拿大市政机构法案》，它规定在省管辖的5个城市都应设立一个警察专员委员会。这种委员会由市长、治安法官和警察记录员组成，负责管理警察机构，从而确立了该省城市警察部门的监管体系。多伦多警察委员会成立后，决定尽早改组现有的警察队伍，一个月内有8名警察受到纪律处分。

同年，多伦多市议会选举后，包括新市长亚当·威尔逊在内的改革派在议会中占据多数。警察委员会坚持要求议会提供足够的薪水，以吸引高素质的候选人，并规定任何秘密社团的成员都不能进入警察机构。1859年，警察委员会在市议会的支持下解雇了一些警察，留用了一些称职的人员。为了防止旧的偏见和邻里关系腐蚀新的警察队伍，新聘用的34名警察大部分来自英格兰和爱尔兰。当时，多伦多警察人数固定为60人，即每800名居民中有不到1名警察。[①]

新任警察局长威廉·普林斯利用他在英国军队的经历，向这支新的警察部队灌输严格的纪律观念。他规定警察不得在酒吧和酒店内闲谈，新警察还必须寄宿在有名望的人家里，警察结婚必须得到局长的批准；此外，警察不能与市民有过密的交往，执勤时不能在街上与路人攀谈。结果，多伦多警察队伍的面貌大为改观。

在多伦多，爱尔兰移民大都是贫困的天主教徒，受到占据多数的新教徒的排挤。以爱尔兰独立为目标的"芬尼亚党"成员不断袭击美加边境，在加拿大城市进行暗杀，这为新教徒诽谤天主教徒提供了借口。早期，多伦多警察机构把爱尔兰天主教徒定位为关注的目标，整顿后这种现象逐渐消失。

1875年在多伦多举行的大规模天主教徒游行，遭到奥伦治派暴徒的武装袭击，多伦多警察出色地保护了天主教徒，几名警察因此而负伤。事后，多伦多天主教总教区筹集了大量的现金对警察局表示感谢，多伦多警察系统敌视爱尔兰天主教徒的问题，在那一年得到了解决。

多伦多警察至少两次被征调到外地执行任务。一次是1883年2月去渥太华保护联邦议会大厦免受炸弹的袭击，一次是1884年10月去苏必利尔湖北岸的米希波科顿（Michipocoten）打击非法贩酒的团伙。

---

① 这个比例低于当时美国的城市；而在当时英国的伦敦市，每333名居民中有1名警察。

与其他城市一样，多伦多警察在治安之外还承担工商管理的职责。市议会和警察委员会一起制定一些商业和许可证条例，由警察负责执行，它们包括舞厅、台球厅、剧院和后来的电影院的经营许可和管理。警察还审查书籍、海报和广告的内容。在这些条例中，最多的是针对低收入市民的商业活动，他们是出租车司机、街头摊贩、街角杂货商、废品收购者、二手货商人、洗衣店经营者等。相关条例对这些商业活动的地点做了限制。例如，禁止小商贩在富人居住区或市中心较好的剧院、酒店和餐馆门前摆摊，为的是维护高贵社区的形象和保护中产阶级工商业者的经营。①

如果说这种管理背后隐藏的是阶级控制功能，那么针对少数族群商业活动的管理，则带有种族主义的色彩。19世纪后期，一度只有英裔人口的多伦多涌入了不少意大利、德国、波兰、乌克兰和中国移民，引发英裔对自己群体安全的担忧。华人移民开设洗衣店，有人说它损害了从事这一业务的白人的利益。警察局长的一份报告说，华人的洗衣店正在入侵白人社区。从1902年开始，警察局负责向洗衣店发放许可证，理由却是为了"改善卫生条件，减少感染的危险，防止赌博和吸食鸦片"等。

需要强调的是，在市政府提供社会服务之前，多伦多的警察可以说是一个大型的社会服务机构。它负责青少年服务、协助相关机构支付儿童抚养费、驾驶救护车救治病人，还扮演着卫生委员会的角色。此外，警察还为无家可归者提供庇护所，该警察局建筑的设计中就留有这种房间。至1925年，多伦多警察局一共收容了16500名无家可归的人。

（四）20世纪末兴起的社区警务模式

从19世纪到20世纪初，在大多数加拿大城市，警察被分配到一个地点和路线上担任"看守人"。随着城市的发展，街区的数量也在增加，警察开始被派往不同的街区。此外，与社区关系密切，助长了地方政党组织腐蚀警察系统的可能性。因此，从20世纪30年代开始，城市警察有意与社区拉开距离，成为加拿大警务走向所谓专业化的推动力。② 然而，在几个因素的推动下，20世纪末加拿大警务似乎回归以社区为核心的工作模式。

---

① 而中产阶级的工商业企业及其活动则由省政府负责管理，不在警察机构的监管之列。

② 这一部分除注明的外，其他数据均来自 Canadian Justice Review Board, *Role of the Police*, https://canadianjusticereviewboard.ca/reports-papers/role-of-the-police. 2023-06-16.

首先，对加拿大和美国警务进行的大量研究表明，控制犯罪活动通常占不到警察工作时间的四分之一，而且对大多数警察来说，这种比例更低。[①]20世纪80年代，对温哥华警察局在6个月内接到的电话进行统计后发现，49%的电话与各种服务有关。另一项对关于加拿大东部一个城市巡逻人员活动的研究显示，即使他们处理犯罪的工作，也常常与小骚乱、不规范驾驶和财产纠纷有关。

其次，加拿大多数城镇的大部分犯罪活动在性质上并不严重。因此，一味强调打击犯罪可能不符合社区警务的需要。

最后，在警察的专业模式下，衡量警队表现的主要标准是警方接到举报后对罪行控制的比例，以及回应市民求助的时间。为了更为有效地预防和遏制犯罪以及更快地回应市民的求助，一些城市的警察机构在20世纪末开始寻找一种新的警务方法——社区警务。

社区警务，与其说是一种新的警务选择，不如说是18世纪英国城市的原始警务方法的重现。这种警务的核心原则是，建立社区和警察之间的充分合作和互动的关系，以确定并改善当地的犯罪和骚乱问题。

它在几个方面做出了努力。第一，加强警察与社区的伙伴关系，并以社区咨询为主要策略。警察不是被动地等待报警电话，也不是随机地巡逻以产生威慑作用，而是通过识别当地的犯罪和骚乱问题而采取预防措施。第二，促进警察机构与社会服务和卫生机构之间的合作，将警察置于解决城市安全和卫生问题的服务体系中。第三，他们通过正式和非正式的关系，与社区成员在互惠的基础上定期交换信息，从面推动一种互动的警务工作。

与大多数新的努力一样，以社区为基础的警务需要警务机制的改变、社会对警察的看法的改变，以及警察对自己工作的重新定义。一些城市的警察部门已经实施了规模不大却行之有效的社区警务计划，其中一个是埃德蒙顿警察局实施了步行巡逻项目。

多年来，城市警察习惯于在街上不与人交谈或在建筑物内逗留。至1960年，埃德蒙顿街头巡逻的警察已经是一个冷漠和威严的人物，尤其是在冬天的夜晚，他们穿着水牛皮大衣，一个人在街上巡逻。自20世纪60年代以来，警察开始乘坐配备了双向对讲机的巡逻车，但仍保持着以前的威严作风。

1987年，为了落实社区警务计划，埃德蒙顿警方开始恢复"与人而不是与

---

① C. Griffiths & S. Verdun-Jones, *Canadian Criminal Justice*, Toronto: Harcourt Brace, 1994, p.71.

路面接触"计划，在城市的21个最繁忙的社区启动了步行巡逻项目。它的目的
是减少重复的服务电话，增加该区域的警情报告，解决社区安全问题。20世纪
90年代，埃德蒙顿有35名巡警参与了步行巡逻。此外，还在一些商店门前设
置了一个几平方米的巡警办公室，便于居民及时反映情况；它还在一定程度上
能够与社区联络委员会、志愿者一起解决相关的问题。

这种徒步巡逻被认为在高犯罪率地区非常有效，警察的可见度和他们与居
民接触的增加，增强了警察对社区及其问题的了解。许多违法者不会料到会有
步行的警察，或者很难确切地知道警察在附近的位置，从而增加了预防性警务
的作用。这些警察还为可能违法的年轻人设立夏季娱乐项目，以减少他们违法
的机率。当他们看到保姆擅自举行派对后，及时通知不在家的母亲，以免可能
对孩子造成的伤害。

这种社区警务模式取得了预期的效果。一项评估发现，1991年至1993年，
埃德蒙顿相关社区与财产有关的犯罪减少了26%，非法闯入带来的保险索赔减
少了17%，向警察调度中心拨打的电话减少了39%，电话接收的报告数量从
5.4万减少到1.1万。

四、消除街头犯罪和不良倾向

近年来，消除街头犯罪、吸毒和卖淫危害等不良倾向，不仅是加拿大城市
警察在维持社会治安方面的主要职责，也是联邦、省和城市政府以及社会团体
共同努力的方向。这需要实施减少无家可归者、戒除毒品和管理妓女、拯救
少年犯等综合治理措施，也需要警方和司法部门与社区合作而发挥社会团体和
市民的作用。这些措施带有上述社区警务的特征，温哥华、维多利亚、卡尔加
里、里贾纳城市的努力及其实施的计划，充分说明了这一点。

1999年，加拿大联邦、不列颠哥伦比亚省和温哥华市三级政府达成了一个
为期5年的协议，共同开展一个支持经济、社会和社区可持续发展的计划。其
中，重点放在温哥华市商务区东端（Downtown Eastside）、唐人街、斯特拉斯科
纳三个区域。这个计划设立的目标是：通过加强社区居民和工商业者对决策的
参与，培养社区领导能力和推动社区团结，以改善社会经济条件，从而消除犯
罪和欺诈等现象。显然，它是把社区的开发和能力建设当作加强社区参与和杜
绝犯罪的一种方法。

斯特拉斯科纳和唐人街是该市历史最为悠久的街区。进入20世纪以后，一

些单身汉、低收入者和华人在此集居住、工作和娱乐。随着市政厅、图书馆、商业区和中产阶级向西迁移，这一区域开始衰落，50年代逐渐形成一个吸毒和酗酒、毒品交易和犯罪的场所。90年代末，温哥华平均每年因过度吸食毒品而死亡的人数达到147人，艾滋病感染率高于许多城市，丙肝感染率急剧上升。[1]其中，死亡的多数人和感染者居住在唐人街附近。在人口结构方面，这一区域65%的居民属于男性，平均年龄在45岁以上，65%在贫困线以下。他们住在公寓的单身房间里，占了温哥华单身房间的80%，由此反映出这一区域的贫穷状况。

为了落实上述计划，2000年，温哥华的煤气镇（Gastown盖斯顿）、唐人街、斯特莱斯科纳成立了一个反对毒品市场的联合组织——"社区联盟"。它的目的是减少毒品的使用和传染病的传播，预防过度吸食毒品而死亡，让更多的吸食者享受健康服务和毒瘾治疗。其具体措施是通过打击有组织的犯罪、毒品交易和吸食场所以及与毒品有关的生意，改善健康服务和防吸毒机构之间的协调，以保障公共秩序和安全。

温哥华在商务区东端开设了加拿大第一个监视下的毒品注射机构，在吸食者犯毒瘾时帮助他们注射并演示安全的注射方式，目的是减少艾滋病和肝炎的感染。这一方式显然不是为了消除吸毒，而是减轻吸食毒品造成的负面影响。在21世纪的6年中，该市有7000多名毒品注射者在这里做过登记。这些人一般都无家可归并有心理问题，其中还包括一些城市原有居民。

1995年，维多利亚市的性工作者建立了一个妓女自主、教育和资源协会，为妓女提供服务。夜间，该协会利用房车向妓女提供针头、安全套和咖啡服务；同时散发一个及时更新的名单，提示约会时经常侵犯妓女的危险人物。白天，工作人员帮助妓女去看医生和见律师，解决疾病和法律问题。显然，该组织的目的是向性工作者提供帮助，而不是让她们离开卖淫行业。这与西方国家规范和保护性工作者的政策导向是一致的。

城市政府、研究机构和社会工作者达成了共识，认为消除吸毒现象的一项重要措施是减少城市里的无家可归者；并且，有了住房也会减少对其他社会服务的需求——医疗、治安、司法和社会服务。在这方面，卡尔加里市是一个典型。2008年，它为了解决城市里4000人无家可归的问题，成立了一个消除无

---

① Pilar Riano-Alcala et al., *Communities, Community Workers and Local Government: Challenges Faced and Lessons Learned in a Community Development Project in the Downtown Eastside of Vancouver*, Social Worker and Families Studies, University of British Columbia, 2004, p.11.

家可归委员会，计划在10年消除无家可归者。这是一个综合性的计划，措施包括建立信息收集系统，加强与非营利组织的合作，强调社区应当承担相关的重要职责。为此，联邦、省和城市三级政府达成一个协议。结果，一年内几个组织在该市收容了200多个无家可归者，其中的一个机构建立了拥有50个床铺的收容中心。^①这项计划得到工商业者的支持，他们为无家可归之人提供工作机会和技术培训。

1997年，里贾纳开始实施一个名为"街道文化儿童"的项目。它为儿童提供娱乐服务，利用演讲小组宣传解决儿童问题的重要性，组织青少年健康的远足和历险活动，此外，还向青年人传授烹饪技巧和工作技能，期待他们学会自立并为社区做出贡献。实施这个项目的机构有35~40工作者，80%以上都是年轻人。

为了净化城市，一些城市还采取了一些新的司法行动。2009年，卡尔加里的警察部门开展了一个名为"警察和危机处理小组"的计划。警察和专业人士在市中心区域及时辨认出精神不正常者，送去治疗，以避免出现犯罪行为。这是一种基于社区和以合作为基础的司法模式，需要警察、法院、专业人士和戒毒专家之间的相互配合。

温哥华开始实行一种新的司法实践——社区法院，它与不列颠哥伦比亚省法院进行合作，把司法与社会服务联系在一起。社区法院的构成除了省级法官、政府律师顾问、辩护律师、警察、缓刑官、司法鉴定心理师外等人员外，还有护士、就业辅助工作者、受害人服务者、当地人法庭工作者等，大约40人。

温哥华社区法院与传统的法庭不同。首先，它及时处理案件，多数案件在2~14天内审理完毕，使罪犯迅速受到惩罚以及社区尽快得到补偿。其次，社区法庭直接与健康和社会服务机构发生联系，还包括工商业机构和社区各种团体。一些犯罪的青少年以从事社区服务的形式服刑，这些机构和团体可以接纳他们，使之获得工作所需的技术和经历。最后，对每个案件都要评估其背后的健康和社会原因，诸如吸毒、酗酒和贫穷等，有助于从根本上解决犯罪问题。

---

① Jackie D. Sieppert, *Community Solution: Promising Practices and Principles for Addressing Street Level Social Issues*, Canada West Foundation, 2009, p.17.

上述城市的各种计划和活动，都是基于一种"社区共有"的概念，即在面对社会问题时不仅在制定规划方案中咨询专业人士、服务提供者、工商业界和政府的代表，而且还依靠社区成员，让他们参与决策来解决自己社区的问题，就自己的生活做出选择。因此，净化城市社会和消除街头犯罪，不仅依赖于政府的政策和措施，还需要社会各界和工商企业共同做出的努力。

第七章 城市的扩大与乡镇城市化

城市化在近代社会中的一个表现是城市规模的不断扩大。城市扩大的主要形式是合并周边的区域，通常被称为城市的"溢出"。加拿大和其他国家的研究表明，这种合并是农村土地向城市土地转换过程的一部分。发生这种现象的城市，一般是没有同等地位的城市与之相邻，使合并能够在乡间性质的地方行政区划内进行，例如安大略省的镇区。

另外，乡间行政区划中会出现带有城市化倾向的居民点，尤其是那些处于城市边缘的居民点会向着城市方向发展。在乡镇政府无法满足它们对类似于城市服务的需求时，也会发生它们与城乡合并的情况。事实上，在20世纪50年代和60年代，安大略政府指示乡镇政府注意控制辖区内出现的城市性质的土地，以免它们被并入邻近的城市。

一般而言，城市对郊区的合并，通常存在着两种潜在的机会。第一种是城市首先向郊区提供公共交通、供水和排污等服务，以这种方式加强了与郊区的联系或对其有了一定的控制，直到最后将其合并到城市。

第二种潜在的机会是城市政府在辖区外获得土地。例如，在20世纪50年代和60年代，汉密尔顿市被省政府授权以额外的财产税筹集资金的权力，所以它收购了巴顿镇区附近的公园用地。有的城市为了建设公共住房，投资于辖区外的房地产。还有开发商为了摆脱城市的消防和建筑法规的限制，在城市辖区之外进行住宅和工业开发。这些情况都便于市政当局将来合并这些土地。多伦多市在1912年至1952年，主要通过第二种机会合并郊区的土地。

格雷格·斯托特（Greg Stott）选择了19世纪后半期安大略省6个城郊社区进行了研究[1]，证实了它们是在上述两种情况下被合并到附近的城市的。

---

[1] Greg Stott, "Enhancing Status Through Incorporation: Suburban Municipalities in Nineteenth-Century Ontario", in *Journal of Urban History,* Vol.33, No.6, 2007, pp.885-910.

一、安大略六个城郊社区的个案研究

19世纪末西部城市出现之前，安大略省的城市代表着加拿大城市的发展模式。19世纪，安大略省城市的近郊有许多被称作"村庄"的社区。这些"城市式"的居民点，其住宅和生意都集中在狭窄的格子状的土地上，类似于城市中的街道。由于地理位置靠近城市，它们在经济生活方面也明显不同于遍布乡间的那些农场。

此期间，安大略省城市近郊的社区，大致可分为两种类型。一是从城市"逃离"的居民。他们有的属于收较低的工人阶级，也有为躲避城市拥挤和污染而移居乡间环境的中产阶级成员，他们选择在郊外廉价的土地上建造房屋。二是生活在城市边缘的农村居民，他们选择居住在交通要道、城市入口的收费站甚至大的工厂附近，以开办商店、酒馆、旅馆和磨坊等为生，向周边的农民或工人提供商业和服务。

不管哪种情况，土地开发商购买、分割和销售郊区的土地，推动了这些城郊社区的发展。19世纪后半期的城市公共交通的发展，也为更多的城郊社区的出现和扩大提供了条件。这些城郊社区虽然在行政关系上隶属于乡间性质的镇区，但逐渐吸引着越来越多的城市居民。

（一）19世纪后半期6个城郊社区的建制

在19世纪的安大略省，乡间性质的行政区划是郡（县）和镇区。它们下面的村庄在获得建制之前没有议会，但可以在镇区议会中拥有一名代表，在郡议会中可拥有一名或更多的代表。设置建制后，除了设置议事会，行政村同时还获得征收地产税和改善地方基础设施的权力。

1853年至1880年，安大略省这6个城郊社区在满足人口条件后，选择获得建制。建制提高了城郊社区的地位，但它们最终还是合并于城市。

约克威尔（Yorkville）出现在1808年，最初只是在多伦多以北的布卢尔（Bloor）和央街（Yonge）交叉处设置的一个收费站。[①] 19世纪40年代，当地的

[①] 19世纪，约克郡政府对进入或离开多伦多的车辆收取费用，收入用于维护和扩展大多利用木板铺设的道路；对送葬队伍、周日去教堂的人以及军用车辆不收费。Chris Bateman, *That Time Road Tolls Were Abolished in Toronto*, at Blogto.com, 2013, https://www.blogto.com/city/2013/12/that_time_road_tolls_were_abolished_in_toronto/. 2023-07-19.

土地投机商开始将土地分割成建筑地块用于销售。19世纪50年代，一些居民的涌入，将一个边缘社区转变为理想的城郊社区，那些逃离城市的噪音、灰尘和喧闹的中产阶级将其作为首选的居住地。逐渐地，约克威尔成为郊区的小型服务中心，为旅行者和住在附近的居民提供一些服务。

1849年，加拿大联合省颁布了《城镇自治机构法案》（即"鲍德温法案"），规定一个社区一旦有了1000人，就可以申请村的建制。进入19世纪50年代后，约克威尔人口符合条件后的社区内出现了获得"市政"地位的呼声，一些纳税人不愿再做多伦多外围的"二等公民"。1853年，约克威尔成为该省第一个获得建制的村庄。结果，60年代，它发展成为一个繁华的郊外住宅区。多伦多城市规模扩大后，1888年将其合并。

新爱丁堡（New Edinburgh）位于渥太华市附近的里多运河岸边，隶属于格洛斯特镇区。1832年，托马斯·麦凯（Thomas Mackay）在此建立了锯木厂和面粉加工厂。19世纪50年代，加拿大联合省政府租下了托马斯·麦凯的故居——里多府邸（Rideau Hall）用作总督府。这使新爱丁堡有了炫耀的资本，被许多土地开发商所利用。60年代初，渥太华公共交通公司将总部和马厩设在新爱丁堡。为了确保当地投资者的利益，格洛斯特镇区的大多数纳税人和议员希望新爱登堡能够获得"市政"地位。1866年，新爱丁堡获得村的建制，成为市郊一个小的服务中心。20年后，它被渥太华合并。

彼得斯维尔（Petersville）位于伦敦市西部。1857年，有几十人在此购买土地建造房屋。1874年初，彼得斯维尔的居民抱怨公共资金没有被镇区政府用于改善自己社区的基础设施，决定争取获得建制。1874年，彼得斯维尔与肯辛顿合并后成为一个行政村，1881年将名字改为西伦敦（London West），人口增加到1602人，1897年合并于伦敦市。

东伦敦（London East）社区位于伦敦市东郊。19世纪50年代，大干线铁路和大西线铁路公司的两条线路经过此地，加上较低的税收，东伦敦境内及附近出现了一些炼油厂、化工厂和重工业厂，60年代末发展成为加拿大一个重要的工业区。1874年，东伦敦获得行政村的建制，1881年升格为镇，4年后合并于伦敦。

帕克代尔（Parkdale）位于多伦多西部，西边是高地公园（High Park）。它在19世纪70年初出现时就成为城郊的一个核心，人口达到数百人。许多在多伦多工作的人在此建房居住，为的是逃避城市征收的房产税。1878年，多伦多市议会决定将帕克代尔合并到城市，在帕克代尔居民中引发了一场大辩论。反对被合并的人担心合并后税收会大幅度增加，担心多伦多政府的腐败和城市的供水不安全。还有一些人主张实施建制而获得"市政"地位。1879年，约克郡议会设置帕克代尔村，1886年它升格为镇，1888年被多伦多市合并。

布罗克顿（Brockton）位于多伦多的西南部，隶属于约克郡，最初是在达弗林街与邓达斯街交界处设置的一个收费站。1871年，只有150人住在这里。但是它拥有商店和酒馆等，成为多伦多西郊的一个小型服务中心，销售周边农民种植的蔬菜和花卉。1880年，布罗克顿的居民要求合并于多伦多，遭到拒绝后转向寻求获得建制。面对西部边界上即将出现一个"市政"单位，多伦多市政府改变了主意而试图将其合并。1890年，约克郡设置了布罗克顿村。但是，行政腐败和财政破产导致它于1884年被多伦多市合并。

19世纪，加拿大各省多数城郊社区没有设置建制。上述6个城市边缘的社区获得建制，其原因各不相同，但都是为了提高自己的地位。它们期待像城市政府那样拥有权力和权威，能够保持自己独立的郊区身份。

（二）城郊社区的必然归宿——合并于城市

随着城市规模的不断扩大，合并城郊的社区是一种必然趋势。由于这种合并可以扩大税收基础而增加城市财政收入，除特殊情况外，城市政府都倾向于合并郊区社区。

对于郊区社区而言，保持自己的建制或合并于城市，各有利弊。独立于城市，能够使郊区社区继续拥有行政建制，保持较低税率而使纳税人受益，但不容易获得城市服务；合并于城市，会使之失去政治地位，税率提高或承担城市已有的债务，但能够享有城市服务和房地产的升值。另外，有的郊区社区需要解决财政问题，有的要解决洪涝灾害等问题。郊区社区是否要合并于城市，往往根据自己的具体情况做出选择。从西伦敦（彼得斯维尔）合并于伦敦市的过程中，可以看出这一点。

西伦敦居民在就业机会和农产品市场方面，依赖于泰晤士河对岸的伦敦市。与其合并，除获得城市各项服务外，还能够解决洪水泛滥的问题。[①] 但是，

---

① 1883年7月发生的泰晤士河洪水泛滥，夺走了17人的生命和大量的财产。西伦敦的村民要求伦敦市政府赔偿2万加元，用来修建防水堤以及对河床的矫直和疏浚。

许多人出于政治原因反对合并。这是因为，在行政村的建制下，竞选村议员职位的财产资格是拥有至少价值600加元的房产，或者租用价值1200加元的房产。而在伦敦城市，竞选市议员则必须拥有1500加元的房产和租用价值为3000加元的房产。伦敦市的投票权需要拥有或租用价值不低于200加元的房产，1883年的洪水使西伦敦全村财产价值大幅度缩水，几乎没有人能达到这个要求。①

但是，19世纪90年代，西伦敦因加固泰晤士河防水堤，累计欠下了4万多加元的债务，为了在城市的帮助下保障自身的安全，它积极寻求合并。1897年，伦敦市提出了一项协议，即合并后西伦敦将在10年内按照统一的2.5%税率向城市缴纳房地产税，但同时允许它比其他6个选区多使用0.3%的房产税收入，改善街道和加固防水堤。西伦敦要求将实行2.5%税率的时间缩短为7年，得到市政府的同意。在政治方面，伦敦市将西伦敦设为一个选区，但在选举中分为两个单独的投票区，以便使市议员更多地注意到西伦敦。②伦敦市做出让步后，伦敦市议会在1897年以一票的多数勉强通过了合并决议；而在西伦敦参加投票的297名纳税人中，有262人投了赞成票，只有35人表示反对。

从西伦敦合并于伦敦市的过程中可以看出，19世纪安大略省的城郊社区并不都渴望与城市合并。不管何种原因导致城郊社区实行合并，它最终要取决于社区居民的态度。这一点，从没有设置建制而直接合并于城市的例子中也能够看出。

1890年，伦敦市向南伦敦居民承诺优惠税率，消除了他们对承担城市债务的顾虑而同意直接合并。1884年，多伦多东郊唐河（Don River）东岸一个名叫河谷（Riverdale）的社区居民对是否获得建制存在分歧。最后，人们认识到该村在镇区管辖下无法维持社区的现状，合并于多伦多可能是最令人满意的结果。当年，河谷社区直接成为多伦多市的一部分。

城郊社区选择建制，在很大程度上是一种自我保护。在人口、社会和经济方面，城郊社区与城市相似，与其他较孤立和分散的乡间社区明显不同，因而具有独特的自我定义和维护自主权利的意识。从这一角度看，城郊社区选择建制，是对城市规模扩大的一种消极回应。布罗克顿和帕克代尔的事实说明，实

---

① Greg Stott, "Safeguarding The Frog Pond London West and the Resistance to Municipal Amalgamation 1883-1897", in *Urban History Review*, Vol.29. No.1, 2000, p.55.

② 伦敦市议员的候选人为了拿下这两个投票站，需要对西伦敦的问题做出更积极的回应。

施建制而获得"市政"地位,似乎是阻止被城市吞并的一种壁垒。

对于城市居民如何看待城郊社区获得建制,格雷格·斯托特对6个城郊社区的研究显示,多伦多市不少人认为,城市被获得建制的村庄所包围后将产生诸多弊端:两地之间的"荒谬的界限"会逐渐给居民带来困扰;有了"市政"地位的村庄也会阻碍多伦多向外扩展,并助长城市与村庄之间的官僚政治纠葛;不缴纳城市税的人享用多伦多的公园和广场,也不公平。因此,城市的发展需要将城郊社区变成自己的一部分。

本书认为,尽管城郊社区可以获得建制,但其地理位置决定了它们都不可能长期地独立于城市。它们被其所在的镇区或郡政府所忽略,同时也被城市所觊觎。应当看到,城郊社区成为城市的一部分后,土地升值,交通条件得到改善,居民获得城市的选举权,此外还享有更多的城市服务。这些可以抵消地产税增加带来的负面影响。因此,城郊社区的多数居民愿意加入城市。

总之,不管是以何种方式产生和发展,城郊社区在人口集聚、社会和生活等方面都与城市有相似之处。这一点可视为被城市合并的自然条件。随着郊区被不断合并,城市的规模扩大,加拿大的城市化进一步加深。

二、乡间社区向城市化发展

随着社会经济的发展,远离城市的居民点也发生了变化,逐渐有了城市的特征,成为城市化过程中的一个重要环节。弗莱德.A.达姆斯(Fred A. Dahms)利用统计学的方法对位于安大略省的休伦郡和布鲁斯郡(南部)的定居点进行了研究[1],同时从中选择了8个定居点进行了个案追踪。这8个定居点之所以被选中,是因为除1个外,它们始终是乡间的居住和服务中心,而其他的定居点或消失或功能发生了重大的变化。

休伦郡和布鲁斯郡位于土地肥沃的安大略省南部,最初是19世纪30年代约翰·高尔特(John Galt)领导的加拿大公司开发的"休伦地段",面积大约7000多平方公里。经过50多年的开发,1891年,它的人口增长和经济活动达到了顶峰。所有的土地都得到了耕种,出现了许多具有不同经济功能的定居点,能够向周边的农民提供货物销售和经济服务。几条铁路经过此地,公路网

---

[1] Fred A. Dahms, "The Process of 'Urbanization' in the Countryside: A Study of Huron and Bruce Counties, 1891-1981", in *Urban History Review*, Vol.22, No.3, 1984, pp.1-18.

业已形成。

由于远离城市地区，这些定居点的兴衰可能更多地得益于经济的变化和技术的进步，而不是受城市的影响。因此，对这些定居点的研究，不仅会了解一个地区城市化的一般过程，还有助于观察城市体系底部的变化及其所发挥的作用。

（一）休伦郡和布鲁斯郡南部的乡间居民点

1891年，休伦郡和布鲁斯郡南部，共有95个定居点，全部人口达到了76462人，平均每个定居点有805人。它们分布均匀，一个农民可以从他的家到附近的一个定居点，并在一天内返回。至1981年，定居点减少到39个，人口总数下降到64118人，但每个定居点的人口平均增加到1644人。

1891年，平均每个定居点有20家工商企业，1981年增长到33.8家。企业雇用的平均人数从1891年的39人增加到1981年的49人。其总体趋势是，1891—1941年，经济职能集中在更大的定居点，农村人口普遍下降，仅休伦郡就从57728下降到36019人。同期，人数超过1000人并带有城市特征的定居点的人口增长。休伦郡的这种人口从18734人增加到20108人。

就这一地区全部定居点的经济职能而言，在1891年，一半以上的定居点里都有商店、铁匠、旅馆、磨粉机、面粉厂和饲料厂以及鞋袜制作和销售铺。这些职能主要服务于周边的农民，他们在此购买自己不能制造的各种物品。铁匠不仅制作和安装马蹄，还制造了各种各样的工具和农具；而旅馆作为一种重要的社会中心，向来城镇里做生意的客户提供住宿和饮食，同时收发信件或处理他们的谷物。大多数谷物、面粉和饲料加工厂将加工、制造和服务结合在一起，用于批发和零售。

此外，近一半定居点都有锯木厂，它们将大型原木分解为方木和板材，用于在定居点及以外的乡间建造房屋或其他建筑。货车制造商为进城的农民制造主要的交通工具，而农具经销商的功能不言而喻。显然，1891年所有最常见的经济部门，都向农民提供了各种服务，因为此时农民的数量远远超过城镇居民，比率为3比1。

然而，至1981年，不仅经济活动集中在较少的定居点，19世纪的一些经济活动也被替代。例如，由铁匠维护的马车几乎完全被机动车所取代，铁匠铺让位于汽车经销商和加油站，锯木厂和橱柜制造商让位于建筑用品批发商店和家具店。这一区域以前的139家酒店的住宿和社会功能被57家饭店所取代。农产品批发商继续为当地农业部门服务，但家具店、餐馆、食品店和杂项零售业不仅为农民也为生活在城镇的居民提供服务，并且提供给农民的经济服务比1891年小得多。

从选定的8个定居点的演变中也看到了这种现象。从1891年至1981年，它们虽然一直作为一个居住和服务的中心，但人口有所减少。工商企业的总数从450个减少到239个。直接为农业生产提供服务的机构从58个下降到11个。其他下降或消失的行业主要是铁匠铺、裁缝铺、马具和皮革制造店、旅馆（酒店）、零售商店（家具商店除外）、货车等运输工具制造商等。

同期，这8个定居点的汽车经销商/加油站、建筑材料供应商、建筑行业机构、家具店、运输及公共事业（主要是校车经营者）和各类商品批发点大幅度增加，从0个增加到10和20多个。可以说，从1891年至1981年发生的这种变化，是8个定居点日益城市化的一种结果，这些地方具有一些城市独有的功能，而不是像以前那样仅仅服务于周围的农业经济。

例如，19世纪末，农民一般独自或在邻居的帮助下改建自己的房屋等建筑，建筑材料大都就地取材；而在1981年，居民点建筑供应市场的建筑材料和家具店大量增加。建筑服务机构的数量增加，在服务于农民的同时，也为当地的居民建造房屋。

1981年，8个定居点呈现出的状态不一。贝菲尔德（Bayfield）位于流向休伦湖的贝菲尔德河河口，它早期也是一个重要的农业服务中心，现在成为港口和旅游胜地。布鲁塞尔、戈里（Gorrie）、亨索尔（Hensall）、布莱斯（Blyth）、里普利（Ripley）、米尔德梅（Mildmay）和蒂斯沃特（Teeswater）7个居民点失去了早期的一些功能，但仍然是重要的农业服务中心。许多商店和加工厂服务于街道上的居民。米尔德梅主要街道上的一些企业建筑被改造为住宅，城市居民前来居住；它拥有配套的酒店、餐馆和独特的奶酪店。

在整个休伦郡和布鲁斯郡南部的居民点，还反映出20世纪后期的城市人口越来越多地返回农村而"回归自然"的一种现象。一些乡间居民点因城镇规模的扩大而成为城郊社区，丧失了以前面向农业的所有经济功能。一些城市居民选择在此居住，使之变成纯粹的居住区，曾经被用作商店的建筑以及沿主要街道的两三层商业建筑已经被改造为住宅。来自城市的人员成为"乡间的非农业人口"。1971—1976年，休伦和南布鲁斯的非农业人口增加了

5621人，增幅达29.6%。这种人口的增加多发生在只有居住功能的定居点，人口增加的数量在几十人至数百人之间。这些定居点的农业服务功能基本上已经消失。

这一趋势被一些学者称作"非都市化"或"乡村的城市化"。它使一些小的定居点构成农田环境中的住宅"街区"，并作为"分散的城市"的一部分发挥作用。从这个意义上说，这些定居点属于城市而不是农村，因为它们为附近的城镇提供了住宅，而与土地的耕种没有任何关联。

（三）乡间城市化的表现及其推动因素

从上述研究中，至少可以归纳出乡村"城市化"过程的两种表现。首先，定居点主要的经济活动从服务于周边的农民转向服务于自身的居民或外来的游客，它们是具有特色的零售服务、运输、汽车的销售和维修、饮食和住宿服务。定居点的制造业已从定制马具、衣服、炉子和货车的制造转变为生产家具、服装和机械设备的工业。虽然大多数传统的零售业仍然存在于这些居住区，但数量大大减少。

其次，一些乡间定居点逐渐向住宅化方向发展。这些定居点在绿树成荫的街道上提供宽阔而优雅的房屋，其生活成本远远低于城市。对于那些在工作不受时间和地点限制的人员、退休者、自由职业或只是想远离大城市的人来说，这些地方提供了非常理想的居住环境，使之成为城市"分散"出来的街区。

推动乡村城市化的第一个因素，是以大规模机械化耕作为基础的农业经济。19世纪，农业生产所依赖的是人力和畜力，农场的规模较小。随着农业机械的广泛使用，农场的规模越来越大，定居点数量逐渐减少，销售和服务行业趋于集中。大农场的农副产品需要大批量的销售，也需要大量购置饲料、种子和农药，与之有关的批发点应运而生。现代化的农业增加了农民的收入，农民一般不再自己建造房屋，他们购买汽车、家具和服装等高档消费品，这促使定居点增加了城市才有的销售和服务功能。

推动农村城市化的第二个因素，是交通工具和道路的改善。它使得更大的城市可以为广阔的农村和较小的定居点直接提供专门的服务，加强了城市与农村的经济联系。交通的改善以及增加的人员流动性，能够使远处的居民驱车到小的定居点享用特色饮食、观赏乡间和湖边风景以及具有特色的建筑。为了满足来自城市的游客需求，这些定居点在保留自己特色的同时，在住宿和饮食方面按照城市的标准提供服务。

这样，在广泛的空间经济中，人们可以在整个农村的地方找到城市拥有的经济功能和因素，就像许多人在那里也找到了理想的住宅一样。

可以预见，如果位于中心的一些小定居点继续增长，其人口达到一定的数量后会需要更多的商品销售和经济服务；外来的工商企业将提供更多的就业机会，使之开始具有城市的一些功能。这样，新一轮的农村城市化随之开始。

三、20世纪50年代伦敦市对郊区的合并

位于安大略省东南部的伦敦市，虽然历史上合并了郊区城镇，但至20世纪50年代，仍然是一个被农业土地重重包围的主导城区。1961年，它完成了一次大规模的土地扩张，约翰·梅里甘纳（John F. Meligrana）对此做了专门的研究[①]，显示了城市合并郊区的一些规律。

（一）合并的过程

伦敦市周围是米德尔塞克斯郡（Middlesex County）。这个郡拥有15个镇区，其中有6个镇区与伦敦市接壤。"二战"后经济的迅速增长，伦敦城郊的镇区出现了类似城市的居民点和工厂，而镇区政府不能为它们提供足够的服务。于是，伦敦市与城郊镇区成立了一个联合服务委员会，管理城市服务并将其扩展到城市的边缘地区。

20世纪50年代，伦敦开始寻找地下水之外的其他水资源，把目光投向西面的休伦湖和东北方向的范肖湖。市政府需要铺设管道将湖水引入城市，加上交通和排污等其他服务设施的建设，需要大量的财政支出，它依靠发行大量的债券筹集资金。为了将来能够偿还债券，它需要扩大城市房地产的数量以增加税收收入。

在伦敦市6个郊区镇区中，位于北部的伦敦镇区和南部的威斯敏斯特镇区，无论是在人口、工业活动还是交通投资方面，在"二战"后都有了明显的增长。1951年至1956年，伦敦镇区的人口增长了66%，威斯敏斯特镇区增长

---

① John F. Meligrana, "The Politics of Municipal Annexation: The Case of the City of London's Territorial Ambitions during the 1950s and 1960s", in *Urban History Review*, Vol. 29, No.1, 2000, pp.3-20.

了45%，而同期伦敦市的人口只增长了7%。威斯敏斯特镇区靠近城市的区域，适合于住宅的开发，大量的居民选择在此居住。而伦敦镇区人口增加主要是由工业所带动。"二战"期间，联邦政府在伦敦东北部建造了一个大型的军用飞机维修厂，后来成为伦敦市的克拉姆林机场。随着美国通用汽车公司的机车制造厂在伦敦市边界外的落户，工业区开始沿着加拿大国家铁路和太平洋铁路线向东北方向拓展，其他一些矿业和制造业公司大都设在伦敦镇区境内。这样，从伦敦市东部边界到克拉姆林机场之间的地区被称为"黄金地带"，房地产税和企业经营税的收入非常可观。

1950年，伦敦市、伦敦镇区和威斯敏斯特镇区的代表组成了一个城市郊区合并委员会，其主席建议将伦敦市的面积增加一倍，包括"黄金地带"。同年，伦敦市长提出一项合并提案，将城市土地面积扩大二倍多。它除了一点南郊和西郊的土地外，主要目标也是放在城市的东部和北部，甚至把克拉姆林机场等地也纳入其中。

城郊镇区对伦敦城扩张的企图感到担忧。在伦敦镇区选民的投票中，1650票反对合并，1491票赞成合并。1952年，安大略省市政委员会（Ontario Municipal Board）的裁决支持伦敦市的合并。在等待省议会通过授权法律的过程中，代表米德尔塞克斯郡北部农村地区的省议员提出将合并的面积减少三分之一，排除了"黄金地带"等地区。这是伦敦市所不能接受的，因为它将无法使之获得足够的税收收益，以抵消其在开发和服务中所投入的资本和运营开支。

与此同时，伦敦镇区也采取了行动。1955年，它宣布自己是管辖区唯一的权力机构，筹集资金建造了一个污水处理厂，吸引加拿大帝国石油以及美国明尼苏达矿业与制造公司在镇区内建立了分厂。

1958年，伦敦市向省政府提出了合并6万多英亩郊区土地的申请。它不仅包括了"黄金地带"，也包括西部和南部郊区的大片土地。这些地方享有伦敦市提供的供水、排污和交通服务。

经过几个月的听证，安大略省市政委员会于1960年同意伦敦市合并周边的土地。1961年，伦敦市完成了1912年以来最大的土地扩展，城市面积大约扩大了6倍。1961年，仅威斯敏斯特和伦敦两个镇区的人口就比10年前分别减少了81%和74%；而伦敦市的人口从1956年的10.1万多人增加到1961年的16万多人，增幅超过了60%。

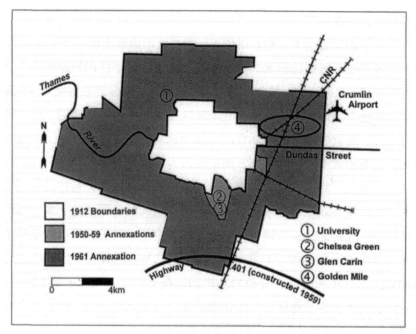

图1　1950—1961年伦敦市合并郊区示意图[1]

（二）各方对合并的态度和依据

对于地方政府提出的合并申请，安大略省市政委员会可以驳回，也可以举行听证会。它允许受影响的地方政府进行辩护或提出书面索赔，提出申请的地方政府需要举证合并的依据。[2] 在1953年安大略省市政委员会举行的听证会上，伦敦市的律师列出了伦敦合并拟议地区的一些理由：城郊地区农村和城市居民存在着利益差异；镇区"无力"提供城市服务和解决城市问题；需要使住宅区远离工业用地；具有共同利益的地方需要在一个行政机构的指导下合理地发展。此外，伦敦市的报告说，该市将花费400多万加元，用于被合并地区所需

---

① John F. Meligrana, "The Politics of Municipal Annexation: The Case of the City of London's Territorial Ambitions during the 1950s and 1960s", in *Urban History Review*, Vol. 29, No.1, p.11. 切尔西绿地（Chelsea Green）和卡琳幽谷（Glen Carin）两个住宅区位于威斯敏斯特镇区，它们因需要城市服务而分别于1953年和1959年合并于伦敦市。

② 有三种方式可以启动该委员会召开关于合并的听证会。第一，市议会通过一项要求增加领土的法规而提出申请；第二，省城市事务厅向省议会提出扩大城市边界的申请；第三，一个镇、村或镇区的至少150名选民或一个城市的至少500名选民向市议会请愿，要求将自己的地产并入另一个城市。

要的基本建设的改善。[①]

在1959年的听证会上，伦敦市代表辩称：城市内部出现了严重的土地短缺，而伦敦镇区和威斯敏斯特镇区的迅速发展超出了农村镇的控制能力；合并是为了将新的城市化地区纳入城市管辖范围，让镇区政府管理农村性质的土地。

对于伦敦市提出的土地要求，几个镇区反对的理由不尽相同。伦敦镇区认为，改变政府的管辖权不能破坏自由市场的机制。企业家有意将工厂建立在伦敦镇区，是对伦敦市的一种抛弃。而伦敦市为了获得更多的财政收入，将其合并，属于强迫工厂和工人进入城市。威斯敏斯特镇区认为，自己的规划委员会实施的政策已经有效地维持了农村和城市用途之间的界限。位于东南部的北多切斯特（North Dorchester）镇区反对合并的理由是，自己并没有接受城市的供水和排污等市政服务。位于东北部的西密苏里（West Missouri）镇区也提出了类似的观点，它还担心失去克拉姆林机场以东萨默维尔有限公司（Somerville Limited）的大型航空工业区。除了伦敦镇区，北多尔切斯特、西密苏里和威斯敏斯特3个镇区含蓄地表示，它们同意小规模的合并。

米德尔塞克斯郡政府最为担心的是合并对其地产评估价值的影响。它认为，按照伦敦市的建议合并镇区的土地后，自己将失去大约95%的工业区而使税收基础遭到重创。因此，它建议建立一个大都市规划机构，在未来15—25年对可能出现的城市化地区拥有管辖权。

在双方持有异义的情况下，能否实现合并取决于安大略省市政委员会的裁决。安大略省的法律中没有现成的标准判断合并是否合理，该委员会的裁决也不受法律先例的约束。对于安省市政委员会下达的合并指令，在1960年之前需要省议会颁布授权法律才能实施。1960年之后改为由省政府颁布行政命令，简化了程序和缩短了付诸实施的时间。

安大略省市政委员会支持伦敦市的合并要求。它说，城市发展需要土地，并且镇区邻近城市的区域对城市服务产生了依赖。它认为，农村性质的镇区没有能力规范城市土地和建筑使用，特别是伦敦镇区在房地产价值的评估方面存在着缺陷，一些镇区也未能预测到未来的资本经营趋势而导致服务滞后。

平心而论，伦敦市提出的合并理由和安大略省市政委员会的裁决更有道理。当然，也不能否认伦敦市具备依赖其战略和地理位置扩大城市界限的客观

---

① John F. Meligrana, op. cit., p.11.

条件。城市的发展必然要以牺牲周边行政区划的面积和人口为代价，这是城市化的大势所趋。

不难看出，在伦敦市的这次合并中，前述的两种潜在机会——提供服务和城市界外进行住宅和工业开发都存在。但就整体而言，它主要是通过供水和排污等服务而合并了郊区。伦敦市经济的大幅度增长需要新的供水和排污系统，这些服务设施同时向郊区延伸。市政府需要更多的房地产税收入偿还因此而带来的债务。为了扩大税收的基础，伦敦市边界的扩大在所难免。

四、文化产业对都市地区小镇城市化的推动

乔纳森·丹尼斯-雅各（Jonathan Denis-Jacob）利用2006年加拿大人口普查的数据，调查了加拿大109个小城镇13种文化产业的就业情况。[①] 他发现，文化工作者除居住在一些省会大都市外，还有许多居住在距离其不远的小城市或城镇。从这一研究中可以看出，城市（urban）作为"过程"在塑造和影响一个地方的经济类型，以及在推动城市化方面所发挥的作用。

这13种文化产业是图书、期刊、音乐商店、报纸、电影、录像和录音行业、广播、电视、专业设计、广告及相关服务、艺术及相关服务、文化遗产机构等，2006年一共提供了4.4万个工作岗位。它们主要出现在都市或省会城市，至少有两个原因。首先，政府和公共机构在文化部门发挥着重要的作用。一些行业，如电视和广播、电影、视频和音乐制作，或得到公共机构的大量补贴，或围绕公共机构和团体进行；博物馆和艺术馆等文化机构也得到政府的大量拨款。特别是在像东部的夏洛特城和弗雷德里克顿这样较小的省会城市，政府在文化基础设施和活动方面的财政支出在当地经济中发挥了重要作用。这些城市成为该省唯一制造文化产品的地方。其次，国家首都或省会城市的职业结构也普遍不同于一般城市，专业人士和服务行业的工作人员比例较高，他们工资较高并对文化感兴趣，其消费构成了文化产业的一部分市场。

许多文化产业具有灵活的专业化特点，它们围绕着一些小型、独立和高度专业化的公司而开展业务。这些公司安排非标准化的生产，不断地互动，并能够迅速地适应产业的变化。外包和合同生产是这种模式运行的关键。由于运输成本较低，艺术、电影和视频制作等部门可以在任何地方进行生产。因此，许

---

① Jonathan Denis-Jacob, "Cultural Industries in Small-sized Canadian Cities: Dream or Reality", in *Urban Studies*, Vol. 49 No.1, 2012, pp.97-114.

多诸如广播和出版等传统垂直整合的机构，现在已经外化了相当大的一部分。这种外包方法增加了文化产业的灵活性和专业知识，也降低了生产成本。结果，一些小的及专业的制作人围绕着它们组织起来，使文化产业进一步集中在大都市地区。这样，大都会地区成为文化产业生存和发展的最佳地点，使之能够充分地实现规模经济带来的低成本和高收益。

文化产业工作者多数是自由工作者。他们有自己的工作时间表，也不必固定在一个工作地点上，有的工作场所往往是其居住的地方。文化工作者需要开展社交活动，以便与都市的客户、合作伙伴和机构频繁地进行面对面互动。他们中的许多人特别是艺术家们往往跨行业工作，密集的就业中心更适合他们的专业需求。这些特点使之选择集聚在都市地区。

这样，除都市外，其周边的小城镇也出现了文化产业工作者和一些小的文化产业机构。例如，安大略省多伦多市周边的斯特拉特福德（Stratford）、霍普港（Port Hope）、奥云湾（Owen Sound 欧文桑德）、惠灵顿中心（Centre Wellington）、科林伍德（Collingwood）、科堡（Cobourg）和蒂尔森堡（Tilsonburg）。这些地方以独特的小镇氛围和保存完好的建筑景观而闻名，奥云湾自然环境优美。不列颠哥伦比亚省的温哥华市周边的纳奈莫（Nanaimo）、帕克斯维尔（Parksville）和科特尼（Courtenay）、斯夸米什（Squamish）、萨蒙阿姆（Salmon Arm）和阿尔伯达省卡尔加里周边的坎莫尔（Canmore），也因其自然环境而被认为是非常理想的居住地。

例如，斯特拉特福德小镇位于多伦多和底特律之间，以其保存完好的历史城镇中心和"莎士比亚节"而闻名。它服务设施齐全，吸引着文化工作者和机构，使之成为加拿大文化产业最专业化的城市，图书、期刊、音乐商店和出版方面的得分也高于平均水平。坎莫尔小镇距离卡尔加里市只有一个半小时的车程，是通往班夫国家公园的门户。它美丽的自然环境使其成为全国最理想的居住地点之一，尤其是那些热衷于户外活动的人。该镇在图书、期刊和音乐商店、出版、艺术和遗产机构方面都有很大的影响。安大略省的科林伍德、惠灵顿中心和霍普港以及不列颠哥伦比亚省的帕克斯维尔能够提供愉快的生活、工作和娱乐的条件，并接近多伦多或温哥华的文化公司总部。

这些城镇的人口最多不超过10万人，距大都市150~160公里，最远不超过200公里或2.5小时的车程。这个距离便于文化公司的雇员不定期地来往于总部与自己的城镇，也能吸引大城市的观众来此参加一些文化活动，有利于培育当地的文化市场。这些城镇的房价相对便宜，同样的价格可以买到比大城市更好的别墅。文化产业工作者选择在此居住，互联网的完善为他们远程办公提供了不可缺少的条件。较低的土地和劳动力价格，对文化公司也具有很大的吸引力，引来一些设计和广告公司入驻。

当然，并非所有大都市附近的城镇都能够吸引文化产业及其工作者，适合发展文化产业的城镇一般具有几个条件。首先，自然环境优美。在同样条件下，文化和创意工作者更喜欢居住在接近海岸线、湖畔和山谷的自然环境优美的小城镇中。这说明，他们选择小城市是基于生活方式的偏好，而不仅仅是基于产业的需求。

其次，这些城镇不会拥有太多的资源型工业、建筑业和重工业。一些文化产业对众多的蓝领工人来说是一种"新"的活动，他们并不感兴趣。因此，在蓝领工作氛围浓厚的城镇，不太容易培育适合文化产业生存和发展的兴趣和技能。例如，阿尔伯达省的伍德巴法罗是加拿大著名的国家公园地区，其最大的社区麦克默里堡（Fort McMurray）因油砂开采而发展，它有一所学院和戏院。尽管该地区自然风景优美，但由于石油工人多，很少有文化工作者在此居住和工作。萨斯喀彻温省的埃斯特万（Estevan）拥有众多的石油工人和煤砖制作工人，它虽然离省会里贾纳只有200公里，但文化产业工作者并没有选择它。

最后，这些城镇居民中老年退休人比例较大。退休人员离开城市，居住在附近拥有便利设施和特点的城镇。他们因有充裕的闲暇时间和财力，对特定的文化活动有着较大的消费倾向，从而为文化产业提供了生存的土壤。这些人也从事文化和自然遗产的保护活动，维持当地的文化和艺术特色。在这些城镇，一些文化工作者因工作性质，到了退休的年龄后仍从事职业活动，增加了老年人口的数量。

总之，由于许多行业的工作条件非常灵活和不稳定，本地化生产的概念变得模糊起来。虽然大城市仍然是文化生产的主要节点，但小城市作为部分文化工作者的居住地和潜在的文化生产地点而逐渐兴起。乔纳森的研究，证实了工作、生产、休闲和生活之间出现了一种新型关系。实际上，这种研究也从一个侧面反映了都市地区城市化的进程。一些文化产业机构及其工作者从都市或大城市进入了附近的城镇，使其有了文化产业而扩大了城市内涵。从中还可以看出，文化产业能否在小城镇出现和发展，还取决于当地的一些条件，说明一个地区的城市化会呈现出不平衡的状态。

第八章　城市社会空间的划分与族群关系

　　城市是一个国家经济和社会发展的重要标志，城市内部的社会和人口构成与整个国家的状况息息相关。作为一个移民国家，加拿大的多族群和多宗教国家的性质也在很大程度上在城市里得到体现。城市里的经济活动集中，各行各业能够为移民提供更多的就业机会；各种社会组织能够为新移民提供一些帮助。因此，相当一部分移民选择在城市立足和发展。

　　本章通过几个城市的个案研究，考察城市社会空间的初步形成以及各族群之间的关系。从中可以看出城市（urban）作为"实体"（entity）和"过程"（process）所发挥的作用。

一、几个城市社会群体居住区的形成

　　在社会和经济因素的影响下，加拿大的城市很早就形成了一些富人区、穷人区或少数族群居住区。以温哥华的庞特格雷（Point Grey）富人区为例。1908年，"加拿大太平洋铁路"公司决定在南温哥华区为社会精英开辟一个新的社区，以便通过开发房地产获取更多的利润。它选中了自然景色美丽的庞特格雷。为了保障不被南温哥华的工人打扰，它通过向省政府请愿而成功地将其分离出来，设置了庞特格雷区。建立之初，该区域三分之一的房地产税来自"加拿大太平洋铁路"公司。在20年里，该铁路公司的官员和其他工商业精英移居到此处，一般的工商业人士和专业人士也随之而来，其面积扩大而形成了温哥华的一个著名的富人区。1925年，不列颠哥伦比亚大学将校区迁到此地。它三面环海，成为世界上最美丽的校园之一。①

　　城市区域的贫富不均，有时产生于政府的一些政策措施。例如，渥太华于

---

　　① 1929年，庞特格雷和南温哥华两个区合并于温哥华市。

19世纪60年代设置后不久，军队驻扎议会大厦附近的地方，将城市分为"上城"与"下城"两个部分。逐渐地，上城居住着社会上层和白人族群，下城居住着社会下层和少数族群，彰显了不同的社会阶层的存在。

（一）早期蒙特利尔工业区域的分布

在近代史上，城市经济发展的一个重要指标是工业规模的扩大，它能够提高一个城市在国民经济方面的重要性，并带动城市的面积和人口规模的扩大。城市的工业化反过来也会对城市人口产生一些影响，例如，它使女性和儿童进入劳动大军。1870年，蒙特利尔女性在劳动力中的比例达到40%。然而，城市中的工业布局对社会各阶层社区的形成也起到了明显的作用。罗伯特·路易斯（Robert Lewis）对1806—1901年蒙特利尔所做的研究，证实了这一点。[1]

在19世纪40年代，蒙特利尔有了酿酒、绳索制作、铸造、蒸汽机制造和制铁业，但商业仍主导城市的经济活动。从19世纪50年代开始，在蒙特利尔就形成了两种企业。第一种是密集劳动型企业，它们规模小、成本低，大都集中在市中心。第二种是大规模企业，它们多是成本高和产量大，需要大厂房进行生产和加工，所以将工厂建在郊区。它们选择接近铁路和水路交通的地方，以利于获得原料和向腹地运送产品。

从各类企业拥有的资产和工人数量，可以看出它们在规模上的差异。1891年，蒙特利尔最大规模的企业是一些制糖厂、有轨车辆制造厂和轧钢厂。制糖厂平均拥有111万加元的资产和536名工人；有轨车辆制造厂平均拥有48.7万加元的资产和1250名工人；轧钢厂平均拥有31.1万加元的资产和343名工人。

规模最小的企业是家具厂、制桶厂和服装厂。每种企业平均拥有的资产和工人分别是：3519加元和11人，1396加元和10人，1433加元和16人。19世纪末，蒙特利尔拥有数百个小型机械厂，制作保险装置、弹簧、轮轴和工具等，还有数百个传统的家具制作、服装和制鞋等手工业。

1871年，蒙特利尔的工业带以沿着濒临圣劳伦斯河的蒙特利尔老城（Old Montreal），以及圣安妮选区（Ste. Anne）和圣玛丽（Ste. Marie）选区南部一带为轴。19世纪末，蒙特利尔老城逐渐转变为商业区，各种各样的小工厂向北转移

---

① Robert Lewis, "The Segregated City: Class Residential Patters and Development of Industrial Districts in Montreal, 1861-1901", in *Journal of Urban History,* Vol.17, No.2, 1991, pp.123-152.

到圣劳伦特（St. Laurent）选区。与此同时，一些大企业向郊外转移。这样，蒙特利尔主要的工业区域分布在西部的圣安妮选区和圣安托万（St. Antoine）选区，尤其是拉辛运河（Lachine Canal）沿岸。19世纪末，这个工业区进一步向西扩展到圣亨利（St. Henri）等选区。各选区位置见图1。

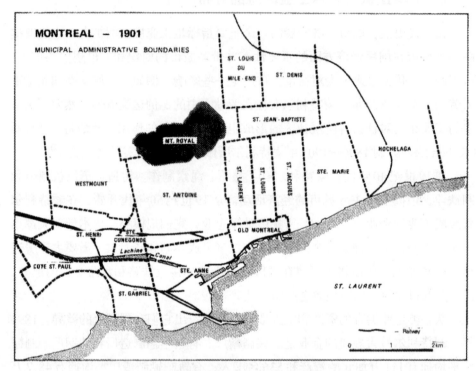

图1　1901年蒙特利尔行政管理区图示[①]

1870年，在蒙特利尔东部的圣玛丽和霍歇拉加（Hochelaga）选区出现了一些企业，全市最大的20家企业有7家设在这里。

蒙特利尔的工商业由英裔工商业者控制，但它位于法语魁北克省内，城市的大多数居民是法裔，其中也有一部分法裔资产阶级和小资产阶级。法裔工人与爱尔兰移民一起，更多地从事半技术和非技术工作。英格兰和苏格兰移民主要在技术、白领和专业领域工作。就选区而言，圣雅克选区的工人都是法裔制鞋工人和卷烟工人。在圣安妮选区南部，工人基本上是英裔机械工。但是在多数区域，各种族群的工人混住在一起。

---

① Robert Lewis, op. cit., p.135.

（二）蒙特利尔各阶层居住空间的分离

蒙特利尔的工厂在地点上的分散，导致工人家庭居住空间的分散和随之而来的社会阶层在空间上的分离。

罗伯特·路易斯根据自来水税交纳清单上登记的名字和地址，将1861年蒙特利尔分为比选区更小的19个"区"。他从税单上选择了25个职业，代表资产阶级、小资产阶级、白领阶层、技术工人、非技术工人5个社会阶层。

如果一个社会阶层的住户在一个区域占据多数，则将其界定为这个阶层的社区。根据这个区域内其他阶层住户的比例，界定这个阶层分别与其他阶层居住分离的程度，然后计算出整个城市各阶层相互分离的指数。指数的数字越大，表明二者分离程度越大。

他发现，在等级形式的社会结构中，一个阶层与其上、下阶层居住分离的程度较低。例如，1861年和1901年两个年份，白领阶层与其上的小资产阶级的分离指数分别是30和24；白领阶层与其下的技术工人的分离指数分别是29和28。而资产阶级和小资产阶级两个社会上层与其他社会阶层居住分离的程度较大，说明他们的居住区很少有其他社会阶层。[①]

就居住地点而言，资产阶级和小资产阶级19世纪中期住在蒙特利尔老城及其附近区域。随后，他们逐渐向北转向圣安托万、圣劳伦特和圣路易斯3个选区，从那里再向北边的皇家山（Mt. Royal）方向扩展，至1901年占据了整个南山坡和上述3个选区的北部。这里的地势高，远离工业区。白领阶层住在他们附近，显示其较高的社会地位。这3个社会阶层都居住独立别墅，能够体现住房价值的房租在1861年是116~270加元，在1901年是150~330加元。[②]

工人阶级社区较为分散，一般在工作地点附近。19世纪中叶之前，相当比例的工人居住在蒙特利尔老城附近。1861年，金属加工行业的工人集中在西部的圣安妮选区，该选区的人口占到全市人口的38%。1901年，一个新的工人居住区在城市东部出现。这里的人口占城市的四分之一，包括50%的金属加工工人。在城市东部和西部两个郊区的人口中，86%~91%是蓝领工人。他们居住在多单元住房里，房租1861年大约为50加元，1901年为54~87加元。

---

① 1861年和1901年，他们与技术工人分离指数都在40以上；他们与非技术工人的分离指数都在60以上。Robert Lewis, op. cit., p.141.

② 自来水税清单上只有房租而没有房价的信息，但房租的高低也能反映出房屋的价值。

1901年，除了资产阶级与工人阶级的独立社区外，蒙特利尔还存在一些各阶层的混住区域，它们是城市北部的圣让巴普蒂斯特（St. Jean Baptiste）选区和圣丹尼斯（St. Denis）选区。这里有各种各样的住房和小规模的劳动密集型工厂。由于它在市中心以北，商人和职员能够去市中心从事商业和金融工作，工人去工业地带从事制造业和服务行业的工作。这些区域含有5个社会阶层，但不住在一条街道上。这两个选区混住着英裔和法裔，还有其他种族群体。房租在资产阶级和工人阶级区域中间，1861年是59~72加元，1901年为98~140加元。

这项研究证实，近代加拿大城市的居住模式与工业资本主义发展状况联系在一起。至19世纪上半期，以手工业和商业为主的各种行业基本上集中在城市里。随着19世纪中期第一次工业革命的开始，大工厂开始在大城市的郊外或沿铁路交通干线出现。至20世纪初，一些大城市与蒙特利尔一样，存在着资本密集型和劳动密集型两种形式的企业，分别分布在郊外和市中心。为了就近工作，许多挤在内城区域的工人家庭移居郊外，工厂附近建造的廉价住房为郊外工人社区的出现提供了条件。这样，通过各种社会阶层社区的形成，城市的社会阶层和职业的划分在城市的景观上反映出来。

（三）汉密尔顿市郊的一个工人社区

蒙特利尔不同阶层社区的形成，可以说反映了多数城市存在的现象。然而，汉密尔顿一个工人社区的形成，与蒙特利尔有着明显的不同。

汉密尔顿是安大略省重要的工业城市。20世纪初，在其东郊一个名为"联合公园"的地方，出现了一个蓝领工人居住区。1911年，其82%的户主是没有技术的蓝领工人，1921年下降到77%，至1931年依然保持在76%。理查德·哈里斯（Richard Harris）和马特·森德布勒（Matt Sendbuehler）对此做了研究[1]，揭示了它形成的原因。

1901年，汉密尔顿有52634人，1931年达到155547人。其工业区除了西部和南部外，主要向城市东部发展。1900年，两个土地投机商花费3863加元，将安大略湖湖畔附近一块叫"联合公园"的土地买下，共计24.43英亩。他们有意按照较小的面积划分宅基地块，一个地块的价格在17~71加元之间。[2]

---

[1] Richard Harris and Matt Sendbuehler, "The Making of a Working-Class Suburbs in Hamilton's East End, 1900-1945", in *Journal of Urban History,* Vol. 20, No. 4, 1994, pp.486-511.

[2] 俩人几年内将土地销售，一共得到13915加元，扣除必要的开支和通货膨胀因素，整个投资利润率达到260%。

便宜的地价吸引了蓝领工人。工人家庭买地自建房屋，只是房屋最难建的部分由开发商完成，这使房屋的成本很低。1911年，联合公园房屋的平均估价为434加元，成为汉密尔顿市房价最低的郊区之一。相比之下，整个汉密尔顿1912年新建的砖房估价平均为2000加元，框架结构住房的估价平均为1012加元。在联合公园的121套住房中，95%的住房是框架结构，71%的住房只有一层或一层半。

1910年，市政府在此安装了街灯，1912年完成供水设施，1914年完成排水和人行道的铺设，主体街道的铺设于1923年完成。

在这个工人社区出现时，附近还没有形成工业区，这与前述蒙特利尔郊区的工人社区有很大的不同。历史上，汉密尔顿的工业集中在中央商务区。从19世纪90年代开始，钢铁和金属加工企业外迁，向着东边的安大略湖湖畔的方向发展。汉密尔顿市逐渐成为加拿大的钢铁生产基地，几个重工业大型工厂一共雇用几千工人，此外还有许多制造业、化工厂和轻工业工厂。但是，直到1909年，联合公园附近也很少有工厂。多数工人去市中心或其他地方上班，平均需要步行1.2英里，最远的2英里。1915—1921年，一些工厂在联合公园以北和西南方向出现，使工人步行上班的距离缩短至1英里以内。

蒙特利尔郊区的工人社区是伴随着工厂的郊区化而出现的，而汉密尔顿的联合公园可以归纳为因工人自建住房而出现。这种模式还出现在多伦多和温哥华等城市。它们都有一个共同点，即在缺少城市规划的情况下，开发和投机商过早地划分和销售城郊的土地而导致城市无序蔓延。工人家庭在郊区建造能负担起的住房后，步行到市中心上班；在多伦多，住在郊区的工人上班需要步行4英里。显然，这种郊区化为工人家庭的生存提供了基本的保障和社会安全感。它与"二战"后的郊区化不同，后者是政府官员、企业高管、大学教师等群体依靠贷款在郊区建造或购置舒适的别墅，属于一种消费主义性质的中产阶级郊区化。

（四）公共设施安排引发的社区对立

加拿大一些城市贫富社区的形成和对立，也与城市政府的政策有着密切的联系，温尼伯市的例子说明了这一点。

1. 温尼伯

温尼伯的最初发展主要由"加拿大太平洋铁路"带动，车站及其周边一度是城市的中心区域，集中了城市的公共机构、店铺、旅馆、工厂和住房，使之成为一个"步行"的城市。与此同时，它作为温尼伯的消遣和商业中心，也产生了噪音、污秽、犯罪和拥挤。大量移民到来后，富人逐渐搬离。

19世纪末20世纪初，太平洋铁路的车站及主街一带的城市北区（North End）已经成为工人阶级和移民的聚集地。1906年，这个不到城市三分之一的区域拥有全市43%的人口。沿着铁路线，坐落着重工业和中型企业的工厂和便宜的木制房屋。

温尼伯的北区是一种典型的穷人区域。这里，许多移民家庭挤在缺少卫生设施的一栋房子中。夜间缺少照明，雨天街道泥泞；缺少学校、幼儿园和日托中心；死亡率高，酗酒、赌博和卖淫现象普遍。

1900年之后，铁路支线和新车站的修建，使雷德河畔的上层社会居民移居阿西尼博因河畔，温尼伯"南富北穷"的界线更加明显。

工商业精英居住在城市西部和南部的第1、3和第4选区，并在此经营自己大部分的生意。这里的街道宽阔，房价很高。[1] 1874—1914年，工商业者通过各种方式将工人阶层和少数民族排除在市政府之外，将有限的资金用于富人区域，使之供水、防火等市政服务设施齐全。

一般而言，各城市政府在市政服务方面都存在着一定的偏向性，至少在一个时期内是这样。而在温尼伯这样迅速发展的城市，这种偏向性长期存在，从而凸显了社会贫富之间的差异。结果，至1914年，温尼伯在富人社区与穷人社区之间形成了一些相互排斥的社区，城市被贫富差异所割裂。

城市社区之间的对立，成为1900年之后不断扩大的罢工潮出现的一个重要原因。这些罢工，最终酿成1919年加拿大历史上最大规模的温尼伯大罢工。在长达40天的罢工中，有3万工人离开工厂，导致铁路交通瘫痪。罢工工人要求资方承认工会代表工人进行集体谈判的权利，提高工资和改善工作环境。而制造商、银行家、商人和政界人物组成了一个1000人的市民委员会，代表城市中的富裕阶层反对工人的罢工。[2]

2. 埃德蒙顿

埃德蒙顿的第一大街、贾斯珀（Jasper）大道以南靠近北萨斯喀彻温河畔的区域被称作西区，该城市近四分之三的律师、医生、金融家和高级公务员以及

---

① 例如，在阿西尼博因河南岸的克莱森特伍德（Crescentwood），宅基地纵深不少于300英尺（91米），在上面建造的住房售价1万加元。整个区域的住房至少价值6000万加元。

② 1919年温尼伯大罢工，参见本书第九章相关内容。

绝大多数商人都住在这里。贾斯珀大道以北和第一大街以东的多数区域叫作东区，主要聚集着工人、小商人、小工商业者和外来移民。这种居住模式，显示了富裕和贫困群体以及族群之间的差异。

20世纪初，两种区域之间在一些问题上发生了矛盾。第一个是关于市议会对隔离医院的选址问题。东区的居民反对将其设在东区，推迟了市政府的决策。直到1906年，东区居民才表示同意。

第二个问题与太平洋铁路如何穿过城市有关。1906年，大干线太平洋铁路从市政府获准穿过城市东区的几条街道，东区和西区的居民都不同意它穿过自己的社区。在接下来三个月的讨论中，埃德蒙顿商会建议采取一些措施，使太平洋铁路从东区穿过时不影响当地的交通和生活。[①] 而东区的居民反对这一建议，强烈谴责它不公平。

第三个问题是关于供水、排水、街车路线等公共设施的安排。市议会将90%的新排水管道铺设和计划中的街车、人行道安排在西区，还要实施将垃圾焚烧装置建在东区的计划，这使得包括一些店主在内的东区居民十分愤怒。他们要求垃圾焚烧装置另选地址；对城市政府正在西区没有人居住的地方铺设管道提出强烈的抗议。

东区和西区之间的意见分歧，也体现在城市议会选举中。1906年，东区3个当选者的选票近80%来自东区。西区2个当选者三分之二的选票来自西区。[②] 这说明，他们各自得到本区多数选民的支持。

二、温尼伯早期的少数族群移民

19世纪80年代太平洋铁路建成以后，又有几条铁路经过温尼伯通向太平洋海岸。许多工商业者云集于此，利用铁路带来的物流和劳动力开展业务，各种各样的移民也抵达温尼伯。其中，英国人、美国人或来自安大略省的加拿大人有着充足的资本或可靠的工作经验，很快融入温尼伯的城市社会；而斯拉夫人和犹太人等移民资金少，语言不通，文化背景不同，不仅不容易立足，还面

---

① 这些措施是：至少要求该铁路在西区的十字路口修建地下或高架通道，在附近不能鸣笛或打铃，机车使用无烟煤或其他无害的燃料。

② Carl Betke, "The Original City of Edmonton: A Derivative Prairie Urban Community", in Gilbert A. Stelter & Alan F. J. Artibise ed., *The Canadian City: Essays on Urban and Social History*, Carleton University Press, 1984, pp.412-413.

临着被同化的压力。

1901—1911年，温尼伯外国移民的比例从38%增加到55%。1881—1921年，在温尼伯的种族比例中，英裔从83.6%下降到62.1%，斯拉夫人从0.1%上升到12.6%，犹太人从0.1%增加到8.1%。[①]斯拉夫人和犹太人的数量增长最快。

1916年，温尼伯北区居住着该城市80%的犹太人和斯拉夫人、67%的斯堪的纳维亚人和22%的德国人。[②]服务于他们的教堂、商店和学校等也相继出现。面对众多的"外国人"，英裔感到文化统一受到威胁，更加关注自己的群体意识，他们集中居住在城市的西区。温尼伯在语言、宗教和族群方面成为一个"分裂"的城市。

这一时期，英裔主流社会对非英裔移民存在着严重的偏见。对于斯堪的纳维亚人和德国人，英裔认为他们属于条顿人，与自己同源并有着相似的种族习惯、制度、理想和道德标准。而对斯拉夫人，英裔认为他们从来就不同于西北欧人，其文明落后了一千年。英裔攻击乌克兰人的婚礼是低劣的狂欢，妇女基督教戒酒协会把新移民、白酒经销商和政客视为"一根腐败和堕落的链条"。一些温尼伯居民要求严格限制移民数量。多数人希望利用公共学校这个工具同化斯拉夫人和犹太人。

在法裔的要求下，1897年的《曼尼托巴省学校法案》规定，在有讲法语或其他语言的学生时，学校在英语之外还应当使用这些语言授课。当乌克兰和波兰等少数族群要求在学校使用自己的语言授课时，温尼伯的英裔认为这是使用自己纳税的钱提供非英语教学。他们还反对乌克兰移民建立自己的教师组织和出版乌克兰语周报。

市政府利用共公学校把移民同化于英裔族群，但未取得预期效果。1911年，大约有1万名6~16岁的孩子没有上公共学校。另外，学校中讲英语的教师不会讲外国移民的语言，因而与移民学生难以进行交流。外国移民用自己的语言教育孩子。估计1911年至少有3000名少数族群移民的孩子上私立或教会学

---

① Alan F. J. Artibise, "Divided City：Immigrant in Winnipeg Society, 1874-1921", in Gilbert A. Stelter & Alan F. J. Artibise ed., op. cit., p.365.

② Alan F. J. Artibise, *Winnipeg: A Social History of Urban Growth: 1874-1914*, McGill-Queen's University Press, 1975, p.162.

校，还有数千学生在少数族群语言的夜校或周末学校里学习。[①]

　　除了公共学校，一些英裔教会慈善组织在帮助新移民生存的同时，也致力于将少数族群融于主流社会。1892年由卫理公会建立的"万人会馆"（All People's Mission）是其中的一个典型。为了服务于多语言种族移民，它的几个工作人员努力学习波兰语、乌克兰语、德语等。它开办幼儿园，访问移民家庭；还开办英语夜校和主日学校，在联邦移民建筑里欢迎移民、发放救济等。该组织资助一个名为"人民论坛"的主日集会，展示各种族群的音乐和舞蹈。全城市民不论种族、宗教和阶级，都可参加。然而，少数族群与英裔主流社会和文化的关系问题，不是短时期内就能解决的。

　　需要注意的是，温尼伯英裔社会对待外来移民的态度，还与政治局势有一定的关系。"一战"前，温尼伯人认为把"外国人"同化到英裔加拿大人的生活，是一个严肃但最终可以解决的问题。但是，"一战"使他们的态度发生了变化，开始对英国的敌对国——德国和奥地利的一些移民群体发起攻击。以前，德国人被认为是最有价值的移民，现在他们被列入"最不需要的外国人"名单。为了表示英国人与德国人在历史上没有关系，有人甚至提出盎格鲁—萨克森人应当改为盎格鲁—凯尔特人。

　　"一战"结束后，温尼伯人对一些移民的仇视并没有减轻。找不到工作的退伍军人要求把德意志人和乌克兰人这些"红色因素"驱逐出境。1919年发生的温尼伯大罢工，许多温尼伯居民认为它是一场革命，与"外国人"有着密切的关系。1919年1月，退伍军人团体和一些暴徒打碎了商店的窗户，闯进移民的家，要求每个"外国人"亲吻英国国旗；奥地利的世白（Edelweiss）啤酒厂也变成了废墟。然而，市政府没有对肇事者提出指控。[②]

　　排斥海外移民的行为产生了影响。1921年之后的几十年里，温尼伯的许多"外来人"来自加拿大的农村地区。这些农民已经历了一些同化阶段，比外国移民更容易融入城市。而少数族群因没有了来自母国的新成员，族群的特征逐渐减弱。他们通过尊重和容忍主流社会而能够在温尼伯生存下来，尤其是他们

---

　　① 当时，曼尼托巴省的入学率很低，三分之一的儿童不上学。全部人口中的25%仅上过小学，5%上过中学。上过大学的只占1%。Alan F. J. Artibise, *Winnipeg: A Social History of Urban Growth: 1874-1914*, McGill-Queen's University Press, 1975, p.204.

　　② Alan F. J. Artibise, "Divided City：Immigrant in Winnipeg Society, 1874-1921", in Gilbert A. Stelter & Alan F. J. Artibise ed., op. cit., pp.384-385.

的第二、三代渴望被英裔社会所接受。这样，在温尼伯，甚至"外国人"一词也逐渐被带有积极意义的"新加拿大人"一词所取代。

三、多伦多早期的爱尔兰天主教徒

（一）基本情况

早在18世纪末，就有爱尔兰人移居加拿大，19世纪40年代中期发生的大饥荒造成了爱尔兰海外移民高潮。至1851年，一共有150万爱尔兰人移民到国外。至1914年，又有500万爱尔兰人移民北美，其中相当一部分抵达了加拿大。1851年和1901年，爱尔兰人在多伦多人口中分别占到36.7%和29.6%[①]，成为仅次于英格兰人的第二大族群。

1851年，多伦多一共有7940天主教徒，占城市人口的25.8%。英格兰、苏格兰、爱尔兰和荷兰籍的新教徒约占全市人口的74%。1901年，天主教徒人数在城市人口中的比例下降到13.9%，来自各国的新教徒的比例上升到占全市人口的86%。1880年之前，多伦多天主教人口的95%是爱尔兰移民。1900年，他们在天主教徒中的比例下降到80%。这样，爱尔兰人虽在多伦多天主教徒中占据多数，但相对于新教徒，他们无疑是城市中的少数群体。

在半个多世纪里，爱尔兰天主教徒利用城市本身提供的条件，成功地保持自己的宗教信仰和文化特征。

历史上，英格兰于17世纪中叶占领了爱尔兰。1688年"光荣革命"以后，《王位继承法》禁止天主教徒继承英国王位，爱尔兰天主教失去了一度与英国国教平等的地位。1702—1715年，英国政府实施同化爱尔兰人的政策。它消灭天主教贵族和中产阶级，将主教驱逐到海外，教区的神职人员被要求宣誓效忠和服从英国新教国王和议会。面对同化的压力，爱尔兰农民组织秘密社团，在山腰的露天教堂举行仪式，教徒们回归至带有强烈迷信色彩的基督教之前的信仰。与此同时，乡土观念滋生了派系主义，逐渐出现暴力行为。

多伦多的爱尔兰移民中大都是文盲。他们讲盖尔语或夹杂大量盖尔语单词的爱尔兰式英语，社会习俗也与英格兰人不同，尤其是守灵仪式。[②] 这种仪式

---

① Murray W. Nicolson, "The Other Toronto: Irish Catholics in a Victorian City 1850-1900", in Gilbert A. Stelter & Alan F. J. Artibise, op. cit., p.342.

② 爱尔兰人将尸体放到桌子上或棺材里，在头和脚处点燃蜡烛。朋友和亲戚跪在尸体面前长时间哀悼，然后跳舞和做游戏。借此表示对死者的尊敬。

是爱尔兰人在失去社区成员后的一种情感宣泄，而英格兰新教徒对此感到吃惊和厌恶。爱尔兰天主教徒认为，死亡只是生命在凯尔特天堂（Tir Na N'Og）而不是基督教天堂中的继续。[①]这使英格兰新教徒难以容忍。

19世纪40年代大饥荒之前，爱尔兰移民住在安大略湖北岸一带，此后从这里向外扩展。1880—1890年，多伦多有了大小十几个"爱尔兰人街"，这些地方也有新教徒工人和穷人。

19世纪40年代大饥荒中抵达多伦多的爱尔兰天主教大都是农民，他们试图保留自己在农村的礼俗文化和宗教。然而，在英裔新教各派占据主导地位的城市里，这一愿望并不容易实现，反而成为他们受到排挤的一个原因。[②]面对歧视和排斥，爱尔兰民族主义愈加强烈，他们试图维护自己的身份和宗教文化传统，天主教会从中发挥了重要的作用。

（二）天主教会对爱尔兰人身份的维护

1822—1847年，多伦多只有一个爱尔兰教堂——包心菜镇的圣保罗教堂。1848年，在其附近有了圣麦克尔教堂，主教区组织开始出现。至1914年，一共有14个大小不一的天主教教堂出现在爱尔兰移民的聚集区。这些教区教堂与牧师之家、学校、女修道院、会堂等宗教和社团组织，深深地影响着爱尔兰人的思想意识。

在维护天主教徒的特征方面，爱尔兰天主教会采取了以下几项措施。

首先，把宗教与民族主义相结合，提高爱尔兰移民的信心。天主教会注重培养爱尔兰人的神圣感，教堂成了教徒逃避羞辱、虐待和差别待遇的地方。在这里，他们感到有一种永恒的力量支持他们，与城市压力进行不懈的斗争。为了培养这种神圣感，天主教教会遏制爱尔兰民族主义的狂热和暴力，反对酗酒和秘密社团，利用布道和朝圣灌输新的道德观念。教会强调"圣帕特里克节"的宗教性质[③]，说它不是爱尔兰的民族节日。

其次，开办教会学校。早在1847年，天主教会就在多伦多开办了一所小学。1853年，该机构建立了只招收爱尔兰男生的圣麦克尔学院。教会学校强调

---

① 它是爱尔兰神话中的永恒之地，美丽而和平，居住着永不衰老的神祇和精灵。

② 多伦多的爱尔兰新教徒容易接受英裔的新教文化。

③ 432年，圣帕特里克受罗马教皇派遣前往爱尔兰传教。他用三叶苜蓿形象地阐明了圣父、圣子、圣神三位一体的教义，使爱尔兰人接受了罗马天主教。493年3月17日，圣帕特里克逝世，爱尔兰人为了纪念他，将这一天定为"圣帕特里克节"。

道德观，也注重爱尔兰历史。为了加强神圣感和对爱尔兰正统天主教的虔诚，学校推崇同情天主教会的文学作品。还利用颁奖夜等聚会，把宗教与民族音乐、诗歌和演讲结合在一起。

再次，建立教会的慈善机构。最早开展慈善活动的是爱尔兰天主教会的女教徒。1849年，她们给孩子们发放了食物和衣物；走访家庭和传授卫生知识；建立主日学校和进行教义问答。1850年之后，圣文森特·德·保罗协会承担起在爱尔兰工人阶级中开展慈善活动的重要职责，向受伤的工人提供保险福利，向死亡工人的家庭提供保护。1858年，圣约瑟夫修女会开办了"上帝之家"（House of Providence），为年长者、婴儿、贫困者、聋哑人和病弱者提供住宿和看护服务。它还为女性建立了一个名为"我们的天使女神"（Notre Dame des Anges）的寄宿所，为孩子和学徒提供住宿。此外，该机构还开办了三个孤儿院。19世纪末，它开办了圣麦克尔医院。20世纪初又开办了圣约瑟夫医院和女性慈善医院。20世纪70年代，鉴于不少年轻的爱尔兰天主教徒违反当地的法律，天主教会建立了一些工读学校，招收和教育违法犯罪的男女年轻教徒。[①]

最后，天主教会采取的措施是影响教徒的家庭。在教会看来，只有稳定的家庭关系才能避免被同化，家庭对群体凝聚力和教徒的生存至关重要。教会采用说服和强迫的方法，让教徒接受教会为家庭制定的标准。

天主教会将严重违反者驱逐出爱尔兰群体，在婚礼和守灵仪式上利用基督教行为方式取代迷信的做法和酗酒行为。至1900年，宗教渗透到每个爱尔兰家庭，将家庭与教会绑在了一起。

总之，罗马天主教对爱尔兰农民文化中各种元素进行采用、重新解释和融合后，在多伦多形成了一种"爱尔兰正统天主教"。它利用教堂、学校、慈善机构，帮助爱尔兰人面对城市中持续存在的社会压力而生存下来。显然，如果没有城市这个平台，爱尔兰天主教会很难实现自己的目的。在多伦多城市诞生的爱尔兰民族宗教文化，通过教会的大主教区体系、爱尔兰人的媒体和广泛的亲属关系，传播到安大略省的乡村和其他城市，延续了该省爱尔兰天主教群体的身份。

四、葡萄牙移民的政治活动

少数族群移民来到加拿大城市后，首先面临的是如何生存的问题。一些移

---

① Murray W. Nicolson, op. cit., pp.348-351.

民以亲属的身份移居加拿大。他们虽然可以短暂地借助于亲戚的帮助，但终究还需要寻找工作和增加经济收入，以便独立地生活。那些凭借技能或资金资格移居加拿大的少数族群移民，更需要在城市立足方面做出努力。因此，参加政治活动并不是他们的首选，只有在取得一定的社会地位后，少数族群移民才参加各级政府的选举。

吉尔伯托·费尔南德斯（Gilberto Fernandes）研究了20世纪50—90年代多伦多葡萄牙移民参加政治活动的过程[①]，反映出少数族群在加拿大城市政治活动的一些特点。

（一）葡萄牙移民

葡萄牙人是"二战"后最后一批移居北美的欧洲大的群体之一。20世纪40年代，只有400名葡萄牙人移居加拿大。从50年代开始，加拿大的葡萄牙人通过资助自己的家人和朋友，开启了移民热潮。1951—1967年，一共有57319名葡萄牙人移居加拿大。[②] 1967年，加拿大政府出台了新的移民条例，此后葡萄牙移民更多以家庭成员或亲戚的身份进入加拿大。还有许多葡萄牙游客在加拿大境内申请居留，直到1973年这一移民渠道被关闭。

从1968年至1973年，有54199名葡萄牙人移居加拿大，此后开始减少，90年代的数量几乎微不足道。[③] 总体上，葡萄牙移民在加拿大参与政治活动的比例较低，尤其是在20世纪70年代中期之前。主要有以下两个原因。

首先，与他们在国内的成长及其文化传统有着密切的关系。1933—1974年，葡萄牙建立了欧洲最长的保守独裁政权。[④] 1933年的葡萄牙《宪法》废除了民主自由，学校的作用是培养温顺的年轻人。这种制度造成普通人缺少民主意识，葡萄牙移民很难像加拿大人那样在选举中表达自己的诉求。

[①] Gilberto Fernandes "Beyond the 'Politics of Toil': Collective Mobilization and Individual Activism in Toronto's Portuguese Community, 1950s-1990s", in *Urban History Review*, Vol.39, No.1, 2010, pp.59-72.

[②] *The Canadian Encyclopedia: Portuguese Canadians,* Historica Foundation of Canada, https://www.thecanadianencyclopedia.ca/en/article/portuguese/. 2023-02-02.

[③] 1974年葡萄牙国内政治发生了变化，1986年葡萄牙加入欧共体。1985年，包括葡萄牙在内的几个欧共体国家签署了《申根协定》，葡萄牙的公民可以在任何一个签约国家里找工作，这些都分流了奔赴北美的移民潮。2016年的人口普查显示，整个加拿大有482610名具有葡萄牙血统的人。

[④] 西班牙独裁者安东尼奥·奥利维拉·萨拉查（Antonio Oliveira Salazar）在1933—1968年执政，继任者马塞洛·卡埃塔诺（Marcelo Caetano）于1968—1974年执政。

其次，与葡萄牙移民的识字率低以及英语（或法语）知识贫乏有关。葡萄牙一代移民很少使用英语，他们的孩子因家庭生活所迫而早早地工作，也没有很好地接受英语教育。语言障碍影响到他们参加政治活动。

（二）参加政治活动的原因

一些因素促使葡萄牙人开始参与政治活动。首先，它由一些葡萄牙人的团体所带动。1959年，逃离葡萄牙的政治异见人士在多伦多建立了一个加籍葡萄牙人民主协会。1961年1月，葡萄牙的"圣玛利亚号"豪华游轮遭到反政府军的劫持，一群葡萄牙移民在多伦多举行集会，支持葡萄牙独裁政权。对此，该协会组织了一支汽车车队在街上游行，对这种支持活动表示抗议。

此后，加籍葡萄牙人民主协会通过宣传促使葡萄牙移民在政治上觉醒。1975年，一个名为"葡萄牙人社区运动"的组织办了一份社会进步报纸——《社区》，它在发行的5年里吸引了大量的读者。

其次，葡萄牙移民参与政治活动是受到一些事件的激发。第一个事件发生在1969年，一位20岁的葡萄牙移民在一次例行交通盘查中被一个警探开枪打死，500名葡萄牙社区成员上街游行。9月，加籍葡萄牙人大会成立。

第二个事件发生在1977年，一名葡萄牙擦皮鞋男孩被骗到一家成人按摩店，受到性侵后被杀害。愤怒的葡萄牙移民举行了有1.5万人参加的抗议集会。结果，在1978年多伦多市议员的选举中，5名葡裔加拿大人参加，1人竞选多伦多学校董事会的理事。

这一事件促成葡萄牙移民中出现了新一代社区活动家，他们中许多人隶属于加拿大新民主党，关注影响葡萄牙移民的社会经济问题。

再次，葡萄牙人社区的政治觉醒与加拿大联邦多元文化政策的实施也有密切的关系。20世纪70年代初以来，多元文化主义政策通过遏制文化排斥和种族歧视，承认少数族群作为特定选民的合法性。葡萄牙移民的大多数文化、体育和娱乐团体（俱乐部和协会）以及社会进步组织，都是在70—80年代成立的。

例如，1978年，一些社会工作者成立了葡萄牙人机构间组织（The Portuguese Interagency Network），充当社区与政府进行交流的媒介。1981年，一些社会经济地位较高的移民组成了加籍葡萄牙人商业和专业人士联合会，致力于提升葡萄牙移民在加拿大社会中的形象。它的许多董事都是加拿大自由党的积极成员或支持者。

（三）逐渐走向成熟

至20世纪90年代末，加拿大一共有198个葡萄牙社会和文化团体（安大略省有111个）、38个教会以及各种各样的媒体机构。他们一共拥有50种报纸、37种简报和17种杂志，还制作许多电视和广播节目。这些大部分都位于多伦多。①

但是，众多的葡萄牙人团体不一定都参加政治活动。一个重要的原因是移民中存在着派别，移民团体之间不够团结和统一，甚至相互对立。

葡萄牙移民中存在一些保守的派别和组织。20世纪70年代中期之前，天主教的教区和神父支持葡萄牙国内的独裁政权。1969年，一些保守人士成立了安大略省加籍葡萄牙人团体联合会。

1974年以后，一些激进组织因意见不同或在领导人职位竞争中发生分裂，葡萄牙人难以在各级选举中推出自己的候选人。1978年以后，10年内多伦多市推出的葡萄牙候选人平均数量下降到1年1人。

20世纪80年代后期，葡萄牙移民开始走向联合。1986年，安大略省葡萄牙人俱乐部与协会联盟成立，它在21世纪初发展成为加籍葡萄牙人最认可的机构之一，每年6月都组织"葡萄牙周"的庆祝活动。1988年，在多伦多市议会的选举中，第4选区马丁·席尔瓦（Martin Silva）以新民主党员的身份参选而获胜，成为第一个选入市议会的葡萄牙人。

1991年，安大略、多伦多和其他城市的重要的葡萄牙人团体召开了一个全国会议。1993年，加籍葡萄牙人国民大会在渥太华成立，标志着加拿大葡萄牙族群进入了一个政治成熟期。

这种政治上的发展，与第二、三代葡萄牙移民进入并更好地融入主流社会有着密切的关系。他们英语流利，就业多样化，多属于中产阶级和专业人士。20世纪90年代，在安大略省议会的4名加籍葡萄牙议员中，有3人是在密西索加当选的。实际上，葡萄牙人在这些选区中占据少数，表明候选人对同族群选票的依赖正在减少。早期，葡萄牙候选人的竞选策略主要是争取同族群的选票。而现在，成功的葡萄牙政治人物已经意识到：若要当选，就需要得到更多族群

① Gilberto Fernandes，op. cit.，p.68.

的拥护和支持。

五、20世纪末三大城市中的少数族群

"二战"之前，加拿大移民的主要来源是欧洲国家。"二战"后，欧洲因重建的需要，移居北美的人口大幅度减少。加拿大政府调整移民政策，向亚非拉国家的移民敞开大门，越来越多的少数族群移民抵达加拿大，主要居住在多伦多、温哥华和蒙特利尔三个大都市地区。

1957年，来自欧洲的移民占了加拿大移民的91%。1967年移民条例实施后，加拿大接受了越来越多的亚洲移民。这样，在1976年的移民中，33%来自欧洲，来自亚洲国家的上升到30%。1996年，欧洲移民的比例下降到18%，亚洲移民的比例则上升到64%。

（一）概况

人口占少数的移民为了维持文化传统和身份，选择集中居住在一起。第二、三代移民移往郊区，是经济上的成功使之重新选择居住地点而不是分散。20世纪90年代，多伦多吸引了中国香港、中国台湾和内地（大陆）受过教育的移民，新的华人移民集中在多伦多郊区的世嘉堡（Scarborough斯卡伯勒）和马卡姆、密西索加、列治文山（Richmond Hill里士满希尔），只有2.4%的华人住在贫穷人口占40%的区域，包括市中心的"唐人街"。这种现象存在于温哥华，富裕的华人移民集中在列治文（里士满）、西温哥华和伯拿比。温尼伯的富裕华人移民较少，有16.4%的华人住在非常贫穷的区域。[①] 多伦多郊区也有其他移民，例如加勒比海地区的移民住在世嘉堡（斯卡伯勒）、北约克、怡陶碧谷（Etobicoke）等房价比较便宜的区域。他们并非单一族群，所以居住较为分散。有证据显示，城市的社会住房政策也使得一些移民集中住在多伦多的郊区。90年代前，越南移民抵达多伦多时，集中住在有补贴的住房的郊区。

现在，人口少数族群集聚区的功能发生了改变。以前的移民街区现在变成了族群的商业区和展示文化传统活动的地方，多伦多的"小意大利"、"唐人街"和"希腊城"，在这方面的成功转型引起了大家的注意，其他的一些商业区试

---

① Valerie Preston and Madeleine Wong, "Immigration and Canadian Cities: Building Inclusion", in Caroline Andrew et al. ed., *Urban Affairs Back on the Policy Agenda*, McGill-Queen's University Press, 2002, p.34.

图通过建立一种独特的"族群"特征而对它们进行模仿。例如，世嘉堡（斯卡伯勒）和马卡姆的亚洲购物中心，再现了中国香港的商业环境。

　　文化差异导致少数族群与白人主流社会产生一些纠葛，温哥华和多伦多的香港移民建造的房屋是其中典型的事例。一些中国香港移民在这些城市拆除了存在几十年的老房屋，建造超大和超高的房屋；他们将门前的大树砍倒，将车库从房后移到房前，有的甚至在房屋门前摆上两头石狮子。这种房屋与当地流行的"维多利亚"式的房屋在风格上格格不入，因而被白人邻居称作"怪兽屋"。当地市民向城市政府施加压力，颁布法规限制这种房屋的出现。还有一些白人邻居搬离华人移民集中居住的区域，温哥华南部的列治文（里士满）就是一个例证。20世纪初，这里的华人人口达到40%以上。

　　历史上，加拿大白人对少数族群移民持排斥态度。自20世纪70年代联邦政府推行多元文化政策，种族主义受到抑制。90年代的一项调查显示，基于肤色、口音和出生地点的社会排斥现象不断减少，都市地区的公众对移民的态度正面多于负面。例如，在温哥华是3.14比1，在蒙特利尔是1.91比1，在多伦多是1.33比1。而在3个城市所在的不列颠哥伦比亚、魁北克和安大略3个省，正面与负面态度的比例分别是0.84比1、0.99比1和1.18比1[1]，明显低于这3个城市。这说明，公众接触少数族群移民的机会越多，对其肯定的态度的比例就越高。

　　经济繁荣时期，外来移民通常受到赞赏，因为他们带来对国际市场的认知以及有利于国际贸易的语言技能。而在经济衰退期和高失业时期，移民往往被当作替罪羊，城市居民对他们的负面态度增加。魁北克省希望集中居住在蒙特利尔的移民遵从处于支配地位的法裔特征；面对中国香港移民集中居住和日益兴起的商业模式，温哥华的一些市民称自己的城市将变成"香哥华"。一些评论家甚至宣称外来的文化将接管英裔文化。

　　在这种情况下，潜在的种族歧视难以避免。20世纪90年代的一项调查显示，在接受采访的华人移民中，38%说自己经历过歧视（主要在寻找工作时），尽管他们许多人属于中产阶级。潜在的种族歧视阻碍着少数族群的经济升迁，少数族群移民完全融入加拿大主流社会，仍需要漫长的时间。

---

① Valerie Preston and Madeleine Wong, op. cit., p.40.

表1：三个大都市地区1981—2001年亚非拉裔少数族群人口的增长[①]

	人口			占城市地区人口的比例		
大多伦多地区	1981年	1991年	2001年	1981年	1991年	2001年
白人	2545070	2659500	2685250	86.1%	74.3%	61.5%
黑人	121240	222970	301540	4.1%	6.2%	6.9%
华人	90890	229180	400950	3.1%	6.4%	9.2%
南亚人	79780	213750	463880	2.7%	6.0%	10.6%
所有少数族群	402600	913510	1664110	13.6%	25.5%	38.1%
大蒙特利尔地区						
白人	2617730	2655780	2735960	94.4%	88.9%	86.0%
黑人	49410	94500	135530	1.8%	3.2%	4.2%
华人	17810	34290	50400	0.6%	1.1%	1.6%
南亚人	16070	28840	53800	0.6%	1.0%	1.7%
所有少数族群	145600	319090	434930	5.2%	10.7%	13.7%
大温哥华地区						
白人	1054930	1178370	1196530	85.4%	76.0%	61.8%
华人	84400	168460	336770	6.8%	10.9%	17.4%
南亚人	37600	84120	161990	3.0%	5.4%	8.4%
菲律宾人	10790	24200	55670	0.9%	1.6%	2.9%
所有少数族群	171370	360480	703020	13.9%	23.2%	36.3%

表1显示了1981—2001年三个大都市地区亚非拉裔少数族群人口增长的情况。虽然白人群体仍然占据多数[②]，但亚裔和非裔少数种族群体的人口不断增

---

① 参见Feng Hou, "Spatial Assimilation of Racial Minorities in Canada's Immigrant Gateway Cities", in *Urban Studies*, Vol.43, No.7, 2006, p.1197. 所有少数族群中包括列举的华人、南亚人、黑人和其他有色少数族群。欧洲国家的非盎格鲁—萨克森族群属于白人中的少数族群，占白人人口的10%以上。根据加拿大统计局1998年的统计，在多伦多有色少数族群中，1996年华人占25%，南亚人占24.7%，黑人占20.5%；还有菲律宾人、阿拉伯人（西亚人）、拉丁美洲人、东南亚人、东亚人，他们所占的比例都少于10%。在温哥华，华人占了有色族群的一半，而蒙特利尔的黑人以30%的比例位于有色族群中之首。转引自苏珊·马哈诺维奇（阮宇冰译）：《多元文化城市缩影：加拿大多伦多》，《世界民族》2001年第1期，第70页。

② 在整个加拿大，白人中的英裔在20世纪70年代就已经不占多数，他们在三大城市中的比例更低。相对于英裔，来自欧洲其他国家的移民除法裔外，也属于少数族群。

加。至2001年，大多伦多和大温哥华地区超过三分之一的人口属于亚裔和非裔等有色少数族群。这一增长在南亚人群中尤为显著，在20年里，他们所占的比例，在蒙特利尔和温哥华地区增加了2倍多，在多伦多地区增加了近3倍。少数族群人口增长的重要因素是外来移民。1981年至2001年，三个都市地区华人增长的人口有四分之三以上来源于外来移民。

（二）居住分布的差异

城市中社会阶层或族群居住区域的分布，是反映他们之间关系的一个重要方面。西方学术界对族群居住关系的研究，通常采用两种方法。一种是空间同化模式。它认为，新移民（或少数族群）通常居住在房价便宜和有亲属关系的贫穷社区；当他们的社会和经济地位提高后，会寻求更好的居住空间或迁入白人居住的社区。

第二种是地点分层理论。它主要揭示白人群体限制少数族群对居住空间的选择。这种理念认为，有的白人不喜欢与少数族群成员为邻，他们往往离开种族多样性的社区；除种族歧视外，他们还担心自己的房产会出现贬值。这不利于少数族群在取得经济上的成功后移居白人居住的区域。

2006年，冯厚（Feng Hou音译）利用1981—2001年的人口普查数据，将上述两种方法结合，研究了加拿大多伦多、蒙特利尔和温哥华3个城市亚非拉裔少数族群的空间同化的问题。[①] 他把人口普查区作为空间单元，将一个族群人口比例超过30%的人口普查区确定为"单一少数族群居住区"，将多种少数族群人口总和超过30%的人口普查区确定为"混合少数族群居住区"。其他的是白人居住区。[②]

该研究考察3个城市亚裔和非裔少数族群移民大量到来是否会改变其在城市居住区中的分布，同时也考察这些移民与自己和其他群体成员接触的程度。通过这两点，发现城市少数族群的社会地位所发生的变化。

在少数族群中，同类的人群倾向聚集在城市的特定区域，有的成员选择与

---

① Feng Hou, op. cit., pp.1191-1213.

② 按照这个标准，2001年多伦多有10个黑人居住区、72个华人居住区、53个南亚人居住区、337个少数族群混合居住区，总数超过全部人口普查区的一半；同年，蒙特利尔有3个黑人居住区、1个华人居住区、3个南亚人居住区、82个少数族群混合居住区；温哥华有84个华人居住区、27个南人居住区、91个少数族群混合居住区，总数超过全部人口普查区的一半。

自己社会地位相似的居住区，这就与主流社会的白人之间形成了居住区分布上的差异。作者利用3个城市1980年、1990年和2000年的人口普查数据，分别计算这3个年份亚裔和非裔少数族群移民与白人居住分布的"差异指数"，用来表示这种差异的大小及其变化。[①]

例如，多伦多的华人在这3个年份与白人的居住差异指数分别是0.43、0.48和0.53。一个族群越来越多新移民的到来，加大了这个族群与白人居住分布的差异。因此，在上述3个年份，大部分的少数族群与白人居住分布的差异指数都在增加。与白人居住分布指数最大的是蒙特利尔的南亚人，在3个年份的指数分别是0.53、0.57和0.62；最小的是多伦多的黑人，差异指数分别是0.38、0.38和0.43。

这项研究将3个年份抵达的新移民按照居住的时间分为5组，显示了新移民随着居住时间的延长，在绝大多数情况下，他们与白人居住分布的差异指数都在减少。[②] 这说明在一些少数族群的新移民在变成老移民的过程中，经济收入和社会地位有了提高，因此选择移居到白人人口数量更多的居住区。这一现象能在多大程度上减少少数族群与白人的居住分布差异，取决于新移民数量的多少。

居住分布差异指数可以反映少数族群同化于白人主流社会的倾向。少数族群与白人的居住分布差异指数越大，表示同化倾向越小；反之，表示同化倾向越大。

（三）族群之间的接触程度

少数族群不同的居住分布，导致一个居住区内各种族群人口比例不一，该论文作者用"接触指数"来表示这种不同。对一个族群来说，本族群人口在相关社区所占的平均百分比，被称作与自己族群的接触指数。[③] 此外，还有与其他族群的接触指数，表示相关社区其他少数族群所占的平均百分比。

[①] 关于两个族群居住分布差异指数的计算，可参见College of Arts and Science, Howard University, *The Dissimilarity Index*: A Tutorial，https://coascenters.howard.edu/dissimilarity-index-tutorial. 2023-01-30.

[②] 唯一例外的是，3个年份抵达温哥华的华人移民与白人居住分布的差异指数，随着时间的延长而略有增加。这是因为一部分来自中国港台地区的华人移民一直住在列治文（里士满），而当地的一些白人因华人比例增高，选择离开。

[③] 也称作"隔离指数"。

该研究发现，从1981年到1991年直至2001年，三个城市的亚非拉裔移民与自己族群的接触指数都在增加，说明新移民的到来提升了少数族群在相关居住区中的比例。在这3个年份，温哥华的华人与自己族群基础指数最高，分别是18.1、24.2和33.4，列治文高达40%的华人比例导致了这种结果。3个年份与本族群接触指数最小的是温哥华的菲律宾人，分别是2.1、3.1和5.4。

一个族群与自己族群接触指数越高，与其他少数族群的接触指数就越低。温哥华华人与其他少数族群的接触指数，在3个年份分别只有10.3、15.7和19.6。

白人毕竟是加拿大主流社会族群，他们在多数居住区的比例都在半数以上。因此，3个城市的亚非拉裔少数族群与他们的接触指数要比与自己或其他少数族群的接触指数高出很多。3个年份最低的指数也有45，最高的可达89。例如，1981年，多伦多和温哥华的黑人或菲律宾人、华人及南亚人与白人的接触指数都在75%左右，即在有少数族群居住的区域中，白人占大约四分之三。20年后，他们与白人的接触指数下降到45~49之间，即在相同的区域，白人的比例不到一半。这说明少数族群的新移民越来越多。

亚非拉裔少数族群与白人的接触指数与空间同化发生关联：与白人接触指数越大，空间同化可能性越高；反之，空间同化可能性越低。

总之，这项研究证实，随着居住时间的延长，少数族群移民被同化的程度加强。但是，大规模的移民在几个方面对这种同化产生了负面影响。首先，由于新移民与当地居民就业和收入水平存在着差距，所以他们的到来使少数族群与白人的居住分布差异加大。其次，少数族群新移民的到来，增加了对自己群体或其他少数种族成员的接触，从而减少了对白人居住区的接触。再次，移民继续集中在主要城市而使白人人口比例相对降低，这些城市白人的"多数人地位"在越来越多的区域中变得非常不确定。

自加拿大政府20世纪70年代推行多元文化政策以来，移民来源国也呈现多元化。城市中少数族群人口不断增加，他们的文化传统得以保留。多伦多、蒙特利尔和温哥华3个城市可以说是多元文化政策结果的一个缩影，它凸显了加拿大民族文化的马赛克的特征。可以相信，只要加拿大吸引大量外来移民的政策不发生改变，这种特征会继续保持下去。

六、21世纪初城市中的土著人群体

加拿大土著居民指印第安人及其与法、英裔的混血种——梅蒂人，还包括生活在北极圈内的因纽特人。土著居民早于欧洲人生活在北美大陆，他们是加拿大的"第一民族"，但在人口数量上始终处于少数。《1982年宪法法案》确认了土著人"现存的原初权利和条约权利"。此后，通过与联邦政府的交涉，土著人的自治权利在1995年得到确认。[①] 据此，土著人在保留地上建立了自治机构，1999年建立的努纳武特领地，实质上成为因纽特人的省级自治区。

（一）基本状况

进入20世纪后，一些土著居民逐渐地走出保留地而生活在一般的乡村。从20世纪50年代开始，越来越多的土著居民进入了城市。1951年，7%的土著人生活在城市地区；2006年，这个比例上升到54%。根据2006年加拿大人口普查数据，全国有1172790人说自己是土著人。其中，698025名印第安人约占三分之二；有欧洲人血统的389785名梅蒂人约占近三分之一；生活在北极圈内的50485名因纽特人约占5%。此外，还有自报多重身份的34500土著人。[②]

2006年，大约50万土著人生活在城市。其中，梅蒂人占其全部人口的69%，印第安人占其全部人口的45%，因纽特人占其全部人口的37%。这说明梅蒂人城市化的程度最高，因纽特人最低。

2006年，西部城市温尼伯、埃德蒙顿、温哥华的土著人口较多，都在4万人以上，这是因为它们离印第安人保留地的距离比较近。哈利法克斯、桑德贝、里加纳、蒙特利尔、渥太华、萨斯卡通、多伦多、卡尔加里也各有5000多到2万多的土著人。土著人移居城市，主要是为了家庭、子女的教育和获得更好的工作，享有城市生活的便利也是一个重要的因素。

2009年，位于多伦多的环境学研究所（Environics Institute）就城市土著人的状况，对上述11个城市各行各业的2621名土著人做了面对面的采访调查，

---

① 详见郭跃：《加拿大政府的土著民族自治政策述评》，《大连大学学报》2010年第4期。

② 在印第安人中，依据《印第安人法》向联邦政府登记备案而成为"合法印第安人"的（Status Indians）有564870人，没有登记备案的"无身份印第安人"（Non-Status Indians）有133155人。见Environics Institute, *Urban Aboriginal Peoples Studies: Main Report*, Interprovincial Group, 2010, p.23.

另外对2501人进行了电话采访。该机构还对182名土著人成就基金的受惠者进行网上调查，同时对250名非土著居民进行了采访调查，最后发表了一个《城市土著人研究报告》。[①]

本节将其归纳为城市土著人的生存、城市土著人与白人主流社会的关系和维护土著人的文化传统三个方面，以展示21世纪初加拿大城市土著居民的一些状况。

（二）土著人在城市的生存

在城市，土著人倾向于住在一起。一部分人拥有自己的住房，附近有学校和日托中心、城市和教育服务以及商业设施，还能享有宗教和社会服务。这些服务大部分由主流社会的机构提供，使之对所在的城市有了家的感觉。逐渐地，土著人社区从最初的一个城市落脚点，变成维持和发展土著人文化的场所，使土著人有信心在城市保持自己的文化特征，实现美好的生活愿望。

但是，城市土著人存在着较为严重的贫困问题。1995年，55.6%的城市土著人生活在贫困线以下，而一般的贫穷市民只占全部市民的24%。1995年，从事全职工作的城市土著人的收入，只占一般工薪阶层收入的82.2%。[②] 2006年，城市土著人失业率达到13.2%，远远高于一般居民的5.2%。

城市土著人的贫困也表现在住房方面。2001年人口普查资料显示，48%的土著人租房子住，其中32.5%的家庭将年收入的30%用于租房。[③] 总之，城市土著人与一般居民的社会经济地位存在着明显的差异。

环境学研究所在此项调研中询问受访者在城市是否感到生活幸福，多数人给出肯定的回答。说非常幸福的占58%，说有些幸福的占36%。这说明，城市土著居民在总体上对生活状况是满意的。

生活在城市的土著人在很大程度上与一般居民有着共同点——追求幸福生活，期待事业成功。作为土著人，他们在白人为主的社会中依然想保持自己的文化、习俗和宗教，结果使城市呈现出一种多元文化的现象。

---

① Environics Institute, ibid.

② Keven K. Lee, *Urban Poverty in Canada: A Statistical Profile*, Canadian Council on Social Development, 2001, p.38.

③ Ontario Federation of Indian Friendship Center, Metis Nation of Ontario, etc., *Ontario Off-Reserve Aboriginal Housing Trust Fund Report*, 2008，p.31.

（三）土著人与主流社会的关系

土著人来到城市，必然会接触主流白人社会和面对一般的居民。早在20世纪50—60年代，土著人在草原北部的资源城镇寻找工作时，就引发了当地公众的不满。这些人认为城镇里没有土著人的位置，他们甚至对旅行的土著人也怀有强烈的敌意。1960年，萨斯喀彻温省政府在写给联邦两院共同委员会的报告中说，土著人爆炸性地涌入白人社区，带来了严重的后果。

城市居民之所以反对土著人进入城市，是担心城市的房产会贬值以及需要政府救济的名额被土著人占用，另外也有族群歧视的因素。1970年，温尼伯政府出版了《城市中的印第安人》报告，声称印第安人不具备在城市生存的能力，因为在他们的生活里，没有准时、责任、匆忙、客观和节俭的概念。1980年以后，认为土著人不适合在城市生存的人不再明显地归咎于文化因素，而是把他们看作是缺少教育和就业的贫穷群体。

这项调查结果显示，只有14%的受访者相信一般居民对土著人的印象是正面的，认为是负面的占了受访者的71%。负面印象是指吸毒和酗酒、懒散、缺少创新和智慧等。应当说，城市土著人的确存在着一些问题。2008年，土著人占加拿大人口的3%，但在省和联邦司法判定入狱的全部人员中，土著人占了22%。虽然这个数据不只是针对城市的情况，但也有一定的参考价值。并且，吉姆·西弗尔（Jim Silver）2004年对温尼伯土著人所做的访谈也证实了这一点。一些土著人个人和家庭确有各种非法、破坏和反社会的行为。[①]

但是，也不能否认一般居民对土著人的负面印象存有偏见。87%的土著人受访者说自己曾经受过负面对待，70%的受访者说自己经历过不公平的待遇。在金融、就业服务、卫生保健、住房和儿童福利机构中，都有工作人员以貌取人、缺少同情心以及不信任土著人的现象。

此次问卷调查还换了一个角度，向受访者提问自己与一般居民有何不同。对此，29%的受访者认为价值观不同，22%认为文化传统和习俗不同。还有人提到一般居民不了解土著人的历史、宗教和生活方式。应当说，这些都是客观存在的事实。正是这些不同和对土著人的不了解，导致一般居民对他们偏见的

---

① Jim Silver et al., *Aboriginal Involvement in Community Development: The Case of Winnipeg's Spence Neighbourhood*, Canadian Centre for Policy Alternatives, 2004, p.36.

产生。

（四）维护土著人的文化传统

对于最想把什么传给下一代的问题，受访者说土著语言的占60%，习俗和传统的占58%，家庭价值观的占53%，宗教的占51%，礼仪的占45%。[1] 然而，城市土著人维持自身文化的意识，从一开始就遇到了挑战。一个原因是土著人的文化传统与土地、长老、土著语言联系在一起，并且其宗教仪式在城市中难以维持。此外，白人社会提出的土著文化不属于城市的概念，对土著人也产生了影响。

20世纪60年代，多伦多土著人领导阶层强调土著人需要成为真正的加拿大公民，而在70年代转变为强调土著人独特的身份和文化。1962年，多伦多有了最早土著人的组织——友谊中心。[2] 其主要目标是为城市土著人提供住所、工作或训练的信息。该中心办了一份报纸《多伦多土著人时报》，刊登社区信息，努力宣传土著人文化。

最初，该中心领导阶层中有非土著人，为的是得到社会的承认，帮助土著人与一般居民建立联系。1971年，友谊中心的全国协会建立，至21世纪初，它拥有7个省或领地协会及100个城市友谊中心。多伦多的友谊中心和一些其他土著人组织开展了社区发展、土著人自决和文化项目。20世纪80年代，多伦多的友谊中心将海达族艺术家雕刻的图腾柱立在门前，表示为土著人文化感到自豪。[3] 70年代中期，多伦多友谊中心放弃了由一般居民担任部分领导职务的策略，它甚至反对加拿大政府的多元文化政策，不满它结束土著人的"独特地位"。

环境学研究所的这项调查显示，城市土著人并不认同若要经济上成功就要丢掉一些文化因素的观点。文化传统是把土著人与历史联系起来的纽带，是其社会、情感和精神活力的重要基础。由于城市通行英语，只有15%的城市土著人能够使用自己的语言。然而，在那些不能讲土著人语言的受访者中，71%的人表示想或正在学习一种土著语言，表明他们看重这个基本的文化因素。

---

[1] Environics Institute, op. cit., p.62.

[2] 它的前身是1950年成立的北美印第安人俱乐部，隶属于基督教青年会。

[3] Heather A. Howard & Craig Proxis ed., *Aboriginal People in Canadian Cities: Transformation and Continuities,* Wilfrid Laurier University Press, 2011, p.100.

教育是保留和弘扬文化的一种重要的工具，但土著人在城市学校中接触自己的语言和文化的机会并不多。84%的受访者反映中、小学没有使用土著语言教学。这为土著文化的保留带来了困难。

社区文化活动是维持土著人文化的一种重要方式。半数以上的受访者说他们开展过这种活动。其中，老一代土著人更为积极。在主流社会丰富多彩的文化活动的影响下，第二代城市土著人也不太看重族群的文化和宗教活动。因此，土著文化在城市里面临着一定的危机。

参与政治活动也能对一个族群文化的延续提供一定的帮助。它可以促使联邦和省政府推行保护土著人文化的政策，并在住房、卫生健康等领域改善城市土著人的生活状况。调查显示，有半数的受访者称参与过一般的政治活动或土著人团体的政治选举。①

近年来，一些土著人团体提出在城市建立土著人自治政府的建议。还有人提出把保留地的政府管辖权扩展到城市土著人。目前，这些建议很少得到实施。1996年，多伦多建立了土著人议会（Council），2002年举行的第一次选举选出了8个代表，但它并不是一个土著人的城市自治政府。②

人际交流是各族群之间相互了解以达到共同生存的重要方式。尽管存在着一些差异和种族歧视，但土著人在城市里还是结交了一般加拿大居民朋友，年轻和受教育高的土著人更有可能是这样。与之有关，是50%以上的受访者认为土著人会被主流社会所接受。70%的受访者认为与一般居民接触会使自己更能接受和容忍其他文化。显然，族群之间的交流能够改善一般居民对土著人的看法，也可以提高土著人对加拿大主流社会的认同。

在受访者中，77%的人员说作为土著人而感到自豪，70%的受访者说自己作为加拿大人而感到非常自豪。这说明，土著人与其他少数族群一样，大部分人对自己的族群和加拿大采取了双重认同。这种双重认同，对土著人来说是与其他族群共同生存在一个国家里的重要基础，也是加拿大多元文化政策所追求的一个目标。

需要指出的是，随着时间的推移，一般居民对土著人的印象有了一些改

---

① 土著人的全国性政治组织有第一民族议会、梅蒂人全国理事会、因纽特人团结组织、土著人大会和加拿大土著人女性协会。前三个组织及其附属实际上是土著人的政府。此外，还有一些地方性的土著人团体、条约组织和省级组织也举行选举。

② Heather A. Howard & Craig Proxis ed., op. cit., p.102.

变。他们认识到土著文化是加拿大身份的一个重要象征，承认土著人在加拿大的自然环境、文化和艺术领域做出的贡献。此项调查对一般加拿大人的电话采访也证实了这一点。当然，这并不意味着一般加拿大人认可土著人拥有超越其他族群和文化的权力和特权。① 这个问题涉及族群之间的关系和政治平等的理念，它的解决需要加拿大政府的智慧和主流社会的宽容。

---

① 土著人把自己看作是加拿大的"第一民族"，也强调自己与少数族群不一样，应拥有独特的地位和权利。

第九章　城市规划活动的演变

　　城市规划，也称为土地使用的控制或物质环境规划，是根据城市的地理环境、人文条件和经济发展状况等客观条件制定适宜城市整体发展的计划。它协调城市的各方面，并对城市的空间布局、土地利用、基础设施建设等进行综合的部署。因此，城市规划是城市管理的重要组成部分。

　　规划最主要的目标是土地的使用。因此，规划不可避免地要涉及对私人财产的干涉，以保护整个城镇或社区的集体利益。[①] 规划的实质，是在自然与建成的环境之间建立和维持一种和谐的关系，同时要求建成环境必须适应人们的需要，服务于城镇的社会、经济和文化的发展。这样，城镇规划不仅仅是一种技术过程，而且也是一种政治决策。

　　目前，加拿大48%的国土归联邦政府管辖，主要分布在13个省和领地的版图之外。全国41%的土地归各省政府所有，只有11%的土地属于私有。[②] 根据加拿大联邦政府建立时的《1867年英属北美法案》，联邦政府拥有管理交通和印第安人事务的权力。据此，联邦政府管辖各省境内的机场用地、建造省际铁路和公路所使用的土地、印第安人保留地和联邦政府名下的公园。这些土地占了联邦政府管辖土地的4%。

　　在各省，除了私有土地和联邦土地外，城市和森林、矿山等各种土地都在省政府的管辖之下。因此，研究加拿大城镇规划政策的演变，应主要考察各省和城市颁布的相关法律和法规。然而，由于各省规划政策实施的时间和内容不尽相同，甚至一些省的城市之间也存在着差异，在规划政策的分期上只能确定

---

　　① 这些利益包括个人的安全和健康、公众的便利、良好的环境、可接受的生活和工作地点。
　　② *The Canadian Encyclopedia*: Geography, Historica Foundation of Canada, 联邦和省政府管辖的土地名义上都是"皇家"（crown）土地。联邦的皇家土地绝大多数是未开发的加拿大国土，如北极地区。见http://www.thecanadianencyclopedia.ca/en/article/crown-land/. 2013-12-12.

一个大概的时间节点。

本书将加拿大城市规划分为三个阶段：1910年至"二战"结束，1945年后至1970年，1970年至21世纪初。对其进行考察，不但能够加深对加拿大城市发展过程的了解，还有助于在城市规划政策上吸收一些经验和教训。

一、城镇规划的历史背景

加拿大在城镇出现之时，就存在一些规划的现象，法、英殖民政府就对城镇街道的布局有一定的安排。法国殖民时期，最初的庄园置于圣劳伦斯河的两岸，将农田划分为长条形状，一端靠近河流，一端延伸向山坡或林地，使每个农户都能利用水路交通，拥有庄稼地，获得牧草或木材。农户自行在租种的或自己的土地上建造房屋，逐渐形成一条与河流平行的漫长的"街道"。1667年，魁北克城附近的坡地上出现三个经过设计的村庄。每个村庄中心都有一个广场，从广场通向4个方向的主街将村庄分为4个部分，每个部分再分为10块农田，每块的面积为1.4公顷（14000平方米）。村外有教堂和磨坊，整个村庄63.5公顷（0.635平方公里）。[①]魁北克城和蒙特利尔城都是按照法国城市街道的布局进行建设。

在英国最早控制的大西洋地区，夏洛特城和圣约翰等城镇都是从海岸线的基线向陆地延伸建立城镇。一条条街道交错成方格状的街区，为教堂、总督官邸、军营、练兵场、公墓、仓库留出空间，整个城镇为栅栏所包围。英国夺取法国在北美的殖民地后，在上加拿大实施100平方英里的"镇区"区域，每个镇区中设计一个面积为1平方英里的城镇所在地。它中间设计成格子状的街道，四周被军事保留地所包围，再向外是10公顷"公园"地块和80公顷的农田。但是，金斯顿、多伦多、伦敦、汉密尔顿等并没有遵循这种设计，它们或濒临安大略湖而建成长方形，或最初的面积大大超过1平方英里。19世纪初，英国的一家土地公司在上加拿大购买土地建立的圭尔弗和戈德里奇两个城镇，则采用辐射型街道。

1867年加拿大自治领建立后，在开发西部草原地区时仍把"镇区"作为基本的土地单位，只是面积减少到36平方英里。一般将1平方英里的城镇分为16个400米见方的区域。但是，西部的一些城镇也没有按照这种设计，温尼伯、

---

① Gerald Hodge, *Planning Canadian Communities*, Methuen, 1986, p.41.

埃德蒙顿等城市沿袭早期毛皮商栈的布局，铁路沿线新出现的城镇则围绕车站、货场和铁路线发展。它们大都由铁路工程师设计，为了便于销售土地、建设房屋和安装地下管道，街道不考虑地形而统统采用格子状。

（一）19世纪的城镇管理法案

19世纪后半期，一些省为了管理而颁布了城市法案，包括不列颠哥伦比亚省1872年的《城市法案》。1886年，该省议会颁布了专门针对于温哥华的《温哥华组建法案》（Vancouver Incorporation Act）。不过，这些法案并没有授权城市政府对私人土地的使用进行管理，而只授权它管理城市中的建筑，旨在防止住房等建设给周围的邻居带来不便和损害。[1]

1897年，安大略省政府颁布了《城市法案》，授权城市政府禁止令居民讨厌的贸易活动，包括屠宰场、煤气供应点、制革工厂的活动进行酿酒生意和旧货交易等。它规定城市政府还可以限制打扰居民的烟雾和噪音，甚至禁止居民豢养一些动物等。此外，城市政府可以检查和管理在建的建筑，看其是否危害了公共安全，禁止人们在狭窄的街道和不卫生的区域里居住。

在曼尼托巴省，1884年颁布的《城市法案》规定城市政府管理屠宰场以免对居民的健康造成危害，防止乱跑的动物伤人；禁止赌场，负责街道的开通、变更和关闭等。

除了省政府的法律外，一些城市经省政府的授权后颁布自己的法规。1887年，多伦多市的一项法规要求每个家庭平均至少为每个儿童提供750立方英尺（21.2立方米）的居住和活动空间；其1889年的第2379号法规禁止在宽度小于30英尺的街道或小巷上建造任何住房；每幢住房的宅基地至少应当有10%作为露天使用，其面积不得低于300平方英尺（27.9平方米），目的是避免影响到邻居的房屋。[2]

防火是多伦多市政府的重要任务之一。早在1834年，它颁布《火灾预防和灭火法》，禁止在城市的任何地方燃放火药、烟花和其他爆炸物。1845年通过了新的消防法规（第93号法案），规定木质建筑物在加盖房屋、棚舍、马厩

---

[1] S.E. Coke, *Land Use Control in British Columbia*, Research Paper No.183, Center for Urban and Community Studies, University of Toronto, 1983, p.50.

[2] Raphael Fischler, "Development Controls in Toronto in the Nineteenth Century", in *Urban History Review*, Vol.36, No.1, 2007, p.24.

和外屋时，必须建造一个界墙或防火墙。

1904年多伦多市颁布的《建筑法规》，可以说是几十年建筑法规的集大成者。它规定，住房在地基、墙壁、烟囱、楼梯、屋顶承载、火灾逃生等方面都要遵守市政府的规定。该法规对各种材料和结构的住房、建筑和厂房的高度与宽度的比例也都做了规定。[①] 高度超过100英尺的建筑需要得到建筑检察官的允许才能建造，它甚至对于建筑材料的使用都有严格的要求。[②]

1868年，渥太华市颁布健康法规，授权警察机构控制拥挤的住房以防止疾病，同时管理住户的排污和厕所。

总之，上述这些法规在管理城市方面起到了一定的作用，对后来的规划法规也产生了影响。但是，它们没有像后来的分区法制那样体现所在区域的性质。房主在获得地基后，可以建造符合规定的任何形式的建筑，无论是住房、商店或其他建筑物。

因此，从性质上看，这些法规没有对私人土地的使用权利进行干涉，还不属于真正意义上的城镇规划。另外，省政府颁布的城市法案并不是命令性的，城市政府可以自己决定是否通过相应的执行法规。结果，一些省《城市法案》中为数不多的与城市规划有关的规定，在实际中并没有贯彻落实。

20世纪初，随着第二次工业革命的进行和国家迎来有史以来的第一次经济繁荣期，加拿大社会发展的历程开始步入城市化阶段。正如本书第五章所述，城市化带来了住房、交通、卫生和城市无限制蔓延等问题。为解决这些问题，需要在城市实施规划法案。与此同时，美国和英国的城市规划理论和思想，对加拿大城市规划运动的兴起起到了重要的推动作用。

（二）美国和英国规划活动的影响

1. 美国城市美化运动的影响

19世纪末，美国西部边疆开发完毕，城市建设越来越成为国民经济发展中的一个重要环节。从城市公园发展起来的城市美化运动，19世纪末在美国达到鼎盛时期。美化运动为了提升城市的形象，主要关注三个方面：在市中心建造

---

① 例如，钢框架建筑的高度不得超过其底层最小边的5倍，木结构建筑的高度与最小边的比例仅为1.5倍。

② 在市中心，除两层的住房外，任何建筑不得使用木材。在市中心以外的区域，任何建筑必须使用防火材料或表面需要用防火材料覆盖。

宏伟的广场或市政府建筑，以增加市民的自豪感；拓宽和美化街道，以加快通行速度；建设城市公园，给城市带来美丽的空间。

1907年，美国城市开始出现规划机构。1909年，第一届全美城市规划会议在华盛顿召开，洛杉矶县通过美国第一个土地分区法规，芝加哥市完成了美国第一个综合性的城市规划。1920年以后，美国的城市美化运动开始转化为城市高效运动（City Efficient Movement），建造或拓宽道路以应付不断增加的汽车流量，同时开始对城市边缘的开发实施控制。

19世纪末20世纪初，在美国的影响下，加拿大几个城市制定城市美化计划。在多伦多，市政府花费十几万加元修建公园和道路，栽种树木。建设公园和美化城市，成为促进城市发展和提高城市竞争力的一种手段。

然而，城市美化给城市政府带来巨大的财政压力。以蒙特利尔市以东的一个工业城镇梅森诺为例，它为了吸引人们居住而大力开展城市美化运动，在"一战"前欠下大量的债务而面临破产。最后，魁北克省政府将梅森诺镇合并于蒙特利尔市。一些城市政府在美化运动中的借贷，加上19世纪20年代末大兴基础建设而欠下的债款，有的在"二战"以后仍没有还清。结果，在1913年之后，加拿大的城市政府开始放弃城市美化的计划。

2. 英国规划思想的影响

与美国相比，英国的规划思想较为成熟。1898年，英国的埃比尼泽·霍华德（Ebenezer Howard）出版了《明日：一条通向真正改革的和平之路》（Tomorrow: a Peaceful Path to Real Reform）一书，提出了公园城市的理念和设计观念。他认为，在中心城市周围建立自给自足的公园城市，便能将中心城市的人口向外分流[①]，所需的条件是在中心城市和公园城市之间建立快速交通。这一运动也称为"新城"运动。1903年，霍华德公园城市理论首次得到实践，两位英国规划工程师在英国伦敦市以北的莱奇沃斯（Letchworth）设计和建设了第一个公园城市。1909年，英国政府颁布《规划法案》，开始推行霍华德的公园城市理念。

英国著名的城市规划工程师托马斯·亚当斯，是公园城市思想的积极倡导

---

① 公园城市的面积1000英亩，人口为3万多人。公园城市应当发展工业和商业，以便为当地居民提供就业机会。土地使用的安排应当利于生活便利和减少冲突。为了减轻少交通拥挤，公园城市抛弃方格状街道的设计，改为从城市中心向四周辐射的形状。20世纪30年代，加拿大将这种思想运用到新城镇规划和控制大城市规模的实践中。

者。[①] 1914年，他应邀来加拿大，出任联邦政府的保护委员会的顾问。在加拿大，亚当斯四处参加会议和发表演说，与联邦和省政府官员进行交谈和沟通。他的足迹遍布加拿大，只有爱德华王子岛省没有去过。亚当斯还制定了一个规划立法模本，在各省推行。1919年，他在加拿大成立了城镇规划研究所，吸收城市工程师、土地测量员、园艺技师和城市官员为会员，同年创办刊物——《城镇规划与生活保护》，用来促进研究、传播新知识和宣传规划的体验结果，为规划实践设定标准。

亚当斯的规划思想不限于公园城市，他还借鉴了美国的规划思想，倡导"高效城市"。他认为，城市规划应当推行三个原则：提高城市效率、维护居民健康和提供便利设施。更重要的是，他还主张利用政府对社会的干预来保护公共利益，抑制私人贪婪，甚至解决低收入者的住房问题。

二、1910—1945年的规划活动

1919年至1945年，是加拿大城市规划活动的初始阶段。在联邦政府的倡导和城市推动下，一些省政府开始采取控制分区的规划措施，通过控制建筑类型而使住宅区与非住宅区分开。与此同时，一些城市政府还制止城市无序地向外蔓延。这些活动在20世纪20年代之前十分活跃，但在20年代开始降温。30年代经济大危机，使城市规划的重点转入推动社会住房的建设。

（一）加拿大规划运动的兴起

20世纪初，面对城市化给城市带来的各种问题，加拿大兴起了城市改革，市民团体成立了城市规划委员会和城市改进联盟等组织。城市规划成为这次改革的一项重要内容。

1912年，加拿大城镇规划大会在温尼伯市召开。1914年，联邦政府成立了一个保护委员会。它由31位成员构成，包括联邦内务部长、农业部长、矿业部长和几位联邦政府官员；在其他的21位一般成员中，有1位是资源研究领域的大学教授。该委员会的职责是，登记需要保护和利用的自然资源，进行实地调

[①] 1900年，他被任命为英国公园城市协会的秘书，几年后成为英国第一个从事公园城市建设的"第一公园城市公司"的经理。不久，他就职于地方政府委员会的检察官，负责1909年英国新的住房法案的落实，强调公共住房在解决住房问题中的作用。详见 Michael Simpson, "Thomas Adams in Canada, 1914-1930", in *Urban History Review*, Vol.11, No.2, 1982, pp.1-16.

查，在资源和环境保护方面向联邦政府提出建议。

该委员会下设一个健康委员会，其主任霍奇茨（Hodgetts）医生在早期的城镇规划活动中发挥了重要的作用。他建议建立一个有力的中央权力机构推行城市规划，确保近代城镇各个部分的协调。他认为，规划应当有住房方面的内容，应当像英国那样在郊区和新城镇建造合作住房。

1914年，该委员会专门邀请美国的全国城市规划大会在多伦多召开，与会的学者来自美国、英国和加拿大。会后，一些美国规划顾问来加拿大工作。英国规划师托马斯·亚当斯在会上与霍奇茨结识，经后者推荐，加拿大联邦保护委员会向亚当斯发出了工作邀请。

早在1912年，安大略省就召开过城镇规划会议，代表们除了强调城市美化外，还提出需要注重它们的方便、实用和健康。同年，新斯科舍、新不伦瑞克、阿尔伯达和安大略几个省通过了规划法案，要求各城镇为规划做准备。例如，新斯科舍省的规划法要求城镇的规划"总体目标是通过安排街道、土地使用和街区建筑等土地使用，为交通、卫生环境、生活舒适和便利提供适当的保障"[①]。1916年，温哥华市政府建立了市政局（Civic Bureau），制定了不列颠哥伦比亚省的第一个城市规划法。

此时，各省都成立了规划委员会。曼尼托巴省的规划委员会除了城市选民的代表和省卫生委员会、公园委员会及电车委员会的成员外，还包括建筑协会、地产交易所、工会、商会和曼尼托巴大学的人员。此外，一些城市也成立了由市议员组成的规划委员会，新斯科舍省还要求其中至少包括2名纳税人。

1. 分区制的初步实施

早期规划的第一项内容是实施分区控制，主要是通过控制建筑类型而使城市的住宅区与非住宅区分开。在城市缺少系统的分区制的情况下，工商业设施进入居住区域后导致地价上涨，从而带动了居住区的房价和房租的上涨。为了增加收入，一些私人住房和出租的公寓将房间改小或加盖附属房间。同时，居住区出现洗衣店、肉店甚至工厂设施后，扰乱了居住环境。

安大略省最早在城市实施初步的分区制。1912年，在多伦多市议会的要求下，安省议会修改了省《城市法案》，允许城市政府控制"洗衣店、肉店、商店和工厂的选址、建设和运营"，以保护居住区不受它们的影响。此外，多伦

---

① Gerald Hodge, op. cit., p.122.

多市议会还通过了一个类似的章程，保护莫斯（Moss）公园不受非住宅土地的侵蚀，多伦多开始向着控制非住宅土地使用的方向迈进。①

此时，法律也禁止房屋加盖房间。1905年，多伦多只有4栋用于出租的公寓楼，1911年增加到68栋，1913年更是达到131栋。附近的私人房主担心居住环境的拥挤会使自己的房产价值下降；在他们的推动下，1912年安大略省《城市法案》修正案授权人口超过10万人的城市（当时仅多伦多）政府颁布法规，控制和管理拥有3套和以上房间的公寓或出租房屋。随后，多伦多市议会通过了一个法规，限制许多居住区建造公寓楼或将住房改造成出租房。不久，安省的其他城市也颁布了类似的法规。1914年，柏林市（1916年后改称基奇纳市Kitchener）通过一个法规，禁止在不到40英尺宽的后街里建造或翻盖住房，以免出现更多的贫民窟。②

此时，不列颠哥伦比亚省议会修改19世纪颁布的《城市法案》，授权城市政府利用地方法规为将来的街道保留土地、限制住宅的密度和确定住宅区的地点。在"一战"前的地产繁荣时期，加拿大多数省都有了地块细分的管理规定。例如，阿尔伯达省的法律制定了土地细分的标准，规定了街区、地块和街道宽度，以及必要时房主需要贡献土地用于公共目的。

在具体操作中，一些城市管理部门将整个城市所属的区域，制作出一批地形图，标上主要街道和基础设施，作为地块细分计划的指南；然后为每个街区画出最适合的细分，在此过程中也参考已登记的计划和街道。这样，城市政府把相关地区新的地块细分计划的取向公布于众，使得地产商可以在未细分而获得土地之前，就得知城市对相关土地开发的具体要求。他们购买这块土地后，需要在开发中遵守相关的规定。为此，多伦多市开始对城市土地进行勘察。截止到1915年，它完成了大约4万英亩的可开发土地的勘察。城区以外5英里范围内的6万英亩土地，在20年代勘察完毕。

2. 控制城市无序地向外蔓延

控制城市合并周边的农业用地而阻止其无序蔓延，是早期规划法的第二项内容。此时，西部省份的主要城市的面积扩张比较严重，在二三十年多年中，

---

① 在1954年采取第一个综合性质的分区法规之前，这种控制扩展到多伦多的多数地区，只是将临近工厂的工人阶级居住区排除在外。

② Gilbert A. Stelter & Alan F. J. Artibise ed., *Shaping the Urban Landscape: Aspects of the Canadian City-Building Process*, Carleton University Press, 1982, p.274.

达到最初规模的几倍或十几倍。[①]

城市向外蔓延源于以下几个原因。首先，城市人口的剧增和土地投机导致市中心的土地价格飞涨。在卡尔加里，市中心一个地块（lot）在1895年售价150加元，1912年上升到3000加元。多伦多市中心的1平方英尺土地1907年售价10加元，两年后涨到75加元。[②]这迫使一些城市的工厂沿着铁路线一步步地向城外扩展，在工厂附近随之出现了许多供工人居住的简陋小屋。与此同时，为了获得廉价土地的地产商把眼光移向郊外，购买农田后分割出售。

其次，地盘扩大可以使城市拥有更大的财产评估基数。郊外的农田变成城市用地后，城市土地的评估价值激增。温尼伯土地的价值从1900年的1190万加元增加到1913年的2.594亿加元，埃德蒙顿从1900年的130万加元增加到1913年的1.88亿加元。[③]"一战"前，西部城市为了鼓励开发而降低或废除对新建房屋的征税，只征土地税，从而把投机者持有的大量土地纳入城市税收体系，增加了市政府的税收收入。[④]

最后，城市无蔓延也与城市政府对城市发展前景的预判失误有一定的关系。这主要发生在西部省份。1909—1912年，阿尔伯达省的卡尔加里市政府预测该城市将来会达到50万人，所以在郊外为工厂预留了大量的土地，并允许开发商进行各种开发。该城市政府认为，政府为其提供基础设施而带来的债务，可以用地产增值带来的更多的地产税进行偿还。然而，开发商在投机中购买了大量的土地后，因开发不足而无力交纳地产税。因此，他们在土地市场进入萧条期后，将大量的土地低价卖给市政府。

在投机心理的驱使下，地产商在获得郊外农田后，往往进行简单的开发而使之升值，然后抛售以获得可观的利润。于是，在一些城市出现了"青蛙跳跃式"的开发现象，成批的住房从市中心向郊外蔓延，有水电供应的城区

[①] 例如，温尼伯的面积从1874年的1920英亩扩大到1913年的14861英亩，里贾纳从1888年的1942英亩扩大到1911年的9400英亩，卡尔加里从1884年的1600英亩扩大到1912年的近26000英亩，埃德蒙顿从1892年的2162英亩扩大到1917年的26290英亩。Gilbert A. Stelter & Alan F.J. Artibise, op. cit., p.132.

[②] Thomas I. Gunton, *The Evolution of Urban and Regional Planning in Canada, 1900-1960*, a doctoral thesis of University of British Columbia, 1981, p.11.

[③] Gilbert A. Stelter & Alan F. J. Artibise op. cit., p.139.

[④] 这一政策也是受到乔治·亨利单一土地税理论的影响。埃德蒙顿从1904年开始征收单一土地税。根据联邦政府与哈德孙湾公司达成的协议，西部城市都要为该公司留出二十分之一土地，它在埃德蒙顿市中心的1.5平方英里土地成为市政府的一项收入来源。

附近的地段反而闲置起来。土地投机活动在1914年达到了顶峰。土地并入城市后，投机者需要缴纳地产税；他们多数在1914年土地市场崩溃之前就卖掉了土地，扣除交纳的土地税后仍获取了不菲的利润。而购地建房者则付出了昂贵的代价。

为了征收土地税，城市政府将公共交通延伸到新出现的街区并提供必要的服务设施，从而影响到市中心的市政服务。以"一战"前后的里贾纳市为例，城市政府不顾公共交通所面临的压力，将有轨电车扩展到少有人居住的街区，耗费了大量的财政资源。而在德国移民居住区，仍有60%的房屋没有下水道和自来水，卫生和健康状况堪忧。

一些土地开发商无视已有的街道平面图，自行分割出更多的地块，使一些街道杂乱无章。为便于勘测和销售，他们不顾地形而一律把地块细分成方格状。这使城市政府后来不得不重新安排街道，额外付出一笔开支。

更为严重的是，城市无序蔓延开发造成大量土地的闲置。截止到1914年，卡尔加里市政府以低价购买的方式获得了2.7万多个建造房屋的地块（lot），上面的供水和排水工程都已经完工。进入20世纪20年代后，市政府获得的地块累计达到7.3万个。当时，市政府和私人一共拥有22.5万个地块，足够容纳100万人，而卡尔加里当时的人口还不足10万。由于市政府资金跟不上城区的扩张，对于多数地块只能提供交通，无力建设供水和排水设施，致使大量土地无法开发。1922年，卡尔加里市议会的一个特别委员会的报告说，该城市的36个区域，有28个基本上没有得到利用，80%的城市区域是闲置的。埃德蒙顿市也存在着类似的情况。温尼伯市的地段空闲率达到55%，蒙特利尔市一些分区地段至20世纪70年代末还在闲置。[1] 萨斯卡通市城边有一块1913年价值1万元的土地，直到1976年还没有得到开发。[2] 1921年，该市只有2.6万人，而细分的土地足以容纳50万人。

为了抑制城市无计划的蔓延，许多城市政府决定对郊区的地块细分实施控制。1912年，安大略省颁布《城市和郊区规划法》，授权城市在土地开发时对街道规划和开发类型进行审核。它要求5万人口以上的城市对周边5英里以内的土地进行地块分割时，需要向负责土地使用的安大略省铁路和市政委员会提

---

① Thomas I. Gunton, op. cit., pp.11-12.

② John C. Bacher, *Keeping to the Market Place: The Evolution of Canadian Housing Policy*, McGill-Queen's University Press, 1993, p.43.

交细分计划。该委员会有权对城市计划做出修改，包括街道的地点、数量、宽度和走向以及地段的大小和形状。该法案要求地块细分要与现有的街道规划保持一致，若没有街道则要与周边地形保持一致。

早期的规划法案得到了社会各界的支持。加拿大制造业主协会也支持该法案，要求在各省的城市实行。实际上，一些地产利益集团也欢迎这些法案。他们希望政府能够在自由竞争的土地开发过程中实施某种程度的公共管理，以保护住宅区域中房地产的价值。

这些法案都规定了城镇规划引发纠纷后的上诉程序，以及规划给个人的房地产带来损失时应予以补偿。这种规定，既防止了城市政府过度地干涉或损害个人的财产权，也保障了法案切实可行。

（二）亚当斯的规划法模本

分区制有助于通过有计划地使用土地来保护房地产的价值，同时它要求把土地使用集中在已有市政服务设施的区域，不管是用于住宅还是工厂建设，因而能够阻止在城市边缘随意地进行开发。然而，分区制不能使城市的整体状况得到改善。因此，一些中产阶级的专业人士批评城市政府在规划方面过于保守和谨慎，积极地倡导对城市土地进行综合的使用。

1915年，受聘于联邦保护委员会的英国规划师托马斯·亚当斯为联邦保护委员会草拟了一个要求很高的规划法案模本，提交给全国城市规划大会讨论。这个法案模本要求各省设置一个城镇规划管理员，专门负责城市的规划；每个城镇政府需要任命一个城镇规划委员会，雇用专家担任规划官员。

该法案模本要求城市或地方政府在本法案通过3年内，准备一系列的城镇规划章程。内容包括在已有的道路上设立建筑线（即凹进线），为未来的主街保留土地；限制每英亩土地上的住宅数量和一个分区内建筑地块的数量，以保障舒适和卫生的环境；划定建造住房和公寓、工厂、仓库、商店或其他建筑的区域，包括建筑的高度和一般特征；限制有害的交易，禁止建造卫生设施不足的房屋等。

这个法案模本规定，街道和电车轨道、建筑、公共和私人空地、排水和污水处理、照明、供水、建筑的拆毁和移动的手续等，都需要省政府城市事务厅的批准。它还规定，私人土地因规划而增值后，应当将一半的增值通过房地产税交给地方政府。

该法案模本还要求地方政府在 3 年内按照省为其提供的模本制定规划法规，否则由省政府代为制定。这一规定使城镇规划的制定具有强制性。

　　亚当斯一方面建议各省政府采用他的规划法案模本，一方面多方活动，帮助建立了全国性的城市改进联盟（Civic Improvement League）。1916 年 1 月，该组织在联邦众议院会议厅召开大会，8 个省派遣 200 名代表参加，要求联邦保护委员会敦促各省政府通过城镇规划法案。

　　在亚当斯来加拿大之前，新不伦瑞克和新斯科舍两省在 1912 年已经有了规划法，曼尼托巴省和阿尔伯达省在 1913 年制定了规划法。它们都是以英国的 1909 年《城镇规划与住房法》为模本，控制开发，以保障充足的交通设施、健康设施和其他的公共设施。在亚当斯和联邦保护委员会的影响下，没有规划法的几个省份制定了规划法。但是，它们都没有规定城市必须制定规划法规。1917 年安大略省《规划与发展法案》取代了 1912 年的《城市与郊区法案》，它也没有规定城市必须制定规划法规，而是让城市自己做出选择，是否建立规划委员会而对总体规划和细分计划进行审核。这样，在 1924 年之前，各省没有一个城市制定规划法规。

　　这种现象的产生，缘于政府的意愿与规划运动之间存在着差距。规划者强调实施总体规划和对房地产市场进行全面干涉，而政府只是主张部分地干涉土地市场，不完全限制私人对土地的使用。城市政府注重的，是利用分区制保护市场对不动产的投资，或在郊区开发中避免浪费城市的财政资源。

　　实际上，任何形式的政府规划都是与自由资本主义的原则相对立。引入新的公共规划的前提条件，是出现重大的社会经济问题而导致人们在观念上发生明显的变化，而仅依靠规划运动的呼吁是不够的。此时，加拿大城市房地产的繁荣期已经过去，开发和建设活动开始减少，对城市规划的要求随之减弱。所以，即便是最落后的安大略省，1917 年规划法案也没有认真执行。

　　此期间，还存在一个城市住房问题。工人需要拿出半数或以上的工资支付房租，住房条件很差，安大略和魁北克等省份实行住房法案，允许城市政府为私人慈善住房协会的债券担保，以建造价格较低的住房。但是，建成的房子的价格或房租还是超出低收入工人家庭的支付能力。

（三）"一战"后规划活动的降温

　　1912—1919 年，是加拿大早期规划活动的高峰。此期间，在战前规划活动的影响下，一些大学增加了规划课程。多伦多的应用科学和工程院开设了城镇规划和城市管理课程，阿尔伯达大学把城镇规划作为建筑和工程专业最后一年的必修课。

1917年，联邦保护委员会出版了由托马斯·亚当斯撰写的第一个规划教材《乡间规划与发展》，希望能够成为将来规划学科的教科书。书中包括其全部规划思想和主张。他认为，城镇规划不是为了某一个社会阶层，而是着眼于整个城市；规划只有科学性而没有政治性，它可以解决城市所面临的社会问题。

客观地说，亚当斯关于规划能够解决社会问题的观点显然是错误的，但是他在规划方面提出的许多主张还是很有价值，在加拿大以后的城市规划中大都得到了实践。

但是，"一战"后加拿大城市规划活动开始降温，联邦保护委员会于1921年解散。对此，联邦政府给出的理由是，它与其他一些机构重叠，与政府体制相违背，财政开支难以控制。[①] 实际上，该机构解散的真正原因是随着"一战"后经济环境发生的变化，该机构也不像以前那样得到各方一致的支持。联邦政府最初积极涉足城镇规划，现在开始推脱说它不并属于自己管辖的范围。

1. 战后规划活动降温的原因

战后城市规划活动降温源自3个原因。第一，20世纪20年代，全国和城市人口增长的速度放缓，城市危机有所缓解。1901—1911年，加拿大人口增长了35%，城市人口增长62%，乡村增长21%。而在20年代，三个数字分别是18%、35%和7%。城市的人口增长速度减慢，使住房的短缺有所减缓。[②] 20年代的新住房开工率最多达到1911—1914年的80%。同时，汽车和交通的发展，也减轻了城市拥挤和流行疾病的发生，规划活动似乎不再像战前那样重要。

第二，1919年，温尼伯发生的全市工人大罢工引发了连锁反应，使人们不再相信城市规划具有解决城市社会问题的能力。罢工的起因是工人要求增加工资遭拒。罢工的参加者人数达到3.5万人，占了全市人口的17.5%。6月，警察逮捕罢工领导人导致暴力冲突，造成2人死亡、70人受伤和100多人被捕，直到军队控制了全城。温哥华、草原省的大城市和东部的多伦多等城市都出现了罢工。罢工表明，加拿大的民主社会主义者此时不再寄希望于政府通过城市规

---

① 实际上，一年10万加元的预算并不多。

② 新建住房与新移民的比例，1911—1921年是1比4.5，20年代是1比3.4。Thomas I. Gunton, op. cit., p.146.

划来提高工人的生活水平，而是倡导单独地采取行动。一些大城市的工人组织自己的政党，参加城市和省的选举，1921年成立的加拿大共产党也推出了自己的候选人，呼吁为管理城市而调整资本主义制度。

此时，在城市政治中占据主导地位的是自由主义者；他们不再支持亚当斯所主张的改革，因为他们意识到这些改革需要公共权力凌驾于资本之上，而权力格局的改变必然会导致整个社会的动荡。

第三，美国规划运动的影响。1920年以后，美国的城市发展中出现了郊区化现象，城市美化运动随之转化为城市高效运动（City Efficient Movement）。加拿大的城市规划开始强调通过土地使用的分区制和地块细分的规定管理城市，以保护居住区内房地产的价值和抑制城市的无序蔓延。

2. 省政府的城镇规划法案及其影响

"一战"后，加拿大的一些省份制定了新的规划法案，规定建立省级城镇规划委员会，授权城市制定自己所希望的总体规划，实施分区法规，但仍然没有使规划法成为强制性的法律，也没有开展住房项目。例如，1929年的阿尔伯达省《城镇与乡村规划法》（取代了1913年的规划法案）只是规定省政府的城镇规划委员会为所有的地区制定规划，批准所有的地块细分计划，城市政府和地区规划委员会制定细分计划。

只有少数省要求城市政府制定总体规划，如萨斯喀彻温省。1928年，该省制定了新的城镇规划法案，要求城市必须实行规划，通过改善征税方式而提取土地的一部分利润，以综合规划和分区来控制土地的使用。

至1932年，一些城市酝酿或制定了总体规划，包括渥太华、伦敦、汉密尔顿、多伦多、温哥华、卡尔加里、圣约翰和哈利法克斯等城市。然而，这些规划却都没有实施或未获通过，只是落实了改善交通流向的内容和防止不良倾向，以保护地产的价值。例如，1925年的《温哥华规划和分区法规》将道路分为服务于不同的对象的三种等级，采取措施稳定地价和增加税收，购买5000英亩的土地建设几所不同等级的城市公园，容纳工业发展和满足住房等。可是，1928年市议会只是批准了这个规划方案中的分区内容，在25年里，这个分区法规指导着温哥华市的开发。

结果，此期只有两个小镇实施了总体规划，其中一个是安大略省北部的资源城镇卡普斯卡辛（Kapuskasing）。它建于1921年，占地2000英亩。省政府想将其建成多元而非单独由公司控制的城镇，便与斯普鲁斯福尔斯公司达成协议，向其提供资金建设基础设施，并为工人建造出租房。整个城镇分为办公、工业、住宅几个区域，用带有绿化带的街道隔离开。除了笔直的主街外，还有对角线和圆环街道，沿着卡普斯卡辛河的一侧修建道路和公园。它还控制土地投机，把细分的地块按照成本出售。另一个城市是基奇纳（Kitchener 1916年之前称作柏林市）。1924年，亚当斯应邀为它制定了总体规划；它将容纳6万人，成为加拿大第一个实施最为综合的规划框架的城镇。但是，由于城镇规模太小，其总体规划没有产生太大的影响。

3. 少数城市落实分区控制法规

"一战"后，自由主义者在城市政府中占据主导地位，他们开始与房地产商站在一起，将精力放在落实分区控制的规定上。除了前述温哥华外，多伦多也是其中的一个典型。20世纪20年代，多伦多未受保护的土地贬值了25%，而在分区中的房地产投资相对安全。所以，房地产开发商和自住房房主都支持分区控制。1912—1930年，多伦多在郊区大约7万英亩的土地上勾勒了街道计划图，要求地产商据此进行地块细分。同期，在2.5万英亩的土地上审核批准了1200个私人细计划，其中只有25个地产商不满结果而上诉到安省铁路和市政委员会，仅占审批总数的2%。[①]这说明，多伦多的多数地产开发商已经认同分区制，他们从中也得到了好处。

此时，一些城市的分区控制主要针对于少数族群住在营业的建筑中的现象，还在单一家庭住房的区域禁止建造或改造多家庭住房，也禁止建造用于出租的公寓。单一家庭住房的房主认为，这两种住房的房客经济地位不稳定，他们的出现会导致自己房产的贬值。所以，在一些城市，如果有人想在土地的使用上突破政府的相关规定，需要房地产拥有者进行表决。社区的选择起到了关键的作用。

此期间，加拿大制定分区法规的城镇并不多，并且分区控制不像"二战"后那样被认为是服务于总体规划，也没有向着总体规划方向发展。

需要提及的是，1918—1924年联邦政府向各省政府提供2500万加元贷款，在179个城市一共为"一战"的退伍军人建造了6244套住房。此外，少有城市在社会住房方面采取措施。城市政府主要是通过法令推动住房条件的改善，控

① J. David Hulchanksi, *The Evolution of Ontario's Early Urban Land Use Planning Regulation, 1900-1920*, Research Paper, No.136, Center for Urban & Community Studies University of Toronto, 1982, p.33.

制出租房子质量和阻止贫民窟的蔓延。

总的看来，这一时期的规划运动没有达到预期的目的，离亚当斯等规划师所希望的目标相距甚远。许多加拿大人开始认为亚当斯的规划思想有些超前。"一战"前，不少人接受了亚当斯关于私人的追求应受到政府的节制以保障公共利益的主张，包括控制土地投机，改善低收入者的住房。战后，规划界对这种综合规划理论的可行性开始提出怀疑；而亚当斯则认为加拿大人落伍了，1923年，他离开加拿大去了美国。①

结果，加拿大的规划思想开始从英国的公平原则与美国主张的效率相结合，逐渐走向强调"更经济地使用土地"。规划理论开始从积极地干预转向被动地管理，去适应工商业团体的要求。1924年，城镇规划研究所所长科钦（Couchon）为同行们写下了这样的座右铭："健康是为了效率，效率是为了生产，生产是为了福利。"②

（四）1930—1945年对住房问题的关注

20世纪30年代的经济大危机对加拿大城市规划产生了重大影响，在民主社会主义团体的推动下，联邦政府开始重视住房问题，也影响到城市政府。

20世纪30年代的大危机严重地破坏了加拿大的经济。1933年，加拿大的国民生产总值下降到1929年的70%，失业率高达19%，住房开工率不到以前的三分之一。城市政府为了实施救济，欠下大量的债务，无力从事规划活动。1930—1945年，土地市场再次处于崩溃状态，建筑活动减少。结果，一些规划人员遭到解雇，许多规划委员会被解散。由于联邦政府停止了资助，亚当斯当年促成的城市规划研究所的人数骤减，从1930年最多时的367人减少到40年代初的2人。1932年，它创办的期刊也停止了发行。

20世纪30年代，加拿大人口只增长了11%，增长率不到20年代的三分之二，仅仅是20世纪最初10年的三分之一。全国城市人口平均增长率大致如此，只是蒙特利尔、多伦多和温哥华三大城市的30年代的人口增长率下降更多，仅为20年代的三分之一，温尼伯市的人口基本没有增长。

---

① 至1934年，美国1200个城镇实施分区制，至少有200个城镇实施总体规划。Gilbert A. Stelter & Alan F. J. Artibise ed., *Power and Place: Canadian Urban Development in the North American Context*, University of British Columbia Press, 1986, p.125.

② Thomas I. Gunton, op. cit., p.162.

　　人口增长率的下降部分地减轻了城市住房的压力，但低收入者仍然买不起住房。在蒙特利尔，一般家庭若购买住房，需要支付2年以上的收入。

　　1932年，激进的乡间农民与城市工人联合，成立了民主社会主义组织——"平民合作联盟"，其在1933年发表的《里贾纳宣言》强调规划在消除资本主义弊端中的作用。1935年，该组织出版了《加拿大社会规划》一书，提出复杂和相互依存的社区需要综合的规划。

　　《加拿大社会规划》中关于住房一章的作者，是加拿大著名规划师汉弗莱·卡夫（Humphrey Carver）。他提出，所有加拿大人都拥有在安全、健康和舒适的住房和街区里居住的权利。一些规划者受到民主社会主义的影响，主张采取更积极的规划政策，内容包括在关键的区域实施土地公有制，由政府建造公共廉租房。

　　在这种背景下，西部各省政府开始行动。在阿尔伯达省，新成立的社会信用党1935年上台执政。[1] 在萨斯喀彻温省，社会主义者在各级政府的选举中获得不少席位。在温哥华、温尼伯和多伦多这样的城市，也有平民合作联盟的候选人当选为市长。1944年，平民合作联盟在萨斯喀彻温省省级选举中获得了胜利，组成了包括有工人代表参加的省级政府。它是加拿大第一个社会民主党政府，一直执政到1954年。1945年，平民合作联盟在联邦议会的选举中获得28个议席，所得选票占了全部选票的16%。[2]

　　1935年，全国性的社会住房组织——社会重建联盟建立。它主张由政府在郊区为工人建造付得起房租的住房，认为住房建设必须与规划同时实施，以减少负面影响。这一主张得到国家就业委员会的支持，提出一个区域只有在规划或分区管理足以保障投资的收益后，才适合于建造房屋。

　　为了克服经济危机，加拿大保守党联邦总理贝纳特决定像美国那样实施所谓的"新政"。他任命了一个委员会，在几个大城市调研住房状况。该委员会的报告认为，应当由规划委员会制定综合计划，在建有基础设施的区域清理贫民窟而进行住房开发。该报告强调，良好的住房能够保持工人的健康，有利于生产效率的提高和经济的发展，因此，在住房政策上应当把为低收入者提供住

---

　　① 该党把贫困归于人们的购买力低于产品的价格；为了实现生产和消费之间的平衡，政府应向人们发放购买商品的"社会信用券"，或向生产者提供补贴，使之降低商品的价格。这一理论为农民所信仰，该党成立当年就在阿尔伯达省上台执政。

　　② Hugh G. Thorburn ed., *The Party Politics in Canada*, Prentice Hall Canada, 1991, p.349.

房置于首位。

然而，联邦政府并没有完全对此做出反应。它同意把住房项目当作规划的一部分，但反对政府投资建造廉租房，而是强调市场资源在其中的作用。

关于住房政策，联邦财政次长威廉·克拉克（William C. Clark）主张把它当作促进经济发展的手段，利用它增加就业和税收，减少政府的救济开支。结果，此时联邦政府出台的住房政策，以依赖于市场资金增加住房数量为特征。这种政策得到了加拿大建筑协会的支持。1935年，联邦政府颁布了加拿大第一个社会住房法案——《自治领住房法案》。为争取信贷机构的加入，联邦政府采取与之共同贷款的方式，以低于市场的利率，为低价自有住房提供占房价80%的贷款。1938年，联邦政府颁布《国家住房法案》，提高了联邦政府贷款的比例，并对信贷机构每笔贷款的损失给予一定的补偿。为保障军工生产，联邦政府于1941年成立了一个战时住房有限公司，它以更低的利率放贷给一些城市政府，为军工工人、退伍军人建造几万套公共廉租房。"二战"中，联邦政府还在各城市采取控制房租的政策。①

与此同时，一些城市自己采取行动。西部省份的一些城市为了获得更多的财政收入而推动住房建设，低价处理了自己拥有的土地。1941年，卡尔加里城市议会采取政策：把城市拥有的土地以低于市价50%的价格出售，后来改为低于市场25%的价格出售。直到1944年才改为按照价值出售。3年内该城市就处理了其多数土地，得到37.7万元。②

（五）加拿大城市规划落后的原因

20世纪20—30年代，城市的蔓延并没有停止。地产开发商把大量的投资转向郊外，使内城区域的房地产贬值，城市政府的税收基础受损。而限制城市蔓延，又导致城市中心的住房价格上涨，不利于贫穷家庭。分区法规限制加盖或改造房屋，也加剧了城市住房的短缺。

面对于此，一些城市政府为了使市场上出现更多的住房，进入20世纪40年代后开始放松对分区的管理，使各种建房较以前容易获得批准。例如，在独立别墅的区域可以建造联体别墅，同时允许把单一家庭的住房改造成可供多个

---

① 此期联邦政府的住房法案和控制房租的政策，详见第十二章相关内容。

② Alan F. J. Artibise & Gilbert A. Stelter ed., *The Usable Urban Past：Planning and Politics in Modern Canadian City* , Macmillan of Canada Lid., 1979, pp.310-312.

家庭居住的房屋。这样，在许多城市，沿大街的区域和商业与工业区附近，土地的使用开始出现多样化的趋势。

总体看来，加拿大的城市规划从兴起至"二战"结束，落后于欧洲的一些国家。造成这种现象，除了受美国强调效率而忽略公平的规划思想影响外，还有以下几个原因。

首先，联邦制结构使规划权力的行使不够统一。宪法原则将规划归属于省政府，但实际中联邦、省和城市政府都以不同的形式行使规划权力，而有时它们之间又相互推诿。

其次，就规划运动兴起时成立的联邦保护委员会而言，它也没有把全部精力放到城市规划上。作为一个从东向西逐步开发的移民国家，加拿大的乡村与城市同时出现，尤其是在西部。1900—1930年，农业人口从180万增长到540万人，增长了2倍。此期间，尽管农业生产的增长赶不上城市经济部门的增长，但在国民经济中仍占有相当的比例。加拿大政府在关注城市和制造业的同时，也关注农业和天然产品。

最后，与其他西方国家相比，此期加拿大的工业部门较弱。在城市规划开始实施的时候，控制城市的主要是从事商业运作和铁路建设的资本家，他们关注天然产品的开发与输送。地产商、银行家与工业制造商对规划有着不同的要求，前两者对增加财产价值和住房价格感兴趣，主张实施限制性地的分区和建设公共设施，而后者则倾向于强调效率的综合性规划，以便整个城市发展后为自己的工厂提供廉价的水电供应和良好的交通条件，并使工人获得低廉的住房。但是，工业制造商力量相对薄弱而未能充分地影响政府。工业制造业的相对薄弱也导致工人阶级缺少足够的力量，加上多种族裔成分的工会组织不够统一，他们没有在住房问题上对政府造成足够的压力。只是在20世纪40年代制造商和工人的力量壮大后，情况才得以扭转。

三、1946—1970年的规划活动

1934—1939年，公共工程开支和国防开支刺激了加拿大经济的发展，使之在1939年恢复到1929年的水平。"二战"中，在军事工业生产的推动下，加拿大在1944年的生产水平几乎达到30年代大危机时期的4倍。然而，为防止战后经济危机的发生，加拿大政府仍需要采用凯恩斯主义——加大开支、利用公共工程刺激经济的发展。其中，作为刺激经济发展的工具，规划和社会住房应当

发挥重要的作用。

（一）对战后住房政策的考虑

1941年，联邦议会中成立了一个重建咨询委员会，为战后需要解决的问题提供对策。1942年，在该委员会下成立了一个研究住房和规划问题的特别委员会，它聘请经济学家——女王大学的教授柯蒂斯（Curtis）担任主席，因此又称"柯蒂斯委员会"。柯蒂斯与前述《加拿大社会规划》一书的主要作者马什（Marsh）一起，为该委员会起草了一份报告（"柯蒂斯报告"）。

该报告指出，接近一半的加拿大人在支付了房租后生活就会变得困难。因此，它建议联邦政府每年资助建造1.5万套公共住房，并支持合作住房和乡间住房，资助现有住房的修缮，向城市政府提供资金清理贫民窟，以实现城市更新。

此外，该报告还指出城市面临的一些问题：居住区域的拥挤和中心商业区的衰败，土地使用的混乱，学校、图书馆、医院和游乐场等公共设施不足。它认为，造成这些问题的原因是缺少规划管理，房地产价值低而无法提供充足的税收，使住房条件也难以得到改善。

该报告认为，市场在土地配置和住房建造方面缺少足够的能力，政府应当加强城市规划。它建议由省政府制定定居和土地使用战略，强制推行城市和地区规划，为了城市更新和执行规划而加强政府对土地的征收权力。显然，这个报告中含有社会主义成分，但不像《加拿大社会规划》那样激进，因为它虽然认为土地收益应当归整个社会，却没有提及采取何种措施来实现这个目的。

在住房政策的导向上，特别委员会内部存在着分歧。马什说住房是公共设施，而不是私人投机的商品。有人主张公共住房应当占到每年新建住房的25%~50%。还有成员认为，国家应当以低于市场的价格来征收土地，公共住房应当由联邦政府所属的公司通过市场渠道来建造。

然而，联邦政府财政部则倾向于扩大私人住房规模，财政部任命的该委员会主席尼克尔斯（Nicolls）强调说，解决住房问题关键是以各种方式提高私人建筑商的效率。财政部次长克拉克进而认为，公共住房不会推动住房的建设，在稳定就业方面也不会比市场住房发挥更大的作用。

这样，联邦政府的住房政策采用了财政部的主张。1944年，联邦政府通过了新的国家住房法案，再次降低联邦政府与信贷机构对自有住房贷款的利率，对投资于廉租房的有限分红公司，联邦政府和贷款机构在抵押率和还贷期限上更加优惠，并保障其得到一定的投资回报。这些措施推动了自有住房和市场廉租房的建设。此外，联邦还向城市政府提供资金用于贫民窟的清理，将征用的地块整理后低价出售，用于廉租房的建设；这些资金也可用来修复和翻新已有住房，改善社区环境。1946年，联邦政府成立了加拿大抵押与住房公司作为其代理机构，推行借助市场资金而增加住房的政策。

不过，特别委员会中马什等人的观点也并没有完全被忽视。1949年，联邦政府修改《国家住房法案》，规定联邦和省共同出资获得土地和建造公共廉租房，并共同承担运作成本。这是在加拿大历史上首次推出针对低收入者的公共住房，产生了重要的影响。

（二）多伦多城市规划的实践

多伦多市作为加拿大的大都市，包括住房在内的城市问题最为突出。早在1942年，多伦多就成立了加拿大的第一个城市规划委员会。其8名领导成员中，有6名代表社会团体（工人、妇女和工商业），另外2名分别是市长和市议员。最初，它不隶属于政府，只与市议会存在着一种咨询关系，1946年正式成为市政府的一个部门。

该规划委员会于1944年发布了多伦多城市总体规划。它融合了过去半个世纪的理想主义和现代主义规划思想，特别借鉴了埃比尼泽·霍华德的公园城市理念、克拉伦斯·佩里（Clarence Perry）的自给自足的"邻里单位"概念和帕特里克·格迪斯（Patrick Geddes）的社会调查方法。[①] 其主要创新之处在于它将城市划分为78个街区，并区分为健全、脆弱、衰落、破败和贫民窟5种类型。根据它的定义，健全的社区应具有密度低、房屋好、交通少，以及拥有公园、学校、教堂和商店等特征。

按照这个标准，在多伦多78个社区中只有11个健全的社区，占全部社区的14%；这些社区位于城市北区的富裕地区、安大略湖滨区和西部高地公园

---

① 1929年美国人科拉伦斯·佩里试图以"邻里单位"（Neighborhood Unit）作为城市的"细胞"组建居住区，从而改变城市中原有居住区组织形式的缺陷。其目的是在汽车交通发达的条件下，创造一个适合于居民生活、舒适安全和设施完善的居住社区环境。其主要要点是：根据学校而确定邻里的规模；过境交通干道布置在城市四周形成边界，内部道路系统不与外部衔接；在邻里中央位置设置公共设施。

（High Park）区域。城市中属于需要清理和重建的贫民窟占2%。^①它们的特征是人口密度高、交通拥挤、房屋和商店建筑破败以及学校老旧。

为了确保城市总体规划能够实现，多伦多市议会于1943年组建了多伦多重建委员会。该委员会由近1000名成员组成，代表了城市的各行各业。其下属的房屋委员会由著名的平民合作联盟成员（包括汉弗莱·卡夫）主导，提出了激进的房屋和城市规划纲领。20世纪30年代和40年代，平民合作联盟和共产党（"二战"时期更名为"劳工进步党"）围绕失业、住房和救济款项等问题在一些社区开展组织活动，对多伦多市政坛产生了一些影响。^②

多伦多规划委员会关注的是建筑环境的城市秩序，而多伦多重建委员会的任务则集中在城市规划的社会方面。后者认为，战后的城市规划应该强调社会问题，而不是美化城市中心、建立战争纪念馆或林荫大道等"炫耀"的东西。因此，1944年多伦多重建委员会建立了一个"市民住房和规划协会"，要求城市和联邦政府立即采取措施解决战时住房危机。

多伦多重建委员会的成员希望成立一个委员会来协调各社区团体的活动，弥合志愿社区服务与当地市政府和规划委员会之间的差异，把特殊利益与更大的社区利益联系在一起。结果，1947年该委员会建立了社区理事会协调委员会（Community Council Co-ordinating Committee），由它协调各社区组织之间的关系，推动市民积极参与市政府开展的项目。

但是，城市南部英裔中产阶级感觉已经得到了很好的服务，没有必要与北部的工人和少数族群邻居进行合作。多伦多重建委员会所希望的那种共同的社会基础并未出现。

在这种情况下，多伦多市政府于1948年在丽晶公园（Regent Park）贫民窟开展重建项目，却没有完全满足当地居民的要求。作为加拿大的第一个公共廉租房项目，它是多伦多战后重建计划的核心；对此，除了联邦政府的资金外，城市住房和规划委员会还说服市政府动用一部分公共开支。正是这个原因，多

---

① Kevin Brushett, "'People and Government Travelling Together': Community Organization, Urban Planning and the Politics of Post-War Reconstruction in Toronto 1943-1945", in *Urban History Review*, Vol.27, No.2, 1999, p.47.

② 1943年，平民合作联盟和共产党利用社区组织一共选出了4名市议员。在1943年安大略省议会的选举中，代表多伦多地区的18个议员大部分由平民合作联盟和共产党提名；在1948年省议会选举中，这两个团体推选的候选人获得了6个席位。

伦多的工商业集团和社会中上层十分警惕，担心它会使自己缴纳过多的税款。

结果，丽晶公园的房屋被拆除后，房主没有得到足够的补偿，在市场上难以买到理想的住房；它建成的公共住房的房租高于旧房子而引发租户的不满。在丽晶公园的规划和建设期间，居民几乎没有得到任何关于城市规划或项目进展的通告，市政府也没有与居民一起召开公开的会议，讨论房屋项目的租金规模或租户资格。

实际上，社区理事会协调委员会也没有采取措施，去帮助当地居民在影响他们社区的最重要问题上组织起来。1950年，当多伦多重建委员会更名为市民咨询委员会时，市民对该委员会的参与和支持已经急剧下降。①

从本质上讲，多伦多重建委员会及其社区理事会协调委员会的工作，反应出现代加拿大国家的内在的矛盾：它一方面发挥个人的作用和提高社会福利，一方面规范人们的行动和思想，使之适应国家和资本的要求。多伦多的城市规划委员会和重建委员会都是保守主义和民粹主义规划思想的混合体。保守主义重视决策中的秩序、理性、集权和等级制度，而民粹主义试图保护普通公民，使他们免受专家、利益集团、政府和企业的侵害。丽晶公园贫民窟的重建项目，是二者博弈的一种结果。

丽晶公园重建的经历被其他社区引以为戒，20年后，其北邻的贫民窟包心菜镇（Cabbage town）的居民在重建中有了决定权。在他们的反对下，推倒旧房屋而重建新住宅的项目中途停止，"维多利亚式"的老房屋保留下来，成为中产阶级专业人士追逐的目标。他们购置这种独特的住宅后进行修复，包心菜镇开始了所谓的"绅士化"。

（三）规划中的城市更新

以1948年多伦多丽晶公园项目为开端，加拿大兴起了城市更新运动。其目的是推动城市的再开发，扩大城市税收的基础，通过改善城市环境吸引外来的投资和减少城市的服务成本。

城市更新运动将目标集中在城市的衰败区域，拆除贫民窟后建造公共廉租房，它的开展与实施1949年国家住房修正案结合在一起。对于拆迁和清理土

---

① 1953年，它拒绝成为市议会的附属机构而被解散。

地，联邦提供50%的资助，省和城市各自出25%的资金。最初，只有多伦多政府利用这个计划建设公共廉租房。1956年，联邦允许清理后的土地部分地用于商业建筑后，参加这项运动的城市逐渐多了起来，至1967年，它们占到了安大略省城市的一半以上。其后，其他省的城市也开始征用土地，使土地储存量增加。至1972年，各城市一共接受联邦提供的1.18亿加元资金，用于159个项目的土地征收、规划、建房和销售。这些项目一共覆盖4.6万多英亩的土地，其中80%分布在镇和乡村，储存起来的土地占到70%。[①]

为了帮助在渥太华和其他城市推广城市更新项目，国家首都规划部与国家电影委员会合作，制作了名为《加拿大向前进》（Canada Carries On）的系列宣传片。[②] 这些影片描述多伦多的丽晶公园和温哥华的斯特拉斯科纳（Strathcona）等"贫民窟"的破败景象，向观众宣传根据科学的规划而将其拆除和更新的必要性。其中的一部影片《首都规划》首先把渥太华展示得犹如一颗天然宝石——美丽的自然公园和渥太华河，游客和居民享受着滑雪、骑车和游泳的乐趣。然后画面一转，显示在没有规划的情况下它的自然美景被工业所玷污，木材场和铁路堆场混乱不堪，联邦议会大厦被笼罩在烟雾中。在未来的憧憬中，住房郊区化，行政办公室转移到绿色园区，烟雾、铁轨和交通堵塞被快速公路所取代。

国家首都规划部下的公共信息委员会，编制新闻稿和照片、模型、宣传画和小册子，向加拿大议会、学校、图书馆介绍《首都规划》以及后来的三部宣传片。此外，还在全国各地开展名为"城市发展最新概念"的巡展。

为了实现首都城市更新的目标，1962年4月，联邦政府批准国家首都委员会使用1700万加元，征用勒布雷顿公寓（LeBreton Flats）的所有房产而进行重新开发。该地占地53英亩，房主们大都属于工人阶层。它计划花费7000万加元建造新的国防部总部等10个政府建筑物，办公总面积为55.7万平方米。加上从邻近的铁路停车场和内皮恩湾回收的土地，城市更新的面积一共达到153英亩，它所涉及的面积达到200英亩，是蒙特尔、多伦多和哈利法克斯开发

---

① Peter Spur, *Land and Urban Development: A Primary Study*, James Lorimer & Company, 1976, pp.271-272.

② 宣传片包括1949年的《首都规划》、1951年的《多伦多繁荣城镇》、1953年的《温尼伯故事》、1961年的《哈利法克斯再开发》等。

项目面积的2倍多。[①]

但是，正如其他一些城市那样，渥太华的城市更新项目忽略了新的社会住房的建设，遭到舆论的批评。前市长夏洛特·惠顿指责国家首都委员会是土地投机者，把征用的土地与其他土地混合，然后转售以谋取利润。她认为城市更新应当注重住房的建设，渥太华更新计划也没有原地安置住户。

不可否认，清理贫民窟后建造公共住房，改善了城市居住条件，也减少了犯罪。但是，它同时也带来了一些规划上的问题。比如，建设房屋的成本高于预期，导致居住者比以前的旧房子交纳了更多的房租，新房的建设速度低于旧房的拆除速度，不能及时地安置搬迁户；有些仍可以再住一二十年的老房子被拆除，造成了浪费。另外，原来老房子的房主将几间房子出租以增加家庭收入，而现在他们的住房被拆除后买不起新的市场住房而成了公共住房的房客。

对于这些问题，有规划学者认为，在清理贫民窟时，如果不首先增加廉价住房的数量，将不仅使政府为获得土地而付出更大的代价，还会使贫民窟的人涌进附近的区域，带来不良影响。结果，1964年，联邦政府修改《国家住房法案》，规定联邦提供资金，修缮那些还可以居住的房屋。为建造和维持更多的公共住房，该住房修正案规定联邦和省政府向城市共同提供长期贷款，同时对低收入房客提供房租补贴。此外，还规定联邦政府向购买低价住房的非营利团体提供长期贷款。

为了改善城市环境，该修正案还决定由联邦政府资助城市的非居住区的开发。1964—1972年，加拿大抵押与住房公司资助了大约90个城市更新项目，其中许多都是针对城市中央地区的商业再开发，包括蒙特利尔的中央商务区、汉密尔顿的市政广场和圣约翰的海滨区域。

（四）郊区"新城镇"的出现

"二战"后，对于城市发展是集中在市中心的再开发还是郊区的新开发，加拿大规划界持有不同的观点。不少人推崇20世纪20年代形成的"中央分区

---

① 由于资金问题，勒布雷顿公寓在1967年拆除清理完毕后，闲置了40年才得以开发。见 Roger M. Picton, "Selling National Urban Renewal: The National Film Board, the National Capital Commission and Post-war Planning in Ottawa, Canada", in *Urban History Review*, Vol.37, No.2, 2010, pp.316-317.

理论"，认为城市规划的成功在于容纳现有城市的中央区。[①] 针对人们往返于居住和工作地点造成的交通拥挤，该理论认为应当加宽街道、改善公共交通，使人们容易进入中央商务区。一些规划决策者希望制止城市蔓延以减少政府的财政开支，他们支持这一理论，认为它是提高城市竞争力的有效手段。

而关于城市空间结构理论的另一学派则认为，城市的拥堵和不便缘于土地的使用不当，交通的改善只不过使这种不合理继续存在下去。因此，正确的方法是将工作岗位分散到郊外，在那里建造一些卫星城，利用工作和居住地点之间的平衡而实现社区的自我容纳。那些担心市中心的再开发会导致地价和住房成本上涨的规划决策者，支持这一观点。

由于两种理论都有拥护者，在加拿大各城市开展城市更新运动的同时，郊区开发的项目也在有计划地进行。"二战"后，加拿大利用中心城市和卫星城的形式，抑制市区无限制地向外蔓延。20世纪50年代中期，多伦多郊区出现一些"新城镇"，50年代末在安大略省的西南部城市、60年代中期在温尼伯和埃德蒙顿郊区都出现了类似的开发。它们的共同点是，通过专门分区的安排，能够保障多数的日常需求在15分钟的车程内就得到满足。各省北部出现的一些新的资源城镇，在规划设计和住房的形式上也带有"新城镇"的理念，魁北克—卡迪埃矿业公司建造的费尔蒙（Fermont）是其中的一个典型。它整体布局紧凑，利用街道和房屋建筑作为屏障，阻挡冬季的寒风，独立别墅都是利用太阳能取暖，商业和娱乐中心设在带有公寓楼的建筑群里面。

1952年在多伦多东北郊区建设的唐米尔斯（Don Mills），是大都市地区"新城镇"的一个典型。该城镇占地2200英亩，设计容纳2.5万人。里面有一个多元化的工业基地，以保障工作和居住之间的平衡；镇中心有购物场所、中学和服务设施，周围4个街区设置小学、娱乐设施和零售商店。城镇周边使用绿化带将城镇与其他区域隔离开来。其独特的一点是采用了美国城市规划师克莱伦斯·斯坦因（Clearance Stein）的关于交通布局的概念，即采用"尽端路"方式把外环路交通与街区交通分开，以减少行驶的汽车与步行者之间的冲突。为了实现建筑风格的多样化，它不允许一个地产公司购置相连的地段去建造一种风格的房屋。

---

① 这种理论主张将重要的机构设在城市中央区域，中央区周围是土地混合使用区域，包括越来越受到商业和工业侵蚀的居住区。工业设施位于中央区，或在郊外靠近铁路的地方。

这个项目是战后把规划概念与私人企业相结合的一个尝试，市场效果良好，成为加拿大郊区开发的一个典范。不过，它利用私人开发者的投资建设城镇服务设施，这虽然减轻了政府的财政负担，但允许私人公司提高房屋销售价格，最终由购买者承担了服务成本。至1961年，其房价已超过多伦多地区的平均水平，购房者的收入几乎达到整个多伦多地区居民平均收入的2倍。另外，这个项目也没有按照规划要求建造一些廉价住房，使一些工人家庭无法在此居住和工作。结果，在当米尔斯工作的人只占全体居民的10%，远远没有达到50%的设计目标。这样，当米尔斯镇的推动者成功了，但建立一个相对自给自足和居民多元化的城镇规划理念并未实现。

值得一提的是，1958—1962年，联邦政府下的国家首都委员会花费了4000万加元，以购买和征用的方式获得41390英亩的土地，在渥太华周围组成一个"绿色带"，为的是保护自然环境和为城市居民提供消遣场所。为此，该委员会在此建设了排水和供水设施，用城际公路取代了以前的铁路，还将一些工业设施迁到其他地方。它虽然没有建设"新城镇"，但从性质上看同样属于利用和开发郊外土地而减轻中心城市服务的压力。

（五）"二战"后规划活动的变化

在"二战"结束时，加拿大人口已增加到1200万人，其中城市人口640万，占全国总人口的54%。在世界经济复苏的刺激下，加拿大国民经济迅速发展，城市化也进入了一个高速发展时期。1961年，城市人口增至1270万，城市人口在全国人口中的比例升到60年代末的71%。城市人口的增长，对城市的规划提出了更高的要求。

"二战"后，联邦政府试图保持经济和就业的高速增长，这一点从两个方面为城市规划提供了动力。首先，维持充分就业的一个条件是兴建公共工程，而城市规划是这种建设活动的一个组成部分。其次，政府干预社会经济的理念盛行，这使规划思想受益匪浅——强调总体规划的重要性。

实际上，前述重建咨询委员会下的"柯蒂斯委员会"，在1942年报告中还对未来的规划提出了许多建议。其中包括建立永久的规划部门，规定城市和地区政府必须制定总体规划，这些规划应当得到省规划部门的批准，以便与省的规划战略保持一致。它还提出，政府应当控制私人财产和土地的开发，以保护农田。从性质上看，这些内容不再是20年代的那种被动的规划措施，而是要求政府从总体上积极发挥管理城市土地使用的职责。

战后，联邦政府的住房机构——加拿大抵押与住房公司也为实施城市规划而积极地进行宣传。1946年，它出版自己的刊物《栖息地和住所》（Habitat and Living Places），促进规划思想的传播，并为居民、政客、开发商和规划师提供一个讨论问题的平台。此外，它还举办短期课程，出版《社区规划评论》，资助一些大学建立了规划专业和系所。可见，这个公司除了住房外，还是联邦政府督促各省实施城市规划的一个得力工具。

1946年，联邦政府召集各界人士讨论规划问题，会上成立了加拿大社区规划协会。20世纪40年代末至50年代初，一些大学建立城镇规划专业，其中有米吉尔大学（1947年）、曼尼托巴大学（1949年）、不列颠哥伦比亚大学（1950年）、多伦多大学（1951年）、蒙特利尔大学（1961年）。加拿大抵押与住房公司还为这些大学设立了奖学金。至60年代，已有6所大学设置了规划专业，培养出600个职业规划师。战后规划活动的内容主要表现在以下3个方面。

1. 各省要求城市制定总体规划

此期间，高速公路及通向资源城镇的公路的建设大规模地展开，圣劳伦斯河拓宽，郊区大型购物中心开始出现，这些都需要省政府为城市制定更加广泛的规划管理和程序。而城市随着新移民的到来和经济的迅速发展，进入了一个空前的繁荣期。因此，只有分区和细分法规是不够的，各城市需要制定一个指导城市发展的总体规划。

作为规划的主要工具，城市总体规划一般涵盖15—30年，它确立一个决策框架，在宏观上指导城镇土地的使用。总体规划包括详细的土地划分、环境保护规定、对地块开发和建筑设计的控制、开发权的转换和景观规划等内容。此外还包括城镇社会、经济和生活质量目标的陈述，以及公共工程对财政的要求。这种规划一般通过地图、图片和文字描述各种社区和土地使用的区域，包括城市建筑类型，还确定城市的开发边界，禁止城市政府在边界以外提供交通等服务设施。

1946年，安大略省政府修改了规划法案而增加了总体规划内容。首先，它确定一个规划单位——通常一个或两个城镇，要求它们制定总体规划，以便得到省的批准而明确其法律作用，其中包括一个地块细分控制系统；其次，它授权城镇政府制定分区法规，决定规划决策产生纠纷后的上诉程序；再次，它规定城镇的规划机构由市民和规划委员会共同组成，向城镇议会提出建议；最后，它要求在规划过程中的各个阶段都召开市民会议，旨在让公众参与并接受教育。这个法案的框架直到20世纪末仍然有效，并为其他一些省所效法。[①]

此时，各省大都修改自己的规划法案，允许城市政府任命一个独立的规划委员会，参考以往的开发、地形和地理条件、已有的公共设施、人口分布、土地价值和居住密度等条件，准备和制定城市规划。例如，不列颠哥伦比亚省1957年颁布新的《城镇规划法案》，授权各城市制定总体规划和分区规划，包括为将来的街道保留土地、限制每英亩的住宅数量等。同时还授权城市建立咨询性质的规划委员会，包括建立"大区"（regional district）规划委员会。1959年，该省修改了专门针对温哥华市的法律，反映了上述规划权力的变化。1951年，阿尔伯达省议会通过了《城市法案》，取代了各种各样的城市特许状，建立了一个统一的城市法规。

城市和镇政府也想利用这个机会扩大管理城镇的权力。1948年，加拿大有16个大城市开始准备总体规划。在5千到3万人口的118个城镇中，有50个任命了规划委员会，其中的32个开启了规划的准备程序。1951年，埃德蒙顿市制定了规划大纲，1959出台总体规划；1962年，卡尔加里市出台总体规划。[②]1956年，安大略省的57个城镇有了总体规划，48个城镇有了分区法规；至1965年，该省半数的地方行政实体在制定总体规划，它们涵盖了该省75%的人口。[③]

2. 制定地区规划

地区规划，是通过把相邻的城市或城镇管辖范围的规划进行协调，从而形成一个超过城市范围的规划体系。它适用的范围是根据省法律建立的地区行政实体，地区规划起到一种纲领性的指导作用，协调城市之间的重要的公共服务和工程，而具体的规划和开发管理由相关的城市实施。

地区规划最早发生在阿尔伯达省的埃德蒙顿。石油的发现导致了该城市边缘地区的无序开发和土地投机，需要制定一个地区规划进行约束。1950年，埃德蒙顿与周边的城市一起组成了一个地区规划委员会。一年后，卡尔加里市也成立了地区规划委员会。当时，其周边地区大量的土地拖欠地产税，卡

---

① Gerald Hodge, op. cit., p.133.

② Michael Gordon & J, David Hulcanski, *Evolution of Land Use Planning Process in Alberta, 1945-1984*, Research Paper No.156, School of Community and Regional Planning, UBC, 1985, p.9.

③ Gerald Hodge, op. cit., p.134.

尔加里政府低价将其收购后需要制定地区规划。两个地区委员会负责解决城市之间的问题，就城市合并、城市界限的调整以及土地的合理使用提出建议。这两个委员会50%的经费由省政府提供，剩下的50%分别来自辖区内的大小城镇。1952—1968年，阿尔伯达省又建立了6个地区规划委员会，拥有同样的资金来源。

在1968年之前，阿尔伯达省的各地区规划委员会只对一部分城市拥有地块细分的批准权；此后，该省把细分的批准权下放给地区规划委员会和辖区内的所有城镇，同时还要求地区规划委员会在1972年之前完成地区规划的制定。1970年，该省为了使地区委员会有可靠的财政而建立了一个省规划基金，向地区规划委员会提供70%的活动经费，显示出对地区规划活动的支持和承诺。

其他省份的城市，包括蒙特利尔和温哥华，也制定了地区规划。1953年，安大略省的多伦多市及其周边一些城镇组合成多伦多都市区，1969—1974年又建立了11个地区级行政实体。1960年，曼尼托巴省建立了大温尼伯都市区（Metropolitan Corporation of Greater Winnipeg）。1970年，魁北克省蒙特利尔市和周边的29个城镇重组为蒙特利尔城镇共同体（Montreal Municipal Community），20世纪60—70年代，纽芬兰省建立了圣约翰斯都市区（St. John's Metropolitan Area），新斯科舍省建立了哈利法克斯大都市区。这些都市区或地区级政府的建立，是为了便于筹集资金而提供统一的公共服务，尤其是交通服务，统一的警察系统和社会福利，加强郊区城镇与中心城市之间的联系。它们都是地区性行政实体，其制定的土地规划从性质看无疑也都是地区规划。

这一期，除萨斯喀彻温省外，所有省政府都要求相邻的城市制定地区规划。

3. 公众开始影响总体规划

规划越来越涉及居民的利益，规划的准备和实施离不开社区居民的参与和支持。1948年，温尼伯成立了一个市民顾问委员会，可谓"二战"后最早的公众参与城市规划的组织。它主要在规划教育和告知方面发挥了重要的作用。20世纪50年代初，温哥华成立了一个独立的市民规划委员会。它的成员虽然是兼职，但只有经三分之二的市议员的同意，才能否决他们做出的决定。这种机构被认为能够避免规划中的政治因素和克服政府部门之间的摩擦，有利于整个城市的长远发展。然而，有人反对市民规划委员会，主张将规划职责交给专职的城市规划部门；他们认为，只有正式的部门才能像其他政府部门那样对市议会做出反应。

显然，在谁应当负责制定规划的问题上，有着不同的主张。以温哥华为例，支持独立市民规划委员会的人认为，代表选区利益的政客们目光短浅、无法胜任规划专业工作。而支持议会的人则说，让规划超脱政治是违反了民主原则，规划应当由可以直接对选民做出反应的议会制定。第三种观点则认为，规划具有很强的技术性，涉及整个城市而不代表某个选区，所以应当由一个独立的专职部门制定。在温哥华发生的这种争论，是当时各个城市围绕规划决策者争论的一个缩影。

由于人们普遍认同第三种观点，至50年代中期，加拿大各城市都在政府中设置由专业人士组成的规划机构。但是，各城市在规划制定之前或发布之后举行听证，社区和个人可以就规划是否合理发表看法。若规划涉及的社区或财产的主人感到自己的利益受到损害，可以向省政府的相关部门提请予以纠正。城市政府希望通过这种方式取得公众对规划的支持，但听证和上诉程序有时会改变规划项目，从而也能体现公众对规划的参与。

20世纪60年代末，一些街区为了交通便利或建设新的写字楼而进行大规模的拆除，这使社区保护运动开始在一些城市出现。影响较大的事件是多伦多阻止士巴丹拿（Spadina）快车道的建设，蒙特利尔保护弥尔顿公园（Milton Park）街区项目，以及温哥华阻止开发斯特拉斯科纳（Strathcona）街区。

1963年，多伦多大都市政府决定修建一条士巴丹拿高速公路，计划从北约克的威尔逊高地穿过雪松谷（Cedarvale）、努德海默峡谷（Nordheimer Ravines）后，沿着士巴丹拿公路向南一直通向多伦多市的唐人街。它全长大约10公里，大部分设计成在街道中央低于路面的快车道，以避免十字路口对交通的影响。1969年，高速公路修至劳伦斯西街。由于有300多栋住房被推倒而影响了居民生活，多伦多市民试图阻止高速公路继续向南修建，他们向大都市多伦多交通委员会提交了一份有1.5万多人签名的请愿书。

北部郊区的居民想通过快速交通进入市中心，他们支持高速公路的建设。1970年，多伦多市议会以23票对7票赞成继续修建。投赞成票的都是郊区议员。①

此后，高速公路的反对者把这个问题提交给安大略省市政委员会进行仲

---

① Ian Milligan, ' "This Board has a Duty to Intervene': Challenging the Spadina Expressway through the Ontario Municipal Board, 1963-1971", in *Urban History Review*, Vol.39, No.2, 2011, pp.28-29.

裁。1971年，该委员会投票支持修建，多伦多的反对者向省政府提出上诉。最后，安省总理比尔·戴维斯（Bill Davis）中止了这条高速公路向前修建。[①] 他之所以这样做，主要是因为高速公路会影响到市中心两个具有影响力的选区。

20世纪70年代，蒙特利尔市政府决定将米吉尔大学东临的弥尔顿公园街区改造成一个综合区域——公寓、写字楼、购物中心和旅馆，许多低收入家庭居住的住房被推倒。该街区在20世纪上半期是富人街区，后来多由学生居住，还有犹太人。此时，居民们担心会丧失街区传统的风格而向市政府展开游说，促使市政府放弃了原来的计划。它在80年代建立100多套合作住房，成为加拿大最大的合作住房社区。

温哥华唐人街东邻的斯特拉斯科纳（20世纪60年代之前称作"东区"East End），1951—1961年人口维持在6万人，以华裔为主。1957年，温哥华市政府提出了一项为期20年、分三个阶段完成的城市更新计划。它将耗资1亿加元，清理斯特拉斯科纳15个街区的破败房屋，建造以公寓和联体别墅为形式的社会住房。1959年开始的第一期城市更新计划，在麦克林公园开展一个公共住房项目，随后拆除了坎贝尔大街沿线10英亩土地上的房屋。第二期计划于1965年开始，在麦克林公园扩建了260个住房单元，超过30英亩的土地被清理，3300人被遣散，其中大多数是华人。[②]

当地华人不愿意搬离。房主认为政府对房屋6000~8000加元的补偿太低，因为在其他地方购买房屋需要1.4万~2.1万加元。1968年12月，在第三阶段即将开始时，斯特拉斯科纳居民成立了一个房主和租户协会；为了防止社区进一步遭到破坏，他们要求社区参与城市规划。1969年，联邦政府终止了对加拿大各地城市更新计划的资助，温哥华市随即放弃了第三阶段的计划，使斯特拉斯科纳大部分房屋保留下来。后来，居民们成立了住房合作社，在保留唐人街文化遗产的同时，建造了许多合作住房。

街区保护运动使规划师们感到，城市规划不仅是一个技术问题，它还涉及政治和文化。也正是在这个时候，一些城市规划部门开始积极地对市民的要求

---

① 安大略城市委员会的裁决没有法律约束力。1960年之前，省议会颁布法律使之生效，之后为了避免省议员之间的分歧而改为由政府令赋予其法律效力或将其否决。劳伦斯西街向南至埃格林顿西街的低于路面的快车道直到1976年才被铺设。1997年，从布卢尔街沿着士巴丹拿街向南穿过唐人街后，至安大略湖滨开通了一条有轨电车线路，受到沿途居民的青睐。

② Laura Madokoro, "Chinatown and Monster Homes: the Splintered Chinese Diaspora in Vancouver", in *Urban History Review*, Vol.39, No.2, 2011, p.19.

做出反应。

需要指出的是，房地产开发商也会利用上诉程序以维护自身的利益。以不列颠哥伦比亚省的《城市法案》为例，该法案规定城市有权力要求开发商在开发中建设基础设施。据此，一些正在兴起的城市为了解决城市服务设施不足的问题，不仅要求开发商遵守此规定，还要求他们交纳开发区基础设施的成本费和其他费用。20世纪60年代末开发商提起的诉讼得到法院的支持，法官裁决说，各城市只能要求开发商建设基础设施，不能再向他们征收任何费用。

总之，与"二战"前相比，此期的城市规划有了较大的发展。至1970年，各省建立了公共规划和控制土地使用的机构，城市议会、规划委员会和省上诉委员会等政府专业机构都行使规划权力，落实规划目标，指导城市的扩展和再开发。总体规划、分区法规和细分控制法规，成为推行土地规划的三大工具。这些措施从基本上修改了土地所有制的概念，反映出人们认可了私人土地的使用需要得到公共机构批准的理念，城市政府可以对私人土地的分割和合并实施控制。[①]

但是，这些变化仍然没有使规划达到预期的目的。首先，各城市政府面对地产商的游说、住房问题的加重以及对财政开支的考虑，在执行省政府关于定居和土地使用的战略方针上不够积极。由于一些省政府没有规定必须制定地区规划，相关城市在地区规划方面行动迟缓。一些城市的规划机构不是正式的政府部门，还带有临时委员会的性质，一些省的城市尚未制定总体规划。

其次，制定的总体规划没有完全发挥应有的作用。这是因为，各省规划法修正案虽然禁止与总体规划不一致的土地使用，但由于一些城市政府在总体规划颁布之前就根据分区法规进行了分区和细分，在一定程度上导致土地使用控制与总体规划发生了偏离，使总体规划出台后对土地使用的控制没有达到最佳的效果。

四、1970—2000年的规划活动

从20世纪60年代后期开始，加拿大的城市化进入了一个稳定发展时期。1980年，加拿大人口达到2550万，城镇人口为1940万，约占全国人口总数的76%。同年，加拿大10万人以上的大城市增加到28个，继多伦多和蒙特利尔

---

① Mohammed Qadder, *The Evolving Urban Land Tenure System in Canada*, Institute of Urban Studies, 1985, pp.9-10.

之后，温哥华也进入了百万人口大城市的行列。这三个大城市拥有772.9万居民，占全部城镇人口的42.2%。拥有30万~100万人口的城市有9个，其人口占全部人口的26.8%；拥有10万~30万人口的城市有16个，其人口占全部城镇人口的14.2%。[①] 这28个城市的人口占了全部城镇人口的83.2%，表明加拿大的人口进一步向大城市集聚。

从各省城市人口所占比例看，魁北克、安大略两省最高，西北领地和爱德华王子岛省最低。相关的人口数据详见表1。

表1：1970年加拿大各省人口及城市人口所占的比例[②]

省/领地	全部人口	城市人口	城市人口所占比例
安大略省	7703105	6343630	82.4%
魁北克省	6027765	4861240	80.6%
不列颠哥伦比亚省	2184620	1654405	75.7%
阿尔伯达省	1627875	1196250	73.5%
曼尼托巴省	988245	686245	69.5%
育空领地	18305	11215	60.1%
纽芬兰省	522195	268800	57.2%
新不伦瑞克省	634555	361145	56.9%
新斯科舍省	788960	447400	56.7%
萨斯喀彻温省	926240	490630	53.0%
西北领地	34805	16830	48.4%
爱德华王子岛省	111640	42780	38.3%
加拿大（以上总计）	21568230	16410785	76.1%

城市规模的扩大和人口密度的增加向城市交通提出更高的要求。"二战"后，多伦多始建设地铁，逐渐发展成为世界上首批实施分级公共交通体系的城市之一。1954—1963年，它完成了南北方向的"U"字形地铁1号线的主体部分，1974—1996年进行了扩展。20世纪60年代，完成东西方向的2号线的主体建设，1980年完成了扩展部分。加上从两条线上分出的短程线路，多伦多整个

---

① 韩笋生、迟顺芝：《加拿大城市化发展概况》，《国外城市规划》1995年第3期，第14页。

② T. J. Plunkett, *Understanding Urban Development in Canada*, Canadian Foundation for Economic Education, 1977, p.7.

地铁系统共有59站，总长达97.3公里。

1962年，蒙特利尔也开始了地铁建设。1966年开通1号线和2号线（"U"字型），它们都穿过大型商业主干道——圣凯瑟琳大街和舍布鲁克大街，总长53公里。1967年，从1号线和2号线的交会处——巴里站向南穿过圣劳伦斯河至南郊的隆格伊市的4号线开通。1986年，5号线通车。这样，4条主干线有73个车站，总长67公里。

这两个城市的公共交通有一个共同的特点，即以地铁系统作为快速公交干线，在沿途一些站点与公共汽车线路连接，抵达城市的各个区域，实行公共交通一体化票。这种分级的公共交通体系，是应付不断扩大的城市的一种行之有效的手段。

20世纪90年代，在多伦多和蒙特利尔形成了中心区与卫星城连在一起的公交系统。在多伦多有6条主干线（包括铁路），向安大略省一半的人口提供服务。蒙特利尔的通勤铁路有28个站。这种公交系统，方便市民更远距离的出行，减少私家车的使用和城市的交通拥挤，有助于改善空气质量。[①]

为了减少空气污染，多伦多在一些大街保留了历史上的有轨电车。20世纪70—90年代末，加拿大4个城市还建立了轻轨电车，它们是埃德蒙顿（1978年）、卡尔加里（1981年）、士嘉堡（1985年）和温哥华（1986年高架轻轨）。

然而，在提高和改善公共交通之外，还需要采取措施解决城市不断扩大带来的问题。自"二战"结束以后，法人性质的房地产开发公司逐渐控制着城市及其郊区的开发。20世纪50—60年代，它们集中在郊区，除了建设类似当米尔斯的新城外，还在公路附近建设工业园、大型购物中心和高层或低层住宅区，减少了农业用地。70年代以后，他们把目光转向城市中心区域，建造高层公寓办公楼，大大增加了城市的居住密度。这些公司把城市当作挣钱的机器，试图通过建设住房、商店和办公场所而控制土地开发市场和城市的经济生活。其做法与历史上的公司（或资源）城镇类似，所以，有些学者将这种城市称作"公司城市"（corporate city）。[②] 对此，城市政府需要做出反应。

---

① 章云泉．Claude Comtois：《加拿大城市交通》，《广东工业大学学报》2000年第1期，第46页。

② 详见Barton Reid, "Primer on the Corporate City", in Kent Gerecke ed., *Canadian City*, Black Rose Books, 1991, pp.63-78

在这种背景下，加拿大城市规划做出了调整，从20世纪70年代开始进入一个新的阶段。它在土地使用、农田和自然环境保护方面采取了新的措施；社会住房方面在继续开展公共廉租房的同时，增加了非营利合作住房项目，也与城市更新项目紧密结合。

（一）对城郊耕地的保护

保护农田的意识在"二战"后就开始出现，20世纪70年代后，这种意识更加强烈，这一点与加拿大耕地面积相对较少、城市人口增长和农田丧失较快的情况分不开。1982年，在加拿大9997610平方公里的国土面积中，全部可耕种的土地只有454630平方公里，占全国面积的4.5%。[1] 它虽然足以养活加拿大的全部人口，但在迅速扩展的城市面前还是存在着潜在的危机。

1971—1996年，加拿大城市居民从1640万增长到2250万，增长率为37%，而同期城市土地的增长率则达到77%，城市人口和住房密度降低。1971年，加拿大城市人口的平均密度是每平方公里1030人，1996年下降到799人。1981年，城市每平方公里平均有1156套住房，1996—2005年下降至721套。[2] 这些数字表明，城市蔓延依然严重存在。

1971—1996年，加拿大城市的扩展占用了1.2万平方公里的土地，其中有5900平方公里属于可耕种的土地。安大略省农田丧失的情况最为严重。1981年至90年代中期，安大略省丧失了5000平方公里的基本农田[3]，1967年，多伦多拥有全省62%以上的耕地，而1997年下降到44%。

城市向外扩展是城市发展的需要，也是开发商游说市政府的结果，而私人汽车保有量的增加也起到了一定的推动作用。截止到1998年，加拿大2800多万人口已经有1800万辆汽车，位于世界的前15位，至今仍保持这一位置。

为了保护耕地，各省政府纷纷颁布法案限制将其改为非农业用途。1973年，不列颠哥伦比亚省颁布《土地委员会法案》，划定了一个587.82平方公里

① Minister of Industry, "Urban Consumption of Agricultural Land" in *Rural and Small Town Canada Analysis Bulletin*, Vol.3, No.2, 2001, p.4.

② Murtaza Haider and Bartek Komorowski, *The 2012 Smart Growth Report: Progress Towards Smart Growth in Canada*, Final Report to Canada Mortgage Housing Corporation, 2012, p.40.

③ Sumeet Tandon, *The Evolution and Contradiction of Ontario's Land-Use Oversight Mechanisms and Their Implications for Urban Sprawl*, policy brief of Center of Urban Research and Education, Carleton University, 2011, p.1.

的农业土地保护区①，规定保护区未经批准不得用于其他性质的开发。至2003年，农业保护区只有不到10%的土地用于其他用途。安大略省农业厅于1977年颁布《农田指导方针》(Food Land Guidelines)，提高了在城郊农业区域建造住宅的门槛，并使批准程序更加严格。1978年，魁北克省颁布《农业土地保护法案》，规定凡是在农业分区内利用枫树林和销售农田，都需要得到魁省农业保护委员会的批准。1973年，纽芬兰省规定没有省农业厅的批准不能开发农业用地。

　　一般说来，省政府从土地使用的整体出发，更加希望限制城市的扩展而保护耕田。而城市政府面临工商业集团的游说和住房的压力，倾向于扩大城市规模；城市土地的增加可以降低房价，并使城市能够征收更多的房地产税。但是，如果不能从省政府获得必要的资金，城市面积的扩大也使市政府在提供交通、供水等服务上面临着巨大的财政压力。因此，城市政府一般会将二者做一权衡。当这些开支超过了从郊区开发征收的地产税和开发费时，城市政府也有抑制城市扩展的意愿，使保护耕地与制止城市蔓延结合起来。

　　但是，如果省政府放松管理，那么制止城市蔓延和保护农田的政策就难以持之以恒。20世纪90年代初，安大略省保守党政府纵容城市无序开发，1997年更是通过修改规划法案而放松了管理。2004年，自由党省政府让省政府的城市事务厅长在实际中取代了安省市政委员会，在受理上诉时抑制开发商的诉求，以求制止城市的蔓延。在这方面，省政府能够发挥决定性的作用。

（二）住房建设与街区改善计划的结合

　　20世纪60年代的城市更新运动和实施凯恩斯主义带来的通货膨胀，导致加拿大城市土地价格飞涨。1965—1972年，各大都市地区的宅基地和房价的年增长率从18%增长到23%。②1972—1975年，25个城市临街地块的价格按照实际价值增长了40.55%，若不扣除通货膨胀因素则增长了85.5%。③

　　在这种情况下，完全依靠政府财政支持建造公共住房，已无法解决社会的

①　Ray Tomalty and Don Alexander, *Smart Growth in Canada: Implementation of a Planning Concept*, A final report prepared for Canada Mortgage and Housing Corporation. 2005, p.35.

②　Sumeet Tandon, op. cit., p.20.

③　Mohammed Qadder, *The Evolving Urban Land Tenure System in Canada*, Institute of *Urban Studies*, 1985, p.15.

住房问题。1971年，联邦政府成立了城市事务部，表明它不惜超出宪法赋予的职权范围，解决城市面临的各种问题。该机构从事研究、散发信息和资料、提供资助，对规划和住房项目产生了广泛的影响，直到1980年解散。

1973年，联邦政府再次修改《国家住房法案》，把规划与住房项目进一步结合在一起。根据该修正案，加拿大抵押与住房公司除了以担保为条件，鼓励金融机构以高抵押率和低利率向低收入家庭购房提供长期贷款之外，还为了降低住房建设成本开展了一个"土地银行"资助项目。有规划者建议，城市应当把所有即将进行改善的土地买下，用于住房建设等开发，剩余的土地等到增值后再对外出售。以这种方式获得的利润，可以抵消政府在土地改善方面的开支。正是在这种思路的影响下，联邦城市事务部部长在1973年联邦与省联席会议上宣布，联邦政府每年将拿出1亿加元的贷款支持城市的土地储备，规定城市政府可以用这种优惠贷款购买和持有一些土地，以低于市场的价格供社会住房建设之用。

1973年，各城市实施街区改善计划。1973—1978年，319个城市接受了联邦提供的2.02亿加元的资助和6400万元的贷款，用来建设和改善娱乐及体育设施、日托中心、公园、游乐场、人行道、路灯等。1973年住房修正案还资助房主修缮旧房屋，改善了城市居住条件。

1973年住房法修正案还实施了一个非营利和合作住房项目。据此，联邦政府以低于市场的利率，向非营利合作住房团体提供最高可达100%抵押率的长期贷款，用于建造或购买低价房屋。住房者自我管理，需要交纳房租以偿还贷款。这种不交首付就可以贷款购房的非营利合作住房，成为解决城市住房问题方面具有加拿大特色的一种措施。[①]

（三）城市土地开发管控制度的变化

20世纪70年代以来，地产商与城市政府在土地的使用方面仍然进行博弈，推动着规划制度发生变化。以不列颠哥伦比亚省为例，1972年再次修改《城市法案》，实施土地使用合同制度。它规定，如果开发商在一个既定的区域改变其使用性质，需要提出申请和签订开发合同；土地使用合同需要以法规的形式颁布。这一规定为开发商提供了一种规避标准分区的方式。

---

① 1973年住房法修正案内容，详见本书第十二章相关内容。

最初，开发商把开发合同看作是获得土地使用特权和加速开发的一种手段，认为它增加了开发项目设计和密度规定方面的弹性。然而不久，他们就发现一些城镇把这种方式当作增加收入的一种工具。这些城市有意降低开发地区的分区制标准以限制开发密度，迫使开发商为达到一定的居住密度与市政府进行谈判，并缴纳一笔费用。①

开发商上诉后，不列颠哥伦比亚省政府进行了调查，认定一些城市政府滥用了土地使用合同制度。于是，1977年该省政府再次修改《城市法案》，以土地使用许可证制代替土地使用合同制度。它明确了一些不允许谈判的内容，包括土地使用的性质、区域的密度和土地的细分，因而降低了制度的不确定性。它规定，必须让开发商知道程序的精确细节，对细分提供的服务的要求需要标准化。总之，这种许可证制度是为了使土地控制程序的效率得到改善，并鼓励合理和一贯的规划，避免因对每个开发的单独考虑而带来的延误。②

实际上，与合同制度相比，开发许可制更加具有限制性。合同制度即便不被滥用，由于它本身放弃了详细的分区规定，也只能对每个项目进行宽泛的控制。而开发许可制度在基本的开发因素方面完全是限定性的，只在不太重要的开发的设计、服务和结构方面具有一定的弹性。不过，开发许可制具有较大的确定性和透明性，这是它优于合同制度的地方。

需要指出的是，在开发费用方面，不列颠哥伦比亚省虽然中止了城市在开发地段征收市政服务设施的成本费，但规定各城市政府可以根据产权法规对一些地块细分和建筑征收开发费，它们是《土地所有权法案》或《分层产权法》（Strata Title Act）。城市政府可以对三个地块以上的土地细分或超过三个居住单位的住房建设和改造征收开发费；在这两个法案之外，对价值超过2.5万元的其他建筑的建设也征收开发费。

征收开发费是让开发商提供一定的资金，帮助政府完成城市服务设施的建设，而开发商则要求省政府在这方面提供更多的资金。他们还不断地要求限制开发许可证的使用。面对开发商与城市政府的这种矛盾，省政府和司法机构力

---

① 该省的素里是一个例子。它规定1英亩土地超过4.5个住房的开发，需要就土地使用性质和服务设施成本与政府进行谈判。几个城市的事例表明它们征收的费用比以前更多。例如，蓝格雷（Langley）对每个住宅的开发费是2471至3405加元，而此前只有2100加元。

② I. L. Beveridgy, *The New British Columbia Land Use Control Procedures*, Urban Land Management Lid., 1979, p.56.

图调整规划制度，在二者之间保持平衡。

（四）新的规划理念及其实施

新规划理念的出现和实施，与内城区域的衰落有密切的关系。自20世纪60年代开始，加拿大大城市的靠近中央商务区的内城出现衰落现象，主要表现在这些区域的家庭收入、人口数量、住房条件和住房拥有率都在下降，移民或土著人出现或增加。

温尼伯的西区和北区两个内城区域衰落的数据，反映了加拿大城市内城衰落的一些情况。1961年至1991年，在占全市家庭平均收入方面，西区从86.6%下降到64.1%，北区从81.9%下降到60.4%；在人口方面，西区和北区分别减少了20.9%和34.%；而全市人口则增加了37.1%；需要修缮的房屋，西区和北区分别增加了10个百分点和9个百分点；而全市只增加了3个百分点。[①]

20世纪70年代末80年代初，加拿大发生了严重的滞胀性的经济危机；各级政府被迫压缩开支和减少城市服务，使各种福利项目受到影响。新移民和土著居民就业和居住等方面出现了问题。这一切都对城市规划者产生了影响，促使城市的规划理念发生变化。

长期以来，人们担心居住环境的拥挤和房屋的贬值，反对在附近建造公寓楼。20世纪70年代，多伦多市政府为减少密度而取消了对建造公寓楼的税收优惠。结果，公寓建筑在所有开工住房中的比例从1970年的73.7%，下降到1979年的28.2%。[②]

然而，进入20世纪80年代后，在经济萧条导致收入减少的情况下，人们不再介意居住密度的增加。一项市场调查显示，许多消费者表示，只要个人安全、高质量的公共服务、财产和声誉能够得到满足，他们喜欢紧凑、混合和多样化的街区。人们甚至感觉到，分区制对密度和土地混合使用的限制给他们带来一些不便。

其实，温哥华在20世纪70年代初就考虑放松对人口密度的限制。1973年，

---

① Christopher Leo & Lisa Shaw, "What Causes Inner-city Decay and What Can Be Done about it？", in Caroline Andrew et al ed., *Urban Affairs: Back on the Policy Agenda*, McGill-Queen University Press, pp.133-134. 根据其表1至表4的部分数据计算。

② Pierre Filion and Kathleen McSpurren, "Smart Growth and Development Reality: The Difficult Co-ordination of Land Use and Transport Objectives", in *Urban Studies*, Vol. 44, No. 3, 2007, p.508.

温哥华市议会颁布了一个过渡性的分区法规，扩大市中心新住房的密度。80年代，不列颠哥伦比亚省允许把现有的住房改造或重建成多家庭住房用来出租，以解决住房短缺的问题。在一些城市，独立别墅和联体别墅比例下降，公寓楼等住房的比例上升。在大温哥华地区，独立别墅和联体别墅的在新开工住房中的比例，1981年分别占38.7%和9.9%，1996年下降到32.9%和4.8%；而同期公寓楼的建设由39%增长到50.8%。20世纪60—90年代中期，卡尔加里郊区的密度是每英亩5.5个住房，1995年市政府决定在新的郊区项目中，将密度提高到每英亩6.72个住房。①

以前，分区法规禁止在居住区内设置日托中心，因为它是商业运作的机构，只能设在商业区。20世纪70年代，日托中心开始在居住区出现，表明人们为了消除给年轻的母亲带来的不便，开始接受土地混合使用的理念。② 此后，在居住区建造一些为生活提供方便的无公害的商业建筑，得到越来越多的人的赞同，许多人希望几种居住模式能够混合在一起。

1."再城市化"运动

20世纪80年代初开始，加拿大兴起了一个所谓的"再城市化"运动——开发城市中的一些区域。此时，再开发的目标不再是50—60年代的那种贫民窟区域，而是把市中心衰败的工业区、废弃的铁路站场或港口用作居住或商业销售用途。这些土地附近的区域多由低收入家庭居住，包括一些少数族群。在"再城市化"运动中，许多城市改变这些区域的性质，有的通过灵巧的设计，将工业建筑改为共管公寓、办公楼或商店，有的建造新的商业建筑和住房。

此时，关于如何对待市中心的工业区，在加拿大存在着两种观点。有人建议政府应当维持市中心的工业分区，认为这样做可以激励新的制造业投资，保持城市就业结构的多样性。有人则对此表示反对，说市中心工业区衰败是大势所趋，市场对土地资源的配置比政府的安排更加有效；而维持市中心的工业区，会导致土地贬值和税收的减少，不利于整个城市的发展。

虽然存在着争论，但"再城市化"进程没有停止。经过20多年的努力，一些大城市的再城市化取得一些成就。在蒙特利尔，太平洋铁路的车辆维修场

---

① Ray Tomalty & Don Alexander, op. cit., p.38；p.63.

② 土地混合使用，指降低或取消居住、商业或工业分区的限制，使居民能够就近或乘公共汽车获得零售、娱乐和专业等服务。另外也指居住区住房的多元化，自住房与出租房、联体别墅和公寓大楼并存。

所——安格斯工厂（Angus Shops）在20世纪70年代关闭后，将其中的100英亩土地出售给由蒙特利尔市和魁北克省联合管理的非营利合作住房团体。1984—1994年，他们在这块土地上一共建造了2500多套住房，其中60%是按照市场价格出租，40%属于合作非营利和公共廉租房。[1]

在温哥华，空中轻轨（Skytrain快速交通线）的建设，使旧的港口和工业区得到重新开发而成为重要的城市区域。尤其值得一提的是，在福溪（False Creek）北岸兴起了一个新的社区——太平洋协和区（Concord Pacific Place万博豪园）。这里原来是"加拿大太平洋铁路"公司的一个停车场。1988年，香港企业家李嘉诚旗下的住房开发投资公司购买了这块土地，至20世纪初陆续建造了50多个建筑（多为高层楼房），成为加拿大总体规划下的一个最大的高密度社区。它占地83公顷，拥有1万多套住房，另有一些公园、学校和日托中心。

在大温哥华地区的科奎特勒姆市（Coquitlam），2004年决定将33公顷的弗雷泽米尔（Fraser Mill）工业地段改造成土地混合使用区，完成后将增加3700套住房。同时，温哥华市政府计划将沿弗雷泽河的51公顷的工业用地改为土地混合使用社区，完成后将容纳1万人。在多伦多，1996年市政府开始在国王街和士巴丹拿街交界处一带，把老的工业仓库和商业建筑改造为混合使用区，将增加7040套市场住房。[2] 在混合使用的土地上，出现了一些大型建筑，其中有蒙特利尔的国际商业机器公司（IBM）大楼和多伦多的斯科舍大厦（Scotia Plaza）等。这些商业建筑附近带有大量的共管公寓。

在温尼伯市，为了阻止市中心区域的衰落，振兴其经济，1981年开始实施一个"中心区域项目"（Core Area Initiative）。10年内，联邦、曼尼托巴省和市政府在市中心一共直接投入近2亿加元，带动几亿加元的间接投资。它是加拿大唯一的一个三级政府作为平等的伙伴而合作的项目，除了在市中心兴建了一个大型购物中心、一个公园、一个游乐园等设施外，还建立工业园，开展就业训练项目，资助地方团体。[3]

———————————

[1] Canada Mortgage and Housing Corporation, *Redevelopment of The Angus Site-Montreal, Quebec,* http://www.cmhc-schl.gc.ca/en/inpr/afhoce/afhoce/afhostcast/afhoid/rere/resi/resi_005.cfm. 2014-01-09.

[2] Ray Tomalty & Don Alexander, op. cit., p.30; p.117.

[3] Kent Gerecke & Barton Reid, "False Prophets and Golden Idols in Canadian City Planning", in Kent Gerecke, ed., *The Canadian City*, Black Rose Books, 1991, p.137.

2."新城市主义"与"聪明增长"理念的应用

20世纪80年代以来，除了增加城市密度的上述措施外，加拿大还实施了针对于郊区城镇的"新城市主义"。这一新的规划概念强调城镇或社区的紧凑性，主张商业、文化和服务设施步行可及，使郊区更加适于居住。[1]大多伦多地区的马卡姆市（Markham）的康奈尔公园区就是"新城市主义"的一个产物。为了节省土地，20世纪50年代米斯尔那种尽端路与环形路连接的方式被传统的方格街道所取代，恢复小巷设计模式，将车库设在住房的后面。在居住区附近设置娱乐设施，在沿街采用一层营业、二层和三层住人的建筑模式（见图1）。

图1　马卡姆的土地混合使用的楼房[2]

20世纪90年代，加拿大一些城市出现了"聪明增长"组织和运动，各市政府的文件也都采用了这个词汇。2003年，加拿大聪明增长协会（Smart Growth Canada Network）在温哥华建立。它的目的是通过教育、研究和提高决

---

① 关于"新城市主义"概念，可参王国爱、李同升：《"新城市主义"与"精明增长"理论进展与评述》，《规划师》2009年第4期。

② Jill Grant & Katherine Perrott, "Where Is the Café? The Challenge of Making Retail Uses Viable in Mixed-use Suburban Developments", in *Urban Studies*, Vol.48, No.1, 2011, p.184.

策者的能力，在全国范围内实施可持续发展的原则。

在各省政府的倡导下，各城市制定聪明增长规划。以安大略省为例，该省城市事务厅为各地区和城市制定了规划目标，增加居住密度和扩大居住空间，把郊外居住密度从每公顷10个住房提高到17个，把独立和联体别墅占整个住房的比例从80%~85%降到55%~65%，从而将城市居住空间扩大20%。它还强调在居住区增加20%~30%的工作岗位，以加强居住和就业之间的平衡；通过增加现有商务区的密度而增加10%~15%的工作岗位。

很快，"聪明增长"的概念开始渗透到多数城市的规划中。它们中有大温哥华地区的《适于居住地区的战略计划》和2011年的地区发展计划，1998年卡尔加里开发计划和萨斯喀彻温省的总体规划，2006年多伦多与哈密尔顿等城市共同制定的《大金马蹄地区发展规划》，渥太华2003年的总体规划等。

"聪明增长"的主要目标，是增加城市居住密度，限制城市对郊外的开发。它所采取的方法是：在分区中鼓励城市的密度和增加土地混合使用，强调对现有社区的改建和对现有设施的利用，推动中低价住房的建设，鼓励多种交通方式以减少汽车的使用。不难看出，"聪明增长"的目标和措施在城市规划历史上大都采用过，此时它形成一种系统的理念和方法，以取得更好的效果。其中，减少汽车的使用，可以说是以前未曾强调过的一项措施。

3. 减少对汽车的使用

减少对汽车的使用，与建设健康社区运动有着密切的关系。加拿大在早期的规划历史上曾经提到卫生健康问题，那时主要是改善工人阶级的居住条件、防止饮用水污染和疾病的流行。此时，健康社区运动在联合国卫生组织的推动下有了新的内容，它包括改善河岸、建设自行车道、开展青年娱乐项目和处理有毒垃圾等，其中，减少汽车的使用最为重要。

2005年的一项数据显示，拥有3200多万人口的加拿大保有2000万辆汽车，城市一半以上的一氧化碳的排放来自汽车，若加上柴油交通工具，车辆尾气占了整个一氧化碳排放量的70%。[①]一项研究表明，增加城市密度可以减少汽车行驶的里程，城市密度提高50%，汽车行驶的里程减少12.5%~17.5%。土地混合使用会增加居民步行的距离，住房附近的零售商店数量增加25%，居民步行

---

① Behan, H. Maoh and P. Kanaroglou, *Evaluating Smart Growth Strategies with Simulations: Evidence from Hamilton, Ontario*, Center for Special Analysis, McMaster University, 2007, p.2.

的距离就会增加19%。2008年的一项调查表明，一个住房周围土地混合使用程度增加10%，住户步行的距离就会增加2.2%。[①] 因此，聪明增长理念认为，从健康角度也应当增加密度和土地混合使用。许多城市在人行道和汽车道之间铺设了自行车道。

4."新城市主义"和"聪明增长"理念引发的争议

为提高城镇密度而将住宅、商品零售和其他兼容用途的结合"聪明增长"理念，在实践中也遇到一些不同看法。吉尔·格兰特（Jill Grant）等人对3个郊区城镇的新城市主义和聪明增长模式进行了调研。[②] 他们发现，规划师利用城市进化理论来实现他们对适宜步行和社交的城镇规划，而开发商则用消费者行为来解释规划师土地混合使用的想法为何行不通。

这3个郊区城镇分别是前述多伦多附近的马卡姆市的康奈尔公园区、不列颠哥伦比亚省萨里市的东克莱顿（East Clayton）和阿尔伯达省卡尔加里的麦肯齐汤（McKenzie Towne）。它们的共同点是土地混合使用，结构紧凑而适宜步行。马卡姆市的康奈尔公园区，体现了安大略省关于城市的密度平均每公顷50个工作岗位或居民的规定；萨里市的东克莱顿采用紧凑设计和绿色基础设施，建立了自给自足或完整的社区；卡尔加里的麦肯齐汤镇独特的环形道路，创造了以交通为导向的规划的"教科书案例"。

在规划师眼里，这3个项目取得了成功，它们获奖可以作为证明。他们说，土地混合使用在视觉上带来一种欧洲小镇的感觉。受访的一些规划师认为，人们现在不再需要有巨大停车场的大型零售商店，主要街道将成为生动有趣的日常生活空间，就像在前汽车时代那样。许多规划者认为，土地的混合使用最终会改变人们的交通方式和购物地点的选择。

然而，开发商对此颇有微词。他们认为土地的混合使用具有风险，从而会经常拒绝承担这种项目。事实上，土地混合使用的开发会使开发成本高出预期，加上耗费的时间长，有时甚至无利可图。另外，在一些开发商看来，人们已经习惯于开车到区域购物中心和大卖场购物，让小型零售重新运作起来并不是那么容易。在宣传马卡姆计划时，开发者把带有咖啡馆建筑的图片置于广告的显著位置（见图1）。然而，它在营业不久因顾客不多而亏损，最后只好关门。在

---

① Murtaza Haider & Bartek Komorowski, *The 2012 Smart Growth Report: Progress Towards Smart Growth in Canada*, Final Report to CMHC, 2012, pp.22-24.

② Jill Grant & Katherine Perrott, op. cit.

麦肯齐汤的高街上，很多商家换来换去，却没有吸引到不靠补贴就能妥善经营那种零售商。因此，许多受访者认为，巴黎的咖啡馆和英国的酒吧已日渐衰落，而加拿大规划者想重现欧洲主要街道的景象，这种愿望不太容易实现。

由此看来，为了实现土地的混合使用，需要找到更有效的策略和政策吸引开发商，需要在政策范畴之外实现人们在价值观上的变革。

新规划理念下的城市建设计划与任何规划项目一样，对城市社会产生一定的影响。肯特·杰瑞克（Kent Gerecke）和巴顿·里德（Barton Reid）对前述温尼伯市"中心区域项目"的分析证实了这一点。该项目为了建设一个大型购物中心，在征用土地中使肯尼迪街上努力生存下来的小商店消失殆尽；为了建工业园而拆除了洛根街区，致使一些居民迁离所熟悉的社区。它通过兴建办公楼、大型商店和服务设施等改善了市中心的面貌，吸引人们来此工作、观光和居住，却没有修建足够的低收入住房去改善居民的生活状况。市中心的贫穷、失业、低收入家庭缺少住房的现象仍然存在，收入和就业方面的差距加大，土著居民和单亲家庭是最低收入的群体。[①] 在追求整体利益的同时尽量减少对少数人利益的损害，这些是现代城市规划在实施中需要考虑和解决的重要问题。

五、20世纪后期温哥华市中心布局的调整

托马斯·赫顿（Thomas A. Hutton）对20世纪后半期温哥华市中心的重新规划作了个案研究[②]，显示该城市在"再城市化"下土地使用方面的变化，从中可以看出城市规划对城市社会造成的影响。

（一）城市中心土地的再开发

20世纪60年代，温哥华市中心呈现出大城市中心区域由3种结构构成的特点。（1）商务区（downtown）容纳金融和商业功能，其边缘区域拥有各种其他的服务和类似工业的活动；（2）在南面的福溪（False Creek）沿岸和北面临海的中央海滨（Central Waterfront），分布着资源加工业、仓储、运输和配送服务设

---

① Kent Gerecke & Barton Reid, op. cit., p.140.

② Thomas A. Hutton, "Post-industrialism, Post-modernism and the Reproduction of Vancouver's Central Area: Retheorizing the 21st-century City", in *Urban Studies*, Vol. 41, No.10, 2004, pp.1953-1982.

施；（3）小型公寓、住宅和酒店以及以出租房和木制独户住宅为特点的旧住宅区和社区（图2中的III部分）。

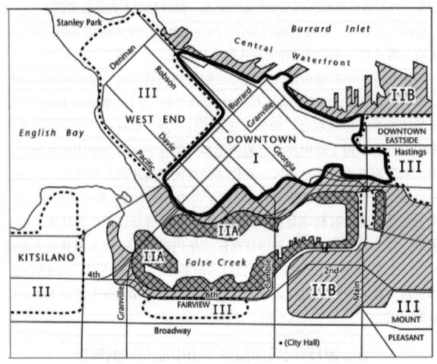

图2 20世纪中期温哥华市中心的空间结构①

从建筑形式看，此时城市以低层建筑为主，除了沿着伯拉德（Burrard）街的海事大楼、温哥华酒店等几座办公大楼外，很少有能与北美其他大都市相媲美的摩天大楼。市中心的建筑大多是在19世纪末建造的低层建筑，住房多属于"维多利亚风格"。

温哥华从来没有发展成为一个经典的工业城市，其制造业主要加工木材和食品，或生产供当地消费的商品。至20世纪中后期，这些资源加工和制造业造成严重空气、水和土地的污染。但是，1967年工商业阶层主导的市议会还是延长了工业部门对福溪南岸土地的租用期。

---

① Thomas A. Hutton, ibid., p.1957. I 表示商务区（DOWNTOWN），包括中央商务区及其边缘、未合并的服务功能的区域。IIA表示内城工业区：拥有制造业和过时的重工业，包括资源加工和钢结构制造。IIB是轻工业、仓储、配送和运输区域。III（分散在几处）是旧的住宅街区，包括木制独立家庭住房、出租房、小公寓和单人套间。

1. 从福溪南岸的住房项目到发展工业的"核心计划"

1972年，温哥华市出现了一个名为"选民行动运动"的组织，在当年的城市选举中取得了多数席位。它主张城市中心区域采取多样性布局，包括推动新的服务行业的发展，倡导开展公共住房项目。

在它的推动下，市政府针对福溪南岸实施了一个再开发的计划，一共建造了865套住房，其三分之一的住房分配给低收入居民，其他的是合作社住房、市场公寓和享受补贴的租赁房。它成为加拿大城市大规模的内城改造的一个重要案例。

与此同时，不列颠哥伦比亚温哥华开启了所谓"高度专业化"的过程，商业（尤其是高层写字楼）的建设主导了整个市中心的投资。20世纪80年代初，温哥华商务区（downtown）内的商业和专业服务公司的数量增加了140%，用于出租的写字楼面积增加了1倍多，大约达到152万平方米。[①] 就行业而言，金融、航空、传媒、旅游酒店、咨询、会展、教育和法律等更高层次的服务业大幅度增长，传统服务行业的比例下降。

然而，1980年，在工会支持下当选的市政府制定把工业复兴作为主要内容的"核心计划"，把目光投向福溪北岸及其东南部区域（图2中ⅡA和ⅡB两种区域）。

与此同时，不列颠哥伦比亚省政府决定在福溪北岸建造一座能容纳6万人的圆顶体育场及一些服务设施。加上1983—1984年温哥华经济严重衰退，市政府感到已经无力振兴城市的工业，开始把目光转向银行和金融等高端服务行业。于是，温哥华市政府很快放弃了发展工业的"核心计划"。

2. 发展高端服务行业和土地混用的"中心区域规划"

1987年，温哥华市议会实施一个名为"中心区域规划"的市中心土地使用计划，特点是在涉及的每一个区域里都混合使用土地。它将计划中的中央商务区整合在一个更小、边界更紧密的区域内，从而有效地腾出大量土地资源用于住房的建设。根据该计划，在市中心区域将建造大约2万套住房，容纳大约3万名居民。至20世纪初，其大部分被安置在李嘉诚财团在福溪北岸原工业用地开发的太平洋协和谐区（Concord Pacific Place 万博豪园）的高层住宅中。福溪东岸的城门（City Gate）和中央商务区东临的国际村，也建造了一些高质量的市场住房和社会住房，为福溪东部边缘工业区添加了一个新的景观。

---

① Thomas A. Hutton, op. cit., p.1960.

中央商务区西邻的住宅区——西区（West End），经过半个多世纪的发展，1991年已经容纳3.7万人。它为市中心提供了一个高密度社区模式，成为减少区域通勤压力和刺激商品零售活动的一个典范。

可以说，通过土地资源配置的调整，在中央商务区周边出现了大量的住房和服务设施；它不但缓和了城市的住房压力，也减轻了市中心的交通压力，有助于解决中央商务区带来的长途通勤的问题。

（二）土地用途的调整对城市社会的影响

温哥华土地用途的调整，对工人群体和高端服务行业的精英群体产生了重要的影响。

对福溪南部和北部的工业区的重新开发忽略了工业更新的问题，导致工业就业岗位的流失；在福溪北岸地区导致4000个与制造业相关的工作岗位的丧失，使温哥华东部工人阶级社区进一步衰落。工人到其他城市工作，或在温哥华其他地方寻找住所。结果，以专业人士为主的一些中产阶级在此购买"维多利亚"风格的老式住房，开启了温哥华的"绅士化"过程。

与制造业工人群体流失形成对比的是，在中央商务区出现了一个精英阶层。在"中心区域规划"实施的十几年里，中央商务区仍然拥有市中心最多的工作岗位。在此，形成了技术密集型的新的经济模式——服务行业，尤其是高端服务行业。结果，在中央商务区出现了一个新的社会骨干阶层，他们是创意服务工作者、设计师、技术专家、知识产业工作者和互联网、软件设计等新型行业人员。这些人与企业管理人员和白领人士一起，在温哥华市中心形成一个地位日益上升的新的社会阶层。

在居住方面，白领专业人士和管理人员一般住在西区的高层公寓里，而创意服务工作者和知识产业专家中有许多人喜欢住在西区的工作室、统楼房（loft）或公寓。中央商务区东南方向有体育馆和体育场，其北临的中央滨水区有游艇停放处，在商务区内有各类特色的零售商店。它们满足了服务行业的精英购物、健身等各种消费需求，为这一社会上层的生存提供了不可缺少的条件。

"中心区域规划"主要着眼于城市土地的使用，但这一规划方案也带有保护特色社区和低收入群体的作用。中央商务区的收缩和整合，防止了写字楼挤占东部的边缘社区和文化遗产区，那里有大量的低收入者居住的单房间旅馆，留住它们能减轻低收入群体的财政压力。在市中心区域大型的新住宅社区内，有20%的住房单位应属于社会类别，从而在温哥华这个加拿大房价最贵的城市为低收入群体提供住房机会。

尽管如此，温哥华市中心土地的再开发还是导致城市社会的两极分化更加明显，新内城亮丽的景观与日益边缘化的商务区东端（Dountown Eastside）和其他贫困区域，形成了一种明显的对比。这种现象出现的根本原因，在于温哥华在重塑市中心的过程中，更加重视的是城市经济的发展，而不是对弱势社会群体的保护。伴随着一个新服务行业和高科技行业的精英阶层在中央商务区崛起，制造和加工业的工人和社会贫穷群体更加衰落。这表明，城市的发展需要土地政策发生变化，而这种变化反过来造成城市社会阶级构成的改变，证明了城市（urban）作为"过程"所发挥的作用。

六、加拿大城市规划演变的特征

加拿大城市规划的三个阶段的历史演变，表现出城市规划由联邦政府推动、规划内容和形式趋向于全面和规范、省政府逐渐向城市放权和伴随着公私两个部门相互牵制的四个特征。

（一）联邦政府在城市规划中发挥了重要的作用

加拿大的城市规划最初由联邦政府推动。在联邦制度下，加拿大政府无权管理属于各省的土地，也不能干涉城市事务。但是，英国殖民时代形成的政治传统以及加拿大以非暴力形式取得独立国家地位的路径，使加拿大政府具有较强的社会干预意识。联邦政府希望在城市治理方面有所作为，建立一种完善的城市规划制度。

早期，联邦政府为了推动城市规划运动，成立一个保护委员会，以自然环境保护的名义召开规划大会，聘请英国规划专家为省政府制定城市规划法律模本。对于规划中的社会住房内容，联邦政府以提供贷款或直接资助的方式涉足省政府的管辖权，在不同的时期推广不同的住房项目。

各省政府出于对省权的维护，不愿意看到联邦政府插手城市事务。然而，为了在选举中赢得选民的支持，它们选择与联邦政府进行合作。尤其是在联邦财政支持的诱惑下，各省政府允许城市政府开展联邦所倡导的规划、住房和土地储备等项目。

不过，城市规划初期，各省政府未能像联邦政府所希望的那样完全采用亚当斯所推荐的规划模本，也没有规定城市必须制定总体规划。20世纪40年代，各省政府在落实联邦的特别委员会关于扩大规划规模方面行动迟缓，只是在"二战"后的20多年里，各省政府才逐步将颁布的相关法律加以落实。

从20世纪后半期开始，各省和城市政府在城市规划方面发挥着重要的作用。但是，70年代联邦政府拨款和贷款支持城市街区的改善。进入21世纪，联邦政府依然对城市有所作为。21世纪初，联邦政府为了帮助城市更好地实施规划，在2005年预算中承诺在5年内从天然气的税收中拿出50亿加元与城市分享，兴建与环境协调一致的基础设施，以后又决定两年内增加8亿加元的预算，用于改善公共交通，实现加拿大在《京都议定书》中对汽车尾气减排的承诺。[①]至今，联邦政府在城市的社会住房方面仍然发挥着主导作用。

（二）规划内容和形式趋向于全面和规范

在城市规划的第一历史阶段，各省授权城市政府实施分区控制，制止在住宅区内加盖或改造房屋；为了减轻政府财政负担而阻止城市向郊外无序蔓延。在解决低收入家庭住房问题上，从最初的个别省授权城市为建造廉价住房的开发商提供贷款担保，发展到20世纪30年代联邦政府与贷款机构合作，帮助建造或购置低价房屋的家庭。

在城市规划的第二阶段，各省政府开始要求各大城市制定总体规划，指导和规范整个城市土地的使用。此外，还成立了地区规划委员会，通过地区规划协调城市之间的土地使用。在社会住房方面，联邦和省共同出资获得土地，为低收入家庭建造公共廉租房。

在第三历史阶段，制止城市蔓延的主要目的从减轻市政府的财政负担转变为保护农田和自然环境。联邦政府向城市提供资助，用于街区的改善，与社会住房计划结合在一起。在规划中，开始运用"新城市主义"和"聪明增长"的理念。

规划的形式越来越规范和成熟。从第二阶段起，总体规划出现后成为各城市土地使用规划的指导纲领，而分区和细分法规以及为公园或公共住房获得土地等是执行城市总体规划的各种工具。利用地区规划，在土地使用方面协调城市之间或城市与周边地区之间的关系，保障土地使用的合理性。

---

① Ray Tomalty & Kathryn Townshend, op. cit., p.11；p.7. 21世纪初，加拿大各城市在市政基础建设上一共举债600亿加元，但仍无法满足城市交通、供水、排水设施的建设或更新。

"二战"前城市规划缺少实施力度，一些初级的规划法规和细分控制容易被修改。"二战"以后，城市有了专门的规划部门，城镇规划逐渐成为政府的永久的职能，规划法律和法规也更具有可执行性。

经过三个阶段发展，宏观的规划思想也发生了变化。"一战"前，加拿大各级政府赞同英国规划师亚当斯强调社会公平的规划思想。20世纪20年代以来，政府在规划中主要追求城市发展效率，在社会住房方面注重对市场资金的利用。

公民（包括地产商）对规划的参与程度也不断加强。第一阶段主要表现在居民投票决定所在居住区是否可以突破限制而建造非住宅建筑；从第二阶段开始，市民借助于规划中的听证程序反映自己的意见，某种程度上参与了规划的制定；地产商则通过向省政府部门或法院上诉，改变规划法规以维护自己的利益。公民的这种参与成为规划过程中的一种有效的牵制力，也推动着规划不断地走向完善。

（三）在规划领域，省政府逐渐向城市放权

围绕着城市规划问题，存在着省政府与城市政府之间的博弈。两级政府在城市建设上面临着不同的问题，有着不同的考虑。

省政府不愿意在财政方面因城市的发展和建设而受到拖累[①]，所以控制城市的建设规模。早期，省政府制定城市的分区法规，甚至有的城市每个地段的细分计划也需要得到它的批准。作为主管部门，省政府希望城市能够全面和持续地发展，它推动城市制定规划法规和编制总体规划，进而又要求一些城市之间制定地区规划。

然而，城市有着自己的问题。它不仅担负着提供市政服务的职责，还要面对复杂的城市社会，它不愿因实施规划而增加开支。

在加拿大大城市规划演变的三个历史阶段中，可以说始终贯穿着两级政府之间的博弈，其结果是在规划方面省政府逐渐地向城市政府放权。

"一战"期间，一些省就有了向城市下放权力的迹象。1917年安大略省的《规划与发展法案》规定，开发商在开发中提出的细分计划不再需要送到安省

---

① 多伦多早期自己开展住房项目时，只有得到省议会的授权后才能为私人公司的借贷提供担保。

铁路和市政委员会，而是送到城市或城镇批准。①

"一战"后，城市政府在制定分区法规上开始获得权力。1924年，安大略省的城市成功地要求省政府修改了《城市法案》，规定由城镇政府制定分区法规，只是需要得到省政府的批准。萨斯喀彻温省、阿尔伯达和新不伦瑞克三省的城市也获得同样的权力。而曼尼托巴和新斯科舍两省则允许地方政府完全控制自己的规划，允许城市组建住房公司或为私人慈善住房公司的借贷提供担保，以建造低价住房。

实际上，对于规划和分区方面是否需要省政府批准，存在着争论。有人认为，省政府的批准是对城市权力的一种干涉；有人则说城市政府缺少独立管理城市的能力。由于存在着争论，一些省在规划领域的放权上出现了反复。1945年，萨斯喀彻温省的城市规划法律允许城市政府制定的规划方案不需要省政府的批准，但在1949年改为它只有得到省政府批准后才能生效。

"二战"后，各省逐渐让城市承担更多的职责，主要有两个原因。首先，它要求城市实施总体规划，职责与权力的扩大应当一致。其次，城市政府管理的事务越来越多，需要根据实际情况独立进行处理，存在着扩大权力的客观要求。从各省赋予大城市的权力超过中小城市的事实中可以说明这一点。大城市复杂的情况，使省政府在规划方面单独为其立法，允许它们在执行省规划法律方面具有一定的弹性。

需要指出的是，加拿大各省政府向城市放权只是一种总体趋势，也有个别省出现相反的发展轨迹，不列颠哥伦比亚省政府就是其中的一例。1925年，该省通过了加拿大最为分权的规划法，规定由城市政府自主地制定规划和修改分区法规。然而，此后它逐渐收回省政府的规划权力。

不列颠哥伦比亚省政府的这种强势地位，在某些情况下损害了温哥华市的权益。1980年，该省政府成立了不列颠哥伦比亚体育场（BC Place）公司，斥资6000万加元在温哥华福溪以北购买232英亩土地，建造一座容纳6万人的体育场，外加770万平方英尺面积的商业建筑群和1.2万套住房及其他娱乐和文化设施，整个社区容纳2万多人。该公司在开发中不接受温哥华市发展规划的控制。温哥华市原来在此只规划了8000套住房，其中有4000多套市场住房和

---

① 只是在地方政府不及时进行审核或将其否决以及细分计划涉及两个城市而出现纠纷时，该委员会仍接受当事方的上诉，批准或对它进行修改。

3000多套社会住房。而该公司将密度增加到1.2万套住房，而其中社会住房只有2000套。[①]

（四）伴随着公私两个部门的相互牵制

加拿大城市规划政策制定和执行的整个过程，伴随着政府对私人土地使用控制的加强以及公私两个部门之间的相互牵制。

私人土地与社区联系在一起，与之有和谐的一面，也有发生冲突的可能。城市规划就是把私人土地的使用与城市的发展、个人权利与社区利益进行协调。

规划对于私人财产来说具有双重性质，它能够利用公共权力保护私人地产的权益，也会为了社区利益而对私人土地的使用进行干涉。许多人认为，土地也是城市的一种资源，土地开发中存在着集体的合法权益；因此，个人对土地的使用需要考虑对邻居的影响并受到社区偏好的限制。

实际上，任何时代政府对土地的使用、分割甚至获利都进行一定程度的限制。早在13世纪，英国的"习惯法"就限制私人土地的使用以防给周边带来不便，并保护人们在私人领地上通行的权利。在殖民时代的加拿大，英国殖民政府在授予土地时，规定在土地下发现的矿藏不归受让人所有；它在土地授予时为地方政府保留了土地，在授予私人的林地上为英国海军船只保留了制作桅杆的白松。

现代城市生活的需要，使私人财产中的公共权利范畴不断地扩大。为了保护这种权利，城市政府从对住宅建设规格和材料做出一些限制，到规划初期开始禁止在居住区域出现"有害"的商业经营；再从"二战"后实施土地开发许可证制度和干涉住房市场，到20世纪70年代以后严格地保护城郊的农田。

在实施规划的过程中，存在着城市政府滥用权力和私人利益遭到不合理损害的可能性。因此，规划各个方面设置了严格和复杂的程序，并设置当事方向上级政府进行申诉的机制，从而对政府的行为形成一种牵制。而公、私两个部门之间的相互牵制，更明显地体现在对私人土地征用方面。

1969年和1985年，安大略省和联邦政府分别颁布了专门的土地征用法律，它们为各省政府所效法。长期以来，土地不可替代的概念使人们似乎认为对土

---

① S. E. Coke, *Land Use Control in British Columbia*, Research Paper No.183, Center for Urban and Community Studies, University of Toronto, 1983, p.28.

地补偿怎样都不为过，以至于拆迁户经常向政府漫天要价。1996年，加拿大最高法院在审理一次上诉中，试图推翻这一概念。此后，一些法院在判决中提出，房地产不仅仅是交换中的商品，其社会资源性质决定了主人在得到合理的补偿后应当接受政府的征用。显然，法院的这种判决有利于城市政府征收土地，但也容易忽略当事方的权益。因此，在防止城市政府滥用规划权力方面，相关私人部门的抗争就显得尤为重要。

总之，加拿大的城市规划经过三个阶段的历史演变，已经趋向成熟，基本实现了既定的目标，但仍面临着一些挑战。

首先，随着城市化的加强，加拿大的许多城市远远超出了它原有的边界。为了便于管理和降低服务成本，省政府不得不将一些市镇进行合并。然而，这种规模过大的城市给市政管理和服务带来了困难。对此，除了省和城市政府的管辖权需要做出调整外，城市规划也应当做出必要的反应。

其次，城市规划也应当随着多元文化政策的实施而做出一些调整。20世纪80年代以来，越来越多的少数族群移民从海外移居加拿大的一些大城市。这些少数族群移民选择住在一起，维护本族群的文化传统、价值观念和生活方式。他们中有的房主为了增加经济收入，加盖房屋或改造地下室租给本族群新移民。这些行为有时违反城市对房屋的管理规定，会与周边的居民发生纠纷。因此，城市规划需要在各族群利益之间寻找平衡，既要遵循传统的原则，也要考虑到少数族群的特殊要求。

第十章　加拿大城市社区组织的成长

一、社区概念的缘起与界定

"社区"是社会学中的一个基本概念。一般认为最早是由德国著名社会学家斐迪南·滕尼斯（Ferdinand Tönnies）提出。1881年，滕尼斯首次将德文Gemeinschaft（共同体、团体、集体、公社、社区之意）一词用于社会学。他在1887年出版的《社区和社会》一书中，进一步将Gemeinschaft一词同Gesellschaft（社会）进行对比分析，认为社区由一些具有共同价值取向的同质人口组成，是一种关系亲密、出入相友、守望相助、疾病相抚的社会关系和社会团体。[①]滕尼斯的定义并不强调社区的地域性，反映出他针对西方社会的工业化和城市化，而呼唤传统社区的精神和复归欧洲乡村社区模式的愿望。美国社会学家查尔斯·罗密斯（Charles P. Loomis）将滕尼斯的著作译成英文，英文中出现了"社区"（Community）一词。英文社区一词源于拉丁语commun，本意为关系密切的伙伴、共同体或共同的关系和感情。第一次世界大战后，由于人们对社会秩序混乱和人际关系冷漠感到厌恶，滕尼斯的著作以及其提出的社区概念逐渐被人们所重视，社区这个词的内涵也开始发生演变，内容越来越丰富。

1917年，美国社会学家麦基佛（R. M. MacIver）发表《社区：一种社会学的研究》，为社区这一词汇增加了"区域"内涵，即认为社区是人们共同生活的区域。这个区域可大到一个国家，也可小到一个村庄，是整个社会的有机组成部分。与此同时，许多社会学家发现，要具体研究城市和研究各类居民的共同体，离不开地域因素。因此，他们更多地看到了社会组织与地域之间的联系，在使用社区一词时赋予其更多的"地域"含义。随着1975年美国社会学

---

① 奚从清：《社区研究——社区建设与社区发展》，华夏出版社1996年版，第2页。

者桑德斯（Irwin T. Sanders）《社区论》的出版，社区的含义进一步扩展，可谓包罗万象，学者们把社区既看成是一个互动的体系，又看作是一个发生冲突的场所，还看作是一个行动的场域。[①] 实质上，社区就是一个区域性社会，依托于这些地域的人们拥有共同的感情关系和利益关系，以及对该地域的归属感。这样，村庄、城镇、街道是社区，城市是社区，一个地区、省甚至国家都可以视为社区。因此，在中文里面，community这个词在一定情况下翻译成"共同体"。

西方学者菲利普·赛尔斯尼克（Philip Selznick）归纳了影响社区发展的几个因素。它们是：历史留下的文化遗产及人口特征，对共同命运和区域的认同，社区成员相互依存，参与过程中实施多数裁决原则，社区的自治和成员个人的自主，对社区事务的积极参与，以及这些因素的集结。[②] 这些因素也可以成为衡量一个社区成熟程度的标志。

社区现象可以追溯到古希腊和罗马时代，希腊的由全体公民直接进行管理的城邦、希腊帝国与古罗马帝国对外扩张中实行的自治性质的城邦，都带有社区的性质。近代英国空想社会主义者罗伯特·欧文于19世纪初在苏格兰的新拉纳克工厂建立的一个模范社区、20年代在美国的印第安纳州的新哈莫尼建立的"新和谐"，也带有社区的性质。此后，一些无政府主义者也进行过社区建设的实验。

作为一个欧洲移民国家，加拿大的社区具有始源性，大量的居民点都是自发地出现在一个地点，达到一定人数后再划归建制。从某种意义上讲，加拿大的一些政治性架构甚至行政性区划都是在社区基础之上发展起来的。所以，有加拿大学者认为，社区既是加拿大社会的活力之源，也是其行政结构的基础。

二、城市社区组织的出现

一个社区的存在及其社区成员对所在社区的认同，在很大程度上是通过社区组织体现出来的。加拿大历史上最早的社区组织并不是出现在城市，而是在城市以外的乡间和渔村。1861年，在大西洋沿海新斯科舍省的斯泰勒顿，建立了第一个法裔渔民合作社，它主要是为了对抗英裔的罗宾公司压低鱼价和抬高生活价格的垄断行为。1864年，贝尔库神父（Father Belcourt）帮助爱德华王子

---

① 娄成武、孙萍主编：《社区管理》，高等教育出版社2003年版，第3页。
② 详见姜芃：《社区在西方：历史、理论与现状》，《史学理论研究》2000年第1期，第105-118页。

岛省的拉斯迪克（Rustico）的农民出资创立自己的银行，吸纳当地贫穷农民的储蓄，同时向他们提供低息贷款。[①] 20世纪初，罗马天主教神父吉米·汤普金斯（Jimmy Tompkins）在新斯科舍省的乡村、矿山和渔村开展旨在培养地方人才的成人教育活动，其目的是通过提高文化教育改善地方经济状况，并提高农民、矿工和渔民的生活水平。[②] 他还引导当地的渔民建起了自己的龙虾养殖场，建立了合作社来保护海产品的价格。在西部的不列颠哥伦比亚省和阿尔伯达省的工矿区，19世纪80—90年代建立了一些消费合作社。上述这些组织及其活动可以看作是加拿大社区组织的雏形。

本章把视角置于加拿大的城市社区组织。城市社区组织的出现，可以说是城市发展的一种产物。随着城市化进程的开始，越来越多的人口涌进城市；他们在特定地域聚集后逐渐产生了居民共同的社区感，同时也有了业余时间里进行休闲的文化需求。于是，居民自发地建立了一些社区组织，由它在一定的区域内组织居民开展文体活动。加拿大城市社区组织的建设始于西部城市，这里属于草原农业区，城市的生活条件和文化活动与东部城市具有一定的差距。因此，城市社会下层依赖于自身力量改变生活状况的意识在这里较为强烈。

1. 卡尔加里市的社区组织

阿尔伯达省最早出现加拿大城市的社区组织。1908年，卡尔加里市建立了一个"社区协会"——布里奇兰德—河滨社区协会，旨在组织社区的冰球和足球等体育娱乐活动。1924年，《阿尔伯达社团法》（1928年生效）赋予了非营利社团以法律地位，推动了以社区为基础的组织的发展。1930年，不列颠尼亚社区协会成为卡尔加里市第一个在此法案下成立的社区组织。在"二战"后的15年里，几乎所有早期的纳税人协会和社区俱乐部都成为正式的社区协会，并注册为合法的非营利社团。从20世纪40年代开始，卡尔加里几乎每出现一个新社区就建立一个社区协会。至1990年，卡尔加里有150个社区，社区协会的数

---

① 拉斯迪克农民银行的资产来自农民成员每人购买1加元的股份，因此其拥有的资产从未超过4000加元，而它对外的一笔贷款也很少超过40加元。该银行存在了20年，1894年停业。

② 吉米神父认为，正统教育只是把当地最好和最聪明的人培养出来后，让他们离开家乡为统治阶级服务。而真实的成人教育来自矿山、码头和农庄的工作和生活场景。1935年，他在印第安人矿山保留地筹办图书馆和传播文化知识，同时帮助矿工组建合作社和建造房屋。"二战"爆发之前，加拿大大西洋沿海诸省有1.96万人在2,256个自主团体中接受过教育。见Jim Lots, *The Lichen Factor: The Quest for Community Development in Canada*, University College of Cape Breton Press, 1990, pp.123-132.

量也达到120多个。1961年，卡尔加里成立了社区联合会，至1990年，75%的社区协会选择了加入。

该联合会的目的是协助社区协会处理行政事务，并促进它们与地方政府机构进行沟通。它每年的预算为14万加元，大约70%的收入来自地方和省级政府的资助，其收入的大约10%来自下属社区协会的集体会员费，20%来自联合会的筹款活动和企业捐款。平均18.9%的家庭是自己社区协会的付费成员，通常每个家庭每年交纳15~30加元的会员费。

在这些社区协会中，80%有单独的社区中心。1989年，有7个社区协会的设施价值超过200万加元，两家协会设施的估值超过400万加元。之所以有这种差距，是因为在财政收入方面，各社区协会有相当大的差异。1990年，社区协会的平均年收入为15.2万加元，但有两个协会年收入超过100万美元，46个协会的收入在5万美元以下。自20世纪60年代以来，省市政府对社区每筹集1美元就有50%的政府匹配拨款，这导致社区设施的规模上产生了明显的差异。

卡尔加里市社区协会从事各种体育和教育活动，提供健身和时装秀、社区环境保护和美化、社区安全、慈善和社会服务等。就整个城市的社区协会而言，1990年从事了1536项社区活动，平均每个社区是13项。在这些活动中，1002项完全由社区协会赞助，534项由城市公园及城市政府的娱乐部门共同赞助。[1]

2. 埃德蒙顿市的社区组织

中国学者王璘在《加拿大爱得蒙顿社区及社区同盟联邦》一文中，展示了对埃德蒙顿的社区组织的一些情况。[2] 1908年，阿尔伯达大学第一任校长鼓励全体教员向城市各社会阶层传播文学知识。1912年，该大学拓展部门倡导在社区建立流动图书馆。1914—1915年的冬天，它向居民自发组织的演出团体发放了30个戏剧剧本进行演出。在一些社区，每个人都可以参加表演，加强了人们对社区的归属感。至1933年，阿尔伯达省各地一共拥有300个小型的社区剧社。

---

[1] 以上关于卡尔加利社区的内容详见 Wayne K. D. Davies & Ivan J. Townshend, "How Do Community Associations Vary? The Structure of Community Associations in Calgary, Alberta", in *Urban Studies*, Vol.31, No.10, 1994, pp.1743-1744.

[2] 王璘：《加拿大爱得蒙顿社区及社区同盟联邦（上）（下）》，《社区》2003年第3期、第5期。

正是在这种活动的影响下，埃德蒙顿出现了城市社区组织。1917年，"爱得蒙顿社区同盟"成立，至1921年该城市的社区组织发展到9个，它们通过协商而组成了名为"埃德蒙顿同盟联邦"的城市社区组织。1922年，埃德蒙顿同盟联邦有了自己的活动场地，每年都组织冰球、曲棍球、游泳和高尔夫球等各种体育活动，1948年建立了办公大楼，1959年创办期刊——《社会生活》。1965年，它拥有88个成员组织，2001年达到143个，成为北美最大的志愿者组织。每个社区同盟都有一个董事参加该同盟联邦的工作。

王璘还对埃德蒙顿一个社区组织——格莱诺拉社区同盟做了个案的研究。该社区同盟成立于1952年，20世纪初涵盖了4000个家庭。它拥有十几名管理者。社长和副社长一年一选，社区委员会一个月召开一次会议；该社区同盟除了参加"爱得蒙顿社区同盟"联邦的各项体育活动外，自己还办报纸。它在20世纪90年代建立了网站后，居民可以借助网站为社区的发展、城市规划甚至市政府的管理与服务发表自己的意见。该社区同盟通过培训幼儿看护人员、开办幼儿园和日托中心等为家庭提供帮助，在春季和秋季的周末组织车库或礼堂贱卖活动，为贫困家庭节省一些开支。为了创造良好的生存环境，该社区联盟投入大量的精力，种植树木和花草。

在其他城市，此时也出现了一些社区组织，它们的组织结构和活动内容，与卡尔加里和埃德蒙顿的社区组织大致相同。例如，1939年，温哥华市兴起了社区中心运动，市民们呼吁社区中心建造自己的建筑，以满足休闲、娱乐和教育的需求。几年中，市民们自发筹款建立了一些社区会堂。1943年和1945年，温哥华的马普（Marpole）、散赛特（Sunset）和基斯兰奴（Kitsilano）社区一些居民自发组成了社区协会。温哥华政府机构为马普社区协会购置了成员举行活动的房屋。至1950年，温哥华有了30个社区协会，不列颠哥伦比亚省的社区中心协会随之成立。

三、城市社区中心的建立

"二战"后，社区组织在许多城市大量出现。在蒙特利尔和魁北克市出现了一些名为"社会生力军"（Special Animation）的组织，它们由失业者和低收入者组成，主张所有公民都拥有居住、健康和休闲等权利。1964年，蒙特利尔大学社区成立了一个名为"城市社会再发展项目"的组织，倡导城市建设和卫生健康状况；1969年，它有了22个成员组织，遍布该省各个城市。20世纪70

年代，魁北克省的一些社区组织不限于一个区域，并带有政治色彩，性质如同政党组织。例如，为了改善公共住房和城市更新，1979年成立的"城市更新民众行动阵线"曾经组织过游行示威。

各种合作社和社区非营利组织，是另一种形式的社区组织。自20世纪80年代以来，它们在加拿大城市纷纷涌现。至21世纪初，各城市镇一共拥有2000个住房合作社和信贷合作社[1]，还有其他一些性质的合作社。它们中有卫生健康合作社，开展教育和疾病防御，借助老年公寓和保健设施服务于老年人；社区服务合作社服务于女性住所、儿童和家庭。这些合作社也和政府及其他机构进行谈判，以便共享信息和发表意见，同时获得必要的资助。在各城市有300个社区娱乐合作社，负责管理社区中心、溜冰场、高尔夫球场、游泳池等设施。有近500个儿童照看合作社，为3万家庭提供儿童照料服务；多数工作者领取报酬，一年4000万加元。[2]

1. 城市政府的介入

"二战"后，世界各国面临着重建家园的艰巨任务，财政资源严重不足；贫穷、疾病、失业和经济发展缓慢导致社会矛盾不断加剧，仅靠政府的力量或市场经济的调节无法解决这些问题。因此，作为一种制度上的弥补措施——提倡居民参与、社区自助的"社区发展"应运而生。1955年，联合国通过了《以社区发展推动社会进步》的文件。1960年，联合国在其《社区发展与有关的服务》文件中明确指出：通过社区发展这一过程，使社区居民共同努力并与政府合作，以促进社区的经济、社会和文化的发展，为国家的繁荣和进步做出积极的贡献。

在这种背景下，1966年7月加拿大联邦总理莱斯特·皮尔逊（Lester Pearson）在《世界社区发展杂志》上发表了一篇文章，论述"社区发展"问题。他写到，"社区发展"作为一种理论和方法，可以指导人们更充分地参与社区生活；为人们开创了机会，使之以更具创造性的精神，在国家经济、社会和文化生活中发挥作用。"社区发展"为人们更有效地利用民主进程提供了基础。加拿大开展的社会计划是为了帮助人们摆脱经济收入低下、教育水平不

---

[1] John Loxley & Dan Simpson, *Government Policies towards Community Economic Development and the Social Economy in Quebec and Manitoba*, Research Report for the Canadian Community Economic Development Network, University of Saskatchewan, 2007, p.7.

[2] The Cooperatives Secretariat of Government of Canada, *Co-operatives and the Social Economy*, The Cooperatives Secretariat, 2005, pp.6-8, http://site.elibrary.com/id/10360519？ppg=3. 2015-08-09.

高、居住地分散、住房条件差以及其他不利于他们生存的因素。①

加拿大的社区发展运动集中在乡村和小的城镇，也包括印第安人保留地。为了鼓励农民和印第安人自主和互助来解决自身发展问题，政府通过一些项目给予资金上的支持，非政府机构也加入其中。与此同时，政府对城市社区的发展也采取了一些措施。

首先，通过消除城市的贫民窟，提高社会边缘群体的居住和生活水平（详见第十二章）。它使一些社区的面貌发生了改变。城市规划中交通的改善、商业、文化娱乐和其他服务设施的布局，也考虑到社区的发展。

其次，在一些城市的区域建立社区中心，在其资金支持方面发挥了重要作用。大规模的社区中心建设始于20世纪60年代。这些社区中心的房屋建筑和各种设施源于城市政府的投资，因而政府对社区中心拥有产权，但它们将社区中心委托给一些非营利社区组织或志愿者组织，由后者自主管理和运营，如温哥华的社区协会。

城市政府除了社区中心的建筑和设施外，还向管理和运营社区中心的团体提供财政资助，这实质上是向志愿者组织购买的公共服务，这些组织按照相关法规与城市政府签订协议，利用政府的常规性拨款在社区开展各种服务。于是，在城市政府资金的支持下，社区中心在各城市逐渐发展起来。

与"二战"之前的社区机构相比，社区中心在组织和发展城市社区方面内容更丰富，作用更加明显。它作为一种服务机构，除了组织居民从事休闲、娱乐和体育活动外，还通过丰富居民的文化生活，提高居民的文化素养与技能，并通过增强相互之间的沟通与交流而增进社区的团结。很多社区中心都开展儿童和家庭照顾项目，对老年人的家庭护理越来越成为社区中心的一项重要的服务项目。有的社区中心还针对青少年问题、家庭和夫妻关系以及各种生活问题提供一对一的咨询，以建立安全和健康的社区。一些城市的社区中心还为无家可归的人员设置庇护所，对他们进行心理治疗，提供工作和生活技能指导。社区中心也通过各种方式鼓励社区成员参与社区管理和决策，通过这种方式，使之进一步认识到社区成员的共同利益所在，加强他们的社区意识和社区感。

在运营方面，各城市的社区中心每年年底都对过去一年中居民的需求、项

---

① 参见Jim Lots, *The Lichen Factor: The Quest for Community Development in Canada*, University College of Cape Breton Press, 1990, p.135.

目的服务水平进行评估,借以对新一年各种项目设置的服务内容、标准、地点、日程安排、收费标准等制定详细的规划。规划和预算在具体实施的过程中,都根据需要灵活地做出调整,以便使项目活动时间尽量安排在居民的闲暇时段,并得到资金上的保障。对于每一个项目的开展,社区中心的工作人员都会发放活动的日程和宣传手册,向居民介绍相关信息并接受居民咨询。居民在注册成为社区中心的会员后,通过缴纳少量的会员费即可使用社区中心的一些设施,参加相关的课程。

社区中心具有大型建筑和场所,规模不一,以便提供上述各种服务。在社区中心的数量上,小一点的城镇只有一两个,大城市更多一些。目前,多伦多有10个,温哥华有24个。城市社区中心组织的活动以体育健身为主,文化艺术和社交娱乐也占了相当的比例。20世纪末有了体操、瑜伽和水上运动,学习舞蹈和乐器、魔术和杂耍、摄影、绘画、陶艺和木艺等。在教育和智力开发方面,有了电脑技术、烹饪、急救知识和儿童夏令营等。这些新项目的开展,大大丰富了社区成员的业余生活。

2. 城市政府在社区管理上的放权

在"二战"后的30年中,各城市政府在城市建设和服务上投入大量的资金。20世纪70年代中期,西方发达国家爆发了"滞胀性"的经济危机,面对高达两位数的通货膨胀率,各级政府不可能继续实施扩大开支的政策。城市政府开始在城市建设和服务方面引入市场机制,让社会企业、社团组织和公民参与城市环境的建设与管理。这样,从70年代后期开始,一些城市政府将一些市政服务转包给一些企业。如在多伦多,市政府在一些社区建造了公共住房之后,为了保障其日常维护与运行,通过招投标方法出资将其委托给物业公司代为管理。市政府制定政策与标准,约束物业公司的管理,以保证房屋不因人为因素而遭到损坏,房屋服务水平不会下降。

此外,一些城市政府还开始拨付专项资金,利用志愿者组织在城市社区开展专门的项目,它们是新移民的英语培训、就业咨询和技能的培训、家庭纠纷的调解和防止青少年失足等。非营利组织通过竞标才能获得这类资金,在社区中开展市政府指定的服务项目。这种方式能够在减少政府投入的情况下保障服务的质量,同时由社区团体出面解决一些政府难以单独解决的问题。

在许多省份,城市政府在社区的个人服务方面实施一种自我管理计划,即政府将资金直接打入个人账户,由个人选择接受哪种团体提供的家庭照顾或卫生健康服务，阿尔伯达省城市的家庭照顾项目就是其中的一例。这种项目利用市场机制对社区服务进行调节，同时也考虑到社区环境、服务供应者的类型和接受服务者的需求等因素。①应当说，它是医疗卫生这类社会保障项目的一种新的发展方向。

正是从这一时期开始，社区团体管理下的社区中心在社区发展中发挥着越来越大的作用。除了自行募捐外，它们还通过出租场地和收取服务费等方式获得一定的资金，以解决政府拨款的不足。这样，社区组织在与政府合作的基础上，又与市场发生了越来越密切的联系而获得了发展的经济基础，有助于加强它们在运营社区方面的自主性。

社区团体是在一定的地域范围内由居民自发组织起来的。它作为一种民间性、地域性和共同价值观念的社会群体，与通过政治法律程序产生的政府机构不同；它不是一级政府，而是非营利组织的一种服务机构。因此，管理社区中心的社区组织表现出较强的民主特征，当涉及社区的重大事务时，社区委员会组织召开社区会议，征求社区成员的意见；当出现分歧时，往往是通过讨论，以协商的方式确定最后的解决方案。

社区组织与城市政府之间只是一种伙伴式的合作，而没有隶属关系。社区组织需要政府的资金，向城市政府反映社区居民对于城市建设的需求，却不愿意看到政府干涉社区的事务。从城市政府角度看，它希望社区组织能够解决一些社会问题，自愿承担起家庭和社区的发展职责，鼓励社会成员为社区成员提供服务，使社区更加安全、健康和充满活力。出于这种目的，城市政府对社区中心拨付资金，对资金的使用情况和效果进行评估，它对专项资金下开展的项目有明确规定和要求。但是，它不干涉社区中心或社区组织的内部事务，把管理权完全交给社区中心，也允许它有自主的财政收入。

加拿大省以下的地方政府以党划界的政治色彩非常淡薄，地方政府的民选官员——市议员或地区政府议员都是社区的民意代表，其从政生涯也多以社区工作为开端。因此，城市议员都非常注重体察民情，他们议员为了再次当选也不能违背多数选民的意愿。结果，城市政府对社区组织和社区中心提出的关于城市建设的建议比较重视，这些组织经常就与社区有关的城市服务问题，向城

---

①　毛丹、彭兵：《加拿大：非制度性社区服务的类型》，《宁波大学学报（人文科学版）》2008年第4期，第28-32页。

市政府提出建议。

四、社区组织的资金和人力资源

（一）资金来源

关于城市社区组织的资金来源和规模，国内学者已做过一些研究。王璘对埃德蒙顿的格莱诺拉社区同盟的研究显示，它们有三种资金来源。一是自筹，会员费每个家庭交纳30加元，个人交纳20加元。2002年，会费收入11.15万加元，场地收入、礼堂出租和广告收入等收入11多万加元。二是个人和社会捐赠，2002年有11万多加元。三是市政府的社区发展基金。每年开支后，结余的部分积累下来，至21世纪初，该社区组织一共拥有近60万加元的资金和资产，外加一栋社区大楼。[①]

荣跃明的研究显示，在不列颠哥伦比亚省，城市社区中心的资金来源是联邦政府、省政府、大都市政府、市区政府和私人捐赠。至21世纪初，该省共有2500多个社区中心，其中大约有300多家90%以上的资金依赖于政府。其中规模较大的年预算在500万加元以上，超过1000万加元的有6家。在这类预算中，社区中心70%的资金用于工作人员的工资，其余的用于各种服务。[②]

丁元竹的研究显示，在2004—2005年财政年度中，魁北克省政府支持了大约5100个社区组织，省政府机构通过75个项目向它们提供了大约6.3亿加元的资助。在这些资金中，大约3.4亿加元用于支持4135个社区组织的全部工作，2.3亿加元用于购买社区组织的服务，0.5亿加元用于一次性支持1584个社区组织的项目。这样，截止到该财政年结束的2005年4月，魁省的全职执行社区服务任务的社区组织一共获得8亿多加元的政府资助。[③]

张波的研究显示，加拿大社区服务建设的资金，60%来源于政府拨款，29%来源于服务收费，社会的捐助占11%。[④] 根据丁元竹的研究，整个加拿大的志愿者组织每年的资金收入为900亿加元，它们接受的社会捐赠每年有50亿

---

① 王璘：《加拿大爱得蒙顿社区及社区同盟联邦（上）》，《社区》2003年第3期，第62页。
② 荣跃明：《社区服务：加拿大的重要社会福利制度》，《社会观察》2004年第11期，第23页。
③ 丁元竹：《加拿大社区服务体系建设及对我国的启示（三）》，《社区》2006年第19期，第51页。
④ 张波：《浅谈国外社区建设及其启示》，《黑龙江对外经贸》2007年第8期，第75页。

加元。由此推算，全部志愿者组织接受的社会捐赠约占所有资金收入的5.5%。社区中心只占志愿者组织的一部分，它们与社区中心的关系密切，从而接受了较多比例的社会捐赠。

温哥华在20世纪初有24个社区中心，由志愿者性质的社区协会管理和运营。2002年至2011年，温哥华城市政府通过公园和娱乐委员会（Board of Parks and Recreation）一共开支1.43亿加元，更新了社区中心、溜冰场和游泳池等体育设施，占了它们所用资金的98%；其中的6个社区中心在设施更新方面一共投入了250万加元，占所用资金的2%。2011年，公园和娱乐委员会对全部社区中心一共拨款1810万加元（每年大致这个数目），用于社区中心的直接管理、监督、规划和维护。这一拨款占了各中心收入的46%各社区中心的会员费、课程注册费、设施出租、护理、自动售货机和体育和娱乐设施的使用费等带来1920万加元的收入，占其收入的49%。其他的占5%的资金来自储蓄利息、捐赠和资助等。除去用于各种项目的开支外，这些中心还有少量结余。截止到2011年底，各社区中心结余资金合计达到1300万加元。[①] 可见，在这一时期，温哥华各社区中心的设施建设的几乎全部资金、运作经费的近一半资金来自温哥华市政府。

联邦政府虽然不能管理城市，但它在"二战"后以单独支付或要求各省政府提供配套资金的形式，在城市开展各种社会福利保障项目，另外还有高等教育、医疗和卫生健康等项目。这些项目的一些资金为社区组织所利用。例如，在2005—2006财政年，联邦政府在多边框架协议和"基金"双边协议下向各省转移支付7.5亿加元。加上各省政府的资金，2006年正规的儿童照顾场所共接受了2359加元的资助，平均每个儿童接受561加元。[②] 总之，加拿大社区中心及社区志愿者组织的资金来源，大部分来自各级政府的拨款，其次是场所出租费、服务费和接受的捐赠，会员费和结余资金的存储利息也能带来一些收益。

加拿大的非营利志愿者组织，无论运营社区中心与否，在财务方面都接受

① Vancouver Board of Parks and Recreation, *A Better Way Forward: A New Community Partnership Agreement*, 2013, p.9；p.17, https://park board meetings.vancouver.ca/2013/130204/Park Board Special Meeting Presentation Amended.pdf.2021-02-08.

② *Trends & Analysis 2007: Early Childhood Education and Care in Canada, 2006*, on website of Childcare Resource and Research Unit, http://www.childcarecanada.org/publications/other-publications/07/12/trends-analysis-2007-early-childhood-education-and-care-canada. 2013-12-03.

社会的监督。他们每年都采用书面和网站公示等形式，详细地公布接受捐赠的数额和资金使用的情况。这些组织和机构随时接受捐赠者和会员的询问，对提出的问题及时做出解释。可以说，财务的公开和透明，一方面使资金的使用更加合理，一方面增强了捐赠者对志愿者组织的信任，从而获得更多的捐赠。

管理社区中心的志愿者组织在实施的公共服务方面接受政府的资助，这些服务可分为两种：固定的常规项目和不固定的专门项目。像医疗、教育、托儿、社区文化服务和环境保护等属于常规项目，政府将经费稳定地拨给社区中心的非营利组织和机构，由它们按照相关法规与城市政府签订项目协议，向社区和居民提供服务。对于专门的项目，城市政府通过竞争招标而把资金拨给中标的志愿者组织者，资金数额根据项目的性质和规模而定。例如以社区中的"困难青年"为目标群体的就业培训项目，经费的多少取决于计划的安排和年度受益的人数。[1]

（二）人力资源

在人力资源方面，加拿大社区中心的决策机构是志愿者组织的董事会或理事会。以渥太华市萨摩塞特西社区（Summerset West Community）为例，15名董事会成员由选举产生，任期二年，可连选连任，但不拿报酬。他们来自各行各业，只要热心公益事业，不分性别、种族、职业和宗教信仰，均有资格成为董事会成员。[2] 当然，当选者都具备管理服务的专业素养，了解社区中心的功能和社区的特点。董事会由会长、副会长、财务人员、文秘、项目主任和其他董事等组成。

加拿大城市社区中心聘用的人员分为全职和兼职两种。从分工上看，有项目负责人、培训教师和教练、咨询顾问、维修人员。这些人大都受过高等教育，除具有较强的社会活动能力和人际交往能力外，还应当具备一定的组织和创新能力，并具有较强的责任心。与聘用的工作人员相比，社区中心的人力资源主要由志愿者组织提供。志愿者组织于20世纪80年代开始大量出现，他们中分为专业和非专业两种，专业志愿者主要由专门的社会工作机构的人员或大学、社区学院的教师和学生组成，非专业志愿者在专业志愿者的指导下工作。

---

① 于海：《加拿大社区生活中的公民参与》，《社区》2005年第22期，第24页。

② 杨荣：《加拿大的社区居民参与——以渥太华市森玛锡西社康中心为例》，《中国民政》2005年第10期，第29页。

据统计，21世纪初加拿大大约有18万个非营利志愿者组织，这些组织中约有130万工作人员，占加拿大劳动人口的9%，同时这些组织还动员了650万名志愿者参与社区服务。志愿者每年义务工作贡献的时间为合计10亿小时，相当于58万全职人员一年的工作量。[1] 据2001年的一份关于志愿者活动和参与的调查报告，1999年至2000年，加拿大15岁及以上的人群中有27%的人作为志愿者向社区提供总计10亿多小时的义务服务，他们中91%的人还向慈善机构和非营利组织提供了资金或实物形式的捐赠。占9%的核心成员为收入较高的阶层和宗教积极分子，他们提供了接近一半的捐赠和义务服务。[2] 可以说，这些捐赠和义务服务有一部分贡献给了城市社区的建设。

以儿童照顾项目为例。在多数情况下，社区志愿者组织和社区企业家决定何时、何处开展运营儿童照顾项目，政府只是提供资金和监督管理。2006年，加拿大各城市的儿童看护点达到81万个，容纳了17.2%的12岁以下的儿童。其21%的看护点由营利机构运营，79%由非营利的社区组织或家长团体运营，安大略省的城市政府和魁北克省的学校只直接负责其中的很小部分。

志愿者参与服务和管理，可以降低成本。从对20世纪70年代中期兴起的"第三部门"住房的管理上，可以看出这一点。如本书第十二章所述，这类住房中有一种合作住房，由专门为购房或建房而组织起来的住房合作社管理和运营。虽然住房合作社雇用外来的人员负责物业管理，但它充分利用成员在管理和运营上的自愿奉献，明显地降低了房屋的运行支出。而"第三部门"住房中的非营利住房，由社区的教会、福利俱乐部、老年人组织和族群团体运营和管理。这类住房由于未能像合作住房那样在管理和运行上重视住户的参与，住房的运营成本明显高于合作住房。

加拿大拥有自愿参加社区服务的传统。每个社区的小学都开设社区服务课程，从小就培养为社区服务的意识，老师要求孩子每个月要为社区服务3~4个小时。社区居民和各方面的专家学者都根据自己的特长，在各项活动中主动请缨。他们为社区做贡献的同时，也把展示自己的特长当作一种荣誉。

城市社区组织承担着双重任务，它既代表社区与城市政府沟通，又代替城市政府向社区居民提供文化等方面的服务。通过社区组织，居民自身需求与愿望得以表达和满足。随着社区组织经营理念的成熟、人员配备的专业化和服务

---

① 丁元竹：《加拿大社区服务体系建设及对我国的启示（三）》，《社区》2006年第19期，第32页。

② 杜景珍：《教会——加拿大的民间社会服务网络》，《中国宗教》2003年第10期，第54页。

项目的多样化，社区中心服务质量得到提升与优化。

五、城市社区学院及其特点

加拿大社区学院是城市社区的重要组成部分，在社区发展中发挥着重要作用。社区学院是20世纪的产物，从历史看，社区学院大致分为两种：一种是在20世纪初建立，由于种种原因从未发展成大学的高等教育机构；另一种是20世纪60年代以来为满足社会和经济发展的需要而进行职业教育的社区学院，也被称作"新社区学院"。

曼尼托巴省最早的学院是1911年建立的罗伯特森学院，经过100年的发展，该学院在布兰登和卡尔加里两个城市各拥有一个校区。该省的奥兹（Olds）学院的前身于1913年建立了三个农业试验田，不久命名为奥兹农业学院，1970年开始采用现名。曼尼托巴省的雷德河（Red River）学院，前身是1930年建立的工业职业教育中心。萨斯喀彻温省的伊斯顿（Eston）学院于1944年建立。不列颠哥伦比亚省的不列颠学院建立于1936年，它最初是一所中学，1965年有了大学转升课程。魁北克省的赫莱森学院（Horizon College and Seminary）建立于1935年。该省的道森（Dawson）学院建立于1945年，它原是米吉尔大学的一个校区，1950年以后改用现名。1948年，安大略省的湖首技术学院（Lakehead Technical Institute）建立，1962年扩建为湖首大学。

20世纪60年代下半期，加拿大各城市纷纷开始建立社区学院，现有的社区学院大多数都是在这个时期建立的。其中有1961年在曼尼托巴省建立的布莱登职业培训中心（1969年成为阿西尼博因学院），1963年在萨斯卡通建立的萨斯喀彻温省中央技术学院，1964年在阿尔伯达省建立的红鹿学院和1966年建立的格兰德草原地区学院（Grant Prairie Regional College），还有1965年在不列颠哥伦比亚省建立的温哥华城市学院和1966年在卡斯尔加建立的塞尔扣克学院等。1966年多伦多建立的百年理工学院（Centennial College），被认为是安大略省第一所社区学院。加拿大现在最大的社区学院之一乔治布朗学院也于1967年在多伦多建立。与此同时，各省还根据社区学院的模式改组和合并了一些非大学性质的高等教育机构①，在私立学院和公共技术学校的基础上建成社区学院，

① 例如，温哥华城市学院是通过合并已有的成人继续教育中心、职业学院和一所艺术学校而建立。

纳入各省的公共教育体系。

（一）城市社区学院大量出现的原因

城市社区学院之所以在此时大量出现，有以下几个原因。

首先，"二战"后社会经济从工业制造为主向服务行业为主转变，同时需要越来越多的高科技技术，以职业和技术教育为目标的社区学院应运而生。

其次，"二战"后在"婴儿潮"中出生的孩子此时到了上大学的年龄，有一些学生高中成绩不理想而不能被大学录取，社区学院可以向他们提供进一步接受教育的机会。阿尔伯达、不列颠哥伦比亚和安大略省分别在1958年、1962年和1965年通过法律，建立非学位的高等教育机构，魁北克、爱德华王子岛和曼尼托巴省也通过了类似的法律。1966年，加拿大成人教育协会召开全国社区学院大会，呼吁"新社区学院"为那些没有机会接受政府资助的高等教育的人提供机会。1972年，加拿大社区学院协会成立。它推动社区学院与政府、大学及工商企业的沟通与合作，推进加拿大高等教育的大众化及建立终身教育体系。

再次，1967年加拿大联邦政府对移民政策做了重大的修改，使亚非拉国家的公民可以与欧洲国家的公民一样移民加拿大。大量的新移民为了在新的国家里谋生，也需要进行职业培训。

最后，与联邦政府资助社区学院建设的政策密切相关。在联邦制度下，各省掌管教育。但是，联邦政府凭借着强大的财政权力，能够对全国的高等教育进行宏观的引导。早在1942年，联邦政府颁布《职业训练协调法案》，与各省就建设职业训练设施做出了一种共担成本的安排。据此，联邦政府向各省转款，尤其用于退伍军人和失业者的培训。1960年，联邦议会通过了《技术和职业训练资助法案》，为联邦政府指导各省社区学院办学，并为其提供财政资助提供了法律依据。它规定，联邦政府在10年内向各省提供8亿加元，各省同时需要拿出2亿加元配套资金，在社区学院开办上开展共享成本（联邦75%、省25%）计划。[①] 根据1967年《成人职业训练法案》，联邦政府采用购买课程的方式鼓励和支持社区学院开设社会继续教育课程；许多省的社区学院是在联邦政府的推动下建立的。

---

① John D. Dennison & Paul Gallagher, *Canada's Community Colleges: A Critical* Analysis, University of British Columbia Press, 1996, p.48; p.15.

"二战"后，联邦政府每5年与各省政府签订一次财政协议，联邦政府通过财政资助引导各省开展社会保障、卫生健康和高等教育项目。对于高等教育的资助，联邦与各省政府基本上采取各承担50%成本的方式。从20世纪70年代开始，联邦政府这种转移支付中就包括了社区学院。[①]

（二）社区学院的分类

加拿大的高等教育机构分为两类：第一类是有权授予学位的大学和学院；第二类是对学生进行职业或技术教育的学校，通称"社区学院"。社区学院颁发毕业证或培训证书，但不授予学位。20世纪80年代初，社区学院全日制的学生人数超过普通高校的在校生，1981—1982学年接近48万人。其中，有职业技术学生207651人，转升大学学生87935人，就业培训人员63498人，培训的学徒64203人，技能提高学生13352人，学术提高学生27997人，第二语言学生11313人，其他学生2232人。这些学生主要分布在安大略和魁北克两省的城市社区学院，它们分别拥有17万和15万学生；不列颠哥伦比亚和阿尔伯达两省，分别拥有5万学生。[②]学生的数量与城市的数量和规模密切相关。

2002—2003学年，加拿大社区学院全日制在校生增长到61万人，约占全国大学生总数的40%；另外还有近25万半工半读的学生，职业培训走读生近155万人。社区学院的全日制教师有2.6万人，兼职教师1.7万人。[③]目前，加拿大大约有200所社区学院，学生规模从数千到数万不等，社区学院中各类注册的学生总数远远超过普通大学的学生。归纳起来，社区学院的教育分类如下：

1. 职业技术教育

接受这种教育的学生学制2—3年，毕业生主要从事于技术、管理或专业人员辅助领域工作。它开设的专业包括工程、商业、卫生健康、社会服务、文化艺术、公共安全、医学技术、休闲娱乐、烹调、工艺品制作、车辆维修等。这类课程对学习成绩合格者颁发课程证书。毕业生找到工作后，通常还会在大学相同的专业接受半日制教育。

---

① 20世纪末21世纪初，联邦政府每年为培训和再就业计划提供近40亿加元的资助，其中就包括拨付给社区学院的款项。

② John D. Dennison & Paul Gallagher, op. cit., p.294.

③ 朱建成：《加拿大社区学院的发展及其启示》，《重庆三峡学院学报》2008年第1期，第146页。

2. 向大学转升的专业

一部分社区学院与相关大学之间签订有学分互认协议，或者通过省内协议实现从社区学院到大学的转升。这样的社区大学开设为期两年的大学转学课程，相当于大学一二年级水平的基础课，学生可带着学分转入四年制本科大学继续学习。位于蒙特利尔市的道森学院就是一例。它是魁北克省最大的使用英语教学的社区学院，有近万名学生，与多所学校签有转学或学分互认协议。[①]

3. 就业培训

通过短暂的职业和行业训练课程，使合格的毕业生能够直接找到工作。它主要面向失业者，包括一些新移民。培训时间较短。

4. 学徒培训

学徒工多数时间在工作岗位上由合格的熟练技师提供指导，少部分时间在社区学院学习。这两种培训都需要与相关的雇主和工会进行合作，政府对于学徒工给予学费补贴和收入上的支持。这一培训制度为家庭经济困难和需要就近找工作的人员创造了条件。

5. 技能提高

它为社区各年龄段的学习者提供一种补习的机会，包括向高中辍学的成人提供高中补习课程教育，为接受高等教育打下基础。学生主要学习语文和数学，新移民的英语学习也可以划入这一类。一些大学毕业的学生也可以在这里学习相关的课程，以提高自己的实际操作技能。

6. 学术提高（academic upgrading）

这种专业不是为了转升大学，而是为了满足当地对学术方面的需要。设置的专业有劳工研究、妇女研究和跨学科研究。属于一种职业教育。

7. 其他课程

它主要是个人兴趣课程和社区发展课程——文学艺术、休闲娱乐、体育、保健和生活技能等。这些课程是为了满足社区成员在身心发展、知识拓展和兴趣提高方面的需要，属于社区教育。

加拿大社区学院的执行权归属校长，由其负责执行政府和省教育管理机构所制定的教育法律、法规及政策。学院的决策权归董事会。董事会成员的数量

---

① 黄华：《对美、加社区学院的考察与思考》，《国家教育行政学院学报》2008年第7期，第78页。

各省不一，但都由地方政府成员、学院的教师和学生构成。[①]董事会的职能集中在筹措资金、制定预算和学院的发展规划等重大事务上，此外还对资金的使用和教学质量行使监督权。校长对董事会负责，有的社区学院的校长也是董事会成员。学校日常和具体事务的管理和指导，归学院委员会。学院委员会是社区学院实施集体领导和民主管理的一个重要的机构，教职工和学生在其中占一定的比例。它既辅助校长，也维护教职工及学生的利益。

加拿大社区学院具有如下几个特点。

第一，与工商界建立了广泛的合作伙伴关系。企业参与学院的课程设置，联合进行学徒培训或实施在校学习和在企业工作的轮换计划。工商企业向学校捐助办学资金和仪器设备，它们在各社区学院经费中的比例从15%到40%不等。例如，乔治布朗学院2006年得到企业3668万加元的捐款，占学院总收入的20%。[②]此外，企业还派管理人员或技术专家到社区学院做兼职教师，将生产第一线的最新知识传授给学生。以坐落在安大略省和魁北克省交界的阿尔冈昆学院为例，它在20世纪80年代末拥有750名专职教师，而主要来自企业的兼职教师多达1800名。[③]企业为学生提供实习基地，使之熟悉生产和管理流程，学到实际操作的技能。有学校参加工商企业的技术研发，由企业提供所需的资金和必要的技术人员，双方共享科研成果。

第二，以市场为导向的课程设置，培养市场需要的人才。社区学院的董事会、学术委员会和专业顾问委员会的人员，大都有工商企业背景，他们为学校提供工商企业界的人才需求信息，确保专业培训目标和教学内容符合社会需求和行业资格标准。

第三，灵活的培养机制。社区学院采取学历教育与非学历教育相结合，普通教育与继续教育相结合，全日制教育与短期培训相结合的模式。学习时间可由学生自己选择，可以半年学习、半年工作，中途也可选择去企业实习，只要修满规定的学分即可取得毕业证书或职业资格证书。

---

① 详见皮国萃：《加拿大社区学院行政管理体制研究》，《重庆高教研究》2014年第3期，第98页。

② 黄日强：《加拿大企业参与社区学院职业教育研究》，《安徽商贸职业技术学院学报》2012年第3期，第59页。

③ 此时有1万名全日制学生，6万名业余学习的学生，见贝尔·康罗德（朱志雄译）：《加拿大社区学院与企业之间的联系》，《北京成人教育》1989年第3期，封三。

总之，社区学院弥补了传统高等教育机构在社区服务和职业教育方面的不足。它立足于城市，面向社区，是城市社会经济发展的一种产物，也从提高社区人口素质和开拓人力资源方面推动了城市社区的发展。

六、城市社区建设所面临的挑战

目前，加拿大城市社区建设取得很大的成就，但仍面临着一些挑战，至少表现在以下几个方面。

（一）政府的支持资金不足

城市社区是人类居住的基本形式之一，也是城市存在与发展的基础。因此，加拿大各级政府都非常关注城市社区的建设与发展。联邦政府的人力资源和社会发展部确定了城市社区发展的各种目标，它们是：支持更多的熟练技工和受教育的工人的自我发展，建立新的儿童照顾设施，为残疾人提供援助，促进移民安置，减轻低收入家庭的住房压力，减少犯罪，预防疾病流行。显然，这些目标的完成，需要各级政府的财政支持。但是，自20世纪90年代初以来，联邦政府为了减少财政赤字而压缩对各省社会福利项目的转移支付，使城市需要为社会服务寻找新的资金来源。

"二战"后，各省除了通过配套资金和利用联邦政府的资金而开展各种社会保障和高等教育项目外，也单独向城市拨款用于社区的建设。然而，省政府还有其他的管辖职责，不可能将全部开支都用于城市的发展。地方政府负责治安、公共交通、垃圾处理、消防、公共绿化、道路建设和维护、社区文化与服务等，与社区建设的关系更加密切。而城市规模的扩大和社区发展要求的不断提高，使城市政府感到财力不足，使城市社区发展面临着挑战。

（二）社区中心彼此分离而服务水平不一

城市政府在缺少资金的情况下，将更多的管理和筹集资金的职责下放到社区中心。社区中心在城市政府的资助下由志愿者性质的社区协会进行运营，他们管理的体育和娱乐休闲设施，能够带来一定的资金收入。然而，随着社区中心的自主性的加强，管理社区中心的社区协会把各种体育设施当作追求社区利益的一种工具，温哥华市就是其中的一个例子。

近年来，温哥华全部社区中心的会员费、课程注册费、设施出租及体育和娱乐设施使用费等每年带来49%的收入。但是，各中心的情况不一，收益高的社区中心有更多的资金来提高服务质量，而收入低的社区中心的体育设施陈旧，使城市市民不能平等地享受到健康和休闲服务。

为了保持统一的服务水平，温哥华政府决定建立整个城市的综合性服务体系。对此，2010年公园委员会提出了4项改革原则：（1）各个社区中心之间的平等。温哥华市市民都可以参加保障生活健康并最终实现健康社区的一套核心课程。（2）社区中心整个体系的利用。建立一种通用会员制，以便市民能够使用所有社区中心的溜冰场、游泳池、健身中心和参加核心课程。（3）对所有市民开放。实施一项尊重保密性的政策和步骤，以确保一切居民无论收入多少，都能够参加基本的娱乐休闲项目和享有服务。（4）负责和可持续的经营。即在社区中心之间建立一种可持续、负责和透明的经营关系。[①]

为了实施这4项原则，公园委员会2013年6月决定由它统一授权会员身份，市民无需再向任何社区中心缴纳会员费。同时开始推行一卡通，所有市民凭借一卡通可以进入任何社区中心的溜冰场、游泳池和健身中心，贫困市民的打折票（50%）可在这些设施使用。社区中心结余的资金上交，由公园委员会分配使用，同时补偿一卡通给社区中心带来的会员费和项目损失。

2013年，公园委员会还公布了新的资金分配方案。其二分之一的支出根据社区居民的数量分配（共计1740万加元），二分之一按照儿童和少年、老年人和低收入人员的数量计算分配。[②]此外，专门留出4万加元拨给不讲英语和法语的居民占比超过10%的8个社区中心。显然，它以居民人数为基础，也照顾到儿童、少年和老人的特殊需要，还考虑到少数族群的文体活动特征。

有12个社区中心协会同意一卡通的使用，并与公园委员会协商修改运营协议。然而，6个社区中心协会对此表示反对。在投入资金方面，它们除了1个略低于政府资金和1个与政府资金的差距较大（社区投入占41%，市政府投入占59%）外，有4个社区中心的投入超过市政府的拨款。这些社区中心协会感到一卡通是对自己权利和资金的一种掠夺，不愿意牺牲自己社区的利益去满足其他社区居民的需要。他们提出，解决城市服务不平衡的问题应当由公园委员会对设施和经营较差的社区中心投入更多的资金，不应当"杀富济贫"。

---

① Vancouver Board of Parks and Recreation, op. cit., p.11.

② 即18岁以下的儿童和少年每人2加元，年龄超过65岁的每人1.5加元，收入低于标准水平的居民每人按照109加元计算。Vancouver Board of Parks and Recreation, op. cit., p.30.

2013年8月，6个社区中心协会在省高等法院对公园委员会提起诉讼，指责公园委员会单方面宣布实施一卡通，违反双方签订的《共同经营协议》。对此，公园委员会在几天后发表声明，表示在这6个社区中心，一卡通的使用仅限于公园和娱乐委员会运营的项目和服务。[①]当天，该委员会还通知6个社区中心协会将于2013年12月31日终止与其签订的《共同经营协议》，这意味着届时后者不能再经营社区中心。随后，6个协会指控公园委员会将控制社区中心的全部资产，使自己失去生存能力而又无法获得赔偿。2014年1月，最高法院发出了禁令，宣布双方签订的《共同经营协议》在诉讼判决之前继续有效。[②]

此后，温哥华公园委员会把主要精力放在与社区中心协会协商新的共同经营协议方面。它与各协会进行对话和咨询，前后发表了两个供修改的协议草案，在互联网上收集反馈意见。2017年4月，公园委员会把新的共同经营协议的最后文本提供给各社区中心协会签署。[③]

根据新的协议，市民持一卡通和内置的活期通票或10次票[④]，可以进入任何一个社区中心的溜冰场、游泳池和健身房；进入任何一个社区中心都不需要缴纳会员费；公园委员会与社区中心协会将合作开发新的服务项目。

至2018年，在双方合作运营的20个社区中心协会中，有17个与公园委员会签署了新的运营合同，包括3个原来持反对态度的协会。但截至目前，仍有3个协会没有签署。

温哥华政府在社区中心建立体育设施后，交由社区中心协会管理和运营。这一方式发挥了地方的积极性，减轻了政府的财政负担，有条件的社区中心获得较大的发展。市政府为了解决社区服务不均的问题，减少社区中心协会独立运营的权力，遏制公共资源社区化的倾向。这一举措遇到了不小的阻力，至今尚未完全实现。这个事例说明，在城市政府缺少资金的情况下，提供统一的社会服务面临着不小的困难。

---

① 有鉴于此，该省最高法院于10月13日驳回6个中心对一卡通禁令的申请。

② Supreme Court of British Columbia, *Hastings Community Association v. The Vancouver Board of Parks and Recreation*, https://www.bccourts.ca/jdb-txt/SC/13/19/2013BCSC1956.htm. 2023-01-02.

③ 详见City of Vancouver, *Joint Operating Agreement（JOA）Consultation*, https://vancouver.ca/parks-recreation-culture/joint-operating-agreement-consultation.aspx. 2022-02-09.

④ 一卡通免费发放，但需要加载购买的活期通票（flexipass）或10次票（10-visit pass）才能使用。活期通票分为1个月、3个月、6个月和1年不等。价格对低收入者实行折扣。

（三）志愿者的组织和管理能力需要提高

随着越来越多的志愿者加入社区建设，他们承担越来越多的职责，需要不断地提高自己的组织和管理能力。尽管一些志愿者具有较强的组织和管理能力，但也有相当一部分志愿者缺乏这种能力，需要通过合理的安排和引导，将他们的奉献精神更好地转化为实际的贡献。

为此，联邦政府设立了志愿者组织能力培训项目，每个省都可以为开展这个项目而申请一笔资金。其目的是希望来自各行各业的志愿者经过培训后，能够更多地采用企业家的精神和方法管理各种项目，降低运行成本和提高收入，在保障志愿者组织持续发展的同时，更好地完成社会服务目标。

第十一章　城市贫困与发展社区经济

随着社会经济的发展，加拿大各城市的人均收入不断提高，但仍然存在着贫困。尽管这种贫困更多属于相对性质，但在一些城市仍然存在着无家可归者或住房困难现象。解决城市贫困问题，除了政府采取社会保障措施和社会住房政策外，发展社区经济近来也被认为是重要措施之一。本章通过介绍加拿大学术界的几项研究成果，说明加拿大城市的贫困现象以及各级政府促进城市经济发展的政策和措施。

一、城市居民收入不均及贫困状况

凯尼恩·博尔顿（Kenyon Bolton）和塞巴斯蒂安·布罗（Sebastian Breau）利用1996年、2001年和2006年人口普查样本中20%的微观数据，研究了加拿大87个城市的收入分配的变化。[①] 它显示，除了渥太华—赫尔外，加拿大较大的大都市地区的收入分配都非常不均。从排名上看，2006年卡尔加里、多伦多和温哥华的基尼系数分别为0.491、0.445和0.425，位居加拿大收入不均城市的前三名。埃德蒙顿紧随其后，基尼系数为0.413。[②]

就地区而言，不列颠哥伦比亚省的8个城市中，有7个收入不平等的程度很大；阿尔伯达省所有9个都市区的基尼系数都大于0.390。在中部地区，多数处于"温莎-魁北克市走廊"中的中部城市，收入不平等相对较轻，只是多伦多、蒙特利尔、汉密尔顿和萨尼亚除外（后3者的基尼系数分别是0.397、0.400

---

① Kenyon Bolton and Se'bastien Breau，"Growing Unequal Changes in the Distribution of Earnings across Canadian Cities"，in *Urban Studies*，Vol. 49 No.6, 2012, pp.1377-1396.

② Kenyon Bolton and Se'bastien Breau，op. cit.，p.1384. 基尼系数指国际上通用的衡量一个国家、地区或城市居民收入差距的指标。基尼系数最大为"1"，最小等于"0"。一般认为，对于收入水平，基尼系数在0.2~0.3之间表示较为平均，在0.3~0.4之间表示有了差距，0.4~0.5之间表示差距过大，大于0.5表示收入悬殊。

和0.412）。大西洋沿海省的城市与中部地区城市的收入差距相似，但基尼系数均高于0.360。总体而言，魁北克省的城市收入差距最小。在基尼系数最低的20个城市中，有14个位于魁北克省，它们的基尼系数都在0.360以下。

在抽样调查的87个城市中，只有18个城市的收入不平等没有增加或出现了平稳的下降趋势，其余城市的收入不平等都有所加剧，最低的增加3.5%，最高的增加7%。简而言之，从1996年到2006年，加拿大城市的收入分配差异在总体上越来越大。

陈文浩（Wen-Hao Chen音译）、约翰·迈韦斯（John Myles）和加尼特·皮克特（Garnett Picot）研究了1980—2005年多伦多、蒙特利尔、温哥华、渥太华、魁北克市、卡尔加里、埃德蒙顿和温尼伯8个大都市区的人口普查资料[1]，揭示了城市里社区之间的收入不平等现象。

1980—2005年，这8个城市处于收入分配底部的社区的平均家庭收入基本上停滞不前。最穷10%的社区的家庭平均收入增长率在−4%和+5%之间，例外的是魁北克市和渥太华，其最穷社区的收入增长10%左右。同期，10%最富社区的收入增长率在25%和75%之间。考虑到通货膨胀因素，2005年与1980年相比，最贫穷社区的平均家庭的购买力实际上没有增加。

加拿大统计局认为，一个家庭在食物、住所和衣物3项上的开支如果比家庭平均相关的开支高出20%，这个家庭就处于贫困状态。[2] 按照这个标准，加拿大社会发展理事会在2001年就城市贫困状况发布的一个研究报告显示，1990年，整个加拿大近430万人（占人口的六分之一）在最低收入水平的家庭中。全国66%的贫困人口集中在都市地区。

贫困率与经济衰退密切相关。在经济衰退的1995年，蒙特利尔市的贫困率高达40%，魁北克市是34%，温哥华是31%，渥太华是28.3%，多伦多是27%[3]，温尼伯是24.3%，汉密尔顿是27.6%，米西索加是16.4%。经济衰退过

---

① Wen-Hao Chen, John Myles and Garnett Picot, "Why Have Poorer Neighbourhoods Stagnated Economically while the Richer Have Flourished? Neighbourhood Income Inequality in Canadian Cities", in *Urban Studies*, Vol.49, No.4, 2012, pp.877-896.

② Keven K. Lee, *Urban Poverty in Canada: A Statistical Profile*, Canadian Council on Social Development, 2001, p.99.

③ Keven K. Lee, ibid., p.11. 此时的多伦多市指多伦多都市区，它包括（老）多伦多等6个城市。此时（老）多伦多市仅有60万人口。1998年，多伦多都市区撤销，6个城镇合并为（新）多伦多市。

后，这些城市的贫困率都有所降低。2000年的贫困率蒙特利尔是33.9%，魁北克市是30.1%，温哥华是27%，渥太华是23.1%，多伦多是22.6%，温尼伯是20.3%，汉密尔顿是25.4%，米西索加是12.7%。[①]

大多伦多一个反贫穷组织（United Way of Greater Toronto）和加拿大社会理事会联合提供了一项报告[②]，显示1981—2001年，多伦多都市区的贫困家庭的数量从73900个增加到123700个，增长了68.7%。而全部家庭数量从556300个增加到641400个，仅增长了15.3%。

2000年，城市中收入最高的10%家庭与最低的10%家庭的平均收入，在蒙特利尔相差17.3倍，在多伦多相差27.3倍，在温哥华相差23.5倍。

面对贫穷家庭，加拿大各级政府对他们实施社会保障项目，同时对高收入家庭征收所得税，这对于减少市场收入分配的不平等具有一定的作用。从1980年到20世纪90年代初，家庭最终可支配收入的不平等保持着稳定状态。然而，从1990年初开始，税收转移体系的调整未能跟上家庭市场收入不平等的步伐，导致家庭可支配收入不平等的加剧。由于失业率的上升往往对处于收入分配低端的工人群体产生更大的负面影响，高失业率使2001年和2006年的收入分配更加不平等。少数族群因技能或语言等因素工资收入较低，他们在劳动力中的比例增加也会加剧收入不平等的程度。

二、移民与城市贫困的关系

20世纪60年代末以来，随着加拿大移民政策的改变，越来越多的亚非拉国家的移民进入加拿大，此外还有东欧、南欧国家的移民。

受限于语言能力、工作经历和教育水平等，许多移民难以找到合适的工作，他们的贫困率较高。1995年，城市移民的贫困率平均为30%，加拿大出生的市民的贫困率平均是21.6%。在每个大城市，移民贫困率都比当地人口的贫困率高几个百分点，移民的到来拉高了整个城市人口的贫困率。

城市移民中占据多数的是亚裔和非洲裔等少数族群，他们比来自东欧和南

① Gall Fawcett & Katherin Scott, *A Lost Decade: Urban Poverty in Canada, 1990 to 2000*, Canadian Council on Social Development, 2007, p.23.

② 以下数据来自这份报告：Susan MacDonnell et al. *Poverty by Postal Code: The Geography of Neighbourhood Poverty City of Toronto, 1981-2001*, a report by United Way of Great Toronto and Canadian Council on Social Development, 2004. pp.15-20.

欧等地的白人少数族群移民更加贫困。1995年，前者贫困率为37.6%，后者贫困率是20.9%，来自亚非拉国家的移民拉高了整个移民的贫困率。

20世纪80年代，加拿大平均每年吸收11万多移民，90年代每年吸收大约25万移民。根据1996年加拿大人口普查数据，外国出生的人口在全国达到17%，在多伦多达到42%，在温哥华达到35%。

戴维德·雷（David Ley）和希瑟·史密斯（Heather Smith）利用1971年和1991年人口普查统计资料，对多伦多、蒙特利尔和温哥华的移民与城市贫困之间的关系做了微观研究。[①]为了测定城市贫穷人口的分布，他们选择了4个标志：14岁以上人口没有获得高中文凭；男性失业；接受政府的资助；单亲母亲家庭。然后测量出这些标志在每一个人口统计区人口中所占的百分比，从而找出所研究的3个城市的贫困区域。[②]

作者利用4个贫困标志和家庭收入，并参考与贫困有关的移民特征——语言障碍、移民来源地和抵达加拿大的时间，揭示移民与贫困之间的关系。他们计算出上述几个贫困标志与多伦多、温哥华和蒙特利尔移民的系数，发现几乎在每种情况下贫困与移民都存在着关联。1991年，贫困与移民关联最强的是多伦多，其次是温哥华，蒙特利尔最弱。这一现象与3个城市的移民类别和数量有密切的关系。

具体说来，1978年以后，各种商业类移民和技术类移民在温哥华接受的所有移民中占了近56%[③]，而在多伦多仅占42%——接近全国城市的平均水平。就商业类移民而言，全国平均比例是11.5%，多伦多远远低于这个比例，而温哥华的比例达到24%。家庭团聚类移民短期内一般收入较低或没有收入，温哥

---

① David Ley and Heather Smith, "Relations between Deprivation and Immigrant Groups in Large Canadian Cities", in *Urban Studies*, Vol. 37, No.1, 2000, pp.37-62.

② 具体方法是，首先确定每个贫困标志在一个城市的中位数。一个人口统计区必须在这些标志上超过该城市中位数的2倍才被视为符合贫困。4个贫困标志都出现在一个人口统计区的现象非常少，多数贫困人口统计区只拥有2~3个贫困标志。因此，这种方法还利用低收入家庭在统计区中所占的比例作为补充。

③ 加拿大政府在20世纪70年代末开始推出商业类移民政策，80年代进一步完善。商业类移民包括投资移民、企业家移民和自雇移民三个类别。除了专门针对文体和娱乐从业者的自雇移民外，这类移民对拥有的资金数量和在加拿大的投资额或创办企业的规模都有要求。技术移民始于1967年，申请者凭借文化程度、职业技能、语言能力等方面的综合实力移居加拿大。

华的这种移民比例比全国平均水平低20个百分点。[1] 多伦多在20世纪70—80年代接受了大量的索马里、斯里兰卡、拉丁美洲等地的难民，温哥华移民中几乎没有难民。这些因素是温哥华移民与贫困的关联减弱的原因。蒙特利尔的难民比例大，富裕移民少，但由于蒙特利尔移民总体数量较少，其贫困主要体现在加拿大出生的人口中，与移民的关联不大。

该研究显示，3个城市的有色少数族群移民的收入较低。1991年，他们与当地白人相比，其收入在蒙特利尔低20%，在多伦多低17%，在温哥华低13%。[2] 毫无疑问，语言上的限制以及缺乏加拿大工作经历，是有色少数族群移民经济地位低下的重要的原因。此外，他们的学历和以往的工作经历不被承认，很多人找不到相应的工作而不得不改行。在某些情况下，白人雇主在雇用工人时存在着种族偏好，歧视有色少数族群。

移民在定居的早期通常面临收入低的问题，但经过一段时间后，他们会逐渐改善自己的经济地位，收入会接近整个城市人口的平均水平。戴维德·雷和希瑟·史密斯的这项研究也证实了这一点。20世纪60年代或更早期抵达这3个城市的移民，在1991年与贫困的相关性为负数，70年代抵达的移民在1991年与贫困的相关性接近于零，说明老移民总体上已经摆脱了贫困状态；而1981年至1991年抵达的移民与贫困之间存在着正相关关系。

可以预测，只要加拿大移民国家的性质没有改变，不断到来的新移民造成的城市贫困现象就不会消失。

三、城市政府发展经济的措施

为了消除城市的贫困和解决收入不平衡问题，政府利用征税和福利项目进行收入再分配，对贫困人口的生活提供必要的帮助。与此同时，通过发展经济而增加社会财富，也是政府必须采取的一种重要手段。

一般认为，一个城市的经济发展可以利用创造的工作、收入的增加、生活质量改善、创新和竞争力的提高等标志来衡量；同时，它们也是促进城市发展的基本措施。在加拿大，不仅是城市政府，各省和联邦政府都在为城市经济的

---

[1] David Ley and Heather Smith, op. cit., p.39.

[2] David Ley and Heather Smith, op. cit., p.42.

发展做出各种努力。

根据加拿大学者米歇尔·斯凯利（Michael Skelly）对20世纪90年代10个省和2个领地的调查，各城市对发展城市经济采取的具体措施达到十多种。[①] 显然，并不是每一个城市都开展这些活动，但这些活动开展得越多，越能推动城市经济的发展。

历史上，城市经济的主要推动力是工商业。随着服务行业的发展，20世纪80年代以来许多大城市主要的经济活动发生了变化，从制造商品变成提供服务。服务领域多种多样，可分为配送服务（贸易、交通、通讯、公共设施）、生产者服务（会计、管理咨询、金融）、消费者服务（旅馆和餐馆等）、非营利服务（健康、教育和宗教等领域）和各种政府服务。其中，对生产者提供的服务对城市经济的潜在影响最大，因为向外地销售商品能够提升一个城市的投资、创新和技术发展的能力。

需要指出的是，大城市容易适应上述经济的变化，而处于乡间地区的城镇通常不能利用新的服务领域引领当地的经济发展。这是因为，其市场规模小，人口少，使之不能在专业服务领域组成一个基本的客户群。因此，这些城镇仍致力于吸引小企业的入驻，只是与早期的"促动主义"相比[②]，所采取的措施有了很大的不同。20世纪80年代，城镇对小企业提供管理方面的帮助和支持，帮助它们找到商品出口的机会。此外还提供工商业孵化设施和服务，即对所用的土地和建筑收取低于市场的租金，通过共享信息和资料服务而减少新开业的工商企业的资本成本。同时，还改善向小企业提供信息的渠道，尽量使之能够利用上级政府提供资金的项目，包括联邦的地区经济发展部开展的项目。这样，在投资相对较低的情况下，如果一个企业在"孵化器"里不能成功，它还会有更好的机会再次开始。

20世纪90年代以来，一些城市不再追逐大工厂和大企业，而把自己变成

---

① 主要有：（1）利用信息的发布、贸易展示和媒体广告；（2）组织地方节日、体育和旅游活动；（3）促进城市工商业企业之间的联系；（4）改善城市的基础设施；（5）设置博物馆和艺术馆等文化设施；（6）增加就业；（7）向开发商出售城市土地和管理工业财产；（8）向企业出租工业建筑、捐赠不动产、提供秘书和管理服务的孵化职能；（9）为公司提供金融保障、发放补贴或免税、向非营利团体提供资金支持、吸引国际投资等；（10）提供培训和其他服务。Michael Skelly, *The Role of Canadian Municipalities in Economic Development*, Intergovernmental Committee on Urban and Regional Research Press, 1995. pp.43-47.

② 早期的"促动主义"，见本书第一、二章相关内容。

独特的工业城镇，它们开始借助于地方优势发展自己的经济。这种策略对那些不能幸免于一些行业经济衰退的小城市尤其重要，因为它们的经济不具备多元化的性质。实际上，甚至较大的城市也认识到专门经营几种经济部门的必要性。以卡尔加里为例，它在90年代的目标是依赖于互联网和其他通讯手段而把自己变成世界上第一个"信息港"。小城镇，尤其是依赖于单一行业的城镇，经常转而把旅游和休闲消遣当作经济发展的方向。

　　城市虽然不属于联邦政府的管辖范围，但它也通过拨付资金的方式推动城市的经济发展。如表1所示，20世纪20年代以来，联邦政府对省和地方政府的转移支付不断扩大，从1926年的1.9亿加元增加到2009年的547.8亿加元，占省和地方政府开支的比例从2.9%增加到13.9%，占省和地方政府收入的比例从3.0%增加21.7%（详见表1）。早在1968年，联邦政府成立了地区经济发展部，进一步通过资金的支持介入城市的事务。

表1：1926—2009年联邦政府对省和地方政府的转移支付[1]

年份	联邦向地方政府的转款（单位：百万加元）	占联邦政府开支的比例	占省和地方政府开支的比例	占省和地方政府收入的比例
1926	190	4.7%	2.9%	3.0%
1939	1113	16.4%	9.8%	10.3%
1950	2145	10.6%	12.7%	13.4%
1960	6413	14.7%	17.6%	19.2%
1970	16995	23.4%	16.5%	17.3%
1980	26508	21.5%	15.7%	16.3%
1990	34506	18.4%	14.1%	14.7%
2000	32964	17.6%	11.4%	11.7%
2009	54780	25.2%	13.9%	21.7%

　　联邦政府对省和地方政府的这些转款虽然还需要用于社会保障、教育和社会住房，但肯定有一部分用于发展城市经济。

　　此外，联邦政府还与一些省和城市开展合作项目，温尼伯"中心区域项目"就是一个典型。1981年，三级政府达成一个协议，在5年内开展一个资金为9600万加元的市中心复兴项目。协议更新后，至1992年三级政府一共出资

---

[1] Harvey S. Rosen et al., *Public Finance in Canada*, McGraw Hill Ryerson Limited, 2016, p.159.

1.96亿加元。此外，它还吸引了公共和私人部门6亿加元的投资。这个市中心复兴的战略基于三个目标：刺激投资、就业和经济发展；支持内城街区的物质、经济和社会振兴；通过有力的中央协调而使投资的影响最大化。显而易见，最后这一目标的实现是该项目成功的关键。项目总经理的助手马修·基曼（Matthew Kieman）说，没有中央协调的作用，"政府的计划和私人投资就会被分散，它们对这里的影响就会急剧减少"。①

各级政府之间在发展经济方面的合作，甚至也包括经济发展机构之间的合作，被一些学者认为是发展城市经济的一种重要的方式。

1983年，渥太华研究和创新中心成立。它是一个工业、城市、高校机构和联邦实验室的合作与协同组织，拥有600多个成员，一年的预算接近800万加元。其中20%由渥太华市提供，其他的来自三级政府资金、会员费、开发项目和私人部门的捐献。② 2002年，它承担起城市经济发展的职责，对地方经济提供服务并赞助一些网络活动。它还与联邦在城市的实验室和省政府资助的研究机构进行合作，以提高地区的创新能力，从而促进了渥太华高科技部门的兴起与发展。

四、推动社区经济和社会企业的发展

世纪之交，加拿大的城市政府在发展整个城市经济的同时，也开始将注意力转向社区经济和社会企业，期待它们能够为增加城市居民的经济收入和消除城市贫困提供额外的帮助。

（一）社区经济概念及社区经济组织

20世纪90年代，城市经济学界有学者提出了社区经济的概念，认为它可以是自由贸易和世界经济的一种替代品，也是新的经济增长点。加拿大经济委员会在1990年的报告《自下而上》中认可了这一概念。它强调社区经济的自我依赖性，追求可持续和"内生的"发展，为社区的生存和发展提供动力以适

---

① Michael Skelly, *The Role of Canadian Municipalities in Economic Development*, Intergovernmental Committee on Urban and Regional Research Press, 1995. p.9.

② David A. Wolfe and Jen Nelle, *The Strategic Management of Urban Economies and the Scope of Intermunicipal Cooperation: Alternative Approaches to Economic Development in Ontario*, working paper series of Rotman School of Management, University of Toronto, 2009, p.23.

应于人类的需要。^①

　　实际上，早在20世纪70年代下半期，一些城市政府就开始注重在已有的基础上发展社区经济。社区经济发展组织尽管可以得到联邦和省政府的支持，但它们不属于公共部门。与一般的经济组织不同，它们寻求、利用和提升地方资源，增加的财富也不考虑向其他地方分配；其任何工商业活动不是为了积累利润，投资获得的收益是为了满足社区的需要。

　　此时，人们越来越认识到，建立社区经济组织是政府和市场以外的"第三条道路"。通过社区经济组织，个人和社区确立自己的发展目标，社区成员参加社区企业决策和授权，共同承担社区经济发展的职责。它们在自己的区域内经营，只是有的与其他社区的工商业、学术和政治机构建立一些联系。

　　1984年，在蒙特利尔的圣查尔斯角（Pointe St-Charles）建立了该省第一个社区经济开发公司，它的董事会由社区团体、居民和工商业者的代表组成。在它的影响下，1990年蒙特利尔有了6个社区经济开发公司。20世纪80年代中期，魁北克省政府第一次对蒙特利尔一个社区经济发展组织提供资助。此后，一些工会、城市政府和信贷合作社也对社区经济组织提供资金。逐渐地，这些经济组织开始管理新生意上的借贷资金和风险资本。此时，魁北克省政府启动了"战胜贫困，促进社会和谐的全民战略"。社区经济组织作为城市重要的社区组织，积极地参与这一活动。

　　渥太华市的西区拥有大量移民，它在20世纪80年代成为安大略省政府鼓励社区经济发展的一个示范点。安大略省政府向它提供的资金从10万加元增长到70万加元，工作人员由2人增长到18人。该社区一共培训了600人，还开办了一个服装商店和一个旅馆。其目的是通过创办小的工商业实体，鼓励依赖于社会救济的人们能够自食其力。

　　1998年，滑铁卢地区发起的一个名为"OP2000"的计划，其40%的组织成员是低收入社区的领导人，另外40%是有创业经历的企业家，剩下的20%是来自政府、工人和金融部门的专业人士。这种组织结构，是为了将解决问题的

---

　　① 发展社区经济的理论主要内容是：（1）强调经济的社区自我依赖性；（2）注重生态性和可持续性，从而实现多元化和高质量的发展；（3）物质和非物质的发展不仅仅是集聚物质财富，还要适应于人类的精神和心理需要；（4）利用促使社区和社会下层参与最大化的民主过程，实现自我管理和地方控制；（5）注意保持社区历史和文化的"内生性"，以避免按照公司或社会标准采取千篇一律的发展模式。Kent Gerecke, ed., *The Canadian City*, Black Rose Books, 1991, p.80.

知识和减轻贫困的技能结合在一起，并在社区内有足够的影响去动员各方做出努力。例如，它鼓励工商业者考察雇员的工资、工作时间和失业情况，也通过提供专门知识和资金，鼓励对社区更多的参与。[1]

2000年，曼尼托巴政府建立了一个社区和经济发展委员会，首次以政府委员会的名义提到社区经济发展，追求社区经济发展的目标。

（二）社会企业的发展

与社区经济联系在一起的，是社会企业。社会企业的概念由法国学者蒂埃里·让泰于1998年提出，20多年来一些国家政府有意识地加以实践。截至目前，对社会企业性质有着不同的界定和解释，但在一点可以达到共识，即社会企业既不是一般的企业，也不是非营利的社会服务团体。一般企业以营利为目的，非营利组织的财政资源主要依赖于外部的捐献。社会企业可以说是二者的一种结合，或是非营利组织的一种工商业形态，它是利用市场手段实现社会目标的一种团体或企业。社会企业对社会价值的追求超过对利润的追求，其获得的收益不进行分红，而是重新投资，将企业的一部分盈余用于社区建设或扶持弱势群体。相对于依赖政府或社会团体资金支持的社区经济组织，社会企业主要从市场上筹集资金，因而独立自主地进行经营。

实际上，加拿大在20世纪90年代之前就已经有了这样的企业。1976年，在新斯科舍省的布雷顿角成立了"新黎明"非营利公司，它可以说是加拿大最早的社会企业。其董事会成员由选举产生，任期6年，没有任何报酬，公司成员之间进行自愿的合作。它自筹资金开发资源和房地产行业，建造了许多社区工厂和住房。1985年，该公司拥有了1000万加元的资产和30名员工。

1981年，在萨斯喀彻温省北部的印第安人部落社区建立的基扎吉（Kitsaki）发展公司，也是一个较早的社会企业。它通过互利的方式与非原住民公司进行联合，单独或共同拥有30家公司和12个企业，其中包括酒店、餐饮服务、森林资源和采矿业、汽车运输和牛肉干生产等企业。其目标是为愿意留在部落社区的土著居民提供一种就业和技能培训机会。

20世纪80—90年代，其他地方也出现一些服务于社会的企业。多伦多市

---

[1] Barbara Levine et al., "Community Economic Development in Canadian Cities", in Caroline Andrew et al. ed., *Urban Affairs Back on the Policy Agenda*, McGill-Queen's University Press, 200, pp.209-210.

的凯若特公共公司，最初是一些中产阶级的年轻人为寻求一个更好的商业方式而开办的一个工人合作食品店，后来逐渐发展成一家大型购物中心。在埃德蒙顿市，社区采取小型商业的形式对新移民实施援助。在温尼伯市，一个名为北方水陆联运开发公司的企业，致力于复兴城市中衰败的商业区，为低收入群体提供住房。

加拿大历史上出现的生产者合作社、工人合作社和住房合作社等也带有社会企业的性质，只是它们的惠及范围限于成员而非整个社区，也不一定包括社会弱势群体。不过，有的合作社多年来将部分利润也用于社区服务。还有的合作社把小企业联合起来而建立一种营销网，使之能够成功地在市场上竞争。实际上，各种合作社的数量和规模远远超过社会企业，在发展社区经济方面也能发挥重要的作用。[①]

如果说社会企业最初更多的是自发形成，进入21世纪后，一些省政府开始关注社会企业的发展，许多城市政府开始把能够从市场上获取资金的社会企业当作推动社区经济发展的一种重要手段。2013年，魁北克省通过了《社会经济法》，承认社会经济企业在经济发展中的贡献，规定政府帮助它们的发展，并为它们取得政府的项目提供便利。2012年，安大略省政府的经济发展、贸易和就业厅成立了一个社会企业办公室，目标是推广该省的社会企业项目和服务。2013年，省政府发表《安大略省社会企业战略》，拟通过"创新、协调和协作，各社会企业部门，将安大略省变成社会企业的全球领导者"。2015年，曼尼托巴省政府发布了《曼省社会企业战略》，希望提高社会企业的技能，确保其获得资本和投资并增加市场机会，设计和实施监管框架，以及支持网络和社区对社会企业的参与。不列颠哥伦比亚省政府建立了一个社会发展和创新部门，在支持和鼓励社会创新和社会创业方面发挥了领导和协调作用。它于2011年成立了社会创新委员会，在社会企业的规范化方面提出建议。[②]

与此同时，几个省以法律的形式对社会企业的身份进行确认并做出相应的规定。2012年，新斯科舍省通过《社区利益公司法》，规定这类公司可以涉足健康、社会、环境文化和教育领域，但不能从事政治活动；它解散时其资产只能

---

① 加拿大全部合作社的资产达到1600多亿加元，其中，非金融性质的合作社每年有295亿加元的收入。详见 The Cooperatives Secretariat of Government of Canada, *Co-operatives and the Social Economy*, The Cooperatives Secretariat, 2005, p.3.

② J. J. McMurty and Francis Brouard et al., *Social Enterprises in Canada: Context, Models and Institutions*, Working Paper No. 4 of International Cooperative Social Enterprise Model, 2015, p.20.

转给其他的社区慈善组织；政府对其没有税收优惠政策。2013年，不列颠哥伦比亚省为一个营利和非营利混合的公司——社区贡献公司通过了一项法律，规定它需要服务于社会或社区，对该公司的分红和解散时的财产处理都做了限制。

除了政府，一些城市和地区也出现了一些推动社会企业发展的团体。它们有的是全国性组织，如加拿大社区经济发展组织、加拿大社会企业理事会和加拿大企业型非营利组织。有的是省级组织，在多个城市设有分会。地方团体有渥太华的创造性社会企业发展中心、安大略省西南地区的女性企业中心等。J.W.麦克康奈尔家族基金会与滑铁卢大学和温哥华的社会创新组织等进行合作，建立一个名为"社会创新的一代"的基金会，资助在校大学生，为他们的社会创新和创业提供机会。

（三）高校和学术界对社区经济的推动

一些大学建立了社会/社区经济研究机构，开设相关的课程，培养相关专业的研究生。例如，在新斯科舍省，布雷顿角（Cape Breton）大学的社区经济发展学院提供社区经济发展方向的工商管理硕士学位；圣玛丽大学拥有一个合作社会计和报告中心，提供合作社和信用社管理方向的硕士学位。

在魁北克省，魁北克大学蒙特利尔分校设置了社会创新研究中心，提供集体企业方向的工商管理硕士学位、社会和集体企业管理方向的研究生文凭。康科迪亚大学的社区与公共事务学院提供社区经济发展方向的研究生文凭。

在安大略省，卡尔顿大学有斯普洛特社会企业中心和卡尔顿社区创新中心，它们提供培养慈善和非营利领导的硕士文凭。多伦多大学的社会经济中心、罗特曼管理学院社会企业专业和莫瓦特中心专注于加拿大的非营利部门和社会企业。约克大学提供非营利管理与领导培养方向的研究生文凭和合作管理证书课程。

在加拿大西部，萨斯喀彻温大学建立了合作社研究中心，皇家山大学的社区繁荣研究所设置了社会创新和非营利管理专业，维多利亚大学拥有合作社和社区经济中心，提供社区发展方向的硕士学位；西蒙菲莎大学建立了社会创新实验室和企业孵化基地等。①

---

① J. J. McMurty and Francis Brouard et al., op. cit., p.21.

2008年，在蒙特利尔大学成立了非营利和社会经济研究协会，它拥有一份在线的英法语双语期刊——《加拿大非营利和社会经济研究期刊》，2010年以来，每年刊印两期。该协会与人文社会科学大会合作，一年召开一次学术会议，推动社会经济的研究。

显然，在各方努力下，社会企业会得到更大发展，在带动经济发展的同时，也会为社区的建设提供不可缺少的资源。

五、社区经济组织和社会企业的资金来源

社区经济组织和社会企业的生存与发展，离不开资金的支持。社区经济发展组织和社会企业的资金来源不一。1998年，新斯科舍省政府决定对在该省社区经济进行投资的公司提供税收减免，以此给予一定的资金支持。1999年以后，曼尼托巴省主要以两种形式对社区提供资金。一是通过街区存活（Neighborhoods Alive）计划，由政府向400个项目提供3000万加元，其中包括向社区发展公司每年提供7.5万加元的核心资助，用于街区更新、文化和娱乐、安全和培训。二是通过三方参加的"温尼伯伙伴协议"，开展一个为期5年的7500万加元项目，其中的两项与社区经济发展有关，涉及资金一共2500万加元。另外，还建立了一个2000万加元的省级社区经济发展基金，2005—2006年度向社区发展公司和一些社区的企业发放125万加元的贷款。2004年，曼尼托巴省政府也开始对向社区企业投资的产权资本实施税收减免。此前，该省政府允许社区发展公司发行债券以筹集资金。[1] 萨斯喀彻温省发行社区债券，用来帮助一些小城镇发展当地的企业。

多伦多大学社会经济中心的皮特·艾尔森（Peter R. Elson）等学者于2009年发表一个研究报告，对魁北克和安大略两个省的社会企业（或企业型非营利组织）获取资金的方式做了详细的比较研究[2]，他们发现魁省的相关企业比安省的能够获得更多的资金支持。

---

① John Loxley & Dan Simpson, *Government Policies towards Community Economic Development and the Social Economy in Quebec and Manitoba*, Research Report for the Canadian Community Economic Development Network, University of Saskatchewan, 2007, pp.28-29.

② Peter R. Elson et al., *Building Capital, Building Community: A Comparative Analysis of Access to Capital for Social Enterprises and Nonprofits in Ontario and Quebec*, Social Economy Center, University of Toronto, 2009. 本节有关魁北克和安大略省社会企业的数据，未注明者均引自这个报告。

1. 魁北克省政府和工会的资金

早在1971年，魁北克省政府就建立了名为"魁北克投资"的公司，为中小型企业提供融资；2007—2008年，它为2060万加元提供了贷款担保。2008年，该公司核准了6.423亿加元的融资，用于支持创造9723个就业岗位和保留8395个就业岗位的项目。2001年，省政府在该公司下设置"魁北克金融"子公司，把1亿加元融资的15%用于非营利组织和合作社。

20世纪90年代，魁北克省政府建立一个地方投资基金，由设在各城镇的地方发展中心管理。这个基金以贷款、贷款担保、获得证券等方式向企业提供资金，推进城镇企业的发展。它提供的贷款一般在5000加元到50000加元之间，但对社会企业承担的项目，金额最多可增加30%。

1998年，魁北克省政府建立了社会企业发展基金，以赠款的形式向社会企业提供财政援助，数额一般不超过5万加元。魁北克省政府除了这两个基金外，还于2004年与私人投资机构共同创建了一个区域经济干预基金，总额6.82亿加元，对社会企业提供较大数额的贷款。

早在1971年，魁北克省就出现了最早的推动工人经济发展的基金会——团结经济基金会，其资金完全来源于工会。[①] 在其他基金出现之前，它是该省支持社会经济的唯一金融机构，以贷款和贷款担保的形式为合作社和非营利组织提供资金。1994—2004年，它投资5亿加元，2008年拥有4.2亿加元的资产。

1983年，魁北克省工人与妇女联合会（该省最大的工会）和普通公民自愿捐款而组成了团结基金会（Fonds de Solidarité），其目的是通过投资于中小企业而解决经济衰退带来的问题。至2008年，该基金累计在魁北克城市累计投资了近41亿加元，创造了10万多个就业机会。当年的总资产达到73亿加元。1991年，它与魁北克市政联盟一起成立了一个金融机构，专门为小企业提供0.5万~5万加元的投资。

1995年，魁北克省第二大劳工联合会——民族工会联合会创建了一个名为"行动基金"（Fondaction）的投资基金会。它特别关注由工人控制、实行参与式管理的可持续发展的企业，包括合作社和非营利组织。其资金大部分来自工人的养老基金。2008年，其总资产达到6.356亿加元，自建立以来累计在魁北

---

① 魁北克省的社会企业往往重于社会运动和团结经济，也强调民主实践和社区控制。团结经济，指不同的群体（例如消费者和工人、工会与市民）共同开展的经济活动，与之相关的是团结基金会、团结合作社等。

克投资了3.854亿加元，创造或维持了8000多个就业岗位。2001年，它附设一个基金，专门满足需要50万加元以下投资的小型企业。

魁北克政府还与联邦政府和工会合作，建立向社会企业提供贷款的基金会，2006年建立的社会经济建设信托机构就是一例，它拥有5280万加元的资金[①]，向社会企业提供长期贷款。

2. 安大略省政府的资金和民间金融机构

2008年，安大略省成立了一个为期4年的安大略省东部开发基金，拥有4000万加元。该基金投资的企业分为两类。一是业务类，向项目提供占成本15%（最多150万加元）的投资，用于新技术、新设备和技能培训的实施。二是区域发展类，向项目提供最多占成本50%的投资，以提高地方区域经济竞争力和创造就业。非营利组织和社会企业也可以向它提出申请。至2012年，它一共投资了8000万加元。

安大略省城市的社会经济发展还得到联邦政府的贷款支持。1987年，它在安省北部开展一项经济发展计划，目的是促进安大略北部的商业发展和经济多样化。进入21世纪后，它开始关注该省的非营利组织和社会企业，2009—2010年的预算约为4000万加元。它通过社区未来计划拨给各个社区的未来开发公司，由其向相关企业发放贷款。

至2008年，安大略省拥有61家社区未来开发公司，共有760名志愿者为其工作。社区未来开发公司向小企业发放小额贷款，最多达15万加元。2007年共发放了1117笔贷款，总额达5720万加元，创造了8471个工作岗位。这些贷款共能撬动4020万加元的第三方投资，增加了小型企业和社会企业的运营能力。

在安大略省政府以外，民间融资机构也对社会企业提供资金支持，但规模不大。2000年成立的渥太华社区贷款基金，一直致力于满足社区小企业的小额融资需求，包括社会企业或合作社；它也以较高的利息为条件为0.1万~1.5万加元的短期贷款提供担保。至2009年，它的投资超过70万加元。同年，它开始筹建一个社会企业基金，目标是在两年中筹集200万加元资金。

1995年，帕罗（PARO）妇女企业中心成立。它得到联邦和安省政府、各种基金会和加拿大妇女组织的资金支持，帮助妇女企业家从社区未来发展公司获得贷

---

① 它来源于联邦政府的2280万加元、工人和妇女联合会下基金的1200万加元、魁北克省政府的1000万加元和民族工会联合会下基金的800万加元。John Loxley & Dan Simpson, op cit., p.12.

款。至2008年，1200多名女创业者一共接受136笔贷款，总额为23.9万加元。

2000年，多伦多企业基金开始运营。它的资金来自多伦多联合慈善协会、安大略省和加拿大政府。2005年以来，它以赠款的方式向为无家可归和低收入者提供工作的社会企业提供启动资金，数额从0.5万到5万加元不等。2005年至2007年，它向当地社会企业一共发放了价值345万加元的启动资金。

2007年，多伦多一个名为"社会企业伙伴"的投资机构成立，资金来源于数十个合作伙伴和启动资金投资机构。它通过投入时间、资金和专业知识，扩大创新型非营利组织的能力，通过教育培养见多识广和卓有成效的慈善家。在资金方面，每个获准者可在3年内获得7.5万加元的投资。

2008年，多伦多企业型非营利组织的试点启动，得到了许多基金会和安大略省政府的资金支持。它通过发放最多1万加元的赠款，帮助大多伦多地区的非营利组织和慈善机构获得技术援助和人员（或第三方）支持，为开展社会企业的计划做准备。2008年，该组织向16个企业发放了总额超过10万加元的赠款。

可以看出，上述投资和资助的对象不限于社会企业或非营利组织，还包括城市的小型企业。但是，它们都有利于城市和社区经济的发展，对扩大就业和减轻贫困具有重要的作用。

在加拿大各省中，魁北克省政府对社会或小型企业的支持力度最大。这与其自20世纪60年代被称作"平静革命"的改革以来一直努力推动本省法裔企业的发展，有着密切的关系。魁省法裔把自己当作加拿大的"创始民族"。为了在联邦制度下争取与9个英裔省"平起平坐"，它在政治、经济和文化等方面向加拿大政府要求获得独特的权力。为此，该省法律规定，团结基金和行动基金需要在魁北克省至少投资60%，以避免资金过多的外流。

加拿大城市中的社会企业取得了初步的发展，但至少还有几个方面需要继续努力：需要扩大宣传而让社会理解为何选择社会企业；通过游说活动使赞同社会企业的各种社会群体一起开发项目；加强与合作社和信用合作社、工会合作社、非营利组织和社会运动组织的联系，以获得必要的资金和人力资源；加强和完善政府支持社会企业和企业型非营利组织的政策和计划，促进社区经济和社会企业进一步的发展。①

---

① 参见 Mitch Diamantopoulos and Isobel M. Findlay, *Growing Pains Social Enterprise in Saskatoon's Core Neighbourhoods, Ontario*, Manitoba and Saskatchewan Regional Node of the Social Economy Suite, 2007, p.55.

第十二章 加拿大联邦政府住房政策的演变

在现代社会中，住房商品的特殊性决定了市场不能为所有人提供满意的住房，而城市化程度的提高，更需要政府在解决低收入者住房问题上发挥作用。目前，加拿大自有住房的比例约占全国住房的70%，仍存在住房问题。1935年，联邦政府颁布《自治领住房法案》，正式开始实施社会住房政策。①

住房政策的实施，意味着政府对住房市场进行干涉或调节。加拿大的社会住房政策还涉及联邦与省政府资金的配套和使用。本章根据这两个方面的变化，将加拿大政府社会住房政策的演变划分为三个时期进行研究。

在加拿大，联邦政府通过资金支持、税收优惠和提供低价土地等方式推动各种廉租房和自有住房的建设和维护，被称作"社会住房"（social housing）政策。社会住房分为狭义和广义两种形式。狭义上的社会住房仅指收取房租不超过贫困家庭收入30%的廉租房，至21世纪初共有61.35万套②，约占全国住房存量的5%。其中，20万套是联邦与省政府共同出资或提供贷款和运作资金、由城市政府建造和管理的廉租房，被称作公共住房（public housing）；另外的30多万套由房地产公司或社会团体利用联邦政府和金融机构的优惠贷款建造的廉租房，分为有限分红、非营利和合作住房三种形式③；其余的几万套是以低房租为条件接受联邦政府补贴而建造或修缮的市场廉租房。广义上的社会住房除这些住房之外，还包括在优惠贷款、免税和补贴等形式的资助下建造的低价自有

---

① 1918年，联邦政府在《战时措施法》指导下向一些省的城市提供贷款，为退伍军人家庭建造住房。由于它不是以住房法案的名义实施，本书不把其视为联邦政府社会住房政策的开端。

② 这个数字包括数万套针对土著居民和农民的社会住房。参见Canada Mortgage and Housing Corporation, *Canadian Housing Observer 2011*, p.6.

③ 所谓"有限分红"指年收益率不超过5%，这类住房归房地产公司拥有。非营利住房为文化、宗教和社区等团体所拥有，合作住房属于专门为建房而组织起来的社会群体。这两类住房的住户都需要交纳房租以偿还贷款，在完成还贷之前，房屋不得销售或转让。

住房或市场租赁房，它们在数量上远远超过狭义上的社会住房。

一、城市社会住房政策的背景

在20世纪以前，由于地广人稀，加拿大城镇和乡村人口分布相对均衡，住房问题不太明显，城市住房的整体状况好于欧洲国家。对于无家可归的人，慈善组织或教会向他们提供一些临时住所。1897年，在英国和美国的影响下，蒙特利尔市出现了房客合作住房。此外，还有针对工人的有限分红住房公司，在钻石大院（Diamond Court）建造了39套出租房。[①] 这类住房数量非常少，也没有得到政府的支持。

20世纪初，加拿大迎来了第一个经济繁荣期，带动了海外移民，也使人们纷纷涌入城市。1887年，加拿大城镇人口比例为全国人口的22%，1921年增长到50%。城市住房建设的速度赶不上人口的增长，房租和物价的增长幅度超过了工资的增长，社会住房问题开始显露出来。1900年至1913年，整个加拿大的房租增加了62%，工资只增长了44%。

在大城市，情况更为严重。1889年，蒙特利尔的工人居住区的房租一个月6~7加元，至1913年增长了一倍，而同期工人工资只增长了35%。1900—1913年，多伦多市的房租增长了1倍，而工人的工资只涨了32%。在萨斯卡通，月工资15~20加元的工人要拿出工资的50%支付房租。

为了解决住房问题，新斯科舍、安大略和魁北克3省通过住房法律，允许城市政府为私人慈善住房协会发行的债券提供担保，以筹集资金建造廉价住房。1907年，加拿大制造业协会多伦多分会的一些成员和慈善家，成立了一个名叫"小住宅建筑商协会"的有限分红公司，1912年改称"多伦多住房公司"。1913年，安省颁布《城镇住房鼓励法案》，授权多伦多城市为该公司发行的债券提供85%的担保。该公司一共建造了332套住房，然而，其销售价或出租价格超出了低收入家庭的支付能力。

不久，一些城市政府直接为低收入者建造住房。1920年，渥太华市政府在郊外购买了一块22英亩的土地开展花园城市项目，其中为低收入家庭建造了162套住房。然而，为了不超过规定的成本，房屋建筑质量很差，后来不得不

---

① Thomas Adam, *Buying Respectability: Philanthropy and Urban Society in Transnational Perspective, 1840s to 1930s*, Indiana University Press, 2009, p.80.

花费大量的资金进行维修。[①]

1918—1924年，联邦政府提供2500万加元贷款，在179个城市为"一战"退伍军人建造6244套住房。联邦政府规定了价格[②]，但是，平均每套房子4000加元的价格仍然令许多退伍军人买不起。这说明，在资金短缺的情况下，城市政府无力单独解决贫困家庭住房问题。

二、联邦政府社会住房政策的初创

（一）20世纪30年代的两个国家住房法案

20世纪30年代，加拿大爆发了大规模的经济危机，工厂大量倒闭。1933年，失业人口占了全国劳动力的四分之一，国民收入比1929年减少了45%。[③] 各级政府用于救济的开支从1930年的1840万加元猛增到1935年的1.729亿加元。[④] 面对房地产价值的急剧缩水和贷款的大量拖欠，私人信贷机构不愿为新开工的住房提供抵押贷款。1933年，加拿大住房的建设规模与1929年相比下降了77%。经济大危机造成许多人无家可归。

此时，在无力建造公共住房的情况下，城市卫生官员和警察巡查和关闭卫生条件恶劣的住所，期待能够改善贫困市民的居住条件，但收效甚微。

1933年，一些建筑师、建筑承包商、制造业和工会组织都赞成政府为工人建造公共住房，其中包括加拿大制造业协会、加拿大行业与劳工大会和加拿大商会等。工商业者主张政府为工人建造廉租房，是为了保证工人的健康，降低房租有利于降低工人的工资。他们早在19世纪末就有了这种考虑。

1931年建立的社会重建联盟组织提出，市场无法解决住房问题，必须由政府为工人建设住房。然而，联邦政府决定借助于市场资源，而不是单独由政府利用资金建造社会住房，以避免与工商业部门进行竞争。这种避免与市场竞争的思想主导了联邦政府社会住房政策的大方向。

---

① John C. Bacher, *Keeping to the Market Place: The Evolution of Canadian Housing Policy*, McGill-Queen's University Press, 1993, p.61.

② 4~5个房间的木屋不得超过3000加元，5~6个房间的木屋不得超过3500加元，4砖石和混凝土建造的房屋不得超过4000~4500加元。

③ 宋家珩编著：《枫叶国度——加拿大的过去与现在》，山东大学出版社1989年版，第220页。

④ Van Loon &Michael Whittington, *The Canadian Political System*, McGraw-Hill Ryerson,1987, p.281.

1. 对住房政策的不同观点

在国家住房政策方面，国家建设理事会提出一项综合的计划。建筑师克莱格（Craig）代表该理事会下的财政委员会向联邦政府提出了一个设想[①]，它是一种利用债券筹集资金再贷款给建房者的方式，不同于社会主义者提出的利用政府财政资助建房的要求。它虽然在几年内不增加税收，但设想的4亿债券及其利息率将高于对外贷款的利率，最终会给联邦政府带来沉重的财政负担，因此遭到拒绝。

国家建设理事会就住房的财政问题主持了听证会，会上发生了严重的分歧。一些人不愿意探讨政府花钱建造新住房的可能性；那些认为有必要采取行动解决住房问题的人，也担心财政开支会增加纳税人的负担。财政次长威廉·克拉克明确表示，应当把住房当作刺激工商业复苏和解决失业问题的一种方法；联邦政府的资金应当尽量用于刺激工商业的复苏。

克拉克建议联邦政府可以购买那些愿意建造低价住房的公司的股票，以此向它们提供帮助，其股票分红率不超过6%。他强调，政府在必要时需要为住房公司提供次级贷款，因为这种贷款最不容易从金融市场上获得。联邦议会同意了克拉克的观点，将其写入自治领住房法案。

2. 1935年《自治领住房法案》

当时，市场上通行的住房贷款利率最低5.76%，抵押率只有60%，购房首付为40%，偿还期为6年。联邦政府需要设法提高抵押率、降低利率和延长还贷期限。

1935年，加拿大联邦政府颁布加拿大第一个国家住房法案——《自治领住房法案》。为了吸引贷款机构向贫困家庭提供住房贷款，联邦政府决定采取与之同时放贷的方式。二者分别为低价自有住房提供占房价20%和60%的贷款，使整个抵押率提高到80%，首付降到20%，利率降低到5%，偿还期延长到20年。[②] 延长还贷期是为了降低每年的住房成本。联邦政府为整个计划筹集

---

① 他设想联邦政府发行4亿加元的债券，将所得1.2亿加元贷给城市清理贫民窟，利息率为2%；2.8亿加元贷给房屋修缮者，实行2.5%的利率。他估算，城市政府和房主在联邦政府贷款之外再分别自筹占成本0.5%和3%的资金，这个计划将建造4万套公共租赁房子，复苏现有的9万套住房。John C. Bacher, op. cit., p.79.

② 联邦的贷款实行3%的利率，从而将整体利率平均降至5%。联邦的资金来源于发行3.5%利率的债券，这意味着联邦为住房贷款者补贴了0.5%的利率差。

了1000万加元。

1936年，联邦政府还开展一项"住宅改善计划"，其特点仍是不直接动用政府的开支，只是为贷款实施担保。它规定，房主可以3.25%的利率最多从加入这项计划的银行贷款2000加元，用于房屋的修缮，贷款在5年内偿还。由于贷款利率低于市场，联邦政府向信贷机构承诺将承担15%的贷款的损失。1936—1940年，这项计划一共贷出125652笔贷款，总额达到5000万加元，联邦政府代为偿还的不到整个贷款的0.25%。这个住房项目非常成功，只是受益者多是中等收入的家庭，因为多数工人家庭5年内只能偿还750加元。

1935年《自治领住房法案》的实施没有达到预期目标。许多信贷机构认为它管理成本高且风险大而不愿加入，加入的十几家机构拒绝给年收入1500加元以下的家庭提供贷款。结果，在《自治领住房法案》下，3年中全国仅发放了3258笔贷款，建造了4903套住房，仅占同期全国新开工住房的3%。[①]

3. 1938年《国家住房法案》

1935年《自治领住房法案》的缺陷引发了贫困家庭的不满。在联邦议会的讨论中，一部分自由党议员也批评它不能吸引更多的贷款机构加入。

为了消除贷款机构的顾虑，自由党联邦政府于1938年颁布《国家住房法案》，将联邦政府放贷的比例提高到房价的25%，并决定对信贷机构放贷的损失给予不超过20%的赔偿。为了给低收入家庭更多的贷款支持，它规定对价格在2500加元及以下的房屋，抵押率提高到90%。[②]

这项法案还规定，联邦政府筹集3000万加元，向愿意建造廉租房的城市政府或房地产公司发放优惠贷款：对前者实行90%的抵押率和2%的利率；对后者则分别是80%和1.75%，贷款偿还期均为35年。它对住房的房租和房客的收入都做了规定，以便让低收入家庭能够享受到政府贷款带来的优惠。

结果，1938年《国家住房法案》推动了自有住房的建设。1938年至1944年，在该法案下一共发放8850万加元的贷款，其中多为中低收入家庭所利用；建造的21414套住房占同期全国新建住房的7%，多数分布在安大略、魁北克和不列颠哥伦比三个省的大城市。在22万多笔贷款中，只有7笔没有偿还，加入

———

① H. Peter Oberlander & Arthur L. Falick, *Housing a Nation: The Evolution of Canadian Housing Policy*, Centre for Human Settlements of University of British Columbia, 1992, pp.16-17.

② 该法案要求城市以低价向建房者提供建房地块（建议1块50加元），房屋建好后由联邦政府代为支付几年的税费。

该项目的机构的贷款损失率与市场上的相似。

然而,其廉租房计划却遭到了失败。各省和城市政府认为它增加了自己的负担而予以抵制,房地产公司认为它无利可图,至1940年没有一个项目得以实施。

(二)"二战"时期的住房政策

"二战"期间,由于工业和军工生产的需要,大量劳动力向城市集中。从1941—1944年,大约有18.6万农民进入城市。大西洋沿海省的许多农民涌入军港哈利法克斯,蒙特利尔的工作岗位从17万增加到29万个,哈密尔顿的钢铁厂的工作岗位从0.6万增加到1.1万个。城市人口的增加造成住房紧张,在哈利法克斯等城市,房租较战前上涨了20%~35%。

联邦政府通过实施《战时法》扩大了自己的权力。它在控制国民经济的同时,在住房问题上直接干涉市场,它们包括扩大私人租赁房数量,冻结房租和禁止驱赶房客,并控制数量有限的建筑材料,为兵工厂的工人建造房屋。

此时,军工生产带动了经济的发展,联邦政府财政部出现了要求停止住房项目的呼声。而在住房项目中获利的建筑商和贷款机构——永明人寿保险公司(Sun Life)和中央抵押银行则要求保留住房项目,对联邦议会进行了游说。结果,联邦政府决定保留1938年住房法案,只是将每笔的贷款额从4000加元降到3500加元,影响到低收入家庭自有住房的建设。

1. 限制房租的措施

"二战"中房租大幅度上涨。对此,1940年9月联邦政府颁布第7号政府令,规定战时物价和行业委员会有权冻结房租,并对租房合同条款做出规定以阻止房主驱赶房客。[①]

然而,在控制房租方面也存在着困难,因为许多房主设法逃避租房规定。在哈利法克斯,房主把房子进行分割出租以增加收入,出租公寓的房主要求房客购买家具或向(作为公寓主人亲戚的)第三方支付佣金。有些房主以房间空出后及时通知房客为诱饵,使之支付额外的费用。1944年11月,战时物价和行业委员会颁布政府令,禁止了这种做法。1942年12月,战时物价和行业委

---

① 最初,新斯科舍和安大略省的30多个城镇规定最高房租不能超过1940年1月的水平;至1941年6月,控制房租的城镇增加了151个,规定房租不得超过1941年1月的水平。1941年10月,联邦政府宣布全加实行物价和工资最高限制,将所有城市房屋地产的租金固定在1941年11月的水平上。

员会禁止房主随意驱赶房客，规定房客住满一年后才能被要求搬走，1943年将时间缩短为半年。

虽然政府令要求房主驱逐房客后应当自己居住，但许多房主还是将房子卖掉而没有受到政府的惩罚。这是因为，战时物价和行业委员会面对住房紧张，通常不会拒绝签署房屋销售许可证而让它们闲置。这样，截止到1945年7月，12个大城市的房主要求8391个房客搬走，小城镇发出大约2万个类似通知。在房客的抗议下，战时物价和行业委员会决定将所有驱逐房客的通知予以冻结。在听证中，法院支持联邦政府，使该法令取得明显的效果。

2. 为军工工人建造公共住房

然而，限制房租和禁止随意驱赶房客并不能增加住房的数量，为了推动住房的建设，1941年联邦政府建立了自己的住房公司——战时住房有限公司。该公司主张在国家住房法案下工人建造自有住房；而财政部则主张建筑材料只能用来为军工工人建造廉租房。结果，该公司以3%的低利率贷款给一些城市政府，为军工工人建造公共住房，1944年扩展到退伍军人及其家属。

该公司与城市政府进行了谈判，要求后者在具有服务设施的工业地点附近以每块1加元的价格提供房屋地基；有的市政府在已经建成的住宅区插入地块。这种住房的面积仅为62.4平方米，结构非常简陋，两层楼的住房造价为2080加元；单层的建筑费用为1737加元。[1] 它省去了土地成本，加之面积小，因而造价低，使城市能够低价向军工工人和退伍军人出租。这种住房至1949年，一共建造了4.6万套。[2]

"二战"中，联邦政府为鼓励建房，合理地将洗浴盆和锅炉等紧缺材料用到住房建设上；同时放松了对住房建筑的控制，减少了对租赁房套间的要求，单户住房的规格也随之降低。但是，新建住房数量总体上仍然呈下降趋势。1941—1944年，单户住房的建设下降了5.4%，拥有多套单元的住房的建设下降了48%。多单元的住房大都用于出租，其数量的减少折射出控制房租政策产生的负面影响，也说明单户住房的销售能够带来更多的利润。

---

① Leonard J. Evenden, "Wartime Housings as Cultural Landscape, National Creation and Personal Creativity", in *Urban History Review*, Vol.25, No.2, 1997, p.47. 房客按职业和兵役类别及需要，获得租房的资格。

② John R. Miron, House, *Home, and Community: Progress in Housing Canadians, 1945-1986*, Canada Mortgage and Housing Corporation, 1993, p. 410.

（三）1944年《国家住房法案》

"二战"中，联邦政府就开始为战后重建做准备。1941年，它成立了重建咨询委员会；次年，它附设了一个特别委员会——住房和规划委员会（也称柯蒂斯委员会），调查和研究住房问题。该委员会估计，1946—1956年整个国家需要增加43.5万住房。[①] 1943年，它还建议国家住房法案采取更有力的措施支持自有住房的建设[②]，战后以3%的利率贷款给城市政府建立9.2万套公共住房，并对房客提供房租补助，包括市场租赁房。该报告还建议联邦政府支持合作建房。但是，联邦政府因财政困难而拒绝了这些建议。

然而，这个报告对社会产生了影响。1944年，财政部次长威廉·克拉克与自治领抵押和投资协会的代表举行会谈，商定了未来国家住房法案的条文。该协会同意把贷款利率降低1个百分点至4%。但是，它不同意30年的还贷期限。克拉克建议采取折中办法：对于进行了分区的地段内的住房，贷款期可延长到30年；作为交换，他同意将6000加元的贷款分割成3个2000加元分级发放，以减少金融机构的放贷风险。

此时，克拉克仍反对由联邦政府资助城市建造公共住房；对于有限分红住房公司建造市场廉租房，他也不主张联邦政府再为其提供贷款。结果，他的主张写进了联邦政府新的国家住房法案。

1944年《国家住房法案》，在联邦政府与信贷机构对自有住房贷款的比例、还贷期限和政府担保的规定上，与战前的住房法案基本一致，只是利率降为4.5%。还贷期为20年，如果住房受到分区制的保护，还贷期可以延长到30年。为减少贷款风险和鼓励建造低价住房，该法案规定抵押率随贷款数额的增加而降低，即只借贷2000加元，抵押率可达到90%（即只需缴纳10%的首付）。如果再贷2000加元，抵押率则降为85%；对于第三个2000加元或更多，抵押率降到70%。同时规定抵押率最低不得低于50%。[③]

在鼓励有限分红公司投资建造市场廉租房方面，联邦政府不再像1938年住

---

① Thomas I. Gunton, *The Evolution of Urban and Regional Planning in Canada, 1900-1960*, Doctoral Thesis of University of British Columbia, 1981, p.239.

② 建议首付款从20%降到10%，利息从6.32%降到5%，贷款最大数额增加到6000加元，分期付款的时间从12年增加到30年。

③ H. Peter Oberlander & Arthur L. Falick, op. cit., p.36.

房法案那样为其提供贷款，但规定还贷期限从35年延长至50年，同时允许这些公司收取稍高的房租以保障其5%的投资回报率。另外，联邦政府城市政府提供资助清理贫民窟，将腾出的地块整理后低价用于廉租房的建设。^①

为了更好地实施1944年住房法，1946年成立了联邦政府的代理机构——中央抵押与住房公司^②，次年它接管了战时住房公司。1948年国家住房法修正案赋予它可以向借贷家庭再提供1/6的贷款数额，从而将联邦提供贷款的比例从房价的25%提高到35.7%，使住房的抵押率最高可达到93.3%。

1944年《国家住房法案》的实施，取得相当的成效。至1953年一共贷出13.79亿加元，建造了214206套住房，占同期全国住房建设的26%，其中多数为中低收入家庭建造的自有住房。由于住房公司不愿意参加有限分红项目，这个法案下建造的廉租房的数量较少。各城市对清理贫民窟项目不够积极，只利用了加拿大抵押与住房公司的115万加元的资助。

20世纪40年代，利用联邦政府的资助清理贫民窟的是多伦多的丽晶公园（Regent Park）项目。对于这个项目，联邦政府打算把它交给私人住房企业实施，而在1944年，多伦多市民表示反对。结果，在多伦多政府举行的公投中，市民赞成组成一个独立的住房机构监督这个项目的实施。该项目自1948年开始，除了联邦政府提供的购地款115万加元外，多伦多政府还提供200万加元，省政府给每套房子提供1000加元的资助。对于这种公共廉租房，只有拥有两个或以上孩子的家庭才有资格申请租住，1949年第一批房客入住。他们缴纳的房租占家庭收入的20%，但数额还是高于这些人以前在旧房子里交纳的房租。并且，新住房的建筑速度慢于旧房的拆迁速度，不能把所有的搬迁户很快安置，从而引发了一些抱怨。此外，还有一些原来破旧房子的房主不满自己成了公共住房的房客。无论如何，这些人的住房条件得到改善。

资金用完后，1952年市政府在公民投票批准后又拨付500万加元，整个一期工程于1957年完成。它在42.5英亩的土地上拆除了由822个家庭居住的622套破损房屋，新建了1398套新住房。1957—1959年，其南面的二期工程结束，在26.5英亩土地上建造了近700套住房。

---

① 联邦的资助额是这种地块的出售价与市场价之间差额的50%，联邦为此准备了2000万加元。

② 该公司英文名称是Central Mortgage and Housing Corporation，1979年后改称加拿大抵押与住房公司，英文缩写均为CMHC。本书此后一律采用"加拿大抵押与住房公司"的称呼。

另一个例子是蒙特利尔的珍妮·曼斯（Janne Mance）项目。1957年，它拆除了900个家庭（4000多人）居住的破损房屋。联邦和魁北克省政府共同出资购买和清理该地段，联邦政府提供75%的资金，新建800套住房。[①]

各城市政府最初不愿意利用清理贫民窟的资金，其原因在于它也需要投入一定的资金。1956年，联邦政府修改了政策，允许一部分被清理的土地用于城市服务和商业设施的建设。这增加了城市政府的积极性，也使工商业者感到有利可图，而后者的加入也会增加城市的税收。于是，城市政府和工商界加入这种贫民窟再开发项目。至1964年，一共开展了50多个贫民窟再建项目，其中22个得以完成，一共建造了1.5万套公共住房。[②]

（四）1949年和1954年住房法修正案

20世纪40年代末50年代初，在市场上购买住房需要20%~25%的首付，价值3000加元的房屋只有30%的家庭才能买得起。50年代，温哥华的贫困家庭重建自己的棚屋，或把浮屋、船屋和渔船拖到海滨附近。"二战"后，许多住房短缺的退伍军人家庭也搬到了这里。因此，至1949年，温哥华海滨的棚屋数量已攀升至866间。[③] 在现有资源难以满足社会住房需要的情况下，联邦政府决定寻找新的资源。这个资源首先是各省政府，其次是银行，这导致1949年住房修正案的出台。

1. 1949年住房法修正案

从20世纪30年代中期至40年代末，除了"二战"中为军工和退伍军人建造的廉租房外，各城市没有开展其他公共住房项目。对于公共住房建设的滞后，省政府认为联邦政府没有提供足够的资金，而联邦政府则强调城市住房属于省政府的管辖范围，希望它们能够提供资金。除了安大略省和不列颠哥伦比亚省，各省政府都担心财政压力而不想资助公共住房的建设。

1949年，联邦政府修改国家住房法案，要求各省与联邦共同出资在城市购买土地建造廉租房；对于住房的建设资金、运作成本、损失或利润，联邦和

---

① Ruben Carl Bellan, *Canada's Cities: A History*, The Whitefield Press, 2003, p.264.

② Jeanne Wolfe, "Our Common Past: An Interpretation of Canadian Planning History", in *Plan Canada*, Special Edition of Vol. 34, 1994, p.23.

③ Jill Wade, "Home or homelessness? Marginal housing in Vancouver, 1886-1950", in *Urban History Review*, Vol.25, No.2, 1997, p.21.

省政府分别承担或分享75%和25%。同时，联邦政府还向各省城市政府提供贷款，购置和储存一些土地，低价供社会住房的建设之用，这就是所谓的"土地银行"项目。

这是加拿大历史上首次由联邦和省政府共同出资为一般的贫困家庭建造公共住房，而一些省政府却不愿提供配套资金。结果，1949年修正案下建造的公共住房标准低下，没有暖气和热水。另外，虽然有房租补贴，但贫困家庭交纳的房租还是占了家庭收入的30%以上。

在满足社会住房的需要方面，联邦政府寻求的第二个资源是银行。加拿大抵押与住房公司总裁戴维德·曼瑟尔（David Mansur）说，在联邦与贷款机构共同贷款的模式下，一些省的城市由于没有贷款机构的加入而无法开展住房项目。而银行有4000个网点覆盖各地，如果它们加入住房项目，会减少自有住房项目在城市之间的不平衡。联邦政府接受了他的建议，决定终止共同贷款模式，联邦退出后的资金空缺由银行填补。联邦政府甚至期待这样会在住房市场得到更多的资金。

联邦政府自1867年建立以来，一直禁止银行发放住房贷款，这种贷款由专门的机构发放。为了吸引银行参加联邦的住房项目，此时，曼瑟尔与银行总监进行了商谈，就利率和债券清偿问题达成了一致[①]，1954年住房法修正案随即出台。

2. 1954年住房法修正案

1954年，联邦政府再次修改住房法案，使私人自有住房的贷款模式发生重大变化。表现在：（1）联邦政府不再与贷款机构一起向购房者提供任何贷款，只为信贷机构的放贷提供担保，贷款利率不高于联邦政府20年期债券利率的2.25个百分点。当房主无力偿还贷款时，由联邦代替偿还98%的本金和利息，借贷者因此需要根据贷款数额向联邦政府支付保险费；保险费占自有住房贷款的1.74%~2%，占租赁房和改造房贷款的2.25%~2.5%。（2）银行也可以像人寿保险公司或信托公司那样加入社会住房的项目。（3）由联邦政府担保的抵押贷

---

① 联邦希望银行抵押的利息率向国家住房法案规定的贷款利息率逐渐靠拢，而银行不同意。最后，双方妥协为银行可以采取较高的初始利率，但以后不能随市场变动而提高。对于无法偿付的贷款，联邦政府希望用政府担保的债券进行清偿，而银行希望能拿到现金，联邦政府只好同意。同时，为了减少不能偿还住房贷款的现象，联邦政府决定允许加拿大抵押与住房公司批准的机构购买住房抵押权。

款住房可以转售给放贷机构以外的投资者，以增加贷款的清偿能力和增加抵押资金的供应。①

新的住房法修正案取得了成效。1955年，新建社会住房利用的贷款比1954年增加了33.8%，此后两年中，银行为社会住房提供了50%的贷款。但是，由于《银行法》禁止银行贷款利率超过6%，银行贷款的利率无法随着住房贷款利率的上浮而提高。因此，银行贷款的比例从1956年开始下降，直到1967年这一禁令才被解除。

对于市场廉租房，1948年修改住房法后，联邦政府向建造市场廉租房的公司提供贷款的利率降到3%。此外，1954年修正案还规定实行"房租保险计划"——允许收取较高房租以保障房主有足够的收入用来交税和还债以及维持、修缮或更新房屋。加拿大抵押与住房公司估计，这样可以给市场租赁房的投资者提供合理的回报，一年里建造3000套租赁房。

然而，上述措施并没有有效地推动市场租赁住房的建设，甚至加上为新房子的房租松绑和允许租赁房屋的双重折旧的政策也难以奏效。这是因为，潜在的投资者认为住房的建筑成本未来会大幅度下降，此时不愿意投资。

3. 对房租控制的减轻

在"二战"结束后的几年里，联邦政府仍然行使房租的控制权。1946年它首次允许房租增长。1948年，联邦政府规定所有的出租房只要空出就可以增加房租。1949年底，联邦政府对房租上涨的幅度做了限制。②

"二战"后，房客的工资随着经济的发展有了较大的增长，而在房租控制政策下租赁房房主的收入只增长了20%，这是房主要求增长房租和联邦政府放松房租管理的客观条件。但是，一些低收入者仍需拿出收入的相当一部分支付房租，工会和其他一些社会团体反对房租的增长。于是，联邦政府开始要求各省政府承担控制房租的职责，这使各省政府陷入窘境。从维护省权的角度，它们应当这样做，但又担心背上控制房租的恶名。直到1951年，各省政府才开始承担控制房租的职责。

---

① 1954—1961年，约有2.66亿加元的住房抵押被转售，占同期联邦担保的抵押贷款的8.5%。参见Joe O'Brien, "Mortgage-backed Securities: The Canadian Experience", in *Housing Finance International*, Vol.3, No.2, 1988, p.10.

② 合租住房的房租和没有供热的房子上涨的上限是20%，有供暖和单独住的房子允许上涨25%。

1935年至1963年，是联邦政府社会住房政策的初创时期，其主要特征是联邦政府通过与金融机构合作建造自有住房。联邦政府的介入提高了社会住房贷款的抵押率，降低了利率并延长了还款期限，起到了"四两拨千斤"的作用。此期间，除了在1949年住房法修正案下与省政府共同出资建造的公共住房，联邦政府采取的措施基本上都借助于市场机制。

这一时期，国家住房法案下的贷款越来越优惠，刺激了人们购买或建造住房的欲望。据估计，在这种优惠贷款资助下大约建造了40万套自有住房，占全国新建住房的10%以上。虽然这些住房的房主大都是中低收入者，但房屋存量的增加有助于缓解整个住房的压力。

还应当看到，这一时期建造的狭义上的社会住房并不多：战时住房有限公司为军工工人和退伍军人建造的数万套公共廉租房，在20世纪50年代初大都低价出售给租户而成为自有住房。此期建造了数万套接受资助的市场廉租房，比如1946—1964年建造的2.8万套有限分红住房，1948—1950年"租赁房保险计划"下建造的1.9万套住房。[①] 其房租在偿还住房贷款期间受到政府的限制，只有中产阶级家庭才能住得起。20世纪40年代末，9个收入最好行业里的工人家庭所能支付的月房租平均为43.72加元，而"租赁房保险计划"下的租赁房的月房租在74.43至83.72加元之间。因此，这个项目对解决低收入者住房问题没有直接的帮助。对贫困家庭来说，唯有公共住房最为可靠，然而截至1964年，这类住房只建造了1.2万套[②]，远远不能满足他们的需要。

三、联邦政府社会住房政策的"黄金时期"

"二战"后，加拿大政府全面实行凯恩斯主义，国家经济在20世纪60年代进入了一个快速发展时期，社会保障制度也逐步建立。1961年成立的"新民主党"很快在联邦议会中确立了第三大党的地位，成为各社会下层群体的政治代言人，城市居民在住房问题上给政府施加了更大的压力。

20世纪60年代初，在开发商清理贫民窟的过程中，有的城市对被征用土

① John R. Miron, "Private Rental Housing: The Canadian Experience", in *Urban Studies*, Vol.32, No.3, 1995, p.600.

② Robert Young & Christian Leupretch ed., *Municipal-Federal-Provincial Relations in Canada*, McGill-Queen's University, 2006, p.224.

地的家庭补偿不足，房主无法建造或购买质量较好的房屋，而房客在其他地方要付出更多的房租。在只有清理贫民窟而没有开展社会住房项目的城市，被重新安置的房主和房客的情况更糟。[①] 1956年，多伦多的一个贫民窟外迁的252个家庭购买新房的价格平均为5370元，超出补偿款56%。

在这种情况下，城市市民对城市更新项目开始表示不满，一些居民希望自己建造廉价住房，住房合作社再次活跃起来。实际上，早在20世纪40年代，沿海省的许多家庭以合伙贷款和共同劳动为条件建造房屋。50年代初，加拿大抵押与住房公司同意与新斯科舍省政府共同资助这些合作社，建造更多的合作住房。至1953年，加拿大住房合作社有了130万名成员，房产价值达到4.96亿加元。[②] 同年，英裔加拿大合作社联盟代表会后约见了加拿大抵押与住房公司总裁曼瑟尔，要求得到与有限分红公司相同利率的贷款，但遭到拒绝，理由是合作社不同于有限分红公司。[③] 60年代，越来越多的住房合作社要求联邦政府提供优惠贷款，逐渐发展成一股有力的社会力量。在他们的推动下，1964年联邦政府对国家住房政策做了重大的修改。

（一）1964年与1969年住房法修正案

1964年联邦政府住房修正案规定，加拿大抵押与住房公司向非营利团体建造或购买的住房提供90%的贷款，还贷期不超过50年。为了吸引投资商，该法案允许有限分红住房的年收益率突破5%，对房租的控制时间缩短为15年。此外，它首次使用"公共住房"一词。规定在公共住房和基础设施建设方面，联邦和省政府分别向城市政府提供90%和10%的贷款，还贷期限为50年，当城市不能偿还贷款时两级政府各承担50%的亏损；两级政府还对住房的房租分别提供50%的补贴，使之能够按照廉租房的标准租给贫困家庭。[④] 同时，该修

---

① 例如，汉密尔顿的一项研究表明，被重新安置的家庭所付的平均月房租从以前的55.8加元增加到94.4加元。房主每月偿还的贷款由平均25.8加元增加到58.9加元。

② John C. Bacher, op. cit., p. 207.

③ 有限分红公司是面对低收入家庭的私人房产，在偿还贷款完成之前，房租也受到联邦政府的控制。而合作住房归住房合作社所有，从性质上看是住户对产权进行投资，即加入合作社时贡献一定的股本用作建造住房的部分费用。成员对住房只有使用权（居住权），需要为此支付类似房租的费用，用于维持房屋的运作和修缮以及偿还建房贷款。成员退社时其股本也随之退还。

④ George Falls et al., *Home Remedies: Rethinking Canadian Housing Policy*, C.D. Institute, 1995, p.9.

正案保留了以前的低价自有住房项目。

可以说，1964年是加拿大联邦政府住房政策的一个转折点。首先，联邦政府更多地涉足省政府的管辖范围，推动了公共住房的建设。与1949年住房法修正案相比，1964年的修正案虽然将省政府对公共住房运营的补贴提高到50%，但在建房资金上将提供25%的拨款改为承担10%的贷款，这容易为各省政府所接受。

其次，社会人力资源正式地被用于社会住房的建设和管理。包括住房合作社在内的非营利住房团体共同筹集10%的首付款项，利用集体的力量管理自己的住房，保障成员通过交纳房租来偿还贷款，并为遇到财政困难的成员提供必要的帮助。这种介于政府和个人财产所有权之间的非营利住房，为解决住房问题提供了一种新的尝试。

为了更好地实施1964年修正案，联邦政府采取两种措施。从1966年开始，国家住房法案下的贷款的利率不再以6%为上限，而是与联邦政府发行的长期债券利率保持一致；1969年住房法修正案进而允许其随市场利率浮动；把这种贷款的最长还贷期限保持在40年的同时，又使最短还贷期从25年减至5年。[①]这些措施提高了社会住房抵押贷款的回报率和清偿能力，吸引了众多的金融机构加入，抵押资金大幅度增加。1970年，贷款机构批准的住宅抵押贷款为20亿加元；而1976年则增加到120亿加元。社会住房贷款在全国住房贷款中的比例，从1963—1966年的30%增加到1970—1973年的57%。[②]

然而，联邦政府同时也失去了对市场住房贷款利率的抑制作用。20世纪60年代末，市场贷款利率达到9%，推高了房价。在这种背景下，1969年加拿大福利委员会在多伦多召开大会讨论住房问题，来自各级政府、劳资双方、市民、教会和社会福利团体等各界代表首次聚集在一起，达成了"所有加拿大人都有权获得充足住房"的共识。这一点不仅要求联邦政府扩大公共住房的建设，同时也需要它抑制房价的上涨。

于是，联邦政府于1972年修改了征税法律，规定除自有住房外，包括住房

---

① 即获得贷款5年后可将整个贷款偿还（需缴纳3个月的利息作为罚金）；若否，则重新确定贷款的利率和还贷计划。

② Lawrence B. Smith, *Anatomy of A Crisis: Canadian Housing Policy in the Seventies*, Fraser Institute, 1977, p.11.

证券在内的各种房产交易都要缴纳资本收益税[1]；对价值5万加元或以上的租赁房建立单独的折旧等级，在其以高于折旧后的价值出售时需要补交所得税甚至资本收益税[2]；房地产公司以外的投资者在交纳所得税时，不得用房产投资的损失抵消一部分正常收入。

这种税收政策的变化极大地抑制了以投资为目标的租赁房的建设，使大量的市场资金转移到自有住房领域。与1969年相比，1974年市场对出租性质的多单元住宅的投资下降了56%；而对以自住为目的的单户住宅的投资上升了45%。1975年，市场租赁房新建50238套，只占全部新建住房的21.7%，而1965—1969年，这个比例曾达到43.6%。

然而，新建租赁房数量减少了，房价并未受到有效的控制。1972—1974年，房屋价格上涨了53%，而全国平均工资只增长了22%，使更多的人买不起住房。以新民主党为首的社会激进力量要求联邦政府大力发展非营利与合作住房，帮助城市政府建立"土地银行"。由于开展这些项目所需要的财政支出大大超过公共住房，自由党联邦政府拒绝了新民主党的要求。但是，自由党在1972年联邦议会的选举中仅以2票的优势险胜保守党。为与新民主党联合执政，它只好改变初衷而颁布新的住房修正案。

（二）1973年国家住房法修正案

1973年，联邦政府再次修改国家住房法案，在继续开展公共住房项目的同时，把为中低收入阶层提供较高质量住房的任务，交给政府和房地产企业之外的非营利组织和住房合作社，即所谓的"第三部门"（the third sector）。1973年住房法修正案是加拿大住房政策史上最为综合的修正案，它最初开展了10个项目，其中的6项对社会住房最为重要。[3]

1. 非营利和合作住房资助项目

这个项目是非营利住房资助项目（Non-profit Housing Assistance）与合作住

---

[1] 当时，规定房地产50%的投资收益用来计算资本收益税。1988年提高到66.67%，1990年为75%。见CMHC, *Understanding Private Rental Housing Investment in Canada*, 1999, p.28.

[2] 平时允许房屋折旧而抵消一部分收入，从而少交所得税。因此，租赁房在销售时若价格超过了折旧后的价值，房主需要补交所得税；若价格进一步超出当初购买房屋时的价格，这一超出部分则需要缴纳资本收益税。

[3] 其他4项是新社区项目、开发项目、土著人保留地土著人住房项目、住房购买者保护项目。

房资助项目（Co-operative Housing Assistance）的合称。联邦政府以低于市场的利率，向非营利住房公司（属于社会或城市政府）和住房合作社提供最高可达100%抵押率的贷款，用于建造或购买价值不超过1.8万加元的房屋，还贷期为50年。这些贷款只需偿还90%，留下10%作为非营利公司或合作社的投资利润。接受这种贷款的条件，是至少把四分之一的住房按照公共住房的房租标准出租给贫困家庭，这部分住房也接受联邦政府提供的房租补贴。为偿还贷款和缴纳城市税，其他住户缴纳低于市场但高于公共住房标准的房租。他们属于中低收入阶层，但由于实行了"收入混合"模式，其中还有一些中等收入家庭。

"混合收入"模式是为了避免像公共住房那样彰显穷人身份，让各种阶层的家庭住在一起而相互交往，以实现社会和谐。这种住房模式是城市住房团体推动的结果，体现了加拿大住房政策的一个特色。

非营利与合作住房此前就已经存在，影响较大的项目是1967年温尼伯住房合作社与工人合作促成的柳树公园（Willow Park）项目。经过努力，市政府同意在公共住房附近以5万加元购置了一块土地，租给合作社使用60年。这个项目从阿尔伯达省政府和信贷机构获得233万加元贷款，最后建成200套住房。其他的例子有20世纪60年代中期在不列颠哥伦比亚省的阿伯茨福德（Abbotsford）成立的一个租房合作社，它包括30个家庭和54个老年人，每人入股2100加元；除了住房，它还拥有一个两层的娱乐场所。1968年，温莎的一个住房合作社拥有293套住房，成员们认为节省的居住成本相当于增加了50%工资。

早在20世纪60年代，住房改革倡导者就开始将目光集中在持续的合作住房模式上，他们呼吁实施全国性的合作住房项目。与此同时，加拿大抵押与住房公司也想寻找公共住房的替代品。其首先考虑的是减少财政支出而利用社会力量扩大整个住房存量，其次是为了消除公共住房将低收入住房集中在一起使之感到"羞辱"想象。于是，它将眼光转向扩大非营利和合作住房。

70年代初，联邦政府曾经开展一个创新性住房项目（Innovative Housing Program），旨在建造高密度的非公寓式的合作住房。它要求住房合作社成员投入5%的资产，其余的由政府提供与联邦债券利率相同的贷款，再加上占贷款数额1/8的管理费。房屋建成后，成员作为房客需要交纳低于市场的房租，以便偿还贷款。这种要求，只有中下收入阶层才具备加入的条件。而1973年的修正案将历史上的合作社与房租补贴结合在一起，使得一部分低收入家庭能够入住。至1978年，这类住房的数量累计达3万多套；由于对房屋造价做了限定，它们基本上都是公寓楼里的住房单位。

2. 土地储备资助项目（Land Assembly Assistance）

这种项目也称作"土地银行"项目，在1949年住房修正案实施后就已经存在。它规定联邦政府向城市提供优惠贷款，在城市购置和持有一些土地，以低于市场的价格供社会住房建设之用。[1] 此前，土地限于城市里的"贫民窟"区域，配合了城市更新活动，而此时规定可以在任何地方购置土地。20世纪60年代以来，很多城市没有开发的地块大都集中在私人手中，导致住房价格居高不下。[2] 在这种情况下，加拿大抵押与住房公司开始认识到土地储备项目的重要性。1969年，该公司在报告中再次提出，联邦政府应当提供长期贷款让城市储备土地，土地的增值不被投机者攫取；即使以低于市场价格销售这些土地也能获得一定利润，用来偿还贷款。它以萨斯卡通和红鹿（Red Deer）两个城市为例，指出它们因1949年开展土地储备项目而拥有大量的土地，从而降低了基础设施的土地价格和社会住房的成本，城市政府从储备的土地中获取的收入也提高了城市服务设施的质量。

然而，联邦政府财政部反对向城市提供10%的贷款实施"土地银行"项目，它担心这样可能会给金融机构、土地开发商和地产利益集团带来巨大的损失。另外，一些政府人员与地产商之间存在着利益分配现象。20世纪70年代，15个公共土地开发大公司的年利润率是30%~40%。由于联邦政府拒绝了通过实施"土地银行"项目降低住房成本的建议，70年代最初几年住宅土地价格的上涨比通货膨胀的指数高40%。而在一些城市，土地价格的增长接近100%。

只是在新民主党的巨大压力下，联邦政府在1973年住房修正案中才决定实施"土地银行"项目。它承诺向城市提供100%的贷款，数额从每年的7500万增长到1.85亿加元。至1978年，它向各城市一共提供了5.25亿加元的贷款。

---

[1] 1949—1973年，各城市的"土地银行"一共拥有31825个地块，面积达32862英亩；其中21548地块售出用于建房，18653英亩还在各城市政府手中，但还是不能满足需要。见Canadian Mortgage and Housing Corporation, *Annual Report*, 1973，p.20.

[2] 有人估计16个较大城市（蒙特利尔除外）储存的土地超过了所需要的2.5倍。在多伦多、埃德蒙顿、伦敦、渥太华、赫尔、温哥华和温尼伯等大都市地区，6个大的开发商控制着用来开发住房的土地。20世纪70年代，在土地较多的西部卡尔加里市郊区，价值6.3万的房子，其地块价值2000加元。而靠近东部的温尼伯市，价值6万~6.5万加元的房子，土地的价格达到1.5万~2.4万加元。

城市政府储备的土地售价低于市场。20世纪70年代，哈利法克斯市公共土地中的一个地块售价6830加元，而相似的私人地块则卖到1.1万加元。在埃德蒙顿，1976年市政府以12510加元销售一块名为米尔·伍兹（Mill Woods）的土地，由于比私人相似的土地便宜一半，它虽然只能容纳725套住房，但申请在上面建房的家庭多达3000个。

3. 自有住房资助项目（Assisted Home Ownership Program）

　　这个项目针对于首次购房的家庭，旨在增加市场住房存量。为了使首次购房的家庭在偿还抵押贷款和缴纳城市税方面的支出不超过收入的25%~30%，联邦政府以低息和95%抵押率在5年内以逐渐递减的方式发放贷款；贷款从第6年开始偿还，还贷期是35年。在政府担保下，私人机构以相同的抵押率和稍高利率提供为期5年的第二抵押贷款，两种贷款的利率实际为8%，而当时的市场利率为12%~12.5%。这种模式旨在减少最初的还贷压力。出于同样的目的，联邦政府最初每年向购房家庭提供数百至1200加元的补助，1975年改为提供低息第二抵押贷款，使总体利率降到低于市场3%。这个项目使月收入800~900加元的中等偏下的家庭进入市场购房。1975年，该项目又在还贷方式上做了调整，即最初几年少偿还0.25%的利息，将其加到本金上，以后逐渐增加还贷数额。①

　　实际上，在地产商的游说下，一些省在20世纪60年代就已经开展通过资助或利息补贴推动低收入家庭拥有自己住房的项目。1967年，不列颠哥伦比亚省的社会信用党政府对购买二手房补贴500加元，对购买新住房补贴1000加元。萨斯喀彻温省也采取了类似的做法。1970年，阿尔伯达省对利率补贴2个百分点，而安大略省以低价销售储存的土地的方式进行补贴，因为它认为低利息补贴和资金资助都可能导致房价膨胀。

　　在各省的影响下，联邦政府推出了具有自己特色的自有住房资助项目，在采用传统的方式的同时增加了现金补贴。第一年，联邦政府就为1.83万套住房提供4.35亿加元的贷款和资助。至1978年，一共资助了9.4万家庭。

　　这个项目对住房的价格做了限制，即每套房子不得超过2.85万加元。然

　　① Nick Van Dyk, "Financing Social Housing in Canada", in *Housing Policy Debate*, No.4, 1995, p.826；Albert Rose, *Canadian Housing Policies:1935-1980*, Scarborough, Butterworth and Company Ltd., 1980, p.56 和George Falls et al., *Home Remedies: Rethinking Canadian Housing Policy*, C.D. Howe Institute, 1995, p.141.

而，单户住房（别墅）大都超过了这个数字。在大多伦多地区，购买新的单户住房至少需要6万加元。1980年，开发商建造的豪华公寓楼中的一套住房价值16.5万加元，只有普通公寓楼中的一套住房才不会超过最高限价，而这种住房存在漏水、通风差和建筑材料质量低劣等问题。

4. 街区改善计划

街区改善计划实际上是以前城市更新活动的继续和扩展，此时具有阻止"绅士化"的考虑。1973—1978年，联邦政府向319个城市提供2.02亿加元的资助，另有6400万加元的贷款，用于城市体育和娱乐设施升级及基础设施的改造。[①] 加上各城市的配套资金，这项计划在改变城市面貌和提高城市服务质量方面，具有明显的效果。

5. 住宅修缮资助计划

这项计划是为了维持市场住房数量。它规定，年收入不超过1.1万加元的房主，可以最多接受5000加元的低息贷款用于房屋修缮。年收入6000加元以下的房主，可以只偿还50%的贷款。收入高于这个数字的，还贷数额随着收入增加而增加。1974—1978年，一共有5.5万名房主接受这种贷款。至1999年，接受这种资助的房主数量达到60.8万个。[②]

当然，由于内城区域"绅士化"加剧，这两个项目也未能抵挡低收入家庭从市中心街区离开的趋势，尤其是1978年联邦政府在的住房方面发挥的作用减弱以后。从全国看，1971—1976年，城市中心的人口从31%下降到27%。

（三）推动市场租赁房的建设

1973年住房法修正案出台不久，就遇到了20世纪70年代中期席卷西方国家的"滞胀型"经济危机——生产萎缩，物价却大幅上涨。"二战"后在西方国家盛行的凯恩斯主义似乎走到了尽头。1975年，加拿大住房领域的高利率、高地价和高建筑成本，导致私人公司不愿意对住房建设实施放贷，新建住房开工下降了17%。面对经济危机，联邦政府一方面期待限制工资的增长以稳定物价，一方面仍以扩大开支的方式刺激经济复苏。

在住房方面，联邦政府将目光转向市场租赁房。70年代上半期，私人租赁

---

① Canadian Mortgage and Housing Corporation, *Annual Report*, 1978, p.150.

② Dale Falkenhagen, *The History of Canada's Residential Rehabilitation Assistance Program*, CMHC, 2001, p.iii.

公寓楼无利可图，而建筑结构与之相似的共管公寓楼属于自有住房①，却可以接受优惠贷款。共管公寓楼卖掉就可以立即收回投资，而租赁公寓有时连收取房租都遇到困难。另外，建造租赁公寓需要与共管公寓竞拍土地，共管公寓楼所面对的群体的收入较高，因而能够报出较高的价格而获得土地。这些因素使一些开发商把资金投入自有住房领域。

1974年，为了恢复对市场租赁房的支持，联邦政府实施多住户建筑项目（Multiple Unit Residential Building）。它规定，房地产公司外的人员对租赁房的投资将被视为是一种支出，建成的租赁房的折旧也视为支出，以减免个人所得税。它试图以这种方式刺激富裕家庭对市场租赁房的投资。1976年，联邦和省政府因此而减少了9900万加元的税收，但该项目至1978年惠及了20万套租赁房。

1975年4月，联邦政府开始实施租赁房资助项目（Assisted Rental Housing），规定在10~15年对新建的市场廉租房每年提供数百加元的补贴，使总额累计达到贷款数额的10%；这些住房也享有上述多住户建筑项目的税收优惠。有人估计，这些好处就等于开发商以25%~30%的抵押率获得一笔无息贷款。为节省开支，同年12月联邦政府将其改为第一年提供最多达1200加元的无息贷款，以后每年递减10%，贷款全部到位后一次性偿还。按照规定，这类租赁房收取的房租高于公共住房，但要低于市场标准，联邦政府的无息贷款就是为了补偿其房租损失。结果，当年开发商就借助4.44亿加元的贷款，建造了21092套租赁房。至1981年，共建造了12.3万套。② 至此，这一模式替代了历史上的有限分红住房模式，实行了30多年的有限分红住房政策寿终正寝。③

1964年至1978年，可谓联邦政府社会住房政策的"黄金时期"。联邦政府通过各种形式，不断扩大对社会住房的资金支持；以新的利率政策和弹性还贷方式，为社会住房的建设筹集到更多的贷款；"第三部门"住房利用社会资源对住房进行管理。结果，新建公共住房的数量大幅度增加：按照1949年住房

---

① 共管公寓是20世纪60年代兴起的一种新的私人住房形式。其中的每套房子产权归个人所有，公寓楼的地皮和公共设施属于共有。

② Canadian Mortgage and Housing Corporation, *Annual Report*, 1975, p.21；*Gregory Suttor, Canadian Social Housing: Policy Evolution and Impacts on the Housing System and Urban Space*, doctoral thesis of Department of Geography and Planning, University of Toronto, 2014, p.156.

③ 有限分红住房计划于1944年开始实施，1946—1975年，一共建设了10万套有限分红住房。

法修正案的模式每年建造1千~2千套，以1964年的模式每年新建1万~2万套，至1978年公共住房的总数已接近20万套。1973年开始的"第三部门"住房每年建造数千套，至1978年累计达3万多套。[①] 在借助于联邦政府各种资助建造的市场廉租房中，有限分红住房每年建造数千至1万套，至1975年项目终止时累计达到10万套；"租赁房资助项目"至1978年一共资助建造了12.2万套住房，成为有限分红住房之后最大的市场廉租房项目。对于自有住房，这一时期也资助建设了近10万套。这样，国家住房法案下各种新建住房在全国新建住房中的比例，从1973年占10.5%上升到1978年的32.3%。

这一时期的住房政策，使低收入家庭较前期获得更多贷款。加拿大抵押与住房公司的贷款在1957—1969年只有20%为低收入家庭所利用，而1975年这一比例上升到99.7%。[②] 然而，这一发展势头突然中断。1978年，联邦政府宣布停止实施1973年修正案。此后，加拿大的社会住房政策进入了调整时期。

四、联邦政府社会住房政策的调整

对于为什么终止1973年修正案，联邦政府给出了三个理由：国民经济和住房市场正在复苏；在社会住房上应当让省政府承担更多的职责；"土地银行"项目没有达到预期的目标。本书认为，加拿大经济在1978年的确出现了短暂的复苏迹象；70年代末，联邦与省政府就收回宪法修改权问题展开了最后的博弈[③]，面对省权的高涨，联邦政府在住房政策领域做出回应。虽然城市储备的土地没有降低房价，但为社会住房提供了低于市场价格的土地，所以不能简单地说"土地银行"项目没有达到目标。实际上，结束这个项目与私人地产商对联邦政府的游说有着密切的关系。一些房地产开发商把中等和中下收入家庭当作潜在客户，他们得不到"第三部门"住房使用的城市储备的土地，转而要求终止该项目。

还应当看到，巨大的财政压力是联邦政府调整住房政策的一个重要原因。

---

① 1973—1978年，有113个城市政府建立了非营利住房公司，但建造的住房大都不自己进行管理。

② George Falls et al., op. cit., p.141.

③ 所谓收回宪法修改权（patriation），指将具有宪法作用的《1867年英属北美法案》的修改权从英国转到加拿大。由于联邦与省政府在该法案的修改程序以及两级政府权限的修改问题上难以达成一致，这一过程长达半个多世纪，直到1982年才得以完成。

1978年联邦政府的财政赤字达到了110亿加元，占当年国民生产总值的4.4%，超过了财政风险预警线。[1] 对此，联邦政府开始放弃凯恩斯主义，决定减少社会福利等财政开支，压缩社会住房的建设规模。

（一）1978年住房法修正案

1978年，联邦政府颁布新的住房法修正案。它规定1964年住房法修正案下的公共住房的建设予以停止，资助和管理已有公共住房的职责由联邦转给各省政府；1949年修正案下的公共住房的建设仅在几个贫穷的省份予以保留。联邦政府不再对"第三部门"住房提供贷款，只为金融机构发放的长期贷款提供担保，此后的"第三部门"住房因此又被称作"新非营利"住房。不过，这种住房项目的还贷期不变，利率仍低于市场。所有住户在还清贷款前接受联邦政府的还贷补贴[2]，四分之一住房出租给低收入者的规定仍然有效。"土地银行"项目、自有住房资助项目、多住户建筑项目、租赁房资助项目等相继停止。

1. 1978年住房法修正案的影响

1978年住房法修正案对联邦政府的住房政策产生了重大影响。大规模的公共住房建设就此结束，1949年修正案下的公共住房每年只建造1000多套，最终于1985年停建。联邦政府之所以把"第三部门"住房以"新非营利"住房的形式保留下来，除迫于社会压力外，减少对它的资助而更多地利用市场资源也是一个重要的原因。这样，1979年至1993年"新非营利"住房每年保持在1万~2万套的规模，成为狭义社会住房的主力军。但是，"新非营利"住房在全国新建住房中的比例逐渐下降，由1979年的22%降至1980年的7.1%，虽然在1982年出现反弹，但在1993年停建时所占的比例始终没有超过10%。并且，由于"土地银行"项目的停止，那些没有政府土地储备的城市社会住房成本增加。1978年，一套合作住房大概需要5万加元，1994年涨到10.9万加元，除了通货膨胀外，土地成本也是一个重要的因素。

"新非营利"住房，虽然改为从市场获得贷款，但由于有联邦政府为贷款机构提供担保，其发展并没有受到太大的影响。例如，1980—1983年，蒙特利尔的弥尔顿公园所覆盖的6个街区，由14个住房合作社和6个非营利组织集体

---

[1] 西方国家一般将当年的财政赤字占到国民生产总值的3%，视为财政风险的预警线。

[2] 这种补贴是为了使住房在收取低于市场房租的情况下，也能够偿还贷款。它以房租补贴的名义发放。

开发，一共建造了135个建筑（拥有600个房间）。它提升了社区的层次，但没有赶走低收入租户。蓝领工人、寄宿者、学生和移民家庭等居住在这里。二联别墅的月房租仅180加元，这类住房的市场租金在其他街区高达600加元。

联邦政府通过1978年住房法修正案缩小了社会住房建设的规模，但是，它在改善财政状况方面并非一帆风顺。

首先，联邦政府需要维持已有的住房项目。联邦政府停止利用发行债券筹集社会住房所需要的资金后，依靠从金融市场上借贷而向"新非营利"住房发放还贷补贴；由于市场借贷利率高于联邦政府发行债券的利率1~2个百分点，1978年至1981年联邦政府大约较前多支付3800万加元。[①] 1979年，加拿大经济经过短暂的复苏后再次陷入萧条。1973年住房法修正案下建造的自有住房，在联邦政府的资助用完后很难再进行偿付，因为购买房子5年（5年的抵押续期满）后，利率经过调整从当初的8%增长到12%~16%。加上失业和收入不稳定，大量的房主无力偿还贷款，加拿大抵押与住房公司不得不以担保人的身份代为偿付。1979年，它为近2.8万套住房偿付了4.9亿加元，次年又为2万多套住房偿付了4.5亿加元。[②] 当然，这些住房也归其所有。

20世纪80年代初，严重的通货膨胀使住房贷款利息率高达20%。联邦政府为了帮助住房法案下的各种住房偿还贷款，1981—1983年实施一项加拿大抵押更新计划，规定当利率调高而导致还贷数额超过家庭收入的30%时，由联邦政府代替偿还一部分贷款并交纳财产税。符合这种条件的房主一年最多等于得到3000加元的补贴，联邦政府为此又支出了近5000万加元。[③] 为了减少财政开支，联邦政府在1984年将其改为抵押利率保护项目。规定房主缴纳一笔保费后，在利率更新超过以前2~10个百分点时，增加的利息由联邦政府代为偿付。但加入该项目的人并不多。[④]

其次，联邦政府仍需要开展新的社会住房项目。20世纪80年代加拿大的

---

① 参见Tom Carter, "Current Practice for Procuring Affordable Housing", in *Housing Policy Debate*. 1997, No.3, p.599.

② 按照前述1969年修正案的规定，长期住房贷款可以在5年后提前全部偿还。在利率急剧上涨的情况下，联邦为大量拖欠偿付贷款的房主提前还贷，可减少还贷数额。

③ John Sewell, *Houses and Homes: Housing for Canadians*, James Lorimer & Co., 1994, p.92.

④ 相对于5年的利率更新周期，占贷款数额1.5%的保费较为昂贵；加之利率在1984年开始下降，该项目缺少吸引力。参见John Kiff, *Canadian Residential Mortgage Markets: Boring But Effective?*, International Monetary Fund Working Paper, 2009, p.14.

市场住房的平均价格增长到10万多加元，联邦政府开始把目光转向调动市场资金；为了鼓励投资者建造自有住房和市场租赁房，它采取了三项措施。

（1）免税政策。1980—1982年，联邦政府恢复了1974—1978年实施的多住户建筑项目，再次鼓励富裕家庭投资于市场租赁房。联邦和省政府因此而减少的税额达2.72亿加元。它还恢复1974年注册的自有住房储蓄计划（Registered Home Ownership Savings Plan），规定每个家庭每年最多可有2000加元的购房存款不计入收入以少缴纳所得税，直到存满2万加元为止。这一计划最初是以让税的方式鼓励购置二手房，1983—1985年改为也适用于购买新的住房。

（2）提供优惠贷款。1981—1984年，联邦政府实施加拿大租赁房供应计划（Canadian Rental Supply Plan），向市场廉租房的建设提供最多达7500加元的无息第二抵押贷款，偿还期为25年，从第15年开始偿还；1982年，贷款额上限突破7500加元。整个项目资助了数万套住房。

（3）发放补贴。1982—1983年，它实施自有住房激励计划（Canadian Home Ownership Stimulation Plan），向首次购买不超过10万~15万加元的住房的家庭提供3000加元的资助，一共为26万家庭支出了7.824亿加元。此外，联邦政府还在1982—1983年实施加拿大住房修缮计划（Canadian Home Renovation Plan），向房主提供最多可占修缮成本三分之一的贷款，它一共向12.1万套修缮的住房发放了2.3亿加元的贷款。

上述计划对每个住房资助的数额并不算多，但因住房数量巨大仍给联邦政府带来了不小的财政负担，因而很快都停止了实施。

2."新非营利"住房政策的调整及鼓励市场资金的投入

1985年，联邦政府对"新非营利"住房做了一次调整。一个原因是其四分之三的住户属于中低或中等收入家庭，他们接受联邦政府的补贴被认为是有失公平[1]；另一个原因是联邦政府为保障非营利住房2%的利息率，要给予大量的还贷补贴。1985年，15.3万套"新非营利"住房得到的补贴高达5.78亿加元，有人担心几年内随着住房数量的增长，对它每年的补贴会增加到十几亿加元。联邦政府在这些补贴中的比例达到90%。[2]于是，联邦政府停止了其"收入

---

① 他们接受的房租补贴（还贷补贴）达到低收入家庭房租补贴的66%。见Canadian Mortgage and Housing Corporation, *Annual Report*, 1983, Appendix 4. p.13.

② John Sewell, op. cit., p.171. 20世纪80年代末，"新非营利"住房的50%属于一般非营利组织，28%属于政府下的非营利公司，20%属于合作住房。

混合”模式而只面向低收入家庭，同时要求各省对“新非营利”住房至少提供25%的补贴。①

20世纪80年代末，联邦政府为了降低对已有的社会住房的补助，实施了一项名为“竞争性财务更新程序”（Competitive Financial Renewal Process）的项目，要求社会住房在抵押贷款利率更新时，努力将利率维持在市场以下。1993年的资料表明，这项计划在过去5年里为联邦政府节省了2.31亿加元。在“新非营利”住房的贷款偿付方式上，联邦政府为减少最初几年向贷款者提供的补贴，希望信贷机构实施与通货膨胀指数挂钩的利率。但是，很少有贷款机构对此做出响应。②

此时，联邦政府没有忘记鼓励更多的市场资金投入住房领域。对于“新非营利”住房，它在1987年允许相关机构利用联邦政府担保的抵押权为支撑而发行债券，售给个人或投资机构，由联邦政府确保收益和按时偿付。至1995年底，一共销售了25亿加元的债券，使住房抵押机构获了得更多流动资金。③

不难看出，整个20世纪80年代，联邦政府在住房问题上处于一种两难的境地。社会压力使之不能停止住房政策，但继续实施又面临着财政困难；它不断地进行调整，却始终没有找到一种两全其美的解决方案。1984—1991年，联邦政府经过各种努力在社会住房上减少支出5.6亿加元，但仍与预期的目标相距甚远。90年代初，联邦政府为维持已有社会住房，每年需要支出近20亿加元，其中主要是各种社会住房的房租（还贷）补贴。这种补贴逐年上升，1979年为3.39亿加元，1992年则达到17.43亿加元。这预示着，联邦政府需要在社会住房中做出更大的调整。

---

① 此后只有安大略省坚持混住模式，40%的住房按照市场房租租给超过家庭收入最高界限的家庭。见Nancy Smith, "Challenges of Public Housing in the 1990s: The Case of Ontario, Canada", in *Housing Policy Debate*, Vol.6, No. 4, p.909. 实际上，面对人口老龄化、医疗成本增加和劳动力的变化带来的巨大支出，保守党联邦政府本决定取消“新非营利”住房计划。只是在住房团体的游说下，将其部分地保留下来。

② 这项计划认为，在还贷过程中房租会随着通货膨胀率的增长而增加，因而不需要政府增加补助。但是，通货膨胀率比房租增长率高了4个百分点，该计划于1991年终止。Nick Van Dyk, op. cit, p.888.

③ Tom Carter, op. cit., p.611.

（二）社会住房建设的停顿

1993—1994财政年，联邦政府的全部财政预算赤字高达457亿加元，占当年国民生产总值的5.3%。[①] 于是，联邦政府从1995年开始减少了对各省福利项目的支持，资助金额从20世纪80年代中期占国民生产总值的4.6%下降到1996年的2.7%~2.9%。[②] 1993年，联邦政府决定不再资助建造"新非营利"住房。[③] 至此，加拿大已有652741套狭义社会住房，除去46087套针对土著和乡村居民的住房，在城市中有205752套公共住房、64515套合作住房、230208套非营利住房、42745套有限分红住房、46032套接受补贴的租赁房和17402套接受修缮资助的住房。[④]

联邦政府终止社会住房的建设，还有其他的原因。首先，社会住房团体的政治压力的减少。面对20世纪70年代末以来各种社会保障项目上的开支减少，新民主党、社会进步团体对住房保障上的要求也远远不如70年代强烈。其次，加拿大出现了一股反对社会住房的浪潮。1985年之后，非营利和合作住房项目只针对低收入家庭，因而失去了中等和中下收入家庭的支持。经济衰退导致房价下降和租赁房空置率上升，租赁房开发商和房东将其归咎于享有公共资源的社会住房。1992—1993年，安大略省一些城市出现对市场租赁房发放房租补贴的要求，认为这比资助租赁房的建设更为有效和便宜。

在这种大背景下，加拿大联邦政府自20世纪60年代初以来，第一次没有在经济衰退中利用社会住房建设刺激经济的发展，反而结束了这种住房的建设。

1994—1998年，联邦政府在社会保障领域大幅度减少财政开支，还包括减

---

① David R. Henderson, "Canada's Budget Triumph", in *Working Paper No.10-52*, the Mercatus Center at George Mason University, 2010, p.6; p.3. 表格显示，1984—1985财政年度的财政赤字最高时占到GDP的8.3%，之后下降。

② J. David Hulchanski, *Housing Policy for Tomorrow's Cities*, Association of Canadian Policies, 2002, p.14.

③ 1992—1998年，联邦政府因此而减少支出近20亿加元。Tom Carter & Chesya Polevychok, *Housing Is Good Social Policy*, Research Report No.51 of Canadian Policy Research Networks, 2004, p.3.

④ Christopher A. Colderley, "Welfare State Retrenchment and the Nonprofit Sector", in *Journal of Policy History*, Vol.11, No.3, 1999, p.287. 由于有限分红住房和"第三部门"住房在还清贷款后成为自住房，加拿大抵押与住房公司资助的社会住房的数量会减少，2016年仅有52.5万套。见 Wellesley Institute, *Federal Affordable Housing Investments: Critical to National Social and Economic Investment Plans*, 2016, p.2.

少4.5万个联邦工作岗位。[①] 1997—1998财政年度有了30亿加元的盈余[②]，加拿大公共支出占国民生产总值的比例恢复到20世纪50年代的水平。

各省政府大都随联邦政府减少社会住房方面的预算，1993—2000年每年的支出总额从20亿加元减少到16亿加元。[③] 在此后一段时间里，联邦政府将政策重点放在鼓励自有住房的建设上。

1992年，它通过一个名为"首次购房贷款保险"的项目，为采用95%抵押率的金融机构的住房贷款提供担保。至1995年，已有3.4万家庭利用这个项目购买了住房，1998年不再限于首次购房者。1992年，联邦还开始实施一个住宅购买者计划，允许5年内没有住房者从自己的"注册退休储蓄计划"中最多可提取2万加元用于购房的首付；若在15年内分期地将这个数额偿还，就不需要补缴所得税。[④] 至1995年，有30万家庭利用这项计划。至1998年，有65万人利用这项计划提取了62亿加元。[⑤]

（三）社会住房建设的重启

进入21世纪，在消除了财政赤字的情况下，联邦政府决定恢复与各省共建社会住房的项目。2001年，联邦与各省签署了一个协议，共同开展低价住房创意计划（Affordable Housing Initiative）。它在两年内筹集了6.8亿加元的资金，2003年再增加3.2亿加元，加上各省的配套资金，期待以优惠贷款的方式为低收入和中低收入家庭建造4.4万套社会住房，并进行房屋修缮和房租补贴等。

2005年，联邦政府根据住房需要确定了这10亿加元贷款在各省的分配数额。其中，安大略省最多（3.66亿加元），其次是魁北克省（2.37亿加元）和不列颠哥伦比亚省（1.3亿加元）。这3个省占了联邦全部贷款的73%。[⑥]

从2001年至2011年，这个计划通过提供贷款帮助建造了51843各种社会住

---

① Department of Finance of Canada, *Budget Plan, 1996*, Department of Supply and Services, p.40.

② 1995—1996财政年度的预算赤字减少到375亿加元，1996—1997财政年的更低，仅有87亿加元。见David R. Henderson op. cit., p.15.

③ Michael Shapcott, *Housing for all Canadians*, A Submission to the TD Forum on Canada's Standard of Living，2002, p.4.

④ "退休储蓄计划"始于1957年。它规定使用一定的资金购买核准的基金可视为消费开支，从而少缴所得税；但若在退修前提取使用，当事人应当补缴以前的所得税。

⑤ Hubert Frenken, *The RRSP Home Buyers' Plan*, in Catalogue no.75-001-XPE, Statistics Canada, 1998, p.38.

⑥ Canadian Mortgage and Housing Corporation, *Annual Report*, 2005, p.23.

房，为城市的土著居民修缮了5715套住房。[①]

根据可见的资料，在这个计划下，2002年安大略省与联邦政府合作实施了一个"加拿大—安大略低价住房项目"。至2009年，这个项目一共筹集了6.24亿加元，其中3.48亿加元来自联邦政府，2.76亿加元来自安大略省政府。该项目提供4.98亿加元贷款，帮助建成大约1万套租赁房。[②]对于自有住房的建设，联邦政府提供2837万加元的资助，以帮助支付5%首付的形式帮助大约3470个中低收入家庭购房。它对住房的最高价格做了规定。为购房者支付的5%的首付，只要住满20年就不用偿还。[③]

1. 为自住房贷款实施保险

20世纪90年代中期，当社会住房停止建设以后，加拿大抵押与住房公司为了降低市场住房贷款利率和补贴成本，开始采取一种国家主导的抵押贷款融资方式。

该机构为市场住房25~30年的抵押贷款提供保险，在保险期内一旦发生购房者暂时不能偿还贷款的情况，它代为偿还，以推迟或避免金融机构对抵押房屋的处置。对加入这项计划的房屋价值有一定的限制，一次性缴纳的保费比例，随着住房首付比例的增加而降低。[④]参加这种贷款保险的家庭可以享有低于市场的贷款利率；他们虽然为缴纳保费而付出一定的代价，但在还款遇到困难时能够得到联邦政府的帮助。

进入21世纪后，越来越多的银行和金融机构加入这一计划，每年放贷的数额从20世纪90年代的十几亿加元，增长到2016年的550亿加元。每年通过这

---

① Canadian Mortgage and Housing Corporation, *Annual Report*, 2003, p.17；2011, p.51.

② 在支持租赁房建设方面，2009年联邦政府对每套住房最多提供26600加元的优惠贷款，而安大略省政府对每个单元最多提供43400加元用于偿还抵押贷款和运作费用，以使之在20年内收取低于市场20%的房租。The Office of the Auditor General of Ontario, *2009 Annual Report*, pp.289-290, https://www.crto.on.ca/pdf/Reports/2009AuditorsReport.pdf. 2023-06-06.

③ 为了防止投机，购房后不满20年就卖掉房子要偿还政府所付的首付，外加5%的收益。见 Helen Looker, *The Homeownership Component of the Canada-Ontario Affordable Housing Program*, Research Report of Canadian Policy Research Networks, December 2009, pp.1-2.

④ 以2018年为例，房屋价格不得超过100万加元；房屋缴纳5%的首付的贷款需缴纳4%的保费，10%的首付需缴纳3.1%的保费，20%的首付需缴纳2.4%，25%的首付需缴纳1.7%。CMHC, *What is CMHC Mortgage Loan Insurance*, 2018. 对加拿大抵押与住房公司来说，若总体上代为偿付的贷款数额低于收到的保费，盈余能够改善自己的财政状况。截至1999年底，这项计划涵盖了31万套自有住房。

种贷款建造的自有住房，1997年为13.2万套，最多的2009年达到116万套。[①]

2. 新的住房融资方式

2011—2019年，联邦政府发起了一个低价住房投资计划（Investment in Affordable Housing），为此设立了一个基金。联邦政府计划在8年内向其注入19亿加元，加上各省、城市、非营利团体和私人开发商注入的资金，采用建房、修缮住房和房租补助等方式，预计将惠及42.1万套住房。[②]

2011—2017年，联邦政府一共向这个低价住房投资计划下的基金注入14.32亿加元；同期，省的配套资金、私人开发商和非营利部门一共注入资金16.93亿加元，使整个基金达到31.25亿加元。其51%的资金用来帮助建造各种社会住房（12281套），16%用来修缮房屋（49131套），24%用于房租补贴（169338户），9%用于老年人和残疾人等住房（19468套）。[③]

这是一种新的融资方式，扩大了资金来源。非营利团体把资金注入这个基金，有的再从中贷款建造非营利住房，而那些不建造住房的团体只是进行了投资。

（四）联邦社会住房政策的未来趋势

2017年，联邦政府发起了国家住房战略计划（National Housing Strategy），从中可以看出加拿大社会住房计划的未来趋势。加拿大抵押与住房公司的2022年度报告，显示了这项计划的实施情况。它列举了国家住房战略计划下的12个项目，其中3项有较大的资金投入。[④]（1）国家住房共同投资基金项目（National Housing Co-Investment Fund）。它为低收入住房的建设和修缮提供优惠利率长达50年的贷款。预计贷款总额为132亿加元，加上各省和城市的资金，拟帮助建造5万套自有住房和修缮24万套房屋。至2022年，一共贷出50多亿加元，帮助建造了28985套住房和修缮了111752套房屋。（2）租赁房建设融资倡议项目（Rental Construction Financing Initiative）。它向租赁房建设提供为期50年的优惠贷款，至2022年一共贷出108多亿加元，建

---

① 平均每套住房借贷了几万加元。每年的贷款数额和建房数量，详见Canadian Mortgage and Housing Corporation 的相关年报，https://www.cmhc-schl.gc.ca/chic/Listing？item_ID={F3732D26-67DB-4FA8-81E7-D83CC10BD0B7}. 2023-03-15.

② CMHC, *National Investment Affordable Housing Funding Table*, 2018.

③ CMHC, *Investment in Affordable Housing*, 2022.

④ 详见CMHC, *Annual Report*, 2022, pp.35-37. 其他的项目内容包括向各种低收入租赁房提供补贴、支持节省能源的住房、将联邦的建筑改造成住房的项目等。

造了39682套租赁房。（3）快速建房倡议项目（Rapid Housing Initiative）。它是一种面向社会弱势群体和无家可归者的住房项目。至2022年一共投资25亿加元，建造了10249套公共住房。

值得一提的是，国家住房战略计划下的首次购房者激励项目，是一种权益分享性质的首付贷款。它规定联邦政府为购房者支付5%~10%的首付。房子增值后，购房者在偿还联邦政府的首付资金时需加上首付金额8%的收益；如果房子贬值，偿还首付时则减去首付8%的金额。它针对的是中产阶级和中下收入家庭。至2022年，联邦批准了18455个的申请，发放3.29亿加元的贷款。

这样，至2020年，在国家住房战略计划下一共建设了118418套社会住房，修缮了298357套房屋，维护了233957套公共住房。

"第三部门"住房（包括"新非营利"住房）在还清贷款后，房屋所有权归城市政府或机构所有的，仍接受一定的房租补贴。2018年，联邦政府制定一个加拿大社区住房倡议计划（Canada Community Housing Initiative），决定拿出6.18亿加元的资金，从2018—2028年对协议到期或即将到期的非营利和合作住房以及公共住房提供一定的支持，包括房租补助等。[①]

综上，联邦政府未来的住房政策与进入21世纪后的基本相同，以鼓励建造自有住房为主，维持和增加社会住房，同时也推动租赁房的建设提供房租补贴。

1978年加拿大联邦政府的住房政策进入调整时期后，首先停止建设公共住房。然而，由联邦贷款的"第三部门"住房改为联邦为私人贷款的"新非营利"住房，反而因市场资金充足而获得了发展。"新非营利"住房在1985年做过调整，只面向低收入家庭。

这一时期，由于联邦政府采取种种措施，自有住房和市场廉租房的建设没有受到太大影响。然而，这些措施也增加了联邦政府的财政赤字，最终导致社会住房（"新非营利"住房）于1993年停止建设。

联邦政府在21世纪重启社会住房的建设后，要求各省和领地提供配套贷款资金，同时大规模地为市场住房抵押贷款提供保险，增加全国住房的存量。与此同时，联邦政府采用一种新型的融资方式，向各级政府和社会团体融资，扩大了社会住房的资金来源。在未来的住房政策中，这种投资基金的方式将继续

---

① CMHC, *Federal Community Housing Initiative*, 2021, https://www.cmhc-schl.gc.ca/en/nhs/federal-community-housing-initiative. 2022-03-24.

实行，同时又采取一种权益分享性质的首付贷款，鼓励市场自有住房的建设。

联邦政府在第三时期的住房政策可谓名目繁多，但总体上呈现出一种向省政府分权和向市场机制回落的趋势。联邦政府把资助已有公共住房的职责转给各省政府，并让其在"第三部门"住房的房租补贴中发挥一定的作用。重启社会住房建设后要求省和领地住房提供一定的配套资金，新的融资和贷款方式鼓励社会团体和私人部门对市场住房投入更多的资金，从而以较小的联邦政府财政支出换取自有住房和租赁房的较大发展。

五、联邦政府社会住房政策演变的特征

加拿大联邦政府住房政策的历史演变中，表现出以下四个特征。

第一，联邦政府在整个政策过程中都注重借助于市场机制解决住房问题。西方学者将政府解决社会贫穷的手段，分为"社会资助"和"社会保障"两种类型。前者对贫困人口提供直接的资助，后者则通过增加整个社会的财富而给他们间接的帮助。在解决住房问题上，加拿大联邦政府更注重后者。其社会住房政策主要通过调动市场资源增加整个国家的住房存量，只是在为最贫困家庭建造公共住房方面才表现出社会资助的性质。

有加拿大学者用"准市场"一词形容联邦政府住房政策的特征，这一点在联邦政府的财政支出比例上也有明显的体现。20世纪80年代以来，在联邦政府的整个财政预算中，针对老年人、儿童和失业群体的社会福利支出占了25%~28%，卫生健康占10%~13%；而社会住房支出在1979年达到历史最高点3%之后逐渐下降，1980—1985年占了1.7%，1985—1989年占1.4%[1]，90年代以来维持在1%稍多的水平上。这在发达国家中可谓最低的，它导致加拿大狭义的社会住房只占全国住房存量5%。[2]

联邦政府利用免除资本收益税或减免所得税等方式鼓励各城市自有住房和市场廉租房的建设。20世纪50年代以来，它因此减少的财政收入一直超过对社会住房的开支。1979年，社会住房支出10亿加元，减免资本收益税为30亿

---

[1] Patricia Begin, *Housing and Parliamentary Action*, Politics and Social Affairs Administration, Parliament of Canada, 1999.

[2] 非市场住房在全国住房中的比例是：荷兰占40%，英国占22%，法国和德国占15%，美国占2%。J. David Hulchanski, op. cit., p.9.

加元。2009年减免税达到37.85亿加元，2014年达到48.1亿加元[1]，分别超过加联邦政府当年社会住房预算的0.9倍和1.2倍。[2] 减税惠及的低价自有住房和市场租赁房，在数量上远远超过了公共住房和"第三部门"住房。

事实上，加拿大联邦政府并没有把社会住房政策当作一项福利措施，而是把其视为推动经济发展和增加就业的一种重要手段。

联邦政府认为，住房状况可以通过市场的"向下过滤"（filtering down）过程得到改善：较富裕的家庭从市场上购置新住房后，将腾出的旧房屋低价售予或租给贫穷者。所以，联邦政府以各种方式增加自有住房的存量。

应当说，加拿大政府住房政策的这一价值取向是正确的，它能调动和协调公共市场和社会中各种资源和力量，保持社会住房政策和计划的可持续性。当然，加拿大的土地价格相对低廉，居民经济收入较高[3]，社会保障制度健全，这些因素都为联邦政府的住房政策提供了额外的帮助。由此也说明，一个政府单纯依靠住房政策是不会顺利解决社会住房问题的。

第二个特征是，联邦与省政府在城市住房领域中权力的分配与变化影响着社会住房计划的实施。在住房问题上，城市政府承受着直接的压力，也是执行社会住房项目的主体，但是，城市的财政来源相对不足，更多依赖于联邦和省政府的资金。联邦政府除了关税外，还在各省征收较大比例的公司税、个人所得税和遗产税，20世纪80年代末又开始征收商品和服务税。财政资源上的优势，使之在城市社会住房政策中处于主导地位。如同高等教育、卫生健康等社会福利项目，各省都愿意接受联邦提供的资金在各城市实施住房项目[4]，只是它们有时打着维护省权的旗号为不愿提供配套资金而寻找借口。

应当看到，联邦制的分权性质使联邦政府在住房政策上难以无条件地约束各省。联邦政府在1978年和1985年对"第三部门"住房进行的两次调整中，都建议各省政府酌情提高补贴和维持"收入混合"模式；但是，除了安大略省，

① 参见John R. Miron, *Housing in Postwar Canada*, McGill-Queen's University Press,1998, p.250；Department of Finance Canada, Tax Expenditures and Evaluations: 2014, p.18.

② 根据加拿大抵押与住房公司发布的Annual Report, 2009 and Annual Report ,2014计算。

③ 1980年，加拿大人均国民生产总值转换的购买力分别比英国和西德高39%和24%。见George Fallis, *Lesson from Canadian Social Housing Policy*, Housing Policy Centre, York University, 1994, p.27.

④ 魁北克省为了维护法裔文化传统和提高选民对省政府的认同，倾向于单独开展自己的住房计划。

很少有省政府对此做出积极回应。1993年至2000年，省政府在社会住房上的支出总额从一年20亿加元减少到16亿加元，对社会住房造成了一定的负面影响。

联邦政府减少投入资金的同时，也在住房问题上逐渐放权。20世纪70年代末以来，联邦政府让各省在社会住房中承担更多的职责。1996年，联邦政府在预算报告中宣称，将把社会住房项目的管理权交给各省。

如果说加拿大的社会住房政策在1978年之前尚具有全国统一特征，那么此后它便呈现出一种分散趋势。进入21世纪，许多社会住房计划都是联邦与各省政府通过达成的协议而实施。这需要双方通过协商制定出一个统一的住房计划，并在执行中相互支持与配合。

第三个特征是，社会住房政策的变化与社会集团的压力密不可分。联邦政府社会住房政策的"准市场"特征，源于房地产和金融集团及自有住房房主对自身利益的诉求。他们担心房价和房租降低会影响自己的投资收入。1949年住房修正案引发他们的强烈反对。在多伦多丽晶花园项目中，当市政府决定再次提供财政资助时，他们攻击说这是"社会主义"行为。

一些参加社会住房项目的金融机构关心贷款的收益和安全。他们更多参加的是自有住房项目，只是在1978年之后参加"新非营利"住房项目。

自有住房的房主在选民中占据了多数，他们在住房修正案出台前的公开讨论中，往往发出强有力的声音。房地产行业拥有强大的游说集团，省政府在住房政策上更容易受到它们的影响。

农民和小城镇的居民，不愿意看到省政府将自己的纳税用于大城市的社会住房，代表这些选区省议员反对省政府给城市过多的财政支持。在安大略省，省政府规定城市政府需要承担7.5%的社会住房的维持成本。1969年，较为激进的新民主党执政后，宣布这种成本全部由省政府承担。但它下台后又恢复到原来的规定。直到1980年，城市政府的这种负担才被取消。

房地产行业对合作住房表示不满。1979年，多伦多房地产董事会竟然说，人们贫穷是因为他们没有能力或工作不努力，市民提高了素质才会拥有自己的住房。他们主张向低收入者发放津贴，让他们租住市场租赁房，以推动自己主导的住房市场的发展。

然而，在社会进步力量的影响下，联邦政府也一度偏离了自己的既定方针。工人阶级支持自主房资助项目，也支持合作住房。在政治上能够反映工人阶级和下层市民意愿的新民主党在一些省执政后，也推动社会住房的建设。例如，1972—1975年，新民主党在不列颠哥伦比亚省执政期间，将公共住房从

1400增长到6200套，还对合作住房提供帮助。

更能说明联邦政府偏离既定方针的，是1964年和1973年的修正案。1964年修正案使联邦和省共同贷款给城市政府建造公共住房。而1973年修正案启动的"第三部门"住房，使联邦政府比公共住房付出了更多的财政开支。"第三部门"住房也是社会住房团体推动的结果。他们认为，公共住房把受资助的贫困家庭集中在一起，形成了穷人"隔离区"，不利于贫困群体在经济上从依赖走向自主。这说明，政府的社会住房政策的发展和完善需要社会的推动。

最后一个特征是，加拿大的社会住房团体的推动作用能否得到发挥，还取决于政府的财政政策。20世纪60年代至70年代中期，由于联邦政府实施以开支拉动需求的政策，1964年和1973年的两个修正案才能顺利出台。而70年代末以来，联邦政府推行强调市场作用的"新自由主义"政策，社会住房团体只能使联邦以"新非营利"住房的形式把"第三部门"住房保留下来。

1999年，联邦政府在消除了财政赤字后，开始实施一个名为"全国无家可归者倡议"（National Homelessness Initiative）项目，在62个城市为流落街头的无家可归者提供临时住所和服务。它计划在3年内拨款7.53亿加元，省政府1比1的配套资金。2004年，该项目开始了第2阶段，3年内联邦政府拨款4.05亿加元。2006年，该项目更名为"无家可归者合作战略"。

2006年，联邦政府财政盈余达到130亿加元。但是，2008—2009财政年度因全球经济衰退期而出现58亿加元的赤字，2009—2010年度的年财政赤字急剧增加到556亿加元；经过几年的压缩，2013—2014年度的财政赤字仍接近52亿加元。当年，联邦政府决定在2016年实现财政预算略有盈余的目标[1]，在这种情况下，联邦政府实施的住房计划受到了影响。无家可归者合作战略项目的资助在2014年保持在以前的水平，而从2014年至2019年，每年的资助额从1.345亿加元下降到1.19亿加元。[2] 由此可见，发展经济而增加社会财富和政府的税收，是解决低收入家庭住房问题的必要条件。

---

① Globe News, *Did Harper Rally Run Eight Straight Deficits Like the NDP, Liberals Claim*? 2015, https://globalnews.ca/news/2202138/did-harper-really-run-eight-straight-deficits-like-the-ndp-liberals-claim/. 2023-02-22.

② Homeless Hub, *Canada – National Strategies to Address Homelessness*, https://www.homelesshub.ca/solutions/national-strategies/canada. 2022-02-08.

第十三章　城市内城区域的"绅士化"及其影响

　　"绅士化"（gentrification）一词，又译为"中产阶级化"，最早由英国社会学家鲁思·格拉斯于1964年提出。它当时用来表示伦敦城区在更新改造的过程中，一些中产阶级人士迁入工人阶级住宅区而导致房租和房价上涨[①]，迫使一些低收入者外迁。此后，这个术语在西方国家的社会学、地理学和历史学领域广为使用，描述内城区域发生的绅士化现象[②]，这些中产阶级成员被称作"绅士化者"（gentrifier）。随着绅士化的扩大与加强，其内涵不断丰富，学术界对它的界定出现了很大的不同。但从总体上看，它包括了两个方面：在物质层面上，中产阶级人士从郊外迁入城市低收入者居住区，使其建筑景观、商业服务和文化等设施得到显著的改善，工业设施减少，但也促使该区域的房价和房租上涨。在社会层面上，它使内城区域的人口年轻化，受教育程度和经济收入提高，也导致一部分贫困的居民向其他区域转移；各社会阶层的聚居产生了不同价值观与生活方式之间的碰撞，在移民国家，它还带来各种族群的混住和不同文化现象的共存。

　　不难看出，"绅士化"这个词汇既描述人员流动的过程，也表示这种过程造成的结果。实际上，在大城市内城区域发生的绅士化，是当代西方国家城市化发展中的一个方兴未艾的阶段，有些区域刚刚开始，有些已经完成，对城市的建筑、经济、社会和文化诸领域都产生了重要的影响。自20世纪70年代以

---

　　① 文中的中产阶级指"二战"后出现的所谓"新中产阶级"，依据其所从事的职业、收入和社会声望来界定；人员为从事管理、金融、技术、信息、法律、教育、文化和艺术等工作的高级"白领"阶层。

　　② 内城区域（inner city）也翻译成"内城"，指靠近城市中央商务区的地段。在北美，这个词常用来委婉地表示靠近城市中心的低收入者居住区及附近的区域。

来，加拿大的大城市也出现了"绅士化"现象。加拿大的社会学、地理学和城市化研究学者借助英国和美国学者的研究方法，对本国的一些城市进行比较或个案研究，并根据自己的发现对"绅士化"理论做了补充和完善。而对这一课题，国内少有学者进行专门的研究，本章拟做一初步的探讨。

一、"绅士化"的缘起及表现

（一）"绅士化"兴起的原因

关于城市中心低收入者居住区发生"绅士化"的原因，西方学术界有着不同的解释①，影响较大的是两种相互对立的观点。以尼尔·史密斯（Neil Smith）为代表的学者主要从生产供给端进行解释，强调房地产投资领域里的资本流动为"绅士化"的发生提供了契机。1979年，他在《关于绅士化理论：资本而非人的返城运动》一文中提出一个"租差"（rent gap）理论②，认为"二战"后对郊区的开发导致内城区域的地价和房价下降，房租也随之下跌。若这些区域的土地价值得到最佳的利用，房租会大幅度上升。当这种潜在的房租与实际房租的差距足够大时，房地产商和房主就会在内城区域进行再投资，从而引发"绅士化"。20世纪60—70年代，西方许多国家城市郊外土地越来越难以获得，而内城区域的土地却存在着巨大的升值空间，于是，房地产资本开始向这里流动。这样，开发商、房主、银行和房地产经纪人成为"绅士化的制造者"。显然，这是一种从经济学角度进行的解释。

另外一种观点从产业结构变化和消费需求端进行解释，以加拿大学者戴维·雷（David Ley）为主要代表。1980年，他发表《自由主义意识形态与后工业城市》一文③，以温哥华为例验证了"二战"后西方国家产业结构从传统的制造业到新兴的服务业的转变，以及中产阶级在劳动市场中占据主导地位，强调

---

① 例如，有人认为大城市融入世界经济的趋势，使管理和专业技术人员从郊外向中央商务区周围集中。有学者以美国为例，认为20世纪60年代的民权立法和种族歧视制度的废除，使更多的黑人去郊外居住，白人也不再拒绝回到市中心。还有人认为，70年代石油危机导致通勤成本增加，许多人从郊区搬到离工作地点较近的内城区域居住。

② Neil Smith, "Toward a Theory of Gentrification: A Back to the City Movement by Capital, not People", in *Journal of the American Planning Association*, Vol.45, No.4, 1979, pp. 538-548.

③ David Ley, "Liberal Ideology and Post-Industrial City", in *Annals of the Association of American Geographers*, Vol.70, No.2, 1980, pp.238–258.

他们关于建设"适合居住的"城市的意识在社会中发挥着重要的作用。

不久，戴维·雷又写文章，论证说中产阶级艺术家们在20世纪60—70年代对缺少个性和文化内涵的郊区居住环境感到厌倦，因为工商业集团和政府规划的大型购物中心、整齐划一的街道和独立住房缺少个性和美感；这些人开始向往城市里自然形成的街道、独具匠心的建筑以及社会文化的多样性，他们为了满足自己的审美观念和文化需求而移居内城区域。① 根据这种解释，"绅士化"是一个由独特的区域和生活偏好所驱动的中产阶级的文化运动。其他一些加拿大学者也从这一角度论证"绅士化"的起因。他们认为，中产阶级中一些收入不高的艺术家是这一过程的开拓者，他们租住内城区域"维多利亚"风格的老房子，或购买十分陈旧的房屋自己动手修缮和翻新。此后，一些年轻的高层专业人士也纷纷在此购房，他们的资金提升了所在区域住房的价值。除了房屋的独特风格外，这些人也看重其靠近自己的工作地点——中央商务区的地理位置，以及城市中心提供的各种服务设施。一些单身母亲更是从利于子女成长和接受良好的教育出发，选择搬到带有公园和公共图书馆等文化设施的内城区域居住。②

不过，有加拿大学者提出，并不是所有内城区域的"绅士化"都由艺术家们"启动"；在房地产经济条件相似的情况下，中产阶级专业人士基于文化需要而做出的选择，决定了哪个区域会出现"绅士化"。在加拿大，有可能发生"绅士化"的内城区域一般具有几个特点：首先，有大量的"维多利亚"风格的建筑，即尖顶阁楼（迎街面为山墙）的联栋别墅（townhouse）和带有塔楼的高大建筑；在中产阶级看来，它们是一道独特的景观；而"二战"后建筑的那些平淡无奇的多层公寓楼，即便质量再好，也不受青睐。其次，附近有高质量的住宅、商业服务和文化设施的精英社区，以减少房地产投资的风险，因此，与工厂比邻的街区和工人阶级居住区不受欢迎。再次，租赁房的比例较高，以便在房主不愿出售老房屋时能够租住它们。最后，居民主要由英裔或法裔构成，以避免与少数族群移民交往中出现语言和文化上的障碍。

显而易见，上述两种观点都不能单独地说明问题。从20世纪80年代末开始，双方都开始重视对方的论据。例如，尼尔·史密斯也看到了"人"的因素，

---

① David Ley, "Alternative Explanations for Inner-City Gentrification: A Canadian Assessment", in *Annals of the Association of American Geographers*, Vol.76, No.4, 1986, pp. 521-535.

② Dameris Rose, "Rethinking Gentrification: Beyond the Uneven Development of Marxist Urban Theory", in *Environment and Planning D*, Vol.2, No.1, 1984, pp. 47-74.

开始研究职业结构的变化，承认具有文化属性和独特生活方式的艺术家在"绅士化"初期发挥了重要作用，只是认为他们在那里长久呆下去所依赖的是经济实力而不是艺术资本。[1] 持相反观点的克里斯特·哈姆内特（Christ Hamnett），一方面强调关键的因素是工业、职业和收入结构上的变化加强了中产阶级的需求，一方面也承认内城区域的房地产供应对"绅士化"的重要性。[2] 劳蕾塔·里斯（Lorretta Lees）在总结了"绅士化"经济供给和文化需求两大对立观点之后，提出两种因素同样扮演着重要的角色。[3] 戴维·雷于2003年发表文章修正了自己的观点，说经济和文化能力之间的错综复杂的关系及其在"绅士化"中的追求，使基于任何一种单一原因的解释都值得怀疑。他认为，经济、文化两种观点哪个占据上风并不重要，重要的是它们一起促使"绅士化"发生。[4] 这些言论表明，两种观点开始走向融合。而有些学者从20世纪70年代末就开始使用阶段模式分析"绅士化"，认为它最初由艺术家推动，但富裕的中产阶级人士到来后，土地的巨大升值空间吸引地产商投入大量资本进行再开发。

在经济和文化两种因素之外，还存在着一个政府的政策。西方学术界一般不把政府的政策当作"绅士化"的直接原因，而认为它只是作为一种助长因素，起到了促成或推动作用。如第九章所述，联邦政府早在20世纪40年代末就向城市政府提供全额资助清理贫民窟，将整理后的地块低价提供给廉租房的建设。50年中期，开始允许其中的一部分用作工商业建筑，推动了城市更新运动的发展。结果，在原来的贫民窟区地段除了公共住房外，还出现了商业机构和文化设施。70年代初，联邦向城市提供75%的资助用于街区的改善，把为建造公共住房和城市娱乐设施而获得土地与安置搬迁的居民结合起来。联邦政府的政策就是为了在增加公共住房的同时，逆转内城区域衰败的趋势，并通过释放其潜在的土地价值而增加城市税收。这一切都使城市中心地区的居住条件和投资环境得到了改善，客观上有利于内城区域"绅士化"的发展。

---

① Neil Smith, "Of Yuppies and Housing: Gentrification, Social Restructuring and the Urban Dream", in *Environment and Planning D*, Vol.5, No.2, 1987, pp.151-172.

② Christ Hamnett, "Gentrification and the Middle-Class: Remaking of Inner London, 1961-2001", in *Urban Studies*, Vol.40, No.12, 2003, pp.2401-2426.

③ Lorretta Lees, "Rethinking Gentrification: Beyond the Positions of Economics or Culture. Progress", in *Human Geography*, Vol.18, No.2, 1994, pp.137-150.

④ David Ley, "Artists, Aestheticization and the Field of Gentrification", in *Urban Studies*, Vol.40, No.12, 2003, p.2542.

（二）"绅士化"的表现

加拿大学者通常依据每10年一次的人口普查资料，进行分析和研究后确认城市中的"绅士化"区域。由于对"绅士化"理解的不同，他们的分析方法和得出的结果也不完全一样。在确认"绅士化"区域时，戴维·雷主要根据由就业和教育变量组成的社会指数[①]，而阿兰·沃克斯（Alan Walks）和理查德·马瑞曼（Richard Maaranen）则运用收入、教育、职业、住房性质、房租和房价等更多的变量。后两人研究了1961—2001年的多伦多、温哥华和蒙特利尔三大城市的"绅士化"过程，提出一个人口普查统计区的人均收入在没有超过整个城市的平均水平的情况下，即便其他成分分值很高，也只能被视为正在进行"绅士化"；而只有人均收入高于城市平均水平的区域，才能被视为完成了"绅士化"。[②]

约翰·麦里格兰纳（John Meligrana）和安卓斯·斯卡伯吉斯（Andrejs Skaburskis）对"绅士化"的内涵持一种谨慎态度，他们不把高收入内城区域的升级或对荒废地段的大规模的再开发视为"绅士化"，所以只考察有老房屋修缮和翻新现象的内城区域。在方法上把居民收入、地租和房屋的性质作为主要变量，还包括人口密度、住宅密度、住房建造的时间等变量，采用主成分分析法对其进行分析和定性，确定1981年至2001年相关城市的因子得分，用来表示内城"绅士化"的区域和程度。然后，采访加拿大抵押与住房公司在各地的市场分析员，印证、补充和修正自己的分析结果。2005年，两人发表《1981—2001年加拿大城市地区持续"绅士化"的程度、地点和概况》一文[③]，描述了这一时期主要城市"绅士化"的各种表现。

这两位学者把多伦多、蒙特利尔、温哥华、渥太华、金斯顿、魁北克、哈利法克斯、温尼伯、里贾纳、埃德蒙顿10个大城市的2182个人口普查统计区

① 参见David Ley, "Social Upgrading in Six Canadian Inner Cities", in *Canadian Geographer*, Vol.32, No.1, 1988, pp.31-45；David Ley, "Gentrification in Recession: Social Change in Six Canadian Inner Cities, 1981-1986", in *Canadian Geographer*, Vo.13, No.3,1993, pp.230-256.

② R. Alan Walks & Richard Maaranen, *The Timing Patterning, & Forms of Gentrification & Neighbourhood Upgrading in Montreal, Toronto, & Vancouver,1961 to 2001*, a research paper of Centre for Urban and Community Studies Cities Centre, University of Toronto, 2008, p. 9.

③ John Meligrana and Andrejs Skaburskis, "Extent, Location and Profiles of Continuing Gentrification in Canadian Metropolitan Areas,1981–2001", in *Urban Studies*, Vol.42, No.9, 2005, pp.1569-1592.本部分以下的数字，均引自或计算于该文章的数据。

分为"绅士化"、潜在"绅士化"和其他3种类型。潜在"绅士化"区域指的是早期"绅士化"的人口普查统计区，其他区域指非"绅士化"的统计区，还包括1981年之前完成"绅士化"的统计区。在10个城市全部人口普查统计区中，"绅士化"区域和潜在"绅士化"区域占了11.4%。这两种"绅士化"区域在多伦多、蒙特利尔和温哥华三大城市中的比例较高，分别占34%、26%和28%。2001年，10个大城市拥有1311万人口和152万个家庭，其中，两种"绅士化"区域的人口和家庭数量分别占6.6%和7.4%。

从1981年到2001年，"绅士化"区域的人口密度减少，其他区域的人口密度增加。20年内，10个城市的人口增长了31.1%，而"绅士化"区域每平方公里的人口却减少了5.8%，潜在"绅士化"区域每平方公里的人口减少了2.2%。与此相反，"绅士化"区域的住宅密度增加最快，20年内每平方公里增加了568套。"绅士化"区域人口密度的减少和住宅密度的增加，与家庭特征有密切的关系。"绅士化"区域家庭的平均人数减少，"丁克"家庭或单身家庭的比例增加，使同样数量的人口需要更多的住房。另外，在区域面积不变的情况下，把商业建筑改为住房或建造高层的共管公寓大厦，通常也会增加"绅士化"区域的住宅密度。

从1981年到2001年，"绅士化"区域的自有住房比例增加，租赁房比例下降，而两个变量在潜在"绅士化"区域正好相反。产生这一现象的原因是，"绅士化"区域的低劣的租赁房被拆除后，翻新变为自有住房而出售给"绅士化者"；一些低收入房客外迁到周围的潜在"绅士化"区域，导致那里的租赁房比例的上涨。

从1981年到2001年，"绅士化"区域家庭人数下降最快，平均下降了0.45人。与此同时，单身家庭所占的比例增幅最大，达到10个百分点。20年中，年龄在25~39岁之间的居民在"绅士化"区域增长了8个百分点，而在其他区域则下降了2个百分点。接受过大学教育的人口的比例，在"绅士化"区域增长了18个百分点，在其他区域仅增长了7个百分点。20年中的人均收入在"绅士化"区域增长了28.9%，而在其他区域只增长了9.7%。这几组数字，体现了居住在两种"绅士化"区域的中产阶级的特点：年轻、家庭规模小、受教育程度和个人收入水平较高。

高收入带动了房租的增长，20年内房租在"绅士化"区域增长了19.4%，在潜在"绅士化"区域增长了12.1%，而在其他区域只增长了4%。可以相信，随着"绅士化"的发展，两种"绅士化"区域的数量将不断增加，潜在"绅士化"区域的数据也会向"绅士化"区域靠拢。

（三）哥廷根街及附近社区的"绅士化"

内森·罗斯（Nathan Roth）和吉尔·格兰特（Jill L. Grant）对哈利法克斯市的哥廷根（Gottingen）街及其附近区域的"绅士化"进行了个案研究①，显示它带动了街道商业的复苏和附近社区人口与收入的增加。这条街位于该城市的北区（North End），大致为南北走向，其历史可追朔到19世纪30年代。在港口沿岸的劳动密集型制造业、军事和资源经济发展中，它逐渐成为工业郊区的一部分。工人和管理人员及其家庭混住在附近，接受该街道为他们提供的商业服务。在20世纪初的几十年里，其从库纳德街和康沃利斯街之间的一段发展了一条充满活力的商业街。从那时起，它的命运就与附近的社区联系在一起。

在20世纪50年代后期开始的城市再开发的浪潮中，哥廷根街的附近区域得到了开发。在北边，60年代初完成了尤尼亚克广场和相关设施的建设，1966年建造了250个社会住房。1958—1963年，该市政府收购了哥廷根街以南的17英亩的土地，1967年开始建设斯科舍广场——一个购物和办公的综合街区。它在随后的几十年里与哥廷根街的零售业展开竞争。

在市中心北部密集的居民区被拆除后，哈利法克斯整个北区的人口下降，10年内大约失去了5200名居民，占其1950年总人口的42%。1970年，哥廷根商业街上的零售和商业机构的数量比10年前锐减35家，只剩95家；90年代进而减少到54家，其中零售商店减少到36家。哥廷根街上没有关闭的店面选择低租金出租，这条街道以出售二手家具或典当品而闻名。②

90年代，哥廷根街附近的居民进一步减少了1500人。北区成为一个低房租区，集中了公共住房和越来越多的合作和非营利住房，另外还有少量的单间住房。联邦政府早在70年代实施街区改善计划和住宅修缮资助计划，使哥廷根街附近地区的一些住房得到改善，但没有阻止其贫困和人口的减少。这里的低收入者、黑人、土著人居民较多，加上犯罪和吸毒现象，使之成为一个衰败社区。结果，在哥廷根街道上，取代百货商店、超市和剧院的社区服务机构不断

---

① Nathan Roth and Jill L. Grant, "The Story of a Commercial Street: Growth, Decline, and Gentrification on Gottingen Street, Halifax", in *Urban History Review*, Vol.43, No.2, 2015, pp.38-53.

② Nathan Roth and Jill L. Grant, op. cit., p.46.

增加，90年代有13个，2000年达到20个，其中包括临时的收容所和法律援助机构。

21世纪初，哥廷根街和附近的社区开始了"绅士化"。许多便宜的空间吸引了大量的艺术家、大学生和年轻的专业人士的到来，他们在哥廷根大街南段开设了艺术画廊、旅馆和咖啡馆，逐渐形成一个艺术区。这些"绅士化者"居住在附近的社区，带动了外来资本对房地产的投资，推动了公寓大厦的建设。"绅士化"也推动了对零售业的投资，哥廷根街出现了自70年代衰退以来最强劲的商业复苏，至2014年零售和商业机构恢复到近60个，并继续增加。其中，增长最快的零售行业是食品、咖啡馆和高级餐饮。同时，高档零售商店、时尚食品和娱乐场所增多，这些专门的服务，多数是针对小众消费者，即搬到北区的时髦的年轻居民。

然而，尽管"绅士化"使哥廷根增加了新的高端服务门店，但社区服务机构并没有减少，它们仍然为附近社会住房中的家庭提供服务。至2015年，哥廷根街地区呈现出两极分化的特征：南段有着高端企业和公寓，居民以富裕的白人为主，包括"绅士化者"；中段地区聚集了一群低收入和以非洲裔为主的居民；北段社区的居民以普通白人为主。总体而言，这条街上针对时髦年轻居民的高端餐饮服务，穿插着面对弱势群体的社会服务。在街道"绅士化"的过程中，街道南段甚至还出现了同性恋场所。

哥廷根街商业的复苏带动了周边社区人口的增长。2001—2011年，其人口增长超过了哈利法克斯市的人口的增长速度。"绅士化者"的收入较高，这使2001—2011年哥廷根街地区的家庭收入中位数增长速度快于其他的市区。这样，低收入居民的比例在2000年后迅速下降，而此前该区域低收入居民的比例，在哈利法克斯市人口普查区中一直是最高的。

二、"绅士化"的社会影响

进入21世纪，西方学者的视角从什么导致"绅士化"转向"绅士化"导致了什么，内城区域"绅士化"产生的影响成为大家研究的热点。他们发现，"绅士化"具有积极和消极双重影响，即在改善内城区的生存环境、提高土地利用价值和增加政府税收额的同时，也使得中产阶级替代了原来的低收入居民，社会公正受到损害。这一点在加拿大也得到了证实。

在一些城市的内城区域，被工业和化工厂污染的社区，不仅破乱不堪，而且备受银行和信托公司的冷遇。但是，在"绅士化"的影响下，这些区域得到了改造，成为房地产业利润的新的增长点。这里，不仅"维多利亚"时代的老房子得到了修缮，而且出现了大量的共管公寓和一些商业设施。

本章只从住房问题和社会融合两个方面探讨加拿大内城区域"绅士化"的社会影响。

（一）加剧了当地的住房问题

如第十二章所述，加拿大城市的住房问题在"绅士化"现象出现之前就已经存在。[①] 联邦政府在20世纪30年代开始实行全国性住房法案，其住房政策一直以利用少量的财政支出引导市场提供更多"住得起"的住房为主要特征。这种政策以一种"向下过滤"（filtering down）理论为依据。早在19世纪的英国就有人发现了所谓的"市场住房向下过滤"的现象，一些研究者认为，上流社会住房数量的增加会使处于社会底层的人们受益。20世纪50年代，加拿大的富裕家庭把在郊外拥有一套独栋别墅当作舒适生活的象征，他们将城市的联栋别墅抛售给低收入家庭而移居郊外，向下过滤理论由此而开始流行。该理论认为，在土地价格和周围环境不变的情况下，一个房屋的价格或房租会因建筑的老化和功能的过时而下降，直到最后低价转售给低收入家庭。因此，增加市场上住房的存量有助于解决住房问题。

然而，老房屋的价格还受到市场供求关系的影响。中产阶级返回内城区域，扩大了对"维多利亚"风格房屋的需求，这类房屋的价格必定要上涨。加拿大学者安卓斯·斯卡伯吉斯运用1996年人口普查资料分析了13个大城市的情况，以大量的数据证明了这一点。[②]

安卓斯·斯卡伯吉斯把13个大城市分时段建设的房屋的价格和房租进行了比较。从他制作的图示（见图1和图2）中可以看出，1945年之前建造的与1986—1996年建造的标准住宅的价格，在渥太华（Ottawa-Hull）和蒙特利尔（Montreal）基本持平，分别是20万加元和14万加元；在温哥华（Vancouver）则

---

① 根据联邦政府住房部门确定的标准，居住成本超过家庭收入的三分之一的住户被视为有住房问题，成本不超过家庭收入四分之一的住房被称作"住得起"的住房。2001年，15.3%的家庭存在着住房问题。J. David Hulchanski, *Rethinking Canada's Housing Affordability Challenge*, discussion paper of Center for Urban and Community Studies, University of Toronto, 2005, p.8.

② Andrejs Skaburskis, "Filtering, City Change and the Supply of Low-priced Housing in Canada", in *Urban Studies*, Vol.43, No3, 2006, pp.533-558.

分别是40万加元和37.5万加元；在哈利法克斯（Halifax）分别是14万和12.5万。两个时间段的房屋的租金在多伦多（Toronto）、汉密尔顿（Hamilton）、圣凯瑟琳斯-尼亚加拉（St. Catharines-Niagara）、渥太华持平。其他城市1945年之前建造的标准住宅的价格和房租，均低于1986—1996年之间建造的标准房屋。

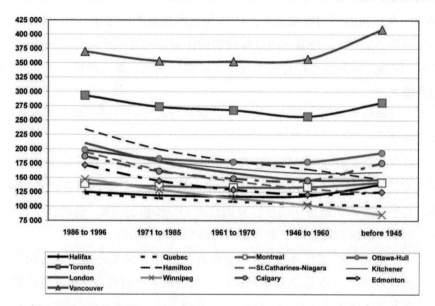

图1　13个城市不同时期建造的标准住宅在1996年的价格（加元）

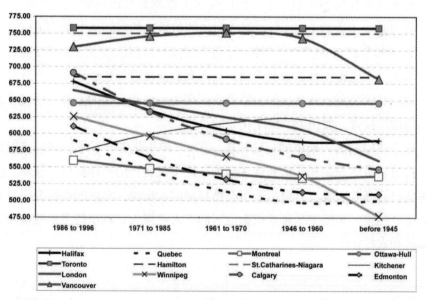

图2　13个城市不同时期建造的标准住宅在1996年的房租（加元）

安卓斯·斯卡伯吉斯的研究显示，1920年之前建造的房屋与新建住房相比，房租平均低11%，房价平均低16.6%。但是，由于老房屋面积较新房屋小，仅此还不足以将两类房屋的价值做出准确的比较。根据两种房屋的房租和房价上涨的幅度，则可以说明问题。由于老房屋受到中产阶级的青睐，1981年至1996年，在房租的平均增幅方面，1920年之前建造的房屋比1980—1985年建造的住房高出25.5%，1961—1971年建造的住房比90年代中期建造的住房高出10.7%。同期，自有住房的房价也发生了同样的变化，即房屋越老，房价增长的幅度越大。

以上这些数据表明，市场住房向下过滤的过程受到阻碍，甚至出现了逆向过滤的现象。

安卓斯·斯卡伯吉斯的研究还表明，几乎在所有城市，房子越老，其主人收入的增长速度越快。1996年，在多伦多和维多利亚租住1921年之前房屋的房客，其平均收入比新房子的房客分别高出13.3%和23.3%。这验证了具有较高收入的中产阶级家庭拉高了老房屋的价格和房租的结论。

为了营造良好的居住环境，"绅士化者"拆掉了房屋之间插建的租赁房，并要求市政府颁布法令取消质量低劣的私人公寓（出租性质）和单身出租房，致使许多低收入者失去了住所。例如，在"绅士化"和政府法令的影响下，多伦多的多住户住房和出租一个房间的住房大都改为联栋别墅，20世纪80年代初租赁房减少了大约1.3万套；蒙特利尔的租赁房的房间从1971年的1.5万个下降到1986年的6000个。[1]"绅士化者"促成分区制的改变后，开发商通过竞价从私人手中获得土地，他们为获得高额利润往往选择建造面向中产阶级的高档的高层共管公寓。其昂贵的价格带动了周边房价和房租的上涨，引发了新一轮的房地产投资，加快了"绅士化"的步伐。

在上述哈利法克斯市的哥廷根街地区，"绅士化者"寻求较好的房屋而抬高了房价。虽然公共和非营利性住房为社区中最弱势的群体提供了保障，但对于那些没有高收入或没有资格获得补贴住房的人来说，北区的住房变得更负担不起了。结果，曾经主导哥廷根街地区的工人阶级人口越来越多地被推向更远的郊区和农村社区。

---

① John C. Bacher, *Keeping to the Market Place: The Evolution of Canadian Housing Policy*, McGill-Queen's University Press, 1993, p. 260.

总之，"绅士化"不仅使低收入者失去了低价租住或购买住房的机会，而且减少了他们居住的空间，使加拿大城市已有的住房问题更加严重。

（二）对社会融合带来的负面影响

社会融合首先涉及社会上、下阶层之间的关系。有学者认为，现代城市有着促进社会融合的倾向。这是因为，适合于居住已经成为一个城市在全球经济竞争中胜出的一个重要的条件，后工业城市在自我推销中越来越标榜自己立足于"包容"社区之上，能够为各种收入、文化、年龄和生活方式的融合提供有力的支持。加拿大学者乔恩·考菲尔德（Jon Caulfield）认为，"绅士化"具有一种"解放"潜力，即能够把不同的阶层聚集在一起，培养一种相互理解和容忍的精神。[①] 许多研究城市政策的学者希望通过吸收"具有创造力"的专业人士，打破一些区域的社会隔离状态，为社区和个人带来福利。这些学者多集中在英国、美国和荷兰。而在加拿大，许多学者研究后发现，"绅士化"目前所带来的并不是社会融合，而是一些社会矛盾。

这些学者认为，当居民中明显存在着社会和文化差异时，更有可能出现相互的疏远与排斥。中产阶级为了实现自己的价值观念而移居内城区域，将贫穷居民置换到质量更差的住房中，这会加重社会的两极化。他们追求质优价高的商业服务，商业"绅士化"使小零售商受到排挤。为投资而迁入的人们所关心的是房地产的升值，而不是低收入者的居住条件。他们不喜欢区域内的工业设施，游说城市政府改变分区制而将其关闭或迁走，一些工人只好迁到其他区域，或改行从事较低工资收入的工作。

就社会融合问题，加拿大学者戴莫瑞斯·罗斯（Dameris Rose）对蒙特利尔的49名"绅士化者"进行了问卷调查[②]，将其归纳为4种不同的类型。对于如何看待所在区域的社会多样性和社会住房，他们中有2名回答不甚了解或漠不关心；有12名表示反对在自己的区域内兴建新的社会住房；有16名有保留地容忍社会多样性和社会住房，但对"绅士化"替代低收入者和"住得起"的房子的短缺现象没有进行批评和反省；有19名接受调查者呈现一种矛盾心态：既表

---

① Jon Caulfield, "Gentrification and Desire", in *Canadian Review of Sociology and Anthropology*, Vol.26, No.4, 1989, p.618.

② Dameris Rose, "Discourses and Experiences of Social Mix in Gentrifying Neighborhoods: A Montreal Case Study", in *Canadian Journal of Urban Research*, Vol.13, No.2, 2004, pp.278-316.

示与穷人相处困难又认为他们有权利在周围居住，既支持建造社会住房又不希望其成为少数族群聚居区或引发"堕落"。实际上，这部分人看到了"绅士化"带来的消极影响，却不愿承认自己取代了低收入者。总的看来，这项调查表明"绅士化"者对社会融合并不感兴趣。因此，当地居民，尤其是低收入居民不欢迎他们的到来。

英国学者汤姆·斯拉特（Tom Slater）研究了多伦多西部的南帕克代尔（South Parkdale）发生的冲突。[1] 这个区域虽然离中央商务区稍远，但与多伦多最大的公园——高地公园（High Park）为邻，受到艺术家的青睐。据估计，20世纪80年代大约有600多名艺术家移居到此处，引发了"绅士化"。1996年，这里90%以上的人口是房客，40%以上的住户是单身，平均收入仅是多伦多住户平均收入的一半。

90年代，"绅士化者"担心廉价的出租房屋会使自己的房产贬值，组成了南帕克代尔居民协会，要求市议会颁布法令拆除低廉的出租房，理由是它们妨碍了当地回归理想的"帕克代尔村"；而房客们担心房租上涨而对此表示反对，双方产生了矛盾。1996年，多伦多市政府为调节纠纷而颁布了一个《临时控制法令》，禁止建造或将住房改造为租赁房，次年将一项研究的报告以《第二选区居住区复兴》（南帕克代尔位于该选区范围内）为名在社区中散发，要求居民就其提出的建议进行讨论。这个报告说，这个地区已经从健康的混合收入和混合家庭的街区变成一个比例失调的大量的单身居住的街区，这些单身大都是福利依赖者、精神残疾和无人赡养者。该报告把单身居民及其居住的低廉出租房视为一种社会问题，建议除了鼓励中产阶级家庭进入该区域，还应当规定在新的宅基地上只能建造一两套房屋，禁止添加任何额外的小房屋，并取缔质量低劣的出租房。

1998年，多伦多市政府在南帕克代尔召开社区会议。会上，一个名叫"帕克代尔共同阵线"（Parkdale Common Front）的反贫穷联盟将上述规定称作"社会清洗"，几个月内他们在市政厅前组织了几次抗议活动。结果，1999年多伦多市政府出台的《帕克代尔冲突协议》，决定不再限制新宅基地上的建设住房的数量，但仍然禁止已有的房屋加盖租赁房；同时禁止低于规定面积的住房用

---

① Tom Slater, "Municipally Managed Gentrification in South Parkdale, Toronto", in *The Canadian Geographer*, Vol.48, No.3, 2004, pp. 303-325.

于出租，这导致许多低收入房客搬出。2002—2006年，该地人口从10465下降到9915人。限制出租房的扩展导致南帕克代尔自有住房的比例扩大，1996年至2001年，自有住房从7.1%增长到7.4%，即从725栋增长到775栋；至2006年增长到855栋，增长率达9%。[①]

社会融合还涉及英裔与少数族群之间的关系。有西方学者认为，"绅士化"有助于降低少数族群居住隔离的状态而促进多族群的融合，而目前多数加拿大学者的研究并不支持这一观点。有研究显示，"绅士化者"不习惯"唐人街"的居住和商业环境，华裔加拿大人也没有做好接纳他们的准备。

罗伯特·摩迪（Robert Murdie）和卡洛斯·泰克希拉（Carlos Teixeira）通过调查问卷对多伦多西部的布劳克顿（Brockton 也称 "小葡萄牙"）葡萄牙裔居民进行了个案研究，发现大约40%的被调查者对本族群的经济前景表示担忧，感到商业"绅士化"和房产税的增加有可能使葡萄牙裔工商业者受到排挤。房价上涨后，葡萄牙裔房主可以从房屋的销售中获得可观的收入，但他们多数不愿意离开本族群社区而不得不缴纳更多的房产税。一些低收入葡萄牙新移民因房租上涨而外迁，与本族群的分离给他们感情上造成了伤害。同时，不同的文化也引发了一些纠葛："绅士化者"抱怨葡萄牙裔的香肠加工房和面包房冒出的烟雾，二者在公园的使用上也存在着一定的摩擦。每年6月10日，葡萄牙裔居民都要游行庆祝葡萄牙国庆节，最后在附近的"三一贝尔伍兹公园"（Trinity Bellwoods Park）举行音乐、美食和文化活动。"绅士化者"抱怨乐队的噪音太大，而葡萄牙裔居民则认为他们过分挑剔。[②]

需要说明的是，这项调查还显示，有些葡萄牙裔也能够对不同种族和社会背景的人敞开心扉，支持社区的文化多元化。有些接受调查者对"绅士化"持积极态度，认为它可以使衰败的地区稳定，并鼓励这个地区的商业发展。多数受调查者承认，中产阶级者富有，具有审美品位和政治智慧，他们要求高质量的城市服务，可以实现街区的振兴。而葡萄牙企业家可以通过生意多样化和改变店铺门面，更直接地吸引"绅士化者"。一些"绅士化者"也表示，他们愿

---

① 当时，多伦多市自有住房的比例占全部住房的51%。Mervyn Horgan, *A Sociology of Strangership: Urban Social Relations from Classical Social Theory to Contemporary Gentrification*, a doctoral dissertation, York University, 2010, p.290；p.208.

② Robert Murdie & Carlos Teixeira, "The Impact of Gentrification on Ethnic Neighborhoods in Toronto: A Case Study of Little Portugal", in *Urban Studies*, Vol.48, No.1, 2011, pp.61-83.

意去葡萄牙裔经营的商店购物，参加他们的文化活动。由此看来，"绅士化"者与少数族群居民的关系，也存在着相互接纳和融合的一面。

不过，阿兰·沃克斯和理查德·马瑞曼在研究了多伦多、蒙特利尔和温哥华三个城市1971—2001年的"绅士化"过程后[①]，就两种意义上的社会融合得出结论，认为"绅士化"带来了区域内的社会两极化和不平等，一个区域的"绅士化"程度越强，社会融合就越减少，所以，它损害而不是改善了社会融合；"绅士化"还会损害对新移民的接受功能，降低少数族群移民的聚居程度，有可能减少所在区域族群的多样性。他们认为，对决策者来说，如果他们想保障社会融合的水平，维持更平衡的社会结构，就应当限制而不是推动"绅士化"。

三、如何克服"绅士化"的负面影响

加拿大的内城区域的"绅士化"正在进行中，其多族群国家的性质使这一过程展现出一种多样和复杂化的特征。因此，无论是从理论上进行解释其发生的原因，还是从事实上考察和分析其产生的影响，都需要继续进行深入和细致的研究。唯此才能全面而准确地认识"绅士化"这一现象，并将理论概括置于一个坚实的基础之上。

对于前述在相同的经济条件下，中产阶级的审美需求决定一个内城区域发生"绅士化"的观点，加拿大学者提供了有力的论据。2007年，阿兰·沃克斯和马丁·奥古斯特（Martine August）对多伦多市中西部的"小葡萄牙"和"小意大利"做了比较研究[②]，发现两个南欧族群区域都存在"维多利亚"风格的住房，房租、房价和居民收入都很低；但是，"绅士化"在"小意大利"有了迹象，而在"小葡萄牙"直到21世纪初也没有发生。除了临近铁路和工厂以及自有住房的比例稍高外，其中的一个重要原因，是"小葡萄牙"的尖顶阁楼的老房屋被改造成地中海风格的平顶住宅而无法复原。在"小意大利"少有这种现象，住户仅仅用红色"天使砖"装饰房屋的迎街面，去掉这些装饰就可以恢复到房屋原来的状态。

---

① R. Alan Walks and Richard Maaranen, "Gentrification, Social Mix and Social Polarization: Testing the Linkages in Large Canadian Cities", in *Urban Geography*, Vol.29, No.4, 2008, pp. 293-326.

② R. Alan Walks and Martine August, "The Factors Inhibiting Gentrification in Areas with Little Non-market Housing: Policy Lessons from the Toronto Experience" in *Urban Studies*, Vol.45, No.12, 2008, pp.2594-2625.

本书认为，在"绅士化"影响方面，不能把内城区域的住房问题的加重全都归咎于"绅士化"，还应当看到政府的政策也是其中的一个重要原因。一些城市政府的法令导致一些低廉房屋被拆除，1978年以后联邦政府不断削减社会住房项目，这些都减少了"住得起"的住房的数量。

另外，内城区域的住房问题虽然因"绅士化"而加重，但这并不意味着存在住房困难的家庭主要分布在市中心。1996年，加拿大学者对11个大城市住房问题的空间分布进行了研究，显示51.7万个有住房问题的家庭在内城、近郊、郊区和远郊的分布比例，分别是37.6%、36.4%、22.5%和3.2%[①]，说明住房问题在近郊和郊区也比较严重。不少低收入家庭选择房价较低或离工厂较近的郊区居住，但由于居住成本仍然超过了家庭收入的三分之一，住房问题仍然困扰着他们。

需要指出的是，这一现象也表明郊区的一部分中产阶级向内城区域的移居并没有阻止整个城市向外扩展的趋势。除郊区新建社区不断增加外，10个大城市市中心的人口密度下降和郊区人口密度增加以及郊区人口和家庭数量大大超过内城区域等数据，也都充分证明了这一点。

加拿大城市"绅士化"过程中的社会包容与融合问题，还有待于进一步研究。已有的研究显示，"绅士化者"与当地居民有相互容忍的迹象，但更多的是他们之间的矛盾。本书认为，不能抽象地谈论社会融合。仅在法律面前人人平等的基础上能否实现各方的相互理解和容忍，依然是一个需要探讨的问题。不能说"绅士化"没有给当地居民带来好处，但相比之下它造成了更多的损失。社会上下各阶层之间的融合不能回避一个利益问题，英裔与非英裔居民之间的融合，除了文化因素外也需要考虑经济利益。从目前看，只有在给双方带来的收益都大于损失的情况下，才有可能实现各级政府所提倡的那种社会包容与融合。[②]

（一）避免"绅士化"发生的几个因素

进入21世纪后，有西方学者认为有4种因素可以避免内城区域"绅士化"产生负面影响：（1）政府的廉租房能够减少低收入家庭内城外迁；（2）各种新

---

① Trudi Bunting, R. Alan Walks & Pierre Filion, "The Uneven Geography of Housing Affordability Stress in Canadian Metropolitan Areas", in *Housing Studies*, Vol.19, No.3, 2004, p.375.

② 非营利与合作住房采用"收入混合"模式使低收入者与中等收入者混住在一起，旨在推动各社会阶层之间的交往。但是，这一愿望在"绅士化"替代低收入者或少数族群的情况下，若不采取相应措施则很难得以实现。

建住宅和私人公寓能够降低中产阶级迁入内城的热情；（3）社区的政治力量能阻碍或控制本区域的再开发；（4）同情低收入居民的城市政府颁布不利于"绅士化"的政策。①

加拿大学者的研究印证了上述因素的作用。例如，上述哥廷根街地区只是南段完成了"绅士化"。原因是在街道的南段地区没有大规模的公共住房，面向中产阶级的公寓大厦成为住宅重新开发的目标。因此，为"绅士化者"服务的高端企业和娱乐场所也集中在街道的南段。街道的其他地段还存在着政府的廉租房（公共住房）和非营利住房，在街道上扎根几十年的社区服务机构还在为低收入者提供服务。社会住房和社区服务机构，对抑制"绅士化"负面影响具有重要的作用。

在避免内城区域"绅士化"的负面影响方面，除了上述4个因素，加拿大学者的研究还做了两个补充。第一个因素是包括唐人街在内的少数族群社区。这种社区除了使用非英语语言外，还能够维持本族群的传统商业和文化习俗。由于主流社会的金融机构担心有风险而不愿向少数族群提供贷款，华裔多依赖于家族关系筹集购置房屋的资金，在出售房屋时把本族群成员作为首选。如果这些社区具有足够的政治力量能够影响政府的政策，比如修改遗产立法和对该区域的住房实施美学上的控制，鼓励族裔社区按照自己的鉴赏力营造自己的生活环境，会阻止中产阶级者的涌入。

第二个因素是工业设施及其带来的环境污染。工人阶级家庭为了工作方便，在工厂附近购置住房后往往不愿意出售；受重金属污染的土壤和受有害气体污染的空气，令中产阶级望而却步。但是，如果城市政府决定重新开发这些区域，"绅士化"就会随之而来。多伦多市的南里弗代尔"绅士化"一度停止，但是进入21世纪，在城市政策鼓励下关闭了许多工厂，此地至2006年至少建造了7个高层住宅楼，一共拥有500套住房。同时，多伦多的唐山社区（Don Mount Court）原来属于工业区域，20世纪70年代在此开展一个公共住房项目，为贫困家庭提供了廉租房。但是，90年代它再次开发为收入混合的区域。这种规划使得外来资本涌入，有新的住户进入，也有的住户开始外移，有人利用老的房屋进行投机。这些事例说明，如果城市政府在政策上维持工厂区域和工人

---

① Kate Shaw, "Local limits to Gentrification: Implications for a New Urban Policy", in R. Atkinson and G. Bridge eds., *Gentrification in A Global Context: The New Urban Colonialism*, New York: Routledge, 2005, pp.168-184.

社区，这些地方就能够有效地抵制"绅士化"的发生。

"绅士化"的研究具有很强的现实意义，一些加拿大学者研究如何减少"绅士化"的消极影响，就是为了在政策方面向政府提出一些建议。

（二）减少"绅士化"负面影响的政策

减少"绅士化"负面影响的政策，可分为直接和间接两种类型。

1. 直接政策

在直接政策中，建造社会住房最为重要，它可以保护住户免受或少受周边房租和房价上涨因素的影响。如第十二章所述，20世纪60年代中期，加拿大开始较大规模地建设政府廉租房（公共住房）；70年代中期，开始建造的非营利与合作住房，其住户缴纳的房租低于市场标准。虽然这些社会住房在数量只占全国住房存量的5%，却是内城区域的居民抵制"绅士化"的有力武器。

温哥华商务区东端（Downtown Eastside）的经历能充分说明这一点。该区域离温哥华的金融区不到一公里，2007年有5000人口。它拥有商业遗产建筑，也有翻新成阁楼或公寓的房子。由于居民贫困和犯罪率高，土地价值和房租很低，成为城市更新计划和私人再开发的主要目标。20世纪60年代，温哥华政府开始清理贫民窟和建造公共住房。在居民协会的努力下，至1992年市政府在此区域建造了640套政府廉租房。利用选举对政府施加压力以扩大社会住房的规模，是该区域没有发生"绅士化"的一个重要原因。[①]

但是，面对居高不下的财政赤字，联邦政府自80年代开始实施新自由主义政策，先后在70年代末和90年代初分别停建公共住房和非营利与合作住房。此后，联邦政府虽然仍维持已有的社会住房，并为低收入者在市场上购买低价住房提供资助，但抵制"绅士化"消极影响的能力减弱。幸运的是，为了迎接2010年冬奥会，不列颠哥伦比亚省政府在2007年决定拿出8000万加元增加商务区东端的社会住房的数量。此时，在商务区东端及其周边街区一共拥有5200套各类社会住房，占到整个城市同类住房的近25%。加上该省即将开展的16个住房项目，该区域抵制"绅士化"的能力会得到大幅度提升。

此外，有利于低收入家庭的住房法令和房租控制政策也能发挥作用。然

---

① 参见David Ley and Cory Dobson, "Are There Limits to Gentrification? The Contexts of Impeded Gentrification in Vancouver", in *Urban Studies*, Vol.45, No.12, 2008, pp.2471-2498.

而，在"绅士化"过程中，一些城市政府为提高居民的生活质量而取缔安全不达标的租赁房，同时限制将住房改造成一两个房间用于出租。1998年，安大略省为推动租赁房的发展而取消了长期以来对房租的限制，规定老房客搬走后房主可以按照市场标准提高房租。1999年，多伦多市政府规定最小的住房面积不能小于200平方英尺（约合18.6平方米）。这些政策虽然有其合理性，却导致市场上"住得起"的住房数量的减少，客观上扩大了"绅士化"的消极影响。所以，省和城市政府应当根据这些政策实施的实际效果，对它们做出必要的调整。

2. 间接政策

间接地减少"绅士化"消极影响的政策主要有两种，第一项是利用分区制。20世纪70年代，一些大城市政府的分区法规通过降低内城区域的住宅密度，阻止了风行一时的高层共管公寓的建设。此后，在经济全球化导致劳动密集型的工业向发展中国家转移的潮流中，内城区域的许多工厂也为减轻地价上涨带来的负担而迁往郊区。至20世纪90年代末21世纪初，一些城市为了提高土地价值而增加税收收入，允许将废弃的工业用地改为住宅用地以增加居住密度。结果，一些旧厂房和仓库被改造为"统楼房"（loft）①，开发商在废弃的地段上兴建高层共管公寓，导致一些工人阶级家庭被迫外迁。也就是说，这些曾经抵制了"绅士化"的内城区域也开始了"绅士化"。对此，有学者建议城市政府在分区制方面应当维持一定的工厂用地，限制将其改为住宅区。

如何复兴内城区域而又不替代低收入者，这一问题值得深入探讨。有学者认为，除了城市大量购买土地建造公共住房外没有其他方法。但是，这种方法除了需要大量的资金外，也与联邦政府一贯实施的住房政策相抵触。因此，建立一种公私合伙住房项目，是一个有意义的探讨。在温哥华商务区东端有一个叫作"伍德沃德大厦"（Woodward's Building）的百货公司，几乎占据了一个街区（block）；由于市场外移和建筑退化，它于1993年关闭。经过十几年谈判，市政府于2007年计划在该地段由公、私部门共同开发。除了商店和社区服务设施外，还决定建造一些公寓楼，市政府在里面拥有200个向低收入者出租的住

---

① 如在多伦多，2002年全面推行一种简单分区制度，规定只要使建筑的迎街面保持不变，里面的土地使用性质和空间密度不受任何约束。"统楼房"（loft）宽大的房间适合艺术家们同时居住和创作。

房，其他的500个单位归私人所有。[1]可以说，这是把社会融合与街区复兴相结合的一次尝试。它虽有为举办2010年冬季奥运会而美化城市的背景，但其采取的"复兴而不替代"模式应当成为各级政府努力的方向。在这一行动中，公共住房扮演了重要的角色，但没有完全依赖于它们。毫无疑问，面对"绅士化"，解决低收入家庭住房问题而缩小贫富差距，是协调社会各阶层之间的关系，乃至最终实现融合的一个基本的前提条件。

间接地减少"绅士化"消极影响的第二项政策，是保护少数族群和促进各族群相互融合的文化政策。作为一个移民国家，加拿大的社会发展离不开各族群的共同努力。20世纪70年代初，联邦政府开始实行"多元文化政策"，80年代上升到宪法和法律的高度。它的最终目的是各族群在相互尊重的基础上实现相互的融合，以实现他们对加拿大国家的认同。这是在处理族群关系上进行的一种有益的探索。为实现这一政策，联邦政府一方面通过制度建设和财政资助保护少数族群的语言与文化，一方面开展多元文化教育，在坚持人人平等原则的同时推行各族群平等的理念。

目前，对于如何实现各族群融合，处理两种平等观之间的关系，甚至对"多元文化政策"能否从根本上解决族群关系问题，学术界还存在着不同的观点。本书认为，少数族群作为文化和社会的弱势群体，需要政府在政策上给予更多的扶持。就减少"绅士化"的负面影响而言，城市政府应当在内城区域支持少数族群社区的加强与完善。首先需要提高少数族群参加选举的积极性和政治游说的能力，控制对本族群区域的规划。其次，城市政府可以放松对住房外观的控制，鼓励少数族群社区按照自己的审美观念营造周边的生活环境，并允许他们为大家庭的居住而改造房屋。最后，在少数族群中开展社会住房项目。总之，只有在少族族群社区得到保护的前提下，才谈得上各族群之间的相互包容与融合。

---

① David Ley & Cory Dobson, op. cit., p.2484.

第十四章　20世纪后期的市政改革

　　20世纪后半期，加拿大出现了一次市政改革。它与历史上第一次城市改革不同，是在省政府的倡导下进行的。其目的是通过重组地方行政区划和调整地方政府权限等措施，提高城市政府的治理效率和水平，提升城市的竞争力，推动社会经济的发展。

一、地方行政建制及地方政府的权力

　　加拿大第一个城市是1785年在新不伦瑞克殖民地设置的圣约翰，它得到英国议会的批准。此后，英国政府为了加强对殖民地的控制，在几十年里没有在加拿大各殖民地实行城市建制。1834年，多伦多设市，但一切事务由殖民地政府直接管理。直到18世纪30年代改革导致英国修改殖民政策之后，加拿大省议会才于1849年颁布自己的《城市自治机构法案》（即《鲍德温法案》），赋予城市议会一定的自主权。加拿大联邦政府于1867年建立后，除魁北克省以外，各省政府基本上按照《鲍德温法案》的模式，设置市、镇、村行政建制，它们直接归省政府管辖，相互之间并无隶属关系。从殖民地时代到20世纪末，经过数百年的发展，加拿大城、镇和村庄布满了全国适合居住的地区。

（一）各省地方行政区划及其演变

　　加拿大联邦政府统计局把各省设置建制的定居点称作municipality。这个词的基本含义是地方行政区划（地方行政实体），它们包括城市、镇、村、郡（county）、镇区、教区、地区级行政区（regional municipality）、行政区（district municipality）、乡间行政区（rural municipality）等。

2011年的加拿大人口统计数据显示，人口在1000人以上的地方行政实体一共有1800多个，它们都拥有议会和行政机构。没有获得建制的100~1000人的镇、村庄、教区等有1600多个，不足100人的定居点约有900个[①]，这些地方没有权力机构。

各省地方行政区划都有一个历史演变过程。[②] 1834年，纽芬兰省设置圣约翰斯市，但至1949年该省加入联邦时只有20个地方行政实体。2021年，该省拥有5个城市和282个镇。

在新斯科舍省，哈利法克斯于1841年设市。1879年，该省设置了12个郡，1888年设置了8个镇。2021年，该省拥有3个地区级行政实体（regional municipality）、30个镇、18个郡和12个行政区（municipal district）。[③]

在新不伦瑞克省，1877年只有圣约翰一个市和5个镇。它于1787年设郡，在19世纪中设镇，1920年设村。郡的建制在1967年被撤销，只作为不动产的登记和征税的单位。2021年，该省拥有8个城市、30个镇、66个村、148个教区和8个乡间社区（rural community）。

在爱德华王子岛省，首府夏洛特城于1855年获得城市建制；1877年，设置第一个镇。2021年，该省拥有2个城市、12个镇和46个乡间行政实体（rural municipality）。

在魁北克省，由于法国殖民时代没有地方自治政府，1763年英国接手后保留了以前的地方政府体制。1845年颁布的《莫林法案》（Morin Act），设置了镇区、教区、镇和村庄，1847年设郡。1979年，魁省将郡改为郡级行政区（municipalité régionale de comet, MRC）。2021年，该省有81个郡级行政区（MRC）、231个城市/镇（ville）、652个城镇（municipalité）、44个镇区（canton）、

---

① 这些地方行政实体的数据不包括印第安人保留地。参见 Statistics Canada, "*Population and Dwelling Counts, for Canada and Census Subdivisions（municipalities）, 2011 and 2006 censuses*", http://www12.statcan.gc.ca/census-recensement/2011/dp-pd/hlt-fst/pd-pl/Table-Tableau.cfm? LANG=Eng&T=301&SR=1&S=3&O=D&RPP=100&PR=0&CMA=0. 2015-10-15.

② 这一部分有关各省1975年的数据引自 Donald J. H. Higgins, *Urban Canada: Its Government and Politics*, MacMillan of Canada, 1980, pp.16-38；2021年的数据不包括印第安人保留地和地方行政实体所设置的选区，见 Statistics Canada: *Census Profile, 2021 Census of Population*, https://www12. statcan.gc.ca/census-recensement/2021/dp-pd/prof/index.cfm? Lang=E. 2023-05-01.

③ 该省的 municipal district 面积和人口超过镇，但它没有选举产生的议会，权力机构由省政府任命，负责跨城镇的市政服务。

140个教区和67个村。①

在安大略省，1764年英国殖民政府建立了季审法庭（Courts of Quarter Sessions），作为地方行政机构。1834年，该省最早的城市多伦多（约克）建立。1841年，区议会接过季审法庭的全部行政职能。1849年颁布的《城镇自治机构法案》废除了区建制，将省辖行政实体划分为城市、镇、村、郡和镇区。②2021年，安省有23个郡、6个地区级行政区、51个城市、195个镇区、89个镇、75个地方行政区（municipality）和11个村。

曼尼托巴省的城镇体系与该省的建立几乎同时进行。1873年，省政府设置温尼伯市。1883年，该省按照安大略省的模式建立两级地方政府，把全省分为26个郡，每个郡包括5~8个行政区划。它一度设置3个司法管辖区，也负责这些郡内的乡间区划的建设道路、渡口和卫生健康等行政管理职能。1886年，双层地方政府体制终止。2021年，它有10个城市、25个镇、2个村和62个乡间行政区。

萨斯喀彻温省在1905年之前属于西北领地，1883年，设置了里贾纳镇和4个乡间行政区。1887年创建一种新的地方行政区划——地方改善区（local improvement district），它主要负责道路的修建。萨斯喀彻温省在1905年建立时，拥有4个城市、45个镇、97个村和2个乡间行政区。1912年，地方改善区提升为乡间行政区（rural municipality），每个面积平均324平方英里。2021年，该省拥有22个城市、149个镇、308个村和296个乡间行政区。

阿尔伯达省在1905年之前也属于西北领地。1884年，卡尔加里获得镇的建制。1905年阿尔伯达省建立时有2个城市、15个镇和30个村。1912年，全省的土地划分为数百个改善区，不久改称"行政区"（municipal district），1942—1944年将它们合并为60个。1950年，该省设置等同于郡的行政区。2021年，它拥有21个城市、108个镇、140个村、49个郡/行政区和15个改善区。

不列颠哥伦比亚省最早的城市是新威斯敏斯特，建立于1860年，是不列

---

① 魁北克省地方行政区划的名称很不统一。法文ville一词兼有城市和镇的意思。魁省在ville之外还设置了municipalité，而这个词可以指城镇、村庄、教区，本书翻译为镇，因为它的人口从数百到数千不等，少数的达到1万多人。canton一词可以指区、县和镇。魁省的canton多数只拥有几百人口，少数的达数千人，相当于镇区。

② 镇区有两种含义，除了作为地方行政实体外，它还是西部省份最初开发时期的一种土地划分单位（36平方英里）；在东部的爱德华王子岛省，镇区只是人口统计单位。

颠哥伦比亚殖民地在1966年合并温哥华岛殖民地之前的首府。[①] 1896—1900年，它设置了大约32个城市和行政区（municipal district），1920年增加了村庄类别，1958年设置了第一个镇。1965年，该省开始实行一种名为"大区"（regional district）的建制，它是由地方行政实体、选区（未设置建制的区域）和土著人保留地组成的一种联盟。其目的是解决防洪、防火和交通等事宜。至1975年，28个"大区"涵盖了全省，下有37个行政区（municipal district）、58个村、11个镇和32个城市，包括温哥华市。2021年，该省的"大区"增加到29个，它们包括52个城市、19个镇、44个村、51个行政区（district municipality）[②]、2个行政岛（island municipality）和2个印第安人政府管辖区。设置建制的地方只占全省面积的1.5%，集中在该省的西南角，人口占全省的87%。和其他省一样，未设建制的地方由省政府提供服务。

育空领地和西北领地主要由印第安人居住，地方行政实体的设置不太完善。2021年，育空领地拥有1个城市、3个镇、4个村和15个定居点（settlement）；西北领地拥有1个城市、4个镇、1个村和9个定居点；1999年从西北领地分出的努纳武特领地拥有1个城市和24村落。

（二）城市的人口、面积和居民收入

加拿大的省政府有权设置或变更地方行政区划。各省在人口方面对于城市（city）的资格在不同的时期有着不同的规定。21世纪初，萨斯喀彻温、不列颠哥伦比亚和新不伦瑞克3个省规定，成为城市至少需要拥有5000人；此时它们分别有16个、48个和8个城市。阿尔伯达、纽芬兰、爱德华王子岛和新斯科舍4个省规定人口在1万人以上才有资格成为城市，此时它们分别拥有18个、3个、2个和3个城市。曼尼托巴省城市的人口门槛是7500人[③]，21世纪初它有8个城市。安大略省和魁北克省人口密集，规定1.5万人以上才有资格成为城市，21世纪初分别有49个城市和60多个城市（ville）。

[①] 该省于1872年规定在不超过10平方英里的居住区只要拥有30成年男子就可以申请建制。

[②] district municipality是municipal district的另一种表述，在加拿大政府网站上标注为district。不列颠哥伦比亚省2021年的数据不包括406个印第安人保留地和"大区"下的159个选区；这些选区与"大区"同名，分别用A、B、C、D等表示。

[③] Government of Manitoba, *The Municipal Act 1996*, http://web2.gov.mb.ca/laws/statutes/ccsm/m225e.php. 2015-12-03.

表1：1986年加拿大城市人口、面积和国民收入分组统计[①]

城市	人口（万人）	占全国人口比例	面积（平方公里）	占全国面积的比例	居民收入（亿加元）	占全国收入的比例
最大的25个城市	1515.5	59.9%	71104	0.8%	2049.9	66.5%
其次的25个城市	187.2	7.3%	24753	0.3%	193.2	6.3%
再次的25个城市	165.8	6.6%	197153	2.1%	181.5	5.9%
75个城市合计	1868.5	73.8%	293010	3.2%	2424.6	78.7%
其余的城市和地区	662.4	26.2%	8927965	96.8%	656.0	21.3%
总计	2530.9	100%	9220974	100%	3080.6	100%

1986年，在人口和居民收入方面，25个最大的城市在全国所占的比例分别为59.9%和66.5%，而其次的两组25个城市分别都占不到8%，与最大的25个城市的差距非常明显。而这两组城市，除了在面积上有较大差距外，在人口数量和居民收入水平上非常接近（见表1）。这些数据表明，加拿大城市体系缺少层次，位于顶端的多伦多和蒙特利尔少数几个大城市控制着众多的中小城市。

（三）地方行政实体的结构及其权力

加拿大各省政府直属的城市、镇和村等，只有大小之分而没有隶属关系。随着人口的增加，一个定居点可向省政府申请村或镇的建制，以后还可以升级为镇或市，它们都是带有城市（urban）性质的市政服务中心。这种地方行政结构称作单级制。

1. 双级制地方行政区划

在安大略，省政府在单级地方行政体制之外还设置了郡/县（county）和镇区（township），它们最初都在广阔的乡间地区。镇区由郡政府管辖，镇区境内有分散在各处的农场和村落。随着人口的增加，郡管辖范围内会出现获得建制的城市、镇和村庄；但是，它们与省政府没有直接的关系。郡位于上层，其管

---

① Source: Statistics Canada, 1986. 转引自韩笋生、迟顺芝：《加拿大城市化发展概况》，《国外城市规划》1995年第3期，第14页。

辖的镇区、镇、村等属于下层，二者构成了双级的地方行政结构。①

　　阿尔伯达省的行政区（municipal district）也被称作郡，只是它们仅涵盖一部分农田、小村庄和社区等非建制定居点；郡议会的代表来自辖区内的各个选区或区域，由他们组成郡议会。魁北克省的"郡级行政区（MRC）"和新斯科舍省的郡覆盖全省，下面设置各种地方行政实体。不列颠哥伦比亚省的"大区"（regional district）也覆盖全省，但是其权力机构是主要由下属行政单位任命的委员会，而非由选举产生的议会。在这一点上看，它不是真正意义上的郡。在爱德华王子岛和新不伦瑞克，郡只是用作统计不动产的一种地理单位，其他的管理职能由省和城镇政府行使。

　　1953年，安大略省在城市、镇之上设置了一个地区级行政实体——多伦多都市区。20世纪60—70年代，在一些省出现一些类似的地区级行政实体，如蒙特利尔城镇共同体（Montreal Municipal Community）、圣约翰斯都市区和哈利法克斯都市区（Halifax Metropolitan Authority）、尼亚加拉区（Regional Municipality of Niagara）等。与郡一样，它们与辖区内的城镇等一起构成双级地方行政结构。与郡不同的是，它们主要服务于城市，实现几个城市和城镇之间的共同治理；而郡主要面向乡村地区。这样，在这些省有的城市、镇区、镇和村是直属于省政府，而有的则是双级结构中的下层行政实体。

　　包括郡在内的一些省的双级地方行政区，其数量和覆盖的面积不尽相同，它们在安大略和不列颠哥伦比亚省覆盖的面积较大。经过调整后，至2008年，魁北克、安大略和不列颠哥伦比亚省分别有88个、30个和27个，在新斯科舍和阿尔伯达省分别有10多个和50多个。

　　地区行政实体政府行使单独的城市所不能行使的职权，诸如地区土地规划和经济发展、城市间交通、主干道路的修建与维护、治安、垃圾处理、紧急救护等。但是，地区政府并不是包揽一切，有些与地方事务密切相关的事务由下级地方政府管辖。

　　2. 地方政府的结构及权力

　　加拿大地方政府的核心机构是议会，各地规模不一。一般说来，人口达到

_____

① 它们的分类，详见加拿大政府网站关于安大略省地方行政实体的内容：Canadian Government, *List of municipalities -Ontario*, https://www.canada.ca/en/revenue-agency/services/charities-giving/other-organizations-that-issue-donation-receipts-qualified-donees/other-qualified-donees-listings/list-municipalities-ontario.html. 2023-06-04.

5万人以上的城市，市议会通常由9人组成，更大城市的议员相应地增加到15人。超出这个数字的城市，是蒙特利尔和多伦多这样的大城市。人数在5万人以下的城市议会的人数是5人，拥有几千人口的镇和村的议事会（council）通常由3人组成。这些议（事）会成员都包括市长、镇长等。

都市区和地区级行政实体的议会，由辖区内各选区或全体选民选举产生。他们有时也是城市或镇的议员，代表本市、镇参与地区事务；有的则是单独选出的议员，并不代表某一个城镇。1960年，曼尼托巴省政府把19个城镇合并成大温尼伯都市后，规定都市议会单独选举，划定的每个选区至少必须包括两个城镇；目的是保障议员忠诚于都市而不是地方层政府。1988年，多伦多都市区议会的28名议员由直选产生，他们不担任下属城镇的议员；但是辖区内的6个城市的市长也是都市区议会的议员。①

在较大的城市，在市议会之外设置各种行政部门，履行行政管理职责。在较小的城市、镇和村庄等，只是在议（事）会中设置一些委员会负责行政事务，这种制度称作"议会—委员会制度"。在安大略省，一些市议会由两种人构成，一种是由全市选出的拥有独特权力的控制委员会成员，一种是由选区选出的一般市议员。②控制委员会依赖于各种行政部门行使职权。

直属于省政府的城市或镇政府，其职能分为省政府授予和自行行使的两种。对于诸如城市治安、社会福利、城市规划、征税等省政府授权的职责，城市、镇政府必须行使。城市根据自己的财力自行行使的职能，一般包括供电、供水和排污、交通和通讯、消防、垃圾处理、文化管理、体育和娱乐设施、房屋和建筑、营业执照等。这些职责的行使，只要不违反省的相关法律，就不需要省政府批准。但是，其行使这些职能时的一些财政开支需要得到省政府的认可。如果这些职能涉及土地使用的管理，相关的法规或政策也需要省政府的批准。

"二战"后，各省政府加强了对地方政府的控制。一些省成立地方政府事务管理机构，旨在使地方政府日常运作与省政府的要求保持一致。其中有曼尼托巴省、魁北克省、安大略省和阿尔伯达省的地方政府委员会。它们干涉地方

---

① Andrew Sanction, *Canadian Local Government : An Urban Prespective* , Oxford University Press, 2011, p.115. 个别地区级政府如安大略省的自然风景区马斯克卡（Muskoka）区政府的行政首脑由省政府任命，它的议会由管辖区域内的城镇代表组成，但身份不尽相同。

② Oiva Saarinen, "Municipal Government in Northern Ontario : An Overview", in *Laurentian University Review* Vol.17, No.1, 1985, p.23.

政府的具体事项，也受理不满地方决策人员和机构的上诉。

3. 其他的地方行政区划

在单级和双级行政实体之外，还有一些特殊的行政区划，称作"特别区"。它们大多是省政府的产物，目的是实现管理和服务上的专业化。例如，"学校特别区"管辖自己区域内的幼儿园、中小学教育和成人教育事项，每3年选举一届委员会行使管理职能。经过市民投票，学校特别区可以在辖区内征收一年的财产税而用于学校①，它也有权力制定和实施管理规则。由省政府设置的一些公园委员会、警察委员会、图书馆委员会等，在性质上也是与学校特别区委员会一样，在特定的领域行使地方政府的职能。"医院特别区"的边界，多数与行政实体保持一致，少数存在着差异。以不列颠哥伦比亚省为例，1999年有14个医院特别区的边界与地方行政实体相同，有9个与之不同。医院特别区的资金由省政府提供。"图书馆特别区"，一般涵盖2个或以上的行政实体，其财政预算由所在的政府分摊，但财政支出必须经过委员会成员投票表决。

一些省设置了一种"发展特别区"，它涵盖一两个行政区域；有的只提供一项服务——公共住房，有的则提供多项专门的服务，如负责防火、街道照明、公园或广场等。这种特别区拥有有限地征收财产税或收取设施使用费的权力。与城镇相比，发展特别区在专项服务方面更多地依赖于志愿者的服务，而不是政府雇员。

此外，还有的省政府在岛屿上设置"岛屿责任区"，由议会进行管理。"土著居民特别区"负责管理印第安人保留地和村落，它们由联邦政府印第安人和北方事务部及其派出机构管辖，各省政府无权过问。

二、市政改革的原因和措施

加拿大城市第二次改革的起因，有社区居民抗议拆迁活动和要求参与城市管理的因素②，但这次改革主要还是外部的各种原因促成的。

---

① 现在只有萨斯喀彻温省和魁北克省的学校委员会征收这种税。

② 改革者反对第一次城市改革中强调的城市是法人公司的概念，认为城市存在着一种根植于选区或街区的政治；过于尊重专业规划师的判断容易忽略街区的利益。反对改革的一些政客坚持"非党原则"而支持高效的专业化政府机构，认为一些社区独特的要求会与城市的普遍利益发生冲突。但是，改革者使城市政府开始尊重社区的诉求和利益。

（一）城市发展所面临的挑战

首先，20世纪后半期世界经济活动日益超越国界，对外贸易、资本流动和技术转让使得各国经济相互依赖，但同时相互竞争也越来越激烈。在这种经济全球化的过程中，一国公司发展成多国公司，它们寻求成本较低或市场广阔的地区或国家，生产基地和市场经常发生转移。加拿大的城市尤其是大城市作为国民经济的重要载体，需要迎接这种挑战。与此同时，加拿大国内社会经济的发展，对地方政府的服务提出越来越高的要求。一个城市政府若不予以满足，这些市场或基地就会向其他城镇转移。因此，为了更好地容纳工商企业并吸引更多的外来投资，城市的管理职能乃至城市的布局需要做出调整。

其次，城市扩大和人口增加向城市服务提出了更高的要求。城市政府需要扩大包括交通、供排水在内的市政基础设施的规模和能力，调整卫生医疗、文化教育、治安管理等体制。这要求城市之间相互配合和协调，以免发生一方获利、一方受损的现象。此外，一个地区内的城镇在人口和社会特征上存在差异，住房质量和价格不同，税收基础和公共服务的形式和质量也不一样。如果不在城镇之间平分利益和共担成本，它们经济发展的差异会更大。因此为了提供更好的城市服务并保障经济的持续发展，也需对一些城市的布局做出调整。

再次，出现了调整地方行政实体的必要性。在单级行政实体制度下，各省设置的行政实体过多，在管理上彼此相互独立而缺少必要的合作。以魁北克省为例，20世纪60年代初，该省接近90%的地方行政区划不到5000人，近50%的行政区划不足1000人。这种碎片化的行政设置导致管理和服务成本过高，效率低下，不适应工业化和城市化的发展，城镇的合并和重组，甚至建立双级地方行政体制，是一种必然趋势。

最后，20世纪80年代以来，各城市也面临着巨大的财政压力。这种压力来自两个方面，一是随着城市的扩大和社会的发展，城市政府市政服务和社会保障方面的职责越来越大，需要更多的财政开支。二是与联邦和省政府压缩财政开支与有关。20世纪80年代，严重的经济衰退使政府的财政赤字大幅度增加，减少了对城市的拨款，使之面临财政困难。在这种情况下，省政府希望通过城市的重组和合并，能够减少城、镇对省政府的财政的依赖；在更大的税收基础上分摊地方政府的财政负担，减少重复行为而节省服务成本。城市则希望扩大自己的税收来源和权力，提高自己的地位。

需要指出的是，一些地方行政区划的双级体制在20世纪末出现了一些问题，也进行了调整。双级体制是为了协调城市间的关系而建立，但是并没有完全解决问题。地区级政府下的一些城市、镇之间相互独立，重复开展经济项目，既造成了浪费，也难以取长补短，从而放大了相互竞争所带来的负面影响。

以多伦多都市区为例。自1953年建立以后，多伦多都市区在供水、交通、教育和扩大财政收入等方面取得良好的效果。但是，多伦多市财产税较高，使得企业从内城迁往郊区或都市区内的小城镇，导致多伦多城市的税收收入减少，四周的小城镇获得较快的发展。这样，多伦多市难以发挥龙头的作用，周边的小城市也难以进一步发展。此外，加上道路和交通市政服务超出了多伦多都市区的范围，都市区内的纳税人难以为增长的服务提供所需要的资金；都市区内一些城镇之间在基础设施建设资金的使用和道路的建设上也存在着矛盾。①多伦多都市区若不变革以应对经济、社会和政治的挑战，就有可能重蹈美国许多大城市不平衡发展模式的覆辙。

因此，各城市之间取长补短而实现协调发展，需要城市之间的重新组合。归纳起来，20世纪末的市政改革有4个目标。首先是通过调整地方行政体系及扩大城镇的权力和财政资源，提高城市政府的治理能力和管理效率。其次，通过省与地方政府在职能、财政和权力之间的平衡，完善两级政府的关系。再次，通过重组与合并，减少城市或城镇之间的竞争甚至冲突，改善地方政府之间的关系。最后，通过提高市民对地方政府的影响以及地方政府的反应能力和责任感，改善地方政府与各社区成员之间的关系。

对于上述几个目的，不同的省和地方政府会根据实际情况有所侧重，同时也采取不同的措施加以实现。归纳起来，此时的市政改革可以概括为四个方面：地方行政区划的重组；省与地方政府职能的转换；地方财政收入来源的调整；地方政府法律地位的提高。

（二）地方行政区划的重组

1. 地方行政区划调整的三种途径

在各省，对城市、镇和村庄等行政实体进行了合并与重组，归纳起来有三

---

① 1963年，都市区北部的城镇要求建立一个进入多伦多市的快速交通网，而实施中的士巴丹拿（Spadina）快速车道遭到多伦多的反对，导致其终点站未能抵达多伦多的市中心。详见本书第九章相关内容。

种形式——强制性重组、公民投票、强制与公民投票相结合。

强制性重组，是指省政府根据地方经济社会发展和政府治理的需要，强制推行城镇的合并与重组。魁北克省主要采取这种方式。

公民投票方式是充分听取居民的意见，并由公民投票决定是否进行合并与重组。这种民主的方式在加拿大西部的曼尼托巴、萨斯喀彻温、阿尔伯达和不列颠哥伦比亚4个省盛行。

以不列颠哥伦比亚省为例，该省面积达94.7万平方公里，只有不到11%的土地在地方政府的管辖之下，其他土地由省政府直接进行管理。为了合并与重组，省政府在规定合并条件的基础上[①]，组织人员对合并的前景进行调研。如果研究结果认为某一行政区域的合并可行，就提交给相关居民进行投票。赞成票超过50%即视为有效。通过合并，该省"地方政府"的数量从1990年的604个减少到1999年的542个。[②] 在此过程中，城镇增加了11个，说明该省政府也根据需要增设新的城镇。

民主和强制相结合的方法，有不同的形式。新斯科舍、爱德华王子岛、新不伦瑞克、纽芬兰和安大略5个省，在一般地区尊重当地居民的选择，在重点地区则通过强制的办法进行重组和合并。例如，新不伦瑞克省政府就组建蒙克顿都市区组织过一次讨论，但由于当地讲法语的阿卡迪亚人不愿意与英裔地区合并而没有实行。在新斯科舍省，1974年省政府决定取消包括城市在内的各种地方行政实体，在全省重新建立11个单一性质的郡。很多城市的居民表示反对。结果，省政府于1992年决定在城市化程度较高并拥有该省67%人口的地区建立5个郡，得到居民的支持。但是，该省不顾居民的反对，1996年强行将哈利法克斯与周边的城镇合并成单级城市。

在安大略省，当省政府做出一些城、镇行政实体合并的决定后，如果居民就合并的安排形成一致意见，就按照地方的选择进行合并；如果不能达成一致，省政府将根据专门任命的官员的建议而进行强制合并。至2001年，在安大

---

① 该省相互合并而建立单级行政区的条件是：人口不足2500人的村、人口在2501~5000人之间的镇、人口超过5000人城市的合并，其面积需要超过800公顷，平均人口密度小于每公顷5人。见罗伯特·L.比什、埃里克·G.克莱蒙斯：《加拿大不列颠哥伦比亚省地方政府》，北京大学出版社2006年版，第31页。

② 罗伯特·L.比什、埃里克·G.克莱蒙斯前引书，第8页。该书中译本表述的"地方政府"，应当是指地方行政实体，它们包括几百个印第安人保留地和"大区"（regional district）下的100多个选区。

略省进行的230个城镇重组中，85%是根据相关城镇的选择进行，其他的则是按照省政府的安排。①

2. 新双级行政区划的建立和城镇数量的减少

城市、镇和村庄等行政实体的重组，首先在魁北克省拉开序幕。1965年，魁北克省政府通过了合并法案，允许两个或者更多的城镇经过议会同意后进行合并。但是，最初的合并速度较为缓慢。只有蒙特利尔和其他29个城市（镇）于1970年重组为蒙特利尔城市共同体，形成一个双级政府体制。②1970年，魁北克市、赫尔市分别与周边的城镇组成了城市共同体，它们规模较小，属于地区级行政实体。

1971年以后，魁北克省政府采取以财政支持推动地方政府合并的政策。它决定对人口1万人以下的行政实体合并提供财政援助，减少对于不参与合并的城市的资助。1976年，魁北克城市共同体内的城镇由26个合并成13个，赫尔城市共同体属下的城镇由32个合并成8个。1979年，该省为了通过土地使用规划将大小城镇联系在一起，开始用郡级行政区（MRC）取代传统的郡。至21世纪初，该省的各种行政实体减少了300多个③，在地方行政实体结构改革方面取得引人瞩目的成效。

20世纪70年代，其他省份也开始建立新的双级行政实体和减少城镇数量。在安大略省，除了1953年建立的多伦多都市区外，在1969年至1975年，它陆续撤销了1849年以来设置的一些郡，将它们合并为11个地区级行政区划。它们是渥太华—卡尔顿区（Regional Municipality of Ottawa-Carleton, 1969年）、尼亚加拉区、约克区、马斯克卡区、滑铁卢区、萨德伯里区、德勒姆区、皮尔区、霍尔顿区、汉密尔顿—温特沃斯区和哈尔迪曼德—诺福克区。1966年，多伦多都市区辖区内的城、镇通过合并从13减到6个。合并中，这11个地区级行

---

① Joseph Carsea & Edward C. LeSage Jr., *Municipal Reform in Canada*, Oxford University Press, 2005, p.296.

② 它的建立与1969年警察为了增长工资而罢工有直接的关系。由于罢工涉及周边城镇的利益，省政府决定将境内的全部警察队伍归蒙特利尔城市共同体的警察部门统一管理。此外，该共同体还负责管理共同体的地铁和污水排放等事务。

③ 理查德·廷德尔、苏珊·诺布斯·廷德尔：《加拿大地方政府》，北京大学出版社2005年版，第114页。

政区划内的城镇从188个减少到90个。^①至90年代，安大略省印第安人保留区以外的行政实体的数量，从800个减少到400个。^②

不列颠哥伦比亚省在1965年建立的大温哥华区，下设21个城市和镇。同年，该省设置了28个"大区"（regional district），辖区内逐渐出现一些村和镇。新不伦瑞克省80%的面积是分散的乡村地区，拥有全省40%的人口。因此，重组主要发生在乡村地区。1967年，新不伦瑞克省撤销了原有15个郡的建制。20世纪80年代，该省从城市、镇到教区和村庄，一共设置了160多个新的地方行政实体。

纽芬兰省在1969年建立了圣约翰斯都市区。20世纪80年代末至90年代初，它通过合并将全省100多个地方行政实体减少了20个。70年代末，新斯科舍省建立了哈利法克斯大都市区。爱德华王子岛省只有十几万人口，但也进行了三轮的地方行政实体合并与重组，将人口稠密的乡间地区进行了合并。

随着行政实体的重组与合并，各省的一些特别区也做了相应的调整，减少了数量。如不列颠哥伦比亚省，1996年将75个学校特别区减少到59个。

至此，各省地方行政实体调整的共同特点，是减少了地方行政实体的数量。不同之处表现在，新不伦瑞克等省将原来的双级体制（郡）变为单级体制，而多数省的双级体制没有改变，只是建立了新形式的地区行政实体。

3. 从双级行政实体到单级大城市

新形式的地区行政实体，能在更大的范围内提供城市政府所不能单独提供的服务，同时协调城市之间的服务。其管辖的城镇只保留便于行使的服务职能，有利于对地方需求做出反应。

但是，双级制城市体制需要更多的官员和管理人员，增加了成本；各城镇政府更多地关注自己的利益，地区管理机构与其下属的城市议会在政策方面有时会发生冲突。另外，相对于城市议会，地区议会的代表与选民有一定的距离。

1988年，多伦多都市区议会实现了直接选举，汉密尔顿、滑铁卢、萨德伯里几个区直选政府首脑。1994年，渥太华—卡尔顿区除直选政府首脑外，议员也直接从选区选举，这些选区有的跨越几个城镇。

---

① Oiva Saarinen, "Municipal Government in Northern Ontario, An Overview", in *Laurentian University Review*, Vol. 14, No.1, 1983, p. 21.

② Joseph Carsea & Edward C. LeSage Jr., op. cit., p. 286.

但是，这并未解决问题。两级议会的议员（官员）的工作范围都在同一个区域，有时会产生职责不清的情况。两级政府很难把重叠的职责（例如城镇和地区规划）融合在一起，解决问题的方法是把双级行政结构改为单级，合并下属城镇而建立单一城市。

实际上，早在1971年，曼尼托巴省政府为了消除大温尼伯都市区的直选议会与辖区内的城镇之间的矛盾，废除了存在10年的双级制政府，温尼伯市与12个城镇合并建立了一个新的温尼伯市。[①] 1978年，安大略省有人提出汉密尔顿—温特沃斯区双级制度结构影响到资源的有效利用，城市和非城市政客之间会发生矛盾，建议改为单一城市。1989年，有人认为渥太华—卡尔顿区变成单一城市后，可以把13个政府减少到1个，从而降低公共成本。

这样，进入20世纪90年代后，有6个省把围绕重要城市建立的地区级行政实体或都市区，重组为直属于省政府的单级制城市。1992年，纽芬兰省的省会圣约翰斯与2个城镇合并成单级城市。1995年，爱德华王子岛省的省会夏洛特城与1个城镇和5个社区合并成单级城市，萨默塞德市由5个城镇合并而成。1996年，新斯科舍省的哈利法克斯与都市区内的4个城市合并成单级制城市，8个城市合组成了布雷顿角单级市。1996年，新不伦瑞克省的11个社区合并成米拉米契市。

在安大略省，1998年6个城市组成新的多伦多市（City of Toronto），成为加拿大最大的城市。[②] 至2001年，安省的3个区分别合并辖区内数个至十几个城镇，组成了单级大城市，它们是渥太华市、萨德伯里市和汉密尔顿市。马斯克卡区（Muskoka）因地处乡村而变为行政区（district municipality），哈尔迪曼德—福克区（Haldimand-Norfolk）分成2个郡。这样，双级制的区（regional municipality）只剩下6个。

1991年，蒙特利尔城市共同体辖区内的加蒂诺与赫尔、艾尔默、奥塔欧埃斯等城镇和白金汉郡合并成大加蒂诺市（Gatineau）。2002年，蒙特利尔城市共同体内其他的城、镇重组为蒙特利尔单级大城市。同年，魁北克市也与都市区内的13个城镇重组为单级大城市。另外，该省隆格伊（Longueuil）、莱维

---

① 这使之人口翻番，成为加拿大第四大城市。1981年拥有56万人口，超过全省人口的一半，容纳了全省四分之三的经济活动。

② 新多伦多市，加上周边的皮尔区、约克区、荷顿区和杜林区一起通常合称大多伦多地区（Greater Toronto Area），涵盖26个城市和乡镇。但是，它并不是一个正式的地方行政区划。

（Lévis）、拉瓦尔（Laval）和舍布鲁克（Sherbrooke）也分别合并数个城镇组成单一城市。

行政实体的重组与合并，减少了政府人员数量，降低了管理成本。截至2001年，安大略省的全部城、镇议会人数减少了大约2000人。新多伦多市组建后，政府的总体开支每年减少了三分之二，大约15亿~25亿加元。曼尼托巴省温尼伯市的议员仅有15人，而原来的大温尼伯都市区议会拥有51名议员。

4. 新多伦多单级市的建立

新多伦多市的建立是按照省政府安排合并的一个典型事例，本书在此专门做一介绍。

1996年下半年，安大略省政府宣布将撤销多伦多都市区及其下属6个城市，建立一个单级的新多伦多市。这一计划遭到都市区内的多数城市反对，公民投票显示反对者高达76%。此后，多伦多前市长与反对合并的人建立了一个名为"地方民主市民"的组织，连续几个月内，它利用集会和互联网大造舆论，但最终未能阻止1997年省《多伦多市法案》的通过。此后，5个城市的政府以省议会无视民意为由在区法院提起诉讼。败诉后，4个市民组织和125个市民联名上诉到省最高法院，败诉后又上诉到加拿大最高法院，最后诉讼被驳回。

合并反对者提起几个诉讼的依据：首先，在省与城市关系方面存在着一些宪法惯例，即在重大改变之前省政府对城市提出咨询；其次，省的这项立法伤害了加拿大《权利与自由宪章》保障的个人权利；再次，省议会建立新多伦多市的目标都是功利主义的[①]，它们并不能为其取消咨询、侵犯市民权利和终止自治政府的行为提供辩护。

提起诉讼者认为，城市被省政府创建后拥有一定的自主权；这种传统可追溯到联邦政府建立之前的英国传统，从宪法规则和《权利与自由宪章》条文中也能引申出这一点。而省政府未经市民同意和未经咨询就破坏现有城市土地的完整，建立了一个不符合市民愿望的城市制度，这是对市民权利的一种伤害。然而，代表省政府的省总检察长回答说，城市没有宪法地位，城市机构是省法律的产物；省议会通过法律之前不用正式地咨询公众，因此，《多伦多市法案》是合法的。

---

① 安大略省总检察长归纳了建立新多伦多市的目的。主要有：加强多伦多在全球经济竞争中的能力；减少议员的数量而建立更负责的政府；利用统一的预算和税收实现服务的统一，以减少都市区内各城市之间的恶性竞争。

关于伤害公民的权利，诉讼者认为合并后议员的数量减少，等于减少了市民对选出的代表的接触机会，意味着市民的选举权利被稀释，使新多伦多政府也无法详细了解社区和邻里。而省政府说，没有证据表明这一点，而建立单一制的多伦多市会使政治结构更加有力，能在一定程度上避免它受到服务于地方的政客的控制。

总之，提起诉讼者认为省政府建立了一个不符合市民愿望的城市，是对市民权利的一种伤害。加拿大最高法院认为，法庭无法证明该法案的好坏，但可以判决它没有超出加拿大宪法赋予省政府的权限。这是它驳回多伦多诉讼请求的根本原因。

1998年1月1日，安大略省政府颁布了合并法令，新多伦多市由各选区选出的议员和普选产生的市长进行管理。[①] 它拥有该省近四分之一的人口，省政府在拨款和税收方面对其提供一定的倾斜，赋予它较多的自主权。

从1998年多伦多都市区变成新多伦多市可以看出，城市是省政府实施政策的工具，城市市民对它的约束作用受到很大的限制，造成了一种平衡缺失。城市和市民相互联系，相互影响，市民需要通过参与决策而对城市空间有一定的控制。但在此时，这一要求在多伦多并未实现。

5. 城市合并的解除

进入21世纪，主要在魁北克省，一些城市要求解除合并。原因在于，省政府通过行政命令和财政补贴两种手段推动城镇合并，但所涉及的一些城镇的居民并不愿意归属于新的城市，他们对新政府没有归属感；有的合并承诺的降低服务成本并没有实现，居民感到纳税负担加重。2003年，该省自由党政府为了实现选举中的承诺，决定在2000—2003年合并的行政实体尊重居民的选择。2003年12月，它颁布一个法律，确定了212个拟解除的行政实体，但其中只有89个采集到举行公投所需的10%选民的签名。在2004年举行的公投中，有59个获得有效票数，其中有32个行政实体要求只要35%的选民投赞成票就能解除合并。[②]

实际上，在行政实体合并以后，短期内各区域没有完全融为一体。就像地

---

① 合并前，多伦多都市区政府除了一个独立的首脑（chair）外，有28个议员代表下属6个城市；下属的6个城市的议会一共有78个成员（包括6名市长），两种代表共计106名。而新的多伦多市议会只有57名议员。

② Joseph Carsea & Edward C. LeSage Jr., op. cit., p.296.

方政府不太重视地区问题那样，前城镇政客也不为合并的城市的整体利益着想。以新的多伦多市为例，6个城镇在十几年后仍没有完全融合为一体，政府的工作效率不升反降。另外，原来工酬不相同的城镇合并后，工会要求同工同酬，导致工资大幅度上涨。①

尽管如此，安大略省政府和多数的城市选民不想走回头路，少有城市解除合并。在2003年选举中，卡沃萨湖市（Kawartha Lakes）就解除合并举行了公投，获得了51.6%的选民支持。但是，新当选的自由党省政府没有授权它解除合并。

（三）省与地方政府职责的转换

省与地方政府职责的转换是上下级政府权力之间的一种调整，导致省与城市政府之间角色和职责发生变化。这种变化有的发生在省政府与地方政府之间，使许多原来省政府行使的职责下放到地区或城市政府，或者转给专门的机构；同时也存在将城市行使的职责转交给上级政府，或与地区政府分享的情况。

1. 省与城市一般职责的调整

职责的调整主要发生在新不伦瑞克省、魁北克省、阿尔伯达省、安大略省和新斯科舍省。

1967年，新不伦瑞克省政府为了在省和城市之间重新分配责任，发起了一个平等机会计划（Program for Equal Opportunity）。据此，省政府将承担司法、福利、公共健康和教育领域的管理与财政支持的职责，使该省居民在这些领域能够同样享受标准水平的服务。城市政府在地方关注的事项里提供服务，例如修建和维护地方道路和维持治安。

1979年，魁北克省政府与城市协商后决定由省政府向城市教育部门提供资金，同时大幅度减少了对地方政府的其他转款数额。这样，城市政府征收财产税后，不再与学校董事会分享。然而，80年代末，省政府宣布不再向学校委员会提供资金，而是要求它们使用财产税弥补资金的短缺。② 1990年，魁省政府把向一些市政服务提供资金的职责转给城市，其中最引人注目的是公共交通和道路的维护。为了改善人口在5万以上城市的警察职责，省政府命令各城市将

①郑慧：《加拿大地方政府行政改革的启示》，《求索》2011年第2期，第97页。

② Katherine A. Graham et. al., *Urban Governance in Canada: Representation, Resources and Restructuring*, Harcourt Brace and Company, Canada, 1998, pp.176-177.

治安职责上交省级警察部门或地区级的警察机构。此外，该省政府还要求在大都市地区内新建立的郡（MRC）和城市承担一些社会住房的职责。蒙特利尔城市共同体继承了地区规模的管理职权，与该都市区域内的郡分享供水、排污、空气质量、交通、规划、经济发展和社会住房等职责，郡政府的职责扩展到房地产评估、水路和乡间公园的管理。

1994年，阿尔伯达省颁布了《城市政府法案》，废除了23个控制城市的法令，削弱了两级政府的传统关系；它用一个兼职的城市政府委员会取代了以前3个城市监督机构，显示省政府在评估城市上诉、监督城市兼并和规划的程序上较前减弱。城市在征收市政设施的使用费方面有了更大的自主权，同时在省批准的情况下能够征收娱乐税、自行车税、销售税和汽油税等。该《城市政府法案》是加拿大第一个允许城市政府出现财政亏损的法律，同时对亏损数额也设置了严格的限制，并提出了消除财政赤字的要求。该法案还规定，省政府只能在明显涉及自己利害关系的时候才能干预城市的作为，如阻止城市进行过度的开发或实行不公平的税收制度。①

阿尔伯达省为了推进教育部门的合并，把教育的管理权从郡教育委员会转到相关的学校特别区。该省还在很大程度上把土地使用权的管理和地区规划权转给城市政府。该省政府让地区政府负责提供救护车服务，从而使城镇政府摆脱了这项昂贵且有争议的工作。

20世纪90年代末，安大略省政府把社会住房的维护，一些道路的建设，城市机场、多数渡口和省级道路的维护，救护车服务、公共图书馆、供水和排污、乡村治安、财产评估、社区公共健康的管理职责，从省政府转给城市或镇政府，同时允许它们全比例地征收房地产税用于这些事项。省政府逐渐地接过向中、小学教育提供全部资金的职责，使之不再依赖于城市。但是，省政府不再向城市退还农田税。在收入补贴和社会保障方面，城市与省政府共同提供资金、决策和负责运作，资金总体上由省和城市政府各承担一半。这样，城市的权力和职责得到加强，但由于省政府对城市市政服务的资助相对减少，使城市政府在社会救助和社会住房上面临巨大的资金压力。

新斯科舍省的职责改革，主要体现在职责的交换方面。经过谈判，省政府负责城市儿童福利、敬老院、老年人住所、遗嘱认证法院和契约登记、家庭护

---

① Katherine A. Graham et. al., op. cit., p.179.

理、健康委员会的管理和成本，地方政府负责城市公共交通、规划和建筑监督、娱乐和紧急救助方面的管理和资助。与此同时，省政府向城市进行平衡转款，旨在使各城镇实施平均税率来保障每个城镇能够提供至少是平均水平的服务。其他省政府少有这种平衡转款。

在其他省，不列颠哥伦比亚省建立的大温哥华交通管理局较为引人注目。它是一个由城市代表组成的非政府机构。通过它，管理地区交通的职责从由省政府任命的机构转到由城市官员指导的机构中。

2. 房地产评估方式的改善及职责的转换

房地产的价值与房产税的收入发生联系，房地产价值的评估方式决定税收是否公平。城市的房地产在三种情况下存在着差异：一是同类级别的住房之间的差异；二是不同级别的可比较的房产之间的差异，如公寓与单户家庭住房；三是城市之间的差异。这些差异如果是因评估的方式不同或缺陷而出现，就有必要加以完善。

20世纪70年代以来，各省的城市完善了房地产税的评估。例如，不列颠哥伦比亚省在70年代末改为各城市依照房地产的市场价值进行评估；它通常非常有效，但是会遇到各城市之间的差异和地产价值蒸发的问题。为了统一和稳定地产税的征收，该省设置了一个房地产评估权力机构，在各城市进行统一的评估。

90年代末，萨斯喀彻温省政府为了使房地产评估更加专业化，也建立了一个城市房地产评估公司，在城市和省政府的支持与合作下，在全省开展评估。它的运作虽然得到政府的财政拨款，但它并不属于税务部门；这使之能够避免卷入与纳税人利益的纠纷，同时作为第三方也可以在评估中采取中立与客观立场。此时，安大略省和纽芬兰省也建立了这样的机构。

长期以来，萨斯喀彻温、阿尔伯达和安大略三省各城市对房地产价值采取一种名为"公平的市场价值"的评估方法。这种方法僵化并带有主观因素，因为它按照不变的房地产价值征税，会造成政府税收的减少。萨斯喀彻温省为了反映房地产的真正价值，1997年引入一种被称作"完全的市场价值"的新的财产评估制度，它根据当时的市场价值将1965年至1994年评估的房地产价值更新，制定了各种房产的等级，确定了各个等级征税的百分比。同年，安大略省和阿尔伯达省也用这种"完全的市场价值"评估取代了原来的"公平的市场价值"评估方式。

房地产价值评估方式的改变，往往伴随着房地产评估职责的转换。这种转换在各省不尽相同。阿尔伯达省从历史上就由城镇政府负责房地产的评估，20世纪90年代末，该省政府负责仲裁的"城市评估服务厅"撤出房地产评估体系，从而进一步向城镇政府放权。不过，省政府要求城市每两年或更少对房地产价值评估一次，以便与市场房屋价值保持同步的升降。

　　安大略省的房地产评估职责出现收权和放权的两次转换。历史上，安大略省不同的城镇之间对财产的评估有很大的差别。1970年，安省政府要求所有城市按照市场价值征收财产税，而城镇和纳税人感到这会导致纳税额的增加。在他们的反对下，1978年，省政府希望地区和城镇政府自己进行税收改革，但是效果不佳。为了建立统一的评估体系，安省政府把房地产评估权力从城市手中收回。80年代，它开始实行市场评价方法，针对住房、办公楼、酒店等房地产，分别采用售价类比法、成本法和收益法测定它们的价值，使房地产的税收建立在实际价值的基础上。此时，多伦多都市区为了保护房主和小工商业者以及减少房地产税中的不平等，决定对大工商业者征收更多的税。1997年，安省保守党政府将房地产价值评估权力还给城市，由它们依据省级房产评估公司根据市场价值制定的标准进行评估。这样，多伦多市被允许至少在几年内征收的工商业财产税高于其他地区。[①] 1998年，该省建立了评估争端调解机制，以保障房地产税的正常征收。[②]

　　房地产税是城市政府财政收入的主要来源，各省政府也征收一定的比例，因此，双方都想主导房地产价值的评估。20世纪90年代末，城市开始按照省级房产评估公司根据市场价值制定的体系进行评估，这可以看作是双方的一种调和——省级机构制定标准而城市进行操作。房地产评估体系的改善，不仅促进了公平，也增加了政府的财政收入。

3. 对职责转换的评判

　　总体看来，职责改革是把土地的开发和管理、基础设施的建设与维护、房地产服务项目、经济发展和地区规划转给地方政府或专门的权力机构，同时加强城市政府在财产税和其他领域获得收入的能力，减少省政府财政预算的压

---

　　① Frances Frisken, *The Public Metropolis: The Political Dynamics of Urban Expansion in the Toronto Region, 1924-2003*, Canadian Scholars' Press, 2007, p.305.

　　② 详见闻松、黄威：《加拿大房地产税的征管机制》，《中国地产市场》2008年第1期，第69页。

力。此外，还涉及教育和社会保障职责在政府之间的转换。在社会保障方面，除了安大略和曼尼托巴两省政府与城市共同承担外，多数省城市的教育、社会福利和公共健康等领域的资金都是由省政府提供并做出决策，或委托给地区机构；这种将其从小政府转到大政府的方式，有利于教育和社会保障在全省范围的管理更加专业、统一和公平。

实际上，地方政府的职能改革探讨了两个突出的问题：（1）城市的服务职能应当由某一级政府单独行使，还是应由两个或更多的政府行使，才能取得理想的结果。（2）某些职责由小的城镇或权力机构行使，是否比地区行政实体或权力机构行使更好。对于这两个问题，由于各省的政策传统、财政状况、市民参与等实际情况不同，并没有一个统一的答案。但是，降低成本、提高工作效率和服务水平并使大多数居民感到满意，是衡量城市管理和服务模式的最佳标准，这在各省都是一样的。

由于不同的城镇在提供服务和便利设施方式上存在着差异，一个城市的中心及其郊外之间在住房、公共交通、移民安家等服务分布上也有着不同；这预示着，行使一种服务职责的政府不可能满足所有人的需要，一些人的需求有可能被忽略。

总之，加拿大此次市政改革中城市管理和服务职权的调整与职责的转换，虽然取得了成就，但不可能一劳永逸。各省政府需要考虑治理结构、收入结构、城市服务和经济发展、交通、环境、土地管理和娱乐等各种问题，经过长期和广泛的探讨而不断地调整，才能取得满意的效果。

（四）地方财政收入来源的调整

市政服务离不开资金的支持，政府职责的调整必然伴随着财政的改革。随着地方行政实体的合并，地方政府的开支增加；省政府把一些职责下放给城、镇等地方政府后，需要在财政制度上做一些调整，以便城镇政府能够行使这些职责。

地方政府的财政收入分为两大部分：自主收入（own-source）和省政府转款，它们的构成比例随时间而发生变化。自主收入的基本部分是房产税，其他收入包括销售产品和服务的收入、公共设施收取的租金、发放特许权和经销权的收入、执照和许可证收费、政府所属企业上交的利润（remittance）、利息、对拖欠房产税者的罚款、其他杂项收入。一些省付给城市政府的与房地产税税额相同的付款，也属于城市的自主收入。①

省政府的转款分为一般用途和专门用途两种，前者汇入地方政府的财政收入，由它们自行支配。后者附带使用条件，需要用于省政府规定的领域和项目，对于城市、学校特别区和公园特别区等的大部分拨款都采用这种方式。这种专门用途的转款，有时需要地方政府也投入一定比例的资金，开展所谓的"共担成本项目"。从整体资金上看，省政府的专门用途转款多于一般用途转款，这体现了省政府对城镇的主导作用。

财政改革涉及税收、省政府向地方政府转款和实施共担成本项目的资金，此外还包括城市借贷和对债务和赤字的管理。

在税收改革方面，一些省有条件地扩大了城市征税的空间。例如，阿尔伯达省政府把自己与联邦政府共享的那一部分汽车燃油税，与埃德蒙顿和卡尔加里两个城市分享。魁北克省为了使城市收入的资源多元化，增加了开发商使用城市基础设施所付的费用，这种费用在新的房地产项目中征收。萨斯喀彻温省采取一个新的税收工具，用来保障所有财产的主人都公平地为使用城市服务设施而纳税。该省政府为了扩大城市政府的税收资源，取消了自己在健康和社会救助方面的征税及医院特别区在城市里的征税。

1. 房地产税的变动及城市政府自主收入的增加

历史上，各省政府与城镇分享房地产税，它们直接征收或通过其他机构间接地征收。20世纪末，这种分享房地产税的方式发生了改变。

安大略省以减少向城市转款为条件，允许城市全额征收房地产税。同时逐渐减少各学校特别区征收房地产税的比例，直到学校完全由省政府提供资金。②阿尔伯达省政府则对城市征收的用于学校的财产税统一管理，旨在推动学校资助方面的平等；为平息城市对此举措的不满，它一度大幅度减少在城市的征税。魁北克省在20世纪80年代让城市征收全部的房地产税，但在1997年为了减少财政赤字又重新征收一部分房地产税。然而，2000年它又放弃了对房地产税的征收，而城市则同意省政府在城市征收通讯税、天然气税和电力税。2003年，萨斯喀彻温省政府决定由城市政府与学校董事会共享房地产税收资源，同

---

① 一些省政府也在城镇征收一定数额的地产税。为了行使这种权力，它们向城镇支付相同数额的资金。

② 1997年，该省教育开支一年54亿加元。这些资金全部由省政府提供后，城市的财产税收入可完全用于城市的其他领域。

时限制后者征收的比例，以免过多地减少城市政府的房地产税收入。

　　萨斯喀彻温和魁北克等省政府采用付款形式代替放弃在城市征收房产税的权力，它们在计算方面做了有利于城镇政府的改变。阿尔伯达省把管理退税的职责交给了城市或镇，以便它们能够在运作中得到更多的资金。曼尼托巴省规定城市基础建设带来土地增值之后，地产开发商需要向市政府交纳土地增值税，税收收入用于这些区域的基础建设和开发。房地产税是地方政府重要的政财来源。1971—1991年，在各省城镇等地方政府的全部收入中，房地产税所占的比例除了1971年较高外，基本维持在30%左右。[①]

　　联邦政府与省和城市实施"共担成本"项目，各省政府获得资金后一般截留一部分资金。此期间，各省政府将这种资金全部转给城市。但是，各省政府减少了自己与城市共担成本的项目的数量和资金，这在总体上降低了向城市转款的水平。在安大略省，减少转款的条件除了让城市征收全部房地产税外，还允许城市在开支方面不执行省政府规定的项目。新斯科舍省也允许城市这种自主开支，只是没有增加城市在房地产税中的比例；该省政府继续征收接近20%的财产税，城市获得的转款也不多。在其他省份，城市从省政府得到的资金也在减少，而省政府并没有接过城市的一些服务职能。

　　综上，随着职权的下放，城镇政府的自主收入增加。1997年，加拿大各省城市的财产税及相关税的收入平均占城市收入的50.2%，公共设施使用费的收入平均占22.5%，加上城市的投资收入（平均为4.5%），这3项合计占城市收入的77.2%，而70年代和80年代只有约60%。1997年的城市收入，省和联邦政府的各种转款合计占22.8%，远低于70年代和80年代的35%~40%。[②]

2. 其他的财政措施

　　财政改革中，一些省在税收政策方面也发生了变化。首先，阿尔伯达省让城市在免税方面有了较大的发言权；萨斯喀彻温省的一些城市可以规定城乡地区免税的类别。其次，各省修改税法，允许较大城市在限定的分区内根据房地

---

① Richard M. Bird & N. Slack , *Urban Public Finance in Canada*, John Wiley & Sons , 1993 , p.64.

② Edin Slack, "Have Fiscal Issues Put *Urban Affairs Back on the Policy Agenda*". In Caroline Andrew et al. ed., *Urban Affairs: Back on the Policy Agenda*, McGill-Queen's University Press, 2002, p.313. 根据其表3中的数据计算。财产税及相关税包括：财产税、开发商交费和地块税、特殊评估费、土地转让税、营业税等。

产的类别实行不同的税率（即可变税率），有的城市针对不同分区而实行不同的房地产税率。可变税率可以为城市政府带来更多的财政收入。

　　一些省政府放松了对城市财政事务的限制。1996年，曼尼托巴省的城市被允许建立一些投资基金，扩大城市的投资范围，以获得更多的收益。1994年，阿尔伯达省也建立了类似的机制。在曼尼托巴省和阿尔伯达省，城市在赤字和债务不超出限额的情况下可以自主借贷和管理自己的债务，而不要省政府的批准。这种向市场模式发展的城市治理方式，有利于鼓励公共企业的发展和城市从市场的投资中获得收益。

　　毫无疑问，财政改革取得了一些成就。但是，这些是以省政府转款的减少或同意省政府在城市开征新税为代价的。曼尼托巴和阿尔伯达省允许城市在财政事务上拥有更大控制权，这也等于让城市面临着一定的财政风险。

　　财政改革旨在实现省和市政府之间财政责任的重组，增加城市财政收入可靠性。然而，财政改革的这一目的并未完全实现。各省的财政改革基本上是对现状的一种微小的调整，并未从根本上触及财政体制的基本框架。这种改革不会让城市政府满足，面对越来越多的市政服务，它们仍然需要省政府的拨款。因此，要求城市财政进一步改革的呼声依然很高。

（五）地方政府法律地位的提高

　　根据加拿大的宪法规则，各省政府不仅设置城、镇等地方政府，也规定它们的各种职责。虽然城镇政府对地方事务拥有自主地制定法规的权力，但是，如果城市的法规妨碍公众利益，省政府收到市民的投诉后可以命令地方政府对其修改。地方政府的财政收入有相当一部分来自省政府，因此，它们的一些开支需要得到省政府的批准，在借债和金融投资方面尤其如此。

　　加拿大城镇政府的权力有一个演变过程。1849年，在改革者推动下，加拿大联合省通过的《城镇自治机构法案》赋予城镇政府较多的自主权，因而被各省称为"城市自由宪章"而效法。19世纪，城镇政府能够为地方的改善而自主地筹集资金。政府除提供必要的市政服务外，主要负责卫生健康、社会治安等事务；教育和慈善事业由教会和社会团体承担。这使之开支较小，很少依赖于省政府的拨款。然而，随着社会发展，城镇政府面临着越来越多的事务，包括公共教育和社会福利，它们需要得到省政府的财政支持。

　　省政府担心城市政府开支过大而难以控制，自20世纪20年代起各省政府开始通过三种方式逐渐削弱城市的权力。一是批准城市建立一些不受城市议会控制的各种专门委员会和机构，以分散市政府的权力。二是只保留城市政府征收房地产税的权力，并对城市提供有条件的财政资助，使之在管理城市方面逐渐听从省政府的决策。三是通过接受城市居民或地产商的上诉，否决城市实行的一些城镇规划。

这些措施，有助于维持城市政府良好的财政状况，解决城市政府与居民之间产生的纠纷，但同时也束缚了城市政府的手脚。

20世纪70年代以来，在城市重组、职责调整和财政改革中，城市政府越来越认识到扩大自己权力的必要性。它们认为，现存的法律和管理框架对地方政府有太多的限制。因此，他们要求联邦政府修改宪法和颁布法律，将城市和镇等地方政府列为一个政府序列，拥有宪法确立的地位。多伦多市政府向省政府游说，要求授予其独特的控制权和自主权，使之从一个一般的城市转变成一个名副其实的"城邦"（city-state）。

1998年，不列颠哥伦比亚省修改《城市法案》，承认城市是一个"独立、可靠和有责任的政府序列"。该省没有以强制性合并的方式改变城市体系结构，就是基于这一概念。1999年，新斯科舍省的《城市法案》同样承认城市政府是一个"可靠的政府序列"，它承诺在改变城市的法规和重新安排其职责方面，征求城市及其团体的意见。2003年，萨斯喀彻温省《城市法案》称"城市在自己的管辖内是可靠和负责的一级政府"。虽然这些称谓并不能代表地方政府具有宪法地位，但毕竟意味着它们法律地位的提高。

各省的新的城市法案或一些城市的特许状，赋予一些城市"自然人"地位。阿尔伯达省在1994年最早这样做。此后，萨斯喀彻温、安大略和曼尼托巴省在新的城市法案中，都确认了城市的自然人地位。[①] 曼尼托巴省在2003年对省会城市温尼伯市颁布的特许状中，称该市政府拥有"自然人"的权力；而它赋予一般城市议会的只是"法人"的权力。[②]

把政府看作是自然人，意味着它可以做一般公民可以做的任何事情并得到法律的保护，比如雇用和解雇员工，签订服务契约，买卖土地房屋，出售或处

---

① 安大略省2003年颁布新的城市法案，取代了1849年制定并经过多次修订的《城市自治机构法案》（《鲍德温法案》），赋予城市自然人地位。

② 从法理上看，法人权力的依据是法律，法律的修改会使之受到影响；而自然人权力的依据是高于法律的自然法则，法律应当维护这种权力而不能侵犯它。

置财产。获得自然人地位的城市，无疑会拥有更多的权力。

阿尔伯达省在城市特许状中，还从联邦主义理论中借用了"权限领域"概念，界定城市拥有独立地制定地方法律的领域。它规定，只要不与省法律宪法和普通法相抵触，地方法规的制定权可以扩展到城市管辖的一切领域。在安大略、曼尼托巴等省的城市特许状中，这种概念也得到应用。

基于"自然人"地位和"权限领域"的概念，各省不仅可以扩大城市的权力，而且让城市在内部和外部组织安排上拥有更大的自由。一直以来，各省在相关城市法令中列举各种城市官员的职责和各种义务。改革中，尽管对于许多法令中仍然有这些规定，但允许城市有更大的自由去设计和控制自己的管理结构。例如，在《温尼伯特许状法案》下，该城市可以选择增加市议员的数量，能够废除社区委员会。在阿尔伯达省和新斯科舍省，乡间行政实体可以自己决定议（事）会的成员由选区还是全部选民选出。在阿尔伯达、不列颠哥伦比亚、曼尼托巴和魁北克等省，省政府允许城市自己建立城市机构，如推动经济发展的权力机构。

上述措施扩大了地方政府的权力，但地方政府希望拥有宪法地位的目的没有达到，因为这需要修改国家宪法，并非省政府所能做到的。

实际上，各省政府也不愿赋予城市更多权力。这与城市出现脱离"非党原则"的倾向有着密切的关系。尽管这一原则在20世纪初以来一直被城市官员所倡导，但在许多大城市，始终存在着不同团体的政治诉求。[①] 70年代经济危机中，一些大城市的右翼支持压缩政府公共开支，以减少纳税人的负担和刺激经济工商业发展；左翼要求政府维持社会服务水平和提高工人的工资。自那时起，选民在许多问题上组成不同的政治阵营。

新民主党等第三党在各省选举中把城市作为他们与选民建立联系的一种手段，自由党和保守党两大加拿大政党之间的竞争在城市里虽然没有公开，但他们之间的利害关系在城市政治中得到明显的体现。因此，不管哪个政党执掌省政府大权，都想让城市向自己的政策靠拢。他们不愿看到城市拥有更

---

① 1919—1973年，温尼伯市民联盟和工人两大派别参加历次城市选举的情况，显示他们在社会福利、工作条件和工资、税收、公共服务、市议会的任命和选举改革、规划分区问题上都针锋相对。J. E. Rea, "Political Parties and Civic Power:1919-1975", in Alan F. J. Artibise & Gilbert, A. Stelter, *The Usable Urban Past : Planning and Politicsin Modern Canadian City*, Macmillan of Canada Lid., 1979, pp.156-164.

多的自主性。[①]

这样，地方政府虽然有了一定的自主权，但总体上仍然没有改变隶属于省政府的地位。阿尔伯达省的法院在一些司法裁决中并不认可提高城市地位的法律，而许多城市对城市政府法律地位条款的表述也相当谨慎，充分地说明了这一点。毫无疑问，这是令地方政府感到失望的地方。

三、对加拿大市政改革的认识

应当说，管辖权限（jurisdiction）的调整是这次市政改革的关键，其他的改革措施都是围绕它进行。管辖权限的核心是地方政府和省政府之间的权力分配。改革中对管辖权的调整，一方面与扩大地方政府的权力和自主性有关，一方面还涉及不同层级地方政府之间的关系及其与社区居民的关系。

以重组和合并为内容的地方行政实体结构的调整，也与地方政府权力的变化密切地联系在一起。城市的合并扩大了城市规模和财政基础，为城市扩大管辖权创造了条件。建立双级体制及将其改为单级大城市，都是对管辖权限的调整。省政府职责的下放伴随着地方政府管辖权的增长。

在市政改革中，主要政治角色是省议员和省级政府官员，他们主动或应城市的要求发起改革倡议，推动改革法律的出台。省政府是为了在全省范围内按照自己的目标更好地进行治理，同时减少财政赤字和债务。而城市主要从当地的具体情况出发，更多关注如何更多地获得管理和服务于城市的职权与财政资源。地方政府与省政府之间的最大的分歧，发生在地方行政实体结构的调整上，这一点在20世纪90年代的安大略、魁北克、新斯科舍、新不伦瑞克等省表现得最为突出。

此外，大城市与小城镇对于重组与合并，有着不同的诉求。前者倾向于合并小城镇以获得更多的资源，而后者则不愿意被合并而丧失权力。在财政改革上，大城市和小城镇都赞成增加财政收入资源。但是，大城市因其较强的经济实力能够提供更大的税收基础，从而比小城镇更愿意接受较前减少的省财政转款而换取更大的征税权；而小城镇则因税收基础薄弱而对省财政转款的减少表示担忧。在提高地方行政实体的法律地位上，大城市比小城镇对增加自主性更

---

① 参见 Warren Magnusson & Andrew Sancton ed., *City Politics in Canada*, University of Toronto Press, 1983, p.36.

感兴趣，这与它们拥有较多的财政收入不无关系。

大城市政府相信，分散的城市体系阻碍了有效的规划和发展，不利于平等地安排财政和提供整体的服务。多伦多、蒙特利尔、哈利法克斯等市长在提议合并周边城镇时，一般以此为理由。而周边的市长、镇长和市民则认为，合并使之失去了社区特征和地方声音，合并后的城市官员不一定关注所有社区的需求。

任何一级的政府都不愿意被指责在重要的公共政策方面回避民主权利，它们在改革中都会以某种形式进行公共咨询。对于没有导致政府财政制度发生较大变化的措施，纳税人和工商团体争议较小。例如，把管理公共健康和门诊服务的职责从城市政府转到卫生局，由于不增加纳税和影响居民的利益，很少引发公开的争论。而对于行政实体的合并、社会保障和房产评估职责的重新安排，通常产生较大的分歧。他们对增加纳税负担保持着警惕，也担心城市服务的效率会降低。对选民意见的尊重，导致有的地方行政实体难以合并，或合并后也要解除。

可以说，省政府、地方政府和选民在市政改革中都发挥了作用，他们的合力决定着改革的方向和结果。

对于这次改革的结果，加拿大政界和学术界有着不同的看法。有人认为改革不过是确认了地方政府已经行使的权力，而多数人认为改革具有意义，但仍存在着不足。他们说，改革后地方政府税收资源的缺乏使之难以扩大权力；有的合并是在缺少省政府强制命令的情况下受到居民的抵制而不能进行。还有人否定这次改革，认为它对城市有害，并且新的地方政府在治理方面遇到了困难。这种观点认为，改革前地方政府就已经拥有足够的权力服务于居民，而改革却导致更大的官僚主义和职责不清，一些政府采取的企业管理方式也带来了风险。[1]

本书认为，加拿大的市政改革取得了一定的成就。它提高了省政府和地方政府的治理能力和管理效率，也加强了城市在经济发展中的竞争力。改革协调了地方政府间的关系，降低了行政管理成本。财政改革增加了地方政府筹集和管理财政资源的自主性和权力，在城市管理和服务方面发挥了更加积极的作用。

但是，也应当看到改革后仍然存在的一些问题。与其所承担的职责相比，地方政府仍需要扩大权力。同时，城市财政收入与其承担的职责相比依然不

---

① Joseph Carsea & Edward C. LeSage Jr., op. cit., p.317.

足，在自主地完成城市管理和服务方面存在着困难。因此，自20世纪80年代以来，许多城市越来越把城市公共产品向投资市场开放，鼓励工商企业对城市的通信、供电、供水等领域进行投资，在这些公共领域实行了部分或全部民营化；其他一些公益项目如体育场、娱乐场等，则实行城市与私人合营的方式或私营而接受政府提供补贴。这些措施，与20世纪初城市改革中开始实施市政服务设施公有制的主张截然相反。①应当承认，城市政府此时利用市场资金的方式还是行之有效的，但同时也应当看到它也是地方政府财力不足的一种表现。面对于此，联邦政府做出了一定的反应。2008年，它宣布将通过与各省政府和城市政府代表进行协商，让城市分享联邦政府征收的汽油消费税。总之，这些问题的存在，意味着城市仍需要继续改革，以完成设定的程序和目标。

不可否认，为了减少相邻城市之间的矛盾而进行重组与合并后，社区之间不同的服务或房地产税收的差异又导致新的矛盾出现；新的地方政府所采取的措施有时未能充分考虑社区居民的反应。另外，各级政府对多年的改革进行评估后，会在城市结构、职能和财政方面产生新的认识和设计。这意味着，各省政府需要根据新的情况与城镇和市民的实际诉求，制定新的目标，采取新的改革措施，以适应城市不断发展的需要。

---

① 可见本书第五章相关内容。

结束语

城市是社会发展的产物，加拿大城市与国家经济的发展紧密地联系在一起。作为欧洲的殖民国家，加拿大从17世纪初法国建立最早的定居点，到1763年英国接手殖民地，再到1867年加拿大自治领地建立，面积逐渐扩大。伴随着"国家政策"下的横跨大陆铁路的修建和西部草原地区的开发，19世纪末加拿大完成了从海洋到海洋的扩张。城镇和城市随之发展，从小到大，从少到多。20世纪初形成了以蒙特利尔、多伦多为主导的城市体系。

在这个过程中，加拿大国民经济的支柱从以大宗产品为特征的渔业、林业和农业的生产，过渡到加工业、机器制造工业和交通运输业，它们给城市的发展提供了外部动力。1931年加拿大正式取得主权国家地位后，随着"二战"后人口的大量增长和运输、通讯、金融、教育及公共服务等第三产业的兴起，加拿大城市化程度进一步提高，目前容纳了国家80%以上的人口。历史和地理位置等原因，使不同城市在获得和利用这些外部动力方面存在着差异，导致它们有了不一样的发展速度和规模。多伦多、蒙特利尔和温哥华三个大都市雄踞各城市之首。最大的20多个城市，其面积虽然只占国土面积的1%，人口却占到全国的60%之多，国民收入占到75%以上，这种人口集中和缺少层次，构成了加拿大城市体系的一个特点。

城市伴随着国家疆域的拓展和土地的开发而成长，它反过来也推动着国家不断地前进。早期，城市作为自然资源地区的商业前哨，成为服务于欧洲城市体系的"腹地"，帮助西欧国家的商业资本利用殖民地的自然资源，同时将欧洲的工业品转运到加拿大各地。世纪之交，城市作为由电气化、化学工业工和汽车制造业带来的第二次工业革命的发源地，推动加拿大国家一步步地壮大。"二战"后，在城市发生了新型材料、电子通讯和计算机、航空和卫星等科学技术革命，城市作为交通、制造业、商业、金融和服务中心，在推动着加拿大国民经济不断发展的同时，也控制着整个国家的经济命脉。

城市通过合并郊区而不断扩大规模和吸收众多人口，推动着城市化向前发展；而城市的一些工商业模式、建筑风格、生活方式甚至价值观念向中小城镇扩散，进而使城市化不断地加强。

最初的加拿大城市没有完全摆脱乡村的特征，城中饲养着牛、羊、猪、鸡等牲畜和家禽，犹如一个"大村庄"。这些环境污染源被转移到郊外后，工厂带来的空气污染成为城市政府治理的重点。警察机构不仅制止城市大量的酗酒、吸毒、卖淫、偷盗等犯罪行为，还负责监管小商贩、审查电影和期刊内容。与乡村不同，城市需要有供水和排污、公共交通、公园等市政服务，经过一百年的努力和技术的推动，供水和排污工程走向完善，公共交通工具从马车变成有轨电车、汽车和地铁，公园和体育设施遍布全城。宽阔的街道、高大的教堂和商业建筑、引人注目的艺术馆和电影院等文化娱乐设施以及各种风格的住房，使城市呈现出一种不同于乡间的独特景观。

城市是社会的缩影，存在着各种社会阶层及其利益关系。工人住在工厂和铁路附近或有廉价住房的郊区，而富人的社区在服务设施齐全的城市高端地段；不同的居住区域和不同住房类型，凸显了城市贫富不均及其之间的差别。传统的"议会—委员会"制度导致城市政治中腐败现象的出现。经过20世纪初第一次城市改革，工商业者和专业人士的精英阶层成为城市的控制者，他们推行"非党原则"而减少了市议会和选区的作用；控制委员会和城市经理新型行政机构的出现，推动着城市管理向着合理化和科学化方向发展。

城市也反映了加拿大移民国家的性质。随着欧洲其他国家移民的到来，盎格鲁-萨克森人占据绝对多数的城市开始发生变化[1]；"二战"后包括华人在内的亚洲移民的到来，导致白人人口的比例逐渐降低，20世纪70年代英裔人口在一些大城市已经不占多数。少数族群在居住分布方面与白人存在着差异，早在19世纪末，城市就出现了"唐人街"等少数族群聚居区。"二战"后，越来越多的印第安人等土著人进入城市，他们与少数族群一起，丰富了城市的多元文化。

加拿大的城市对社会产生了影响。其独有的城市服务设施有助于改变人们的行为，市民们放弃了一部分个人主义，遵守城市工作和生活所需要的规则和

---

① 以多伦多为例，1911年拥有犹太人18000人，意大利人5000人，华人1200人，马其顿人、罗塞尼亚人、波兰人、芬兰人和希腊人各有1000人，他们占多伦多总人口的10%。"二战"后，大量的西欧、东欧和南欧人以及亚洲和中美洲移民到来，英裔在21世纪初只占大约30%。

秩序。在这个特殊的领域，城市政府严格地利用和控制私人企业，或建立自己的企业而使之有了新的经济结构——"公有制"。城市的房屋为各种社会阶层带来安全感，拥有住房成为包括社会下层群体在内的所有市民追求的一个目标。城市的体育代表队之间的比赛培养了市民对自己城市的认同感，医疗机构、文化和教育设施所需要的善款，为慈善家提供了获得社会承认的一种渠道。

城市也为少数族群提供了保护，使之能够维持自己的文化传统；它也为人口处于少数的宗教派别的生存提供了帮助。土著人来到城市后，通过教育、工作和交往与白人社会发生了接触，后者对他们的偏见虽然没有消失，但承认印第安人对加拿大的文化所做的贡献；而土著人的生存状况在城市得到改善，使之对自己的族群和对加拿大国家采取双重认同的态度。这种态度也是加拿大政府希望在少数族群身上看到的。

在推动城市发展方面，城市政府的决策可以说是内部动力。城市规划保障土地使用与城市规模和布局的合理化，社会住房有助于社会公平；城市政府利用社区团体管理社区，便于提高居民的素质和维护社会秩序。"促动主义"及20世纪后半期鼓励包括社会企业在内的工商企业经营的各种措施，将交通和通讯、个人和财产安全、资源和环境保护等城市服务当作自己主要的任务[①]，这些措施符合城市各个阶层的根本利益，推动城市建设活动的开展。而城市政府对社会公正关注程度的不同，也造成不同的城市在市政服务设施的建设与管理、社区建设和社会住房项目上的差异。

通过研究，可以发现加拿大城市的发展具有以下几个特点。

首先，政府控制城市的规模无限扩大。虽然城市化是社会发展的一种趋势，并且作为移民国家加拿大拥有大片土地，但是，城市政府从20世纪初就开始关注城市无序蔓延的问题。早期，为了制止土地投机和控制城市财政开支；70年代，开始保护农田和自然生态土地；80—90年代的"城市再开发"和"聪明增长"等规划理念，则是利用城市内部废弃的土地、增加住房建筑密度而抑

---

① 1997年，10个省和2个领地的城市各种开支的平均比例是：（1）交通和通讯占22.2%；（2）个人安全和财产保护（警察治安）占15.2%；（3）资源保护和国际开发占18.8%；（4）环境保护占13.2%；（5）一般服务占12%；（6）地区规划和发展占7.1%；（7）社会服务或社会福利占3.9%；（8）健康、教育、住房、文化娱乐、借贷利息5项开支所占的比例，合计为7.6%。"Have Fiscal Issues Put *Urban Affairs Back on the Policy Agenda*", in Caroline Andrew et al. ed., *Urban Affairs: Back on the Policy Agenda*, McGill-Queen's University Press, 2002, p.312.

制城市的扩张。

其次，城市居民和工商业团体在一定程度上参与对城市的管理。城市是市民的生存之地，城市的发展与他们人生愿望的实现息息相关；工商业机构和企业的存在和经营也依赖于城市。因此，市民与工商业团体对城市政府重大的财政举措进行公投，以此参与政府的决策；这既是他们作为纳税人维护自身利益的需要，也是城市健康发展的保障。在许多情况下，选民的态度决定着城市政府能否发行债券而筹得资金，决定着20世纪后期市政改革中城镇能否合并和合并后的解除。多年来，加拿大城市居民及工商企业在规划和税收等方面向城市政府反映自己的要求，并在自身利益受到损害时要求省政府或城市政府予以纠正。这既避免了在决策方面出现重大失误而引发社会动荡，也有利于实现了经济效率和社会公平之间、城市整体的发展与局部社区利益之间的平衡。

再次，"二战"后城市社区组织和社会企业推动了城市的建设。自发性的各种社区组织主要依赖于志愿者团体的人力和财力资源而服务于社区居民；他们因接近城市居民而逐渐得到市政府的重视，从而获得一些财政拨款，分担一部分治理职责。城市政府也向非营利组织——社区中心和志愿者团体购买公共服务，以节省政府的财政开支。20世纪后半期出现的立足于社区的社会企业，是城市的一种新型的社会经济组织，它带动社区经济的发展，用一部分盈余用于社区建设或扶持社区的弱势群体，成为社区建设和城市发展的一种不可忽视的补充力量。

复次，社区学院在城市发展中发挥了重要的作用。加拿大社区学院作为高等教育体制中一个重要部分，注重在资金、授课和教学实习方面与工商企业进行合作，课程设置和人才培养面向城市社区，从而保障了城市发展所需要的人才供应，也提升了居民的文化修养和个人素质。

最后，政府在住房方面关注城市社会的下层群体。城市利用联邦和省政府的资金或贷款建造公共住房出租给低收入家庭，购置土地用于社会住房的建设；联邦和省政府采取各种措施增加城市中自有住房的数量，还有被称作"第三部门"住房的非营利与合作住房。"第三部门"住房采用的"混合收入"模式，还肩负着推进社会阶层之间融合的任务，构成加拿大住房政策的一个特点。

诚然，目前加拿大的城市化进程中也面临着一些挑战。首先，移民和乡村人口不断进入城市，往往使城市人口增长的速度超过城市建设的步伐，导致城市基础设施配套不足，公共产品的供给相对短缺。另一方面，尽管城市政府有意防止城市规模过大，但为了容纳更多的人口，城市仍需要不断地向外扩展；这不可避免地要占用农田和改变附近的生态环境，造成人与自然之间的冲突。

其次，不同文化背景的外国移民不断到来，使一些城市里始终聚居着一些持有不同文化传统和价值观念的族群，他们之间及其与英裔或法裔之间不可避免地产生一些隔阂。现在，旨在促进各族群之间相互尊重、交流和融合的多元文化政策虽然取得一些成效，但并没有完全实现既定的目标。

最后，20世纪末，城市政府虽然通过合并和重组扩大和统一了税收基础，但面对各种服务、治安、环境保护和贫穷等问题，仍感到巨大的财政压力。为了获得更大的自主收入来源，城市政府还需要获得省政府更多的授权。

以上这些问题的解决，依赖于城市政府的不懈努力，也需要得到城市社会的各种团体的大力支持。

本项研究还有不少可以提升的空间，书中的错误也在所难免，敬请读者不吝指正。

参考文献

一、主要中文著作

［1］宋家珩编著：《枫叶国度——加拿大的过去与现在》，山东大学出版社1989年版。

［2］缪竞闵主编：《加拿大：国家与城市》，西南财经大学出版社1992年版。

［3］张崇鼎主编：《加拿大经济史》，四川大学出版社1993年版。

［4］奚从清：《社区研究——社区建设与社区发展》，华夏出版社1996年版。

［5］财政部《财政制度国际比较》课题组编著：《加拿大财政制度》，中国财政经济出版社1999年版。

［6］娄成武、孙萍主编：《社区管理》，高等教育出版社2003年版。

［7］理查德·廷德尔、苏珊·诺布斯·廷德尔：《加拿大地方政府》，北京大学出版社2005年版。

［8］罗伯特·L.比什、埃里克·G.克莱蒙斯：《加拿大不列颠哥伦比亚省地方政府》，北京大学出版社2006年版。

二、主要中文期刊论文

［1］贝尔·康罗德（Bill Conrod）（朱志雄译）：《加拿大社区学院与企业之间的联系》，《北京成人教育》1989年第3期。

［2］曾子达：《社区学院在加拿大教育体系中的地位与作用》，《中国高教研究》1994年第3期。

［3］韩笋生、迟顺芝：《加拿大城市化发展概况》，《国外城市规划》1995年第3期。

［4］姜芃：《城市史研究中的都市—地区理论》，《史学理论研究》1997年第

4期。

[5] 姜芃：《社区在西方：历史、理论与现状》,《史学理论研究》2000年第1期。

[6] 苏珊·马哈诺维奇（阮宇冰译）：《多元文化城市缩影：加拿大多伦多》,《世界民族》2001年第1期。

[7] 王璘：《加拿大爱得蒙顿社区及社区同盟联邦（上、下）》,《社区》2003年第3期、第5期。

[8] 杜景珍：《教会——加拿大的民间社会服务网络》,《中国宗教》2003年第10期。

[9] 荣跃明：《社区服务：加拿大的重要社会福利制度》,《社会观察》2004年第11期。

[10] Lucia Lo、Zhixi Cecilia Zhuang（严宁译）：《移民、社区与城市规划》,《国外城市规划》2005年第2期。

[11] 于海：《加拿大社区生活中的公民参与》,《社区》2005年第22期。

[12] 杨荣：《加拿大的社区居民参与——以渥太华市森玛锡西社康中心为例》,《中国民政》2005年第10期。

[13] 丁元竹：《加拿大的社区服务体系建设及对我国的启示》,《中国发展观察》2006年第9期。

[14] 张波：《浅谈国外社区建设及其启示》,《黑龙江对外经贸》2007年第8期。

[15] 闻松、黄威：《加拿大房地产税的征管机制》,《中国地产市场》2008年第1期。

[16] 朱建成：《加拿大社区学院的发展及其启示》,《重庆三峡学院学报》2008年第1期。

[17] 毛丹、彭兵：《加拿大：非制度性社区服务的类型》,《宁波大学学报（人文科学版）》2008年第4期。

[18] 何二毛：《加拿大社区学院职业教育的经验与借鉴》,《职业教育研究》2008年第6期。

[19] 黄华：《对美、加社区学院的考察与思考》,《国家教育行政学院学报》2008年第7期。

[20] 王国爱、李同升：《"新城市主义"与"精明增长"理论进展与评述》,

《规划师》2009年第4期。

［21］郭跃：《加拿大政府的土著民族自治政策述评》，《大连大学学报》2010
年第4期。

［22］李进涛、孙峻、李红波：《加拿大公共住房PPPs模式实践与启示》，《湖
北经济学院学报》2012年第2期。

［23］郑慧：《加拿大地方政府行政改革的启示》，《求索》2011年第2期。

［24］黄日强：《加拿大企业参与社区学院职业教育研究》，《安徽商贸职业技
术学院学报（社会科学版）》2012年第3期。

［25］皮国萃：《加拿大社区学院行政管理体制研究》，《重庆高教研究》2014
年第3期。

［26］吴薇、李文：《加拿大社区学院教师发展机构的支持及启示》，《扬州大
学学报（高教研究版）》2016年第5期。

［27］章建庆、施勇：《加拿大温哥华城市轨道交通》（上、下），《交通与运
输》2016年第5期，2016年第6期。

［28］郑璐、高益民：《加拿大社区学院学士学位制度保障研究》，《高教探索》
2017年第5期。

［29］年艳、徐峰、邵春玲：《加拿大社区教育发展对我国的启迪与借鉴》，《职
教论坛》2019年第9期。

［30］赵秦：《"二战"后加拿大社区学院发展研究》，河北大学2022年博士学
位论文。

三、主要英文著作

［1］Alan F. J. Artibise & Gilbert A. Stelter ed., *The Usable Urban Past:planning and Politics in Modern Canadian City* , Macmillan of Canada Lid., 1979.

［2］Alan F. J. Aritibise ed., *Town and City: Aspects of Western Canadian Urban Development*, Canadian Plain Research Center, University of Regina, 1981.

［3］Alan F. J. Artibise & Gilbert A. Stelter ed., *Canada's Urban Past*, University of British Columbia Press, 1981.

［4］Alan F. J. Artibise, *Winnipeg: A Social History of Urban Growth: 1874—1914*, McGill-Queen's University Press, 1975.

［5］Alan F. J. Artibise, *Shaping Urban Landscape: Aspects of the Canadian City-*

Building Process, Carleton University Press, 1982.

［6］ Albert Rose, *Canadian Housing Policies:1935——1980*, Scarborough, Butterworth and Company Ltd., 1980.

［7］ Behan H. Maoh & P. Kanaroglou, *Evaluating Smart Growth Strategies with Simulations: Evidence from Hamilton, Ontario,* Center for Special Analysis, McMaster University, 2007.

［8］ Caroline Andrew et al. ed., *Urban Affairs Back on the Policy Agenda,* McGill-Queen's University Press, 2002.

［9］ Christopher Armstrong & H. V. Nelles, *Monopoly's Movement: The Organization and Regulation of Canadian Utilities, 1830——1930*, Temple University Press, 1986.

［10］ Dale Falkenhagen, *The History of Canada's Residential Rehabilitation Assistance Program,* CMHC, 2001.

［11］ Frances Frisken, *The Public Metropolis: The Political Dynamics of Urban Expansion in the Toronto Region, 1924——2003,* Canadian Scholars' Ω Press, 2007.

［12］ George Falls et al., *Home Remedies: Rethinking Canadian Housing Policy,* C.D. Institute, 1995.

［13］ Geoffrey Wall & John S. Marsh, *Recreational Land Use: Perspective on Evolution in Canada,* Carleton University Press, 1982.

［14］ Gerald Hodge, *Planning Canadian Communities,* Methuen, 1986.

［15］ Gilbert A. Stelter & Alan F. J. Artibise ed., *Shaping the Urban Landscape: Aspects of the Canadian City-Building Process,* Carleton University Press, 1982.

［16］ Gilbert A. Stelter & Alan F. J. Artibise ed., *The Canadian City: Essays on Urban and Social History,* Carleton University Press, 1984.

［17］ Gilbert A. Stelter ed., *Cities and Urbanization: Canadian Historical Perspectives,* Copp Clark Pitman Lid., 1990.

［18］ Gilbert Stelter & Alan Artibise, ed., *Power and Place: Canadian Urban Development in the North American Context,* University of British Columbia Press, 1986.

[19] Goerge Fallis, *Lesson from Canadian Social Housing Policy,* Housing Policy Centre, York University, 1994.

[20] Geoffrey Wall & John S. Marsh, *Recreational Land Use: Perspective on its Evolution in Canada,* Carleton University Press, 1982.

[21] H. Peter Oberlander & Arthur L. Falick, *Housing a Nation: The Evolution of Canadian Housing Policy,* Centre for Human Settlements of University of British Columbia, 1992.

[22] Heather A. Howard & Craig Proxis ed., *Aboriginal People in Canadian Cities: Transformation and Continuities,* Wilfrid Laurier University Press, 2011.

[23] Hugh G. Thorburn ed., *The Party Politics in Canada,* Prentice Hall Canada, 1991.

[24] J. David Hulchanski, *Housing Policy for Tomorrow's Cities,* Association of Canadian Policies, 2002.

[25] I. L. Beveridgy, *The New British Columbia Land Use Control Procedures,* Urban Land Management Lid., 1979.

[26] Jeff O'Brien, Ruth W. Millar & William P. Delainey, *Saskatoon: A History in Photographs,* Coteau Books, 2006.

[27] Jim Lots, *The Lichen Factor: The Quest for Community Development in Canada,* University College of Cape Breton Press, 1990.

[28] John A. Eagle, *The Canadian Pacific Railway and the Development of Western Canada,* McGill-Queen's University Press, 1989.

[29] John C. Bacher, *Keeping to the Market Place: The Evolution of Canadian Housing Policy,* McGill-Queen's University Press, 1993.

[30] John C. Weaver, *Shaping the Canadian City: Essays on Urban Politics and Policy,* 1890—1920, The Institute of Public Administration of Canada, 1977.

[31] John D. Dennison & Paul Gallagher, *Canada's Community Colleges: A Critical Analysis,* University of British Columbia Press, 1996.

[32] John R. Miron, *House, Home, and Community: Progress in Housing Canadians, 1945—1986,* Canadian Mortgage and Housing Corporation, 1993.

[33] John R. Miron, *Housing in Postwar Canada, McGill-Queen's* University Press, 1998.

[34] John R. Wright, *Urban Parks in Ontario: The Public Movement, 1860—1914*, Ministry of Tourism and Recreation of Ontario, 1984.

[35] Joseph Carsea & Edward C. LeSage Jr., *Municipal Reform in Canada,* Oxford University Press, 2005.

[36] Kent Gerecke ed., *Canadian City,* Black Rose Books, 1991.

[37] L. D. McCann, *Heartland and Hinterland: A Geography of Canada,* Prentice-Hall, 1982.

[38] Lawrence B. Smith, *Anatomy of A Crisis: Canadian Housing Policy in the Seventies,* Fraser Institute, 1977.

[39] Mary Louise MaAllister, *Governing Ourselves? The Politics of Canadian Communities,* University of British Columbia Press, 2004.

[40] Mohammed Qadder, *The Evolving Urban Land Tenure System in Canada,* Institute of Urban Studies, 1985.

[41] Paul Rutherford ed., *Saving the Canadian City: The First Phase 1890—1920,* University of Toronto Press, 1974.

[42] Peter Spur, *Land and Urban Development: A Primary Study,* James Lorimer & Company, 1976.

[43] Richard M. Bird & N. Enid Slack, *Urban Public Finance in Canada,* John Wiley & Sons, 1993.

[44] Robert MacDonald, *Making Vancouver,* University of Toronto Press, 1996.

[45] Ruben Carl Bellan, *Canada's Cities: A History,* The Whitefield Press, 2003.

[46] T. W. Acheson, *Saint John: The Making of a Colonial Urban Community,* University of Toronto Press,1985.

[47] Thomas Adam, *Buying Respectability: Philanthropy and Urban Society in Transnational Perspective, 1840s to 1930s,* Indiana University Press, 2009.

[48] Van Loon & Michael Whittington, *The Canadian Political System,* McGraw-Hill Ryerson,1987.

[49] Warrren Magnusson & Andrew Sancton ed., *City Politics in Canada,* University of Toronto Press, 1983.

四、主要英文期刊论文

[1] Andrejs Skaburskis, "Filtering, City Change and the Supply of Low-Priced Housing in Canada", in *Urban Studies,* Vol.43, No.3, 2006.

[2] Christopher A. Colderley, "Welfare State Retrenchment and the Nonprofit Sector", in *Journal of Policy History,* Vol.11. No.3, 1999.

[3] Dameris Rose, "Discourses and Experiences of Social Mix in Gentrifying Neighbourhoods: A Montreal Case Study", in *Canadian Journal of Urban Research,* Vol.13, No.2, 2004.

[4] Dameris Rose, "Rethinking Gentrification: Beyond the Uneven Development of Marxist Urban Theory", in *Environment and Planning D*, Vol.2, No.1, 1984.

[5] David Ley & Cory Dobson, "Are There Limits to Gentrification? The Contexts of Impeded Gentrification in Vancouver", in *Urban Studies, Vol,45*, No.12, 2008.

[6] David Ley & Heather Smith, "Relations between Deprivation and Immigrant Groups in Large Canadian Cities", in *Urban Studies,* Vol. 37, No. 1, 2000.

[7] David Ley, "Artists, Aestheticization and the Field of Gentrification", in *Urban Studies,* Vol. 40, No.12, 2003.

[8] David Ley, "Liberal Ideology and Post-Industrial City", in *Annals of the Association of American Geographers,* Vol.70, No.2, 1980.

[9] Donald F. Davis, "The 'Metropolitan Thesis' and the Writing of Canadian Urban History", in *Urban History Review,* Vol.14, No.2, 1985.

[10] Donald F. Davis, "Competition's Moment: The Jitney-Bus and Corporate Capitalism in the Canadian City, 1914–1929", in *Urban History Review*, Vol.18, No.2, 1989.

[11] F. B. Scollie, "Falling into Line: How Prince Arthur's Landing Became Port Arthur", Thunder Bay Historical Museum Society *Papers and Records,* Vol.13, 1985.

[12] Feng Hou, "Spatial Assimilation of Racial Minorities in Canada's Immigrant Gateway Cities", in *Urban Studies,* Vol.43, No.7, 2006.

［13］Fred Dahms, "The Process of Urbanization in the Countryside: A Study of Huron and Bruce Counties, Ontario, 1891–1981", in *Urban History Review,* Vol.12, No.3, 1984.

［14］George Fallis, "Housing Finance and Housing Subsidies in Canada", in *Urban Studies,* Vol.27, No.6, 1990.

［15］Gilberto Fernandes, "Beyond the 'Politics of Toil' : Collective Mobilization and Individual Activism in Toronto's Portuguese Community, 1950s–1990s", in *Urban History Review,* Vol.39, No.1, 2010.

［16］Greg Stott, "Safeguarding the Frog Pond London West and the Resistance to Municipal Amalgamation 1883–1897", in *Urban History Review,* Vol.29. No.1, 2000.

［17］Greg Stott, "Enhancing Status Through Incorporation: Suburban Municipalities in Nineteenth-Century Ontario", in *Journal of Urban History,* Vol.33, No.6, 2007.

［18］Heather A. MacDougall, "The Genesis of Public Health Reform in Toronto, 1869–1890", in *Urban History Review,* Vol.10, No.3, 1982.

［19］H. V. Nelles & C. Armstrong, "The Great Fight for Clean Government", in *Urban History Review*, Vol.5, No.2, 1976.

［20］Ian Milligan, ' "This Board has a Duty to Intervene' : Challenging the Spadina Expressway through the Ontario Municipal Board, 1963–1971", in *Urban History Review,* Vol.39, No.2, 2011.

［21］Jason Gilliland, "The Creative Destruction of Montreal: Street Widenings and Urban (Re) development in the Nineteenth Century", in *Urban History Review,* Vol.31, No.1, 2002.

［22］Jeanne Wolfe, "Our Common Past: An Interpretation of Canadian Planning History", in *Plan Canada*, special edition of Vol. 34, 1994.

［23］Jeremy Stein, "Annihilating Space and Time: The Modernization of Fire-Fighting in Late Nineteenth-Century Cornwall, Ontario", in *Urban History Review,* Vol.24, No.2, 1996.

［24］Jill Grant & Katherine Perrott, "Where Is the Café? The Challenge of Making Retail Uses Viable in Mixed-use Suburban Developments", in

Urban Studies, Vol.48, No.1, 2011.

[25] Jill Wade, "Home or homelessness? Marginal housing in Vancouver, 1886–1950", in *Urban History Review,* Vol.25, No.2, 1997.

[26] Joe O'Brien, "Mortgage-backed Securities: The Canadian Experience", in *Housing Finance International,* Vol.11, No.2, 1988.

[27] John C. Bacher, "Canadian Housing 'Policy' in Perspective", in *Urban History Review,* Vol.14, No.1, 1986.

[28] John Meligrana & Andrejs Skaburskis, "Extent, Location and Profiles of Continuing Gentrification in Canadian Metropolitan Areas, 1981–2001", in *Urban Studies,* Vol.42, No.9, 2005.

[29] John R. Miron, "Private Rental Housing: The Canadian Experience", in *Urban Studies,* Vol.32, No.3, 1995.

[30] Jon Caulfield, "Gentrification and Desire", in *Canadian Review of Sociology and Anthropology,* Vol. 26, 1989.

[31] John H. Taylor, "Fire, Disease and Water in Ottawa", in *Urban History Review,* Vol.8, No.1, 1979.

[32] John C. Lehr & H. John Selwood, "Two-Wheeled Workhorse: The Bicycle as Personal and Commercial Transport in Winnipeg", in *Urban History Review,* Vol.28, No.1, 1999.

[33] Jonathan Denis-Jacob, "Cultural Industries in Small-sized Canadian Cities: Dream or Reality", in *Urban Studies,* Vol. 49 No.1, 2012.

[34] Kenyon Bolton & Se´bastien Breau, "Growing Unequal Changes in the Distribution of Earnings across Canadian Cities", in *Urban Studies,* Vol. 49, No.6, 2012.

[35] Lee Thiessen, "Protesting Smoke: A Social and Political History of Vancouver Air Pollution in the 1950s and 1960s", in *Urban History Review,* Vol.46, No.1, 2017.

[36] Mary Ellen Cavett et al., "Social Philosophy and the Early Development of Winnipeg's Public Parks", in *Urban History Review,* Vol.11, No.1, 1982.

[37] Michael Simpson, "Thomas Adams in Canada,1914–1930", in *Urban History Review,* Vol.11, No.2, 1982.

［38］Minister of Industry, "Urban Consumption of Agricultural Land" in *Rural and Small Town Canada Analysis Bulletin,* Vol. 3, No. 2, 2001.

［39］Nick Van Dyk, "Financing Social Housing in Canada", in *Housing Policy Debate,* Vol.6, No.4, 1995.

［40］Oiva Saarinen, "Municipal Government in Northern Ontario : An Overview", in *Laurentian University Review,* Vol.17, No.1, 1985.

［41］Owen Temby & Joshua MacFadyen, "Urban Elites, Energy, and Smoke Policy in Montreal during the Interwar Period", in *Urban History Review,* Vol. 45, No.1, 2016.

［42］Paul S. Moore, "Movie Palaces on Canadian Downtown Main Streets Montreal, Toronto, and Vancouver", in *Urban History Review,* Vol. 32, No.2, 2004.

［43］Pierre Filion & Kathleen McSpurren, "Smart Growth and Development Reality: The Difficult Co-ordination of Land Use and Transport Objectives", in *Urban Studies,* Vol.44, No.3, 2007.

［44］R. Alan Walks & Martine August, "The Factors Inhibiting Gentrification in Areas with Little Non-market Housing: Policy Lessons from the Toronto Experience", in *Urban Studies,* Vol.45, No.12, 2008.

［45］R. Alan Walks & Richard Maaranen, "Gentrification, Social Mix and Social Polarization: Testing the Linkages in Large Canadian Cities", in *Urban Geography,* Vol. 29, No.4, 2008.

［46］Richard Harris & Matt Sendbuehler, "The Making of a Working-Class Suburbs in Hamilton's East End, 1900–1945", in *Journal of Urban History,* Vol. 20, No.4, 1994.

［47］Robert Lewis, "The Segregated City: Class Residential Patters and Development of Industrial Districts in Montreal, 1861–1901", in *Journal of Urban History,* Vol. 17 No.2, 1991.

［48］Robert Murdie & Carlos Teixeira, "The Impact of Gentrification on Ethnic Neighborhoods in Toronto: A Case Study of Little Portugal", in *Urban Studies,* Vol.48, No.1, 2011.

［49］Roger M. Picton, "Selling National Urban Renewal: The National Film

Board, the National Capital Commission and Post-war Planning in Ottawa, Canada", in *Urban History Review,* Vol.37, No.2, 2010.

［50］Rosemary Gagan, "Mortality Patterns and Public Health in Hamilton, Canada, 1900–1914", in *Urban History Review,* Vol. 17, No.3, 1989.

［51］Steven High, "Planting the Municipal Ownership Idea in Port Arthur, 1875–1914", in *Urban History Review,* Vol.26, No.1, 1997.

［52］Sean Kheraj, "Urban Environments and the Animal Nuisance: Domestic Livestock Regulation in Nineteenth-Century Canadian Cities", in *Urban History Review,* Vol.44, No.1-2, 2016.

［53］Tom Carter, "Current Practice for Procuring Affordable Housing", in *Housing Policy Debate,* Vol.8, No.3, 1997.

［54］Tom Slater, "Municipally Managed Gentrification in South Parkdale, Toronto", in *The Canadian Geographer,* Vol.48, No.3, 2004.

［55］Trudi Bunting, R. Alan Walks & Pierre Filion, "The Uneven Geography of Housing Affordability Stress in Canadian Metropolitan Areas", in *Housing Studies,* Vol.19, No.3, 2004.

五、主要英文研究/工作报告、博士学位论文等

［1］A. R. McCormack & Ian Macpherson, *City in the West,* Natural Museums of Canada, 1975.

［2］Alan. F. J. Artibise ed., *The Evolution of Urban Canada: An Analysis of Approaches and Interpretations,* Institute of Urban Studies , University of Winnipeg, 1984.

［3］*The Canadian Encyclopedia: Portuguese Canadians,* Historica Foun-dation of Canada, https://www.thecanadianencyclopedia.ca/en/article/portuguese/.

［4］Canadian Government, *List of municipalities -Ontario,* https://www.canada. ca/en/revenue-agency/services/charities-giving/other-organizations-that-issue-donation-receipts-qualified-donees/other-qualified-donees-listings/list-municipalities-ontario.html.

［5］Canadian Mortgage and Housing Corporation, *Annual Report*相关各期: https://publications.gc.ca/site/eng/358035/publication.html.

[6] Canadian Mortgage and Housing Corporation, *Federal Community Housing Initiative,* 2021, https://www.cmhc-schl.gc.ca/en/nhs/federal-community-housing-initiative.

[7] City of Vancouver, *Joint Operating Agreement (JOA) Consultation,* https://vancouver.ca/parks-recreation-culture/joint-operating-agreement-consultation.aspx.

[8] College of Arts and Science, Howard University, *The Dissimilarity Index: A Tutorial,* https://coascenters.howard.edu/dissimilarity-index-tutorial.

[9] The Cooperatives Secretariat of Government of Canada, *Co-operatives and the Social Economy,* The Cooperatives Secretariat, 2005.

[10] Chris Bateman, *That Time Road Tolls Were Abolished in Toronto,* at Blogto.com, 2013, https://www.blogto.com/city/2013/12/that_time_road_tolls_were_abolished_in_toronto/.

[11] Environics Institute, *Urban Aboriginal Peoples Studies: Main Report,* Interprovincial Group, 2010.

[12] Gall Fawcett & Katherin Scott, *A Lost Decade: Urban Poverty in Canada, 1990 to 2000,* Canadian Council on Social Development, 2007.

[13] Globe News, *Did Harper Rally Run Eight Straight Deficits Like the NDP, Liberals Claim?* 2015, https://globalnews.ca/news/2202138/did-harper-really-run-eight-straight-deficits-like-the-ndp-liberals-claim/.

[14] Helen Looker, *The Homeownership Component of the Canada-Ontario Affordable Housing Program,* Canadian Policy Research Networks, December 2009.

[15] High Park Nature website, "Human History of Toronto's High Park", https://highparknature.org/article/human-history-year-by-year/.

[16] Homeless Hub, *Canada – National Strategies to Address Homelessness,* https://www.homelesshub.ca/solutions/national-strategies/canada.

[17] J. David Hulchanksi, *The Evolution of Ontario's Early Urban Land Use Planning Regulation, 1900–1920,* Research Paper No.136, Center for Urban & Community Studies University of Toronto, 1982.

[18] J. David Hulchanski, *Rethinking Canada's Housing Affordability Challenge,*

Center for Urban and Community Studies, University of Toronto, 2005.

[19] Jackie D. Sieppert, *Community Solution: Promising Practices and Principles for Addressing Street Level Social Issues,* Canada West Foundation, 2009.

[20] Jamie Bradburn, *'Dereliction of Duty' : The Rise and Fall of Toronto's First Police Force,* 2020, https://www.tvo.org/article/dereliction-of-duty-the-rise-and-fall-of-torontos-first-police-force.

[21] Keven K. Lee, *Urban Poverty in Canada: A Statistical Profile,* Canadian Council on Social Development, 2001.

[22] Kingston Police, *The history of the Kingston Police,* https://www.kingstonpolice.ca/en/about-us/our-history.aspx.

[23] Michael Gordon & J, David Hulcanski, *Evolution of Land Use Planning Process in Alberta,* 1945−1984, Research Paper No.156, School of Community and Regional Planning CUB, 1985.

[24] Murtaza Haider & Bartek Komorowski, *The 2012 Smart Growth Report: Progress Towards Smart Growth in Canada,* a final report to CMHC, 2012.

[25] The Office of the Auditor General of Ontario, *2009 Annual Report,* https://www.crto.on.ca/pdf/Reports/2009AuditorsReport.pdf.

[26] Peter R. Elson et al., Building Capital, *Building Community: A Comparative Analysis of Access to Capital for Social Enterprises and Nonprofits in Ontario and Quebec,* Social Economy Center, University of Toronto, 2009.

[27] Pilar Riano-Alcala et al., *Communities, Community Workers and Local Government: Challenges Faced and Lessons Learned in a Community Development Project in the Downtown Eastside of Vancouver, Social Worker and Families Studies,* University of British Columbia, 2004.

[28] Ray Tomalty & Don Alexander, *Smart Growth in Canada: Implementation of a Planning Concept,* a final report to CMHC, 2005.

[29] S. E. Coke, *Land Use Control in British Columbia,* Research Paper No.183, Center for Urban and Community Studies, University of Toronto, 1983.

[30] Service de Police de la Ville de Montréal, *History of the Police in Montréal,* https://spvm.qc.ca/en/Pages/Discover-SPVM/Police-museum/History-of-the-police-in-Montreal.

［31］Statistics Canada, *Canadian Year Book,* 1921, https://www66.statcan.gc.ca/
eng/1921–eng.htm.

［32］Statistics Canada , *Census Profile, 2021 Census Profile, 2021 Census of
Population*, https://www12.statcan.gc.ca/census-recensement/2021/dp-pd/
prof/index.cfm? Lang=E.

［33］Sumeet Tandon, *The Evolution and Contradiction of Ontario's Land-Use
Oversight Mechanisms and Their Implications for Urban Sprawl,* Center of
Urban Research and Education, Carleton University, 2011.

［34］Supreme Court of British Columbia, *Hastings Community Association v. The
Vancouver Board of Parks and Recreation,* https://www.bccourts.ca/jdb-txt/
SC/13/19/2013BCSC1956.htm.

［35］Susan MacDonnell et al. *Poverty by Postal Code: The Geography of
Neighbourhood Poverty City of Toronto, 1981–2001,* United Way of Great
Toronto and Canadian Council on Social Development, 2004.

［36］Thomas I. Gunton, *The Evolution of Urban and Regional Planning in Canada,
1900–1960,* a doctoral thesis of University of British Columbia, 1981.

［37］Tom Carter & Chesya Polevychok, *Housing Is Good Social Policy,* Research
Report No.51 of Canadian Policy Research Networks, 2004.

［38］Vancouver Board of Parks and Recreation, *A Better Way Forward: A New
Community Partnership Agreement,* 2013 , https://parkboard meetings
.vancouver.ca / 2013/130204/Park Board Special Meeting Presentation
Amended. pdf.

［39］Wellesley Institute,Federal Affordale Housing Investments : Critical to
National Social and Eccnomic Investment Plans , 2016 .